仏教的伝統と教育

——一遍仏教とその周縁とのダイアローグ——

竹内明

国書刊行会

市屋道場にて踊り念仏修行の一遍ら
（『一遍聖絵』第七巻第三段、国宝、清浄光寺（遊行寺）蔵）

弘安七年（1284）京都に入った一遍は各地を巡礼し
空也の遺跡市屋に道場を設けて数日を送り、賑わいを極めた。

兵庫観音堂にて法談する一遍
（『一遍聖絵』第一一巻第四段、国宝、清浄光寺（遊行寺）蔵）
正応二年（1289）病のなか平生と少しも変わらず聴聞する多数の道俗を前に一遍は法談した。右脇に座して聖戒がそれを筆記している。

甲斐より御坂越えする真教の一行

（『一遍上人縁起絵』第八巻第二段、断簡、著者所蔵）

真教一行は甲斐より相州に移るため難所の御坂越えをする。
甲斐遊行の間常に値遇した武田氏と同族の長老板垣入道は老齢を顧みず
この峠まで送ってきている。

『仏教的伝統と教育』正誤表

頁数	行数	誤	正
口絵2 キャプション	二行	右脇	左脇
一四四頁	一三行	三三頁	三二頁
一六〇頁	四行	ほとけひとつ	ほとけとひとつ
二七二頁	一八行	墜落	堕落
二七八頁	五行	関連	連関
三二〇頁	一一行	。、	。

目　次

目次

仏教的伝統との教育的対話——「まえがき」に代えて——

仏教の開祖釈迦は人類の教師であり、仏教は、本来教育的意図をもって開かれたものであるから、人間教育の宗教といってよい趣を有している。仏教は、本来、人間が自己の本質を徹見し、正しい修道によって正しい人生観・世界観を得、自己を正しく保持し、究極的には宇宙の真理に目覚めて根源的に深い人間、すなわち「仏」となることを指向するものである。それは、まさに人間形成の理念といってもよく、その本質に従って「覚」の実践哲学と称される。実に、仏教は、自覚の宗教なのであり、釈迦の覚った縁起の法を自覚することを根本的立場として、いかなる存在も現象も、これがあるから彼があるという相依相関の関係を離れてはありえないとし、時間的には諸行無常、空間的には諸法無我を原理とする「空《くう》」の哲学を説いたのである。

もっとも、仏教といっても、俗に「八万四千の法門」と称されるように、釈迦解脱の原点である原始仏教より流出した実に多岐にわたる流れがあり、その受容された地域や時代により在来の思想によって彩られ大きく変容している。しかし、原始仏教の戒・定《じょう》・慧《え》の三学は、大乗仏教において布施・持戒・忍辱《にんにく》・精進・禅定《ぜんじょう》・智慧《ちえ》の六波羅蜜と詳密になり、日本の鎌倉仏教においては専修《せんじゅ》・一向・只管《しかん》を高調するなかで念仏・打坐《たざ》・唱題などの一行《いちぎょう》に摂し凝集され根底に貫流している。この点、大乗仏教も鎌倉仏教も、形態を異にしつつ、その綱格において原始仏教と異なるところはない。また、道元が「自己をわするるといふは、万法に証せらるるなり」（『正法眼蔵』「現成公案」）と述べ、一遍が「命濁中夭の無常の命を、不生不滅の無量寿に帰入しぬれば、生死あることなし」（『一遍上人語録』「門人伝説」）というところに自力・他力の径庭もない。いずれも、自己が定という瞑想によって無我、いわゆる「無の場所」となることにおいて、法すなわち真理が顕わになるという「覚」の実践哲学の体系を示しているのである。

この仏教は、日本に伝来以来、日本人の心性形成の原理として、長く精神的感化を与え、日本人に欠くことのできない思想的基盤を提供してきた。聖徳太子が十七条憲法を制定して国民生活の憲章とされ、最澄の僧侶教育、空海の庶民教育を経て、中世に至ると鎌倉仏教者の庶民教化や寺入りによる俗児《ぞくちご》教育などによって人々を教養し、日本人は精神性を大きく深めた。こうして、仏教は思想・文学・美術・芸能・建築など有形無形を問わず日本の伝統文化を形成し発展させてきたのであって、仏教を語らずして日本文化の真髄に触れることはできない。芭蕉が「西行の和歌における、宗祇の連歌における、雪舟の絵における、利休が茶における、その貫道するものは一なり」（『笈の小文』）といったその「貫道する」一なるものとは、日本文化のエートスとでもいうべきこの仏教の下に醸成された精神に他ならなかった。そして、芭蕉自身、「無分別の場に句作あることをおもふべし」（「祖翁壁書」）と句作の場を「無の場所」に求め、例えば人口に膾炙する「古池や蛙飛びこむ水の音」（『俳諧七部集』「春の日」）の一句に自己を離れて森羅万象の悠久のリズムに溶け込んでいるその姿を看ることができるのである。このように、日本人は無常の自己の意識を滅することにおいて限定なき宇宙大の生命に生き、自然と感応道交して吹く風立つ波の音にも仏の声を聴く、いわば汎神論的風光を示してきたのであった。

もっとも、一五、六世紀は織田信長の比叡山焼打ちを分水嶺とする日本精神史上における聖と俗との大きな転換期であり、近世は、寺子屋がその名称に俗児教育の名残りを残しつつその大部分は寺院以外で営まれたように、「還俗《げんぞく》した中世」であって、仏教は、思想界の首座を儒学に譲り、庶民の生活のなかに浸透し、かつ、儀礼化していく。そして、仏教は、祖霊など八百万《やおよろず》の神を祀る日本の基層信仰の神道《しんとう》との習合のシンクレティズムの下、祖先供養を取り入れ、神仏に祖先の姿を感じて自らを糾す国民性を形成し、仏教徒であって神道信者というのが日本人の常態となっていたのである。ところが、明治初年の神仏分離政策はこれを上から根こそぎに否定し神道界の廃仏毀釈まで誘発したから、その力を大きく削がれることとなり、かてて加えて、第二次大戦後、占領期にGHQによる外からの監督下に制定された日本国憲法・教育基本法の下、日本の過去を否定し歴史・慣習や伝統などの国柄を捨象するところから戦後が出発したから、その度を一層加えることとなったのである。

先行き不透明で変動が激しく混迷の度を深めている今日、我々が共通に生きる拠り所とすべきは自らの歴史や文化に他ならない。しかも、深遠な「覚」の実践哲学の体系を包蔵する仏教を我々は自らの内なる文化的伝統として有している。世俗化の進んだ近代においても鈴木大拙はもとより西田幾多郎・久松真一ら国際的にも日本を代表する思想家の核として仏教が厳然として存在していたのである。今後大切なことは、この世界ブランドの仏教を中核とし時代を越えて貫かれている内なる文化的伝統と対話して、民族の記憶ともいうべき個の学習以前のC・G・ユングのいわゆる集合的無意識として自らのDNAに刷り込まれている伝統的精神遺産を自覚し、それを今日の教育に活かすことである。

今日伝統文化や慣習・エートスを軽視した宗教アレルギーの日本社会が道徳的頽廃をもたらしていることは疑いようもない。ニートなどという無気力で自由をはき違えた若者の出現の背景には歴史に根差した規範から断ち切られて矜持や秩序を見失った現代社会があろう。教育は、本来、人間性の開発と育成を主眼として未来に関わり、只時《ただとき》もゆるがせにできない即今の営みである。何らしつけもされず責任も教えられずに自発性のみ尊重された個人が無制限のエゴを主張するのは自明であった。いうまでもなく、真理や道徳・芸術の根底には宗教が存在するのであり、有限・相対な欠けたる存在として不可避的に宗教的な存在である人間にとって、宗教教育は自らの内面を省み、真実の自己や人間いかに生くべきかに目覚める上で不可欠の営みなのである。

問題が多い現行法制下にあっても、内面を掘り下げ情操を培う宗教教育は特定の宗教理念によって教育を行いうる私学に期待できるし、公立学校にあっても禁じられているのは特定の宗教教義に基づく教育なのであるから、真・善・美といった大いなるものや目に見えない崇高なものへの畏敬の念などの一般的な宗教的情操を育てる教育は行われなくてはならない。と同時に、「朝の会」や「帰りの会」などの時間を利用して仏教の三学のみならず各宗教セクトなどにも共通に見られる瞑想を導入することも大いにその効果が期待される。

もっとも、学校給食の際の合掌が憲法違反などという者が出るに至っては論外という他はない。津地鎮祭訴訟最高裁判決における目的・効果基準などに俟つまでもなく、長きにわたって安定的に持続する慣習的な規範意識はいわゆる徳律として欧米モデルの法律を超えて尊重されるべきものなのである。欧米から宗派間の相克というその歴史的背景を脱色し原理のみ移入したため硬直しやすい政教分離原則の下、その言葉のみいたずらに独り歩きしタブー視し拡大解釈までして何もしないという現状を改めて、伝統文化や慣習的規範を反映した緩やかで適切な宗教教育を行うことが肝要である。

序章　意図・課題と方法

一　本書の意図

戦後六〇有余年、このところようやく様相を改めつつあるとはいえ、戦後の復興を担ってきた気骨ある戦前生まれの世代が後景に退くなかで、一つの安定、従前の枠組みが崩れ、児戯にも等しい拙劣な政治の下、領土の保全すら覚束なく、やりきれない事件や過半が人災にも等しい災害まで発生し、困難に耐え互いに助け合っている被災地の人々の美徳にかろうじて救われる思いを抱きつつも、国全体に閉塞感や衰退感すら漂ってきていた。維新の創業や戦後の復興に見るごとく日本人は前を見据えて進む時は強い。しかし、今日、未来に希望も志もなく、一体この国がそして日本人がどこへ向かおうとしているのかというその方向性を見失い、自信や誇りをなくしてしまっていた、といってよい。人間としての矜持を忘れた各界各層の不祥事、とりわけその与える影響の大きい政治家の劣化は深刻であり、わが国の未来を担うべき青少年の心の貧困は指摘されて久しい。「日本人も落ちるところまで落ちた」、「戦後最大の失敗は教育である」などといわれる。しかし、それら臨床的な問題の根底にある本質的・根本的な原因が考えられなくてはならない。

そもそも国家とはおおむね共通した歴史と文化から生成される価値体系を共有した共同体であるから、国民は有機的なその社会に固有の教育システムを保持していなくてはならない。その国の歴史や文化を背景とせぬ教育など本来存在しないはずなのである。もとよりわが国の教育も木に竹を接ぐようなものではなく、わが国固有の風土や世界観・民族性を基礎にして、伝統的な文化的・精神的基盤から発想された自前のものでなくてはならない。しかし、遺憾ながら、今日においてもなお、わが国の教育がその固有の教育システムに即し自らの文化的アイデンティティを保って営まれているとはいいがたい。

実のところ、戦後、連合国軍総司令部はポツダム宣言や国際法にも違反し、その対日戦略プランとして策定したいわゆるオレンジ計画に基付いて、主権国家の憲法にまで手を出し、欧米とは歴史や文化を異にする国を精神的・内面的に方向付ける教育の根本規範を第一次教育使節団報告書に沿う形で教育基本法として制定させ、勝者の見せしめを正当化する軍事極東裁判において総仕上げをした。思えば勝者が敗者の文化を破壊するのは常の事であった。このわが国の文化への配慮を欠いた総司令部による民族洗脳、そして、転向者層によるそれへの便乗や敗戦利得者層による増幅によって、その呪縛に絡め取られたまま思考停止状態に陥り政治の不作為やマスコミなどによる自己検閲のなか、かえってアメリカを無条件にモデルとし、わが国は民族の記憶を奪われてその歴史からいわば革命のごとく断絶させられたのである。(1) 戦後の日本人はその拠って立つべき基盤を喪失したまま過してきたのであって、いわば「日本国」と「大日本帝国」の間には断層があり、文化的にも精神的にも、しかしてとりわけ教育的にも連続していない、といってよいのである。

思えば、わが国の近代化はおおむね西洋化であったといってよい。近代以前に折角形成していた独自の思想を捨て去ってきた。しかも、近代教育制度にしろ欧米の教育理論にしろ、それ自体は、欧米におけるキリスト教的精神文化によって支えられているのであって、それを導入する場合、欧米社会においてキリスト教精神文化が果たす役割を、文化的背景の異なるわが国においては何によって代替するのか、ということが主体的に問われるべき根本問題であったはずである。(2) とりわけ、戦後の改革において、同じ敗戦国であるドイツが被占領下に米国らの強要した制度改革を国際法違反であるとして断固拒否しているのに比し、彼我の違いに複雑な思いなしとしない。

もっとも、その代替しうる価値などにわかに作り出せるものではなく、やはりその国の歴史や文化を思想的基盤として発芽した精神でなくては定着しはしない。それが普遍性をもたぬ特殊でローカルなものであっても意味を持たない。それでは独善に等しく、戦前のファシズムへの反省ともならない。そこで、ここに思いを致すべきものが世界ブランドの、しかも日本人にとってその精神生活に深く根差してきた文化的伝統たる仏教であるということである。

周知のごとく、仏教は、歴史的に見て、奈良時代からわが国の基層信仰である神道と習合して日本文化の原型を形成し、中世以降日本文化のエートスとして道の思想を醸成し伝統文化を発展させていった。(3)しかも、「現代の物質文明の重圧に対抗して人間の尊厳を確保しようとする」(4)歴史的流れのなかで、西洋の神を失った理性的自我中心の主知主義・合理主義や功利主義の文明を超えて情・意をも含めた人間性の人文主義的調和が求められ、神を持たぬ東洋の仏教の思想、とりわけ、その無、無我の思想が注目されている。仏教における根本的な問題であるとともに、また、実践的なそれでもある。

しかしながら、今日、仏教の研究は盛んではあっても、仏教それ自体は影響力を失い、多くの日本人は世俗化して正しい宗教知識にも乏しく、しかも、社会の維持・発展のための起動たるべき若い世代のインテリは、自らの文化的伝統をかなぐり捨てて、何のためらいもなくそれがそのままでわが国にも有効かのように無批判に西洋思想をパラフレーズするか、さもなければ、歴史的・理念的契機を閑却し基底的な母観念を欠いた理念なき実践べったりの現場至上主義に陥ってしまい、いずれにしても歴史的・文化的基盤を忘れた発想をする者が多いのである。そのアイデンティティを見失い、自らの属性を捨象して地球市民化し日本人が片仮名書きの「ニッポンジン」になる臨界点に近付きつつある、といってもよいだろう。従って、如上のことは空想にも近い難中の難事かもしれない。

しかし、文化とは「生き方」[5]である。このことは、周知のごとく文化がドイツ語のKulturの訳語であって、Kulturはラテン語のculturaに遡源して「耕作」を意味し、心の耕作から転じて「修養」などの意味にも使われるようになったことからも理解できよう。人間は歴史から生まれたその生き方を見失うと自らが何者なのかを忘れ、規範をも失って頽廃する。今日、自由や権利をはき違え肥大化した個や卑しい弱肉強食の拝金主義、規範意識の喪失といった背景には、わが国をわが国たらしめてきた価値観を遅れたものとして、長きに渡って安定的に持続する慣習的規範たるエートスを軽視し、文化に根差した規範から断ち切られて矜持や秩序を見失った現代日本社会がある。西洋近代の理性中心主義を神格化し、伝統やエートス、慣習の体系への歴史的識見を欠いた時流迎合・改革万能の浅薄な今日の論理は危うい。われわれが自明としている今日の思考枠組みこそいわば「反時代的にunzeitgemäß」見直されなくてはならないのである。

今日の冷厳な国際的パワー・ポリティックスを見れば、コスモポリタン的な世界市民などペルソナを欠いた仮想現実にしか過ぎないであろう。いかなる民族も背骨なくして直立しえない。一体日本人とは何でありその教育とは何なのであろうか。いつまでもこの国の歴史や文化からかけ離れた無機質で根っこのない「地球市民」の教育などでよいはずがない。「改革」の名の下にすべてをグローバル・スタンダードに合わせることが真の国際化なのではない。わが国独自の文化的背景があるからであり、改革には歴史の核を踏まえることが前提とされなくてはならぬ。そして、民衆demosの支配kratiaである民主主義は、次元の低い大衆のエゴに媚び諂うポピュリズムなどに陥らないよう、常に多数派民衆の見識にその成否が係っている。オルテガOrtega y G. J.が、大衆について、「自己の凡庸であることを承知のうえで、大胆にも凡庸なるものの権利を確認し、これをあらゆる場所に押し付けようとする」[6]といったように、止まるところを知らない大衆の要求はしだいに節度を失って肥大化するからである。ここに、やはり、わが国固有の有機的な歴史や文化を基底とした教育、とりわけ人間いかに生くべきかという人間性の教育と、見識ある公民としての「国民」の教育とを取り戻すことが肝要である。何としても、次代国民の形成をその任務とするわが国の教育の世界を無機質で冷たい思想的植民地にしてはならないのである。[7]

伝統は歴史的記憶としてもとより過去に関わるが、しかし現代の問題として立ち現れる。自らの歴史や文化への自覚や価値継承の努力を欠き、ただ先行世代の遺産を墨守しそれに没批判的に追従するとき、伝統は硬化し、涸渇し、形骸化する。しかし、基礎なき創造はなく、今日の人間の知力など二〇〇〇年の歴史の叡智に比ぶべくもない。伝統の英語 tradition はラテン語の trado を語源として「後世に伝えるもの」を意味する。真の創造はこの歴史の吟味を経た伝統の肯定の上にこそあるものであろう。伝統は本来「文化形成の根源的な力」として「時間的には連続性を、空間的には統一性を保証する力」なのである。[8] 確かに、エリオット Eliot, T. S. も、「伝統には、なによりもまず、歴史的感覚ということが含まれる。（中略）そしてこの歴史的感覚には、過去がすぎ去ったというばかりでなくそれが現在するということの知覚が含まれる」といっているのである。[9] 換言すれば、それは時・所・位を越えて再体験さるべき歴史的・社会的な精神的定型といってよい。[10] ここに、連綿と営まれてきた自らの歴史、特に世界ブランドの内なる仏教的伝統との対話によって、わが国の歴史的な精神風土のなかに時代を超えて不易なる教育思想を再体験して、正確・健全な借り物ではない自前の教育理論を構築し、それを現代の歴史的実相として、近代的世界を通した歴史において現状に合うような形で歴史的形成への指針の一つとして活かしていくべきなのである。

以上、要するに、本書の根底には現代への課題意識があり、それが本書を単なる歴史のための歴史ではなく、後述するごとく、いわば精神史的・解釈学的な性格のものとしている、といえよう。

いかなる学問においても、その研究対象をいかに捉え、かつ限定するかということは、単なる研究領域の問題ではなくして、その対象の本質に関わる問題である。とりわけ本書のように、従前の一般的な教育観よりするならば、教育学プロパーの領域を離れたマイナーかつユニークな研究においては、なおさらこの点がよく押さえられていなくてはならない。すなわち、宗教における教化なるものが、いかようにして教育学の対象となりうるのかということが充分に吟味し検討されなくてはならない。何となれば、それなくしてはいわゆる宗教活動それ自体が教育学研究の対象となってしまって、そこでは真の意味における教育学研究が成立しなくなるからである。

二　本書の視点

さて、まず教育であるが、それは、人間の教育であり、人間形成の本質の営みである。人間は文化を思慕し、その相対性の故に現実に不満を抱いて、より善く生きようとして学習するのであるが、教育はその自立的成長を支援する。よくいわれるように、教育は文化の伝達であり、その文化が「生き方」であることは先に述べた。すなわち、教育は、より善き生き方・人間的生への支援といってもよいのである。人間が人間に関与し、「現にある自己」を乗り越えて「あるべき自己」に「成る」べく配慮し「成る」よう支援するものに他ならない。自己にその可能性を最高度に実現させ、人間らしい人間たらしめることこそが教育の本義である。すぐれて人間に関わる教育は最も広く深く人間形成として把握されるべきなのである。その点、宗教や武道・芸道の「修行」にも比することもできようが、それは、教育、とりわけ知育中心になってしまっている今日の教育とは異なって精神的価値や身体性を重視し、心・技・体の一致など知・徳・体の三育が強く結び付き不離一体となっているところに違いがあり、[11]また価値がある。修行は「知識や技能を身心に沁み通らせる」[12]からである。

この故に、教育の歴史的研究は、学校教育といったフォーマルな教育にのみその研究の対象を限定すべきものではなく、インフォーマルな教育をも含めて、広く深く文化的・社会的事象にまでその対象を求めねばならないのである。それでは、教化とはいかなるものであるのか。

一般に、教化は、一定の権威に基付いて特定の教義や理念・立場などを上意下達的に注入し、一方的な形成効果を及ぼしていくものとされてきた。しかし、それは、「きょうか」と読まれるようになった近世以降の儒教の道徳的感化や、とりわけ明治の教部省、昭和の文部省などの社会教化の内容を指し示す概念に他ならなかった。古くはつとに『日本書紀』巻第五に見え、「教化《をしへおもむくる》」[13]と訓じられて徳化感化の意味に、仏教用語としては平安朝以降「きょうげ」と訓じられ、衆生を教え導く意味に用いられている。とするならば、近世以降はともかく、古代・中世の、とりわけ「きょうげ」と訓じられた仏教用語の教化は、決して人間の個性や内的要求を無視して特定の教義を一方的に注入するものなどではなく、衆生をより善き生へと導く人間形成作用であったといってよい。その意味で、仏教の教化は特定の宗派宗教が信者を獲得するために行う「布教」とも異なる。ただその教化は子供のみではなく一般の民衆をも対象とし教育よりはより広い概念として「感化」の意味合いをも伴っているということは確かである、といえよう。[14]

この仏教の教化が、一方的な価値観の注入などではなく、より善き生への人間形成作用であるということは、実のところ仏教そのものの構造に関わっている。仏教は、正しい修行によって、プラジュニャー prajñā すなわち如実知たる般若を得、苦・無明を滅して、自己を正しく保持し、究極的には法 dharma、すなわち宇宙の真理に目覚めて根源的に深い人間たる覚者、すなわち真実の自己、「仏」となることを求め、自己の内に「現にある自己」、現存在を超えるいわゆる内的超越をなすことを志向する。仏教とは仏の教えであるが、仏・仏陀となる教えでもあるのである。仏教は「現にある自己」に対し自らの本質を凝視させ、本具の仏性の自覚を促し、無明を「滅」して、仏に「成る」ことを目指させ仏と「成ら」せていくものである。その意味において、それは、本来特定の固定的なドグマに固執しその信奉を説くものではない。神が絶対の他者であり自己のかなたに超越を見、それへの信仰を説くキリスト教やイスラム教とは大きく異なる、まさに全人格的な人間教育の宗教といってよい趣を有しているのである。ここに、和辻哲郎が、「法の認識が滅への進行であり従って滅の道として現はれる」故に、「仏教の哲学全体を実践哲学と呼ぶ」所以があろう。[15]仏教はまさに「覚の実践哲学」なのである。

しかしながら、仏教がまた宗教であることは論をまたないところであろう。なるほど、仏教が神を立てないが故に宗教ではなくして倫理道徳ないし哲学理論に過ぎない、ともいわれる。しかし、仏教は三帰依すなわち仏buddha・法・僧saṃgha の三宝を敬うところに仏教の信仰があり、仏教徒の立場がある。[16]実践哲学といわれるその哲学理論も、単なる理論のための理論ではなく、信仰の基礎としてのものであったのである。それ故に、いわゆる教育とは異なった面を有していることもまた事実である。教育が知・情・意の精神と身体の双方を調和的に発達せしめる、「現にある自己」の肯定の上に立ち、その漸進的・段階的発達を志向する連続的形式の人間形成作用であるのに対して、仏教は「現にある自己」、日常的自己を即自的に肯定するのではなく、一旦それを否定して高い次元において肯定する、非連続の連続的形式の人間形成作用である、ということができる。すなわち、それは、日常的自己を本位として即自的に善き人間的生を志向するのではなく、逆にその日常的自己を乗り越え否定媒介して根源的に深い人間を形成していく営みなのである。まさに、仏教は、いわゆる教育が人間の自我肯定の方向に築かれた有Sein の教育であるのに対して、かような有と無Nichts の相対を超えた無、絶対の無の教育である、といえる。この意味において、仏教は、自立的成長への支援といういわゆる教育と重なりつつも、日常的自己は否定媒介するという点においていわば教化的な面をも包摂する高次の教育である、ということができよう。

そこで、本書では、「無の教育」、すなわち、如上の自立的成長への支援といういわゆる教育という一面を包摂しつつ、他方において真実の自己への回帰、いわゆる内的超越を示すという視点において後述する課題を明らかにしていこうと考える。

三　研究史と本書の課題

今日、日本教育史研究の主たる関心が時代的に近代に集中し、特に教育制度および思想の近代化過程の諸相を実証的に明らかにするなかで、教育における近代化のメルクマールを明確にしようとする傾向が顕著である。このことは、教育史研究というものが、単に研究のための研究という象牙の塔に胡座することなく、問題が山積し日々切迫したわが国の教育的現実に対決し、歴史的な視角からわが国の社会の現実の課題に取り組もうとする姿勢ないし意識の現れと見るならば、大いに歓迎さるべきことであろう。その枠組みを見ても、また実質的・内容的な面から見ても、わが国の教育の近代化には少しく前述した通り問題が多いからである。確かに、教育には現場があり、教育史が単なる歴史一般ではないことは勿論であって、その意味において、課題意識が求められるわけである。しかしながら、現実の課題に応える歴史研究とは何であり、「役立つ歴史」とはどういうものなのであろうか。時代的に現代に近い研究ほど現実の課題に応え、役立つのであろうか。

もっとも、ここにおいて、教育史研究の有効性をあげつらうこと自体、その自立性を損なうことになるのかもしれない。何となれば、教育史研究が学問以外の力によって動かされるということは、教育史を正当に成立させる所以ではない。教育史は、あくまでも学問として、他の力に拘束されることなく、自由に、ありのままの事実に沈潜し、歴史的真実を探究して、基盤的研究を深めその学術性を高めていかなくてはならない。課題解決に急なるあまり、史実の実証に粗雑さや誇張・歪曲があってはならないことはいうまでもない。

思えば、現在は、過去を基盤とし、過去の集積の上に立つ時間・空間として、歴史の流れの尖端にあって正・負の遺産を背負い、未来からの呼び掛けとしての課題を抱え込んでいる。過去を主体的に捉えることなしに現代の本質というものをクリアに見ることはできないし、ましてやいかなる展望も無意味なものとなる。なるほど、歴史の事実は確かに過去のものには違いないのであるが、生ける人間の生命の真実は一つであり、今も昔も人間の考えることに変わりはないのであって、その根底に働いている人間のより善く生きるという向上への意志は現代を貫き、未来へとその尖端を現しつつある。人間は時代を越えて常に相対的かつ不完全な存在であるが故である。個々の事実は過去のものであっても、それぞれの時代の人々がその当面する問題に真剣に取り組み、見事に解決を与えていった努力の過程をたどり、その事実を形成し歴史を創造した精神に学ぶことによって、今日的問題の解決に示唆や指針を与え、また、完全な教育が具備すべき契機や教育に固有な論理を考える手掛かりを提供しうる。従って、教育史研究は決して過去の世界に限られることなく、現代、そして、未来に関わることができる。例えば、教育史研究が、完成された思想や制度の解釈にのみ終始することなく、その発生の原初に遡り、そこに至る選択過程に新しい形成への展望を歴史上の実験として読み取ることによって、未来の新しい教育理論の構築や制度の策定に寄与することができるわけである。ここにおいて、過去の歴史の底を流れる生命は未来の創造の源泉となるのである。カー Carr, E. H. も「歴史の研究は原因の研究」[17]であるといっている。

しかしながら、われわれは、いかにして如上の歴史創造の精神に邂逅し、共鳴することができるのであろうか。それは、教育史実そのものを隠蔽や歪曲なく、地道に実証することをおいて他にはない。そして、古代であれ、中世であれ、また、近代であれ、その実証した個々の史実を、課題意識の下に照射するとき、結果として、歴史上の事実は創造の尖端を現代に波打たせることができるであろう、と考えるのである[18]。

さて、少しく先に述べたごとく、わが国の歴史に占める仏教の位置は絶大であり、教育史の分野においても文化史と一般、看過しえないところである。しかるに、日本教育史において仏教の研究は、従来散発的な論作に指を屈しうるのみであったなか、近年いささかその様相を改めつつあるとはいえ、なお質量ともに立ち遅れている分野であるといってよい。

その原因としては、一つには、前述したごとく、日本教育史の研究自体が近代に集中し、近世以前、ことに古代・中世の研究は盛んとはいえず、それも教育機関など狭義の教育観からこれを見るという傾向が強いということもあろう。しかし、何よりもやはり教育史家といえども明治以来の滔々たる世俗化、セキュラリズムの風潮より免れていないことが挙げられよう。また、宗教教化をいわゆる教育外のこととする教育本質観も想念裡に伏在している、と考えられる。(19) しかし、「仏教教育を語ることなしに、日本の教育史を語ることはできない」(20)のであり、ことに、中世に至るまでの仏教は近世の儒教と同等以上に扱われなくてはならない。仏教が外来の宗教だというなら儒教もそうなのである。儒教教化は教育史の範疇であっても仏教教化はそうではない、などとはいえない。教育史研究が歴史的真実の究明を主たる課題とする以上、その歴史的核心を構成する仏教の研究は閑却されてはならないのである。

この数少ない仏教教育史の研究のなかにあってその主たるものとしては、まず、宮坂哲文の『禅における人間形成——教育史的研究——』（霞ヶ関書房、一九四七年）が挙げられよう。宮坂は、本書において、人間がいかにして教養されるかという文字学習などを越えた広い視野から禅の修行における人間形成作用の過程や禅林の学道生活の様相を実証的に考察していて、小著ながらも精緻な力作である。次に、唐沢富太郎の『中世初期仏教教育思想の研究——特に一乗思想とその伝統に於いて——』（東洋館出版社、一九五四年）が挙げられる。本書は、鎌倉仏教の教育思想をその人間観と教育観という視点から親鸞・道元・日蓮という三人の祖師に絞って考察した労作である。また、井上義巳は、『日本教育思想史の研究』（勁草書房、一九七八年）において、仏教は最も人間本質論を考究する宗教であり仏性論こそ人間の教育可能論であるとして、原始仏教から鎌倉仏教に至る仏性論の教育史的考察を行い、蓮如の教育史的研究にも及んでいる。更に、大戸安弘の『日本中世教育史の研究——遊歴傾向の展開——』（梓書房、一九九八年）は、隣接分野にも視野を広げた丹念な研究史の整理のなかで未開拓であった中世教育を通底する統一像として遊歴者の教育活動を解明し成果を上げている。この他、紀要などに入る論文としては、渡辺守順・堀一郎・藤謙敬・永井隆正・真流堅一・亀山純生・福澤行雄・小池孝範らのものがあり、前四者は後記の斎藤昭俊編『仏教教育の世界』（溪水社、一九九三年）に収録されている。

また、通史としては、俗人の子供に対する仏教教育に限定したものではあるが、すでに戦前に高橋俊乗の長論文「日本宗教々育史」（『宗教生活叢書』、大東出版社、一九三三年）があり、古代から江戸時代に及ぶ宗教教育全般の変遷を明らかにしていて、その史料の渉猟の範囲には眼を見張るものがある。そして、戦後、前近代の仏教教育全体を初めてカバーするものとして斎藤昭俊『日本仏教教育史研究――上代・中世・近世――』（国書刊行会、一九七八年）が上梓されていて裨益するところ大である。

もっとも、歴史のみではなく理論など広く仏教教育全般を通観するとかなりの蓄積はある。精粗はあるが、管見に入った主なものを列挙してみる。まず、羽溪了諦『佛教教育学』（大東出版社、一九三六年）が、教育は個人をして「現にある」自然的状態より「当にあるべき」理想的状態に到達せしめるものであり、仏教は仏格成就という最高の文化的人格完成の理想とその実現の方途を提示するものとして釈迦の教化を中心に仏教教育の方法を論じ、仏性論を核とするその後の仏教教育研究の嚆矢となっている。以下、

大谷時中『仏教教育学研究叙説』（三和書房、一九七〇年）
日本仏教学会編『仏教と教育の諸問題』（平楽寺書店、一九七一年）
持田栄一編『仏教と教育』（日評選書、一九七九年）
朴　先栄『仏教の教育思想』（国書刊行会、一九八五年）
太田清史『仏教教育学序説』（同朋舎出版、一九九三年）
斎藤昭俊編『仏教教育の世界』（溪水社、一九九三年）
水野弘元『釈尊の人間教育学』（佼成出版社、一九九四年）
斎藤昭俊教授古希記念論文集刊行会編『仏教教育・人間の研究』（こびあん書房、二〇〇〇年）
斎藤昭俊編『仏教における心の教育の研究』（新人物往来社、二〇〇一年）

川村覚昭『教育の根源的論理の探求――教育学研究序説――』（晃洋書房、二〇〇二年）
宮坂宥洪『仏教が救う日本の教育』（角川書店、二〇〇三年）
岩瀬真寿美『人間形成における「如来蔵思想」の教育的道徳的意味』（国書刊行会、二〇一一年）

などに指を屈することができるが、これらの現時点での集大成として、斎藤昭俊監修『仏教教育選集』（全六巻、国書刊行会、二〇一〇年）は特筆されてよい。なお、本『選集』はその監修者斎藤昭俊らの主導によって一九九二年に創設された日本仏教教育学会所属の研究者が企画し執筆したものであって、従前必ずしも盛んとはいえなかった仏教教育研究の発展に同学会がいかに与って力あったかは贅言を要しないと思う。

さて、以上のように従前の仏教教育の研究史を通観してきて気が付くことは、日本仏教において道元や親鸞らはしげく語られるが、一遍がほとんど登場しないということである。唯一といってよい通史である斎藤昭俊『日本仏教教育史研究――上代・中世・近世――』にも、また、井上義巳の『日本教育思想史の研究』の鎌倉新仏教の仏性論と教育思想を論じた所にも、全く登場しないし、鎌倉仏教の教育思想を論じた唐沢富太郎の大著『中世初期仏教教育思想の研究――特に一乗思想とその伝統に於いて――』は親鸞・道元・日蓮をその代表に掲げて一遍はただその民衆的性格が取り上げられているに過ぎない。一遍については、わずかに、福澤行雄が「一遍の人間観と民衆教化について」（『東京学芸大学紀要』第一部門　教育科学　第三一集、一九八〇年三月）を発表し(21)、大戸安弘の上述の『日本中世教育史の研究――遊歴傾向の展開――』が一遍の高弟真教の文書伝道による教育・学習活動を論じ(22)、近時、高山秀嗣が『中世浄土教者の伝道とその特質――真宗伝道史研究・序説――』（永田文昌堂、二〇〇七年）において、副題にあるように「真宗伝道史研究」という枠組みではあるが、かなりのスペースを割いて一遍の教説と伝道の意義について論じていて、それぞれ貴重である程度なのである。

しかし、これは、従来仏教や仏教教育の研究がおおむね大宗派出身の研究者によっていわば宗学的・教学的に開拓されてきた結果であるといってよい。今日伝統仏教最大の教団たる真宗も蓮如以前の中世においては微々たる存在にしか過ぎなかったのである。歴史的に見るならば、赤松俊秀が論じたように、「鎌倉時代の後期より室町時代の前期にかけては、時宗は禅宗と列んで、新興教団のうちで最も大きな勢力が有り、殊に武士の心情を深く捉えた点に於ては、禅宗を遥かに凌駕するものがあった」[23]し、また、一遍自身は、思想的に見ても、柳宗悦が、「浄土門の最後の仕上げをし」、自力とも不二なることを示して「念仏の一道を究竟の頂きにまで高めた」[24]人物であり、しかも、松野純孝が説くように鎌倉仏教の諸課題を解決した「鎌倉仏教の頂点」[25]なのであり、古田紹欽また、「この一遍の存在を、日本仏教思想史の上に、もう一度顧みなくてはならない」[26]とし、唐木順三も、

歴史の中には埋もれるべくして埋もれてゐるものがある。その方が多い。ところで一遍は埋もらしてはいけないのである。顕はれるべきでありながら、顕はれ方が少なかったのである。その『語録』のごときはまさに珍重すべきもの、一遍の深い宗教体験のあらはれであるとともに、そこには法然、親鸞、道元、日蓮にはないもの、乏しいものがある。すなはち詩味がある。（中略）一遍は再発見さるべく、再考さるべきである。[27]

といっているのである。従って、如上のようなほとんど無視にも等しい状況は、およそ学問的にも公平を欠き、まことに遺憾なことといわなくてはならない。[28]しかも、彼は、栗田勇が、「日本精神の原型のバックボーンのごときものが貫かれてい」て、「ひろく日本精神の聖と俗とをあますところなく体現している、たぐいまれな典型であ」り、「私たちの共感を惹きつけてやまない」と述べているように、[29]現代日本人にとってもまさに身近であるべき存在なのであるから、なおさらのことである。日本文化の原像はわが国の基層信仰である神道と仏教との習合、シンクレティズムにあるが、まさに一遍仏教はその典型としての日本的な宗教なのである。

ところで、中世は、武士の争乱が絶えず天変地異また相続き毫末の弛緩も許されない生死の巌頭に身を曝す乱世であった末法の時代であり、それ故に、先行き不透明で政治・経済・教育・防衛・外交に災害と不安渦巻き混迷する激動の現代と共通する面を有している。この中世は、武士がその荷担者として主導した時代であるとともに仏教がその精神界を彩っていたそれであった。そして、乱世である故に漂泊・遍歴・遊行が重要な役割を果た

した時代[30]であり、そして何よりも無の自覚された[31]時代であった。それ故に、瀬戸内の河野水軍の出自であり一所不住の遊行をその特色とし、無を高調した一遍の仏教はまさに中世という時代を体現した典型的なそれといってよいであろう。

そこで、本書では、如上の研究史上の欠落をまずは埋めるため、一遍仏教[32]とその周縁[33]の教育理念を究明するとともにそれが中世社会においていかに展開していったかを実証的に明らかにする。しかる後、それを礎石として、あえて「還俗した中世」たる近世の延長線上にあってセキュラリズムの真っ只中の混迷する現代に帰りきたり、今度は、日本人にとって有機的な自らの歴史的現実たる中世の仏教的伝統から、現代の教育が見失っているものを照らし返し、近代教育再生に向けてのパラダイム構築への一つの手掛かりとしたい。歴史の基層からわが国の文化の不易なるものを探り出すといってもよい。しかして、上述のように、わが国の歴史において世界史的創業の一つに数えられ、しかも普遍性をも有する「鎌倉仏教の頂点」の位置にある一遍仏教とその周縁を既述の「無の教育」という視点から主体的に考察する。そして、その含意するものから契機ないしメルクマールを抽出して今日的に還元し、時代の底を割って時代を超え、現代の文脈において教育資源として敷衍し、その教育学的意義を考えてみることを本書の課題とする。

四　本書の方法

わが国中世の鎌倉仏教における一遍仏教とその周縁のうちに的を絞り、新たなる教育的パラダイムの構築への基礎工作としようとする本書は、中世という時代に入り、その歴史性に徹し歴史となって歴史を見、その真意義に触れ、次いで、現代に帰り来たり、時代を超える思惟をなさなくてはならない。いわば、単なる歴史のための歴史研究ではなく、常にその根底に現代日本への関心がある本書にあっては、カー Carr, E. H. の言葉を借りれば、歴史は、現在における解釈と過去の事実とのどちらかに重心を置くのでもなく、「現在と過去との間の尽きることを知らぬ対話[34]」ということにもなろう。哲学とともに歴史もダイアローグなのである。

そこで、まずは現代という時代の歴史的・社会的規定を受けている自らを没却して中世に入り、その時代の人々が生きた文化・風土や思想状況に即して思惟し、主体的・内面的・精神的に一遍仏教とその周縁の人々の生命に肉迫していかなくてはならない。徒なる訓詁註釈に終始することなく、その歴史的世界に自らを没し、感情移入して歴史上の人物と同時代人に成りきり歴史を追体験することによって、かえって中世の思惟表現を内在的に理解してその真意義に触れ、深くその時代を超えていくことができようからである。私意を去り自己を無にしてこそ対象そのものに成りきることができるとは、まさに後述する無の教育の思想とも重なる。

もっとも、われわれ自身が嗜好や思想また立場を有し、時代や置かれた状況の制約を受けているのであるから、自らを没却し同時代人に成りきり歴史を見るなどといっても実はそう容易なことではない。教育史研究は、できるだけ自らの先入見や他の力に拘束されることなく、また課題意識が先行し枠組みの設定に急ぐあまりに史実を粗雑に取り扱い、誇張や歪曲などがないよう留意しつつ、自由かつ地道に客観的な事実に向かい、真実を明らかにするよう努めなくてはならないのである。史実そのものの純粋史学的な実態の究明こそ歴史研究の第一義ともいうべきものであるからである。そこで、現代への課題意識を有する本書では、中世の時系列において文献学的・考証学的な史実の究明に徹しつつも現代的還元への前提として解釈学的知見などをも少しく加えつつ考察していくこととする。

そして、しかる後、現代に還帰して、中世において得たところのものを現代へ転位し、単なる過去の復元ではなく今日の視点において整序し価値批判し外化して、借り物ではない自前の不易なる教育のメルクマールを探り、教育学的に現代に還元して再構成しなくてはならない。いわば、個々の史実とのダイアローグによって新たな教育的パラダイムを志向するといってもよい。

もっとも、アナクロニズムという人があるかもしれない。しかし、何も固陋なレジーム、遺制への回帰などを説くのではない。実のところ、歴史には展開はあっても進歩はない。[35] 進歩したのは使う道具のみであって、人間自身に進歩はない。否、むしろ現代人は情報を多く持っている故に素朴さを失い、かえって賢しらにさえなっている。歴史的にも、文明人はしばしば野蛮人よりも一層野蛮であった。文明化は必ずしも徳の進化ではなかったのである。教育の面でも弱い相手に対し隠湿に長期にわたって複数で継続的に心身への攻撃を加え苦痛を与える今日問題とされる形のいじめも昔はなかった。時間とともに人間精神が進化し、過去は現在より価値が低いと思うのは進歩史観に毒された結果であろう。個人の経験など狭いものであって、賢者は歴史に学び人間の本質への洞察力や哲学を深め、普遍的で古今に通じる考え方を汲み取っていくのである。人間の理性への過信の危うさを説き歴史のなかで保持されてきた叡智を尊重したバーク Burke, E. も、

自分たちが改良するものにおいて、けっして全面的にあたらしいわけではなく、自分たちが保持するものにおいて、けっして全面的に陳腐であるわけではない。このようなやりかたで、これらの原理にもとづいて、われわれの祖先につきしたがうことにより、われわれは、古物収集家の盲信にでなく、哲学的類比の精神によってみちびかれる。[36]

と述べている。古来わが国において歴史を「鏡」としてきた所以である。

ここにおいては、ディルタイ Dilthey, W. の精神科学的な方法が、如上の還元に一つの手掛かりを与えてくれるであろう、と考える。彼は、

時間によって条件づけられながらも、新しいものとしてそれを越えていく、生のあたらしい特色が明らかになる。生の固有の本質は、自然の認識とは無縁なカテゴリーによって理解される。[37]

と述べているのである。すなわち、自然科学の因果連関の方法に対して、文化や歴史を生命活動の客観態の表現と見て、単なる形而上学や実証主義からではなく、人間的生を体験 Erleben・表現 Ausdruck・了解 Verstehen

の連関から捉え、更にその了解から歴史的世界を自己移入の方法によって追体験 Nacherleben して、その表現に現れている普遍的な生の連関を内在的に了解しその意義や価値を汲み上げる、という円環的サイクルの解釈学的方法論を提唱した[38]。個性も心的連関の同型性に基付いているのであるから、その普遍的な人間本性の基礎の上において、文化や歴史の個別的なもののなかに何人が解釈してもそこに到達すべき普遍妥当の生の構造を導き出すことができる[39]、としたのである。それは、前述したごとく、人間のより善く生きるという向上への意志は時代を越えて共通なのであるから、たとえ個々の事実は過去のものではあっても、そこに現れている歴史を創造した精神に学び対象を構成している普遍妥当なメルクマールや契機を了解し現代に還元することによって、今日的問題の解決に示唆や指針を与えることができる、ということになるのであろう。それは、また、換言すれば、実証した個々の史実を滔々と流れ現代に及ぶ精神史の脈絡において眺め、不易なる教育のメルクマールを浮かび上がらせる、といってよいであろう。

　もっとも、ディルタイ自身が「大胆[40]」という解釈学のいわゆる、「著者が自分自身を理解していたよりも、彼をよりよく理解する[41]」などという命題ともなると、究極目標とはいえ一種のオプティミスティックな限界があるように思われる。何となれば、著者本人、広く歴史上の人物に成りきって再体験し再構成するのであるから、了解し解釈しようとするわれわれに、それと同等以上の知識と能力などが必要のはずだからである。しかも、解釈学的方法は個人の主観に依存する限り相対的である。従って、凡庸なわれわれにできることといえば、基本的に、能うかぎり、現代人としての予断や価値観を離れ、時代背景などの違いをも考量してその時代の人々に感情移入し、その考え方や事情・状況に即しその文脈において探究していくということとなるのではないか、と思われる。

　また、現代に還元するという場合、その中世仏教の形態のままの表現であってもならず、それを現代人の関心のうちに入るよう一般性を有する表現に改めなくてはならない。しかも、仏教用語・術語は、深遠な哲理を有し、しかも、絶対的・究極的な宗教的真理を語るために比喩を用い逆説的であったりして、いかにも難解であり、一般性に欠けるところがあるのである。この故に、一遍仏教とその周縁に焦点を絞りその無の教育を考察するに当たって、本書においては西田哲学や実存哲学およびユング Jung. C. G. の分析心理学その他の関連諸科学の知見を援用し、その今日的理解に努めるとともに、能うかぎり普遍性のあるその現代的・一般的表現を試みようと思う。

いうまでもなく、西田哲学は、今日やや閑却されてはいるものの、西田幾多郎がその哲学的思索の成果を体系化し構築した近代日本の生んだ欧米哲学に対峙しうる最高の独創的な哲学であり、禅体験を背景に仏教のいわゆる空観を無即有としての絶対無とし、その自己限定として有が生ずるとするから、一遍仏教とその周縁のうちに無を考察する本書においては裨益するところ大なるものがあろう。また、実存哲学は、日常的自己が、不安・孤独・絶望などと規定される実存に目覚め、出会いによる本来の自己への超越を説く点において、自らの存在を凝視し本質に目覚め根源的に深く生きるよう教える仏教に近いものを有し、今日も盛行する哲学として、その援用は本研究における一遍仏教の現代的還元に一般性・普遍性を与えてくれよう。とりわけ、ボルノー Bollnow, O. F. が、連続的形式の古典的教育学に対し、非連続的事象を取り扱う教育学の可能性を説いていることが注目される[42]。更に、ユング心理学は集合的無意識という普遍的な枠組みを人間の心理に想定していて、自我意識の作り出す煩悩こそが自縛となり苦の原因となるとして、その心の深層を掘り下げていく仏教の今日的理解に役立つであろう。

もっとも、如上のような今日の哲学の理念を援用し今日的理解を図るという場合、ともすればその枠組み・シェーマを逆に対象に当て嵌めて解釈してしまうという過ちを犯しやすいことが留意されなくてはならない。とりわけ、西洋のそれを援用してわが国の文化を考察する場合、当然歴史や文化的背景の違いによる齟齬があり、また、西洋にはないわが国独自のものもあるということを念頭に置いておく必要がある、ということである。とりわけ、乱世たる中世に生まれた個性的な一遍仏教とその周縁を対象とし、そのうちに生きて働きそれを成り立たせ、いかなる結果をもたらしていたかを究明し、一転してその精神の含意するものから同じく乱世の現代日本が見失っている不易なる教育の契機ないし類型・メルクマールを探り、現代の文脈において教育資源として敷衍し今日の教育の在り方を見直すことに資しようとする本書においては、この点がことのほか重要である、と考えられるのである。

註

（1）江藤淳はその『閉された言語空間　占領軍の検閲と戦後日本』（文春文庫、一九九四年）において、膨大な一次資料によってGHQがわが国の思想と文化とを殲滅するために占領下のわが国において実施した検閲の実態を明らかにするとともに、それが、独立回復後も「報道機関それ自体の手によって、歴然たる検閲が行われている」（三四七頁）など、戦後日本の言語空間を拘束しつづけていることを詳述している。

（2）持田栄一「教育から仏教へ」（同氏編『仏教と教育』日評選書、一九七九年、一二三頁）。

（3）湯浅泰雄『日本哲学・思想史（I）』（『湯浅泰雄全集』第八巻、白亜書房、二〇〇〇年、三八〇〜三九二頁）および小西甚一『「道」――中世の理念』（『日本の古典』三、講談社現代新書、一九七五年、一〇〜一七頁）参照。

（4）国際文化研究会訳『ヒューマニズムと教育』（ユネスコ「東西両洋における人間概念並びに教育哲学」に関する円卓討論会議報告書）古今書院、一九五八年、一二頁。

（5）エリオット Eliot, T. S. は、「文化の定義のための覚書」（『エリオット全集』第五巻、深瀬基寛訳、中央公論社、一九七一年、二六七頁）において、「文化というものは単に幾種かの活動の総計ではなくしてひとつの生き方である」といっている。

（6）『大衆の反逆』（寺田和夫訳、中公クラシックス、二〇〇二年、一三頁）。

（7）なお、西郷隆盛も、「広く各国の制度を採り開明に進まんとならば、先づ我国の本体を居ゑ風教を張り、然して後徐かに彼の長所を斟酌するものぞ。否らずして猥りに彼れに倣ひなば、国体は衰頽し、風教は萎靡して匡救す可からず、後に彼の制を受くるに至らんとす」（山田済斎編『西郷南洲遺訓　附　手抄言志録及遺文』岩波文庫、一九三九年、七〜八頁）

と述べている。

(8) 亀井裕「価値概念としての伝統」(金子武蔵編『伝統』理想社、一九六七年、二〇、二二、三二頁)。

(9) 深瀬基寛訳「伝統と個人の才能」(『エリオット全集』、註(5)前掲書、七頁)。

(10) 村上善幸が「先人が時・所・位のうちに行なった個々特殊の教説や行為を領受し、再び自らの体験において時・所・位のうちに開顕する、この領受開顕こそまさしく歴史の意義・伝統の精神である」(「伝統の本質」、玖村敏雄編『教育における伝統と創造』玉川大学出版部、一九六八年、四二頁)と説くのとほぼ同義である。

(11) 門脇佳吉編『修行と人間形成　行の教育的意義』創元社、一九七八年参照。

(12) 田代秀徳『無の展開』誠信書房、一九六五年、二一四頁。

(13) 黒板勝美編『訓読日本書紀』中巻、岩波文庫、一九四一年、四八頁。

(14) 持田栄一編『仏教と教育』(日評選書、一九七九年、三四〜三六頁)・三枝樹正道『佛教教育論』(三枝樹正道先生遺稿編集委員会、一二〇〜一二四頁)・細谷俊夫/奥田真丈/河野重男/今野喜清編『新教育学大事典』(第一法規出版、一九九〇年、三九六〜三九七頁)。

(15) 『改訂原始佛敎の實踐哲學』岩波書店、一九三二年、三九二〜三九三頁。

(16) 水野弘元『仏教とはなにか』(昭和仏教全集第二部六)教育新潮社、一九六五年、一三三頁。

(17) E・H・カー、清水幾太郎訳『歴史とは何か』岩波新書、一九六二年、一二七頁。

(18) 拙稿「教育史研究と現場性」(『日本教育史往来』八号、日本教育史研究会、一九八二年四月、二〜三頁)参照。

(19) この教育本質観が当たらないことは後述する。

(20) 斎藤昭俊『日本仏教教育史研究――上代・中世・近世――』国書刊行会、一九七八年、「はしがき」一頁。

(21) 一遍の民衆教化について、その人間観・形成的過程・教化方法の三側面から概観し、『一遍聖絵』第一一に出る一遍の「機縁すでにうすくなり、人教誡をもちゐず」なる言葉を引きつつ、賦算・踊り念仏といった簡易な教化方法で、「その高い精神性は、(中略)充分に伝えきれ、かつ全的に受容され得たのであろうか」(九〇〜九一頁)と述べている。鋭い指摘であるが、一遍にその教化の跡を永続させる意図がなかったことはもとより事実として、衆生を最高価値の世界へと導くその不惜身命の教化において、後述するように神仏の託宣のごとく和歌をもって説示するなど、心の内奥に食い込む配慮がなされていたことを見落としてはならない。

(22) 上記の福澤と時間的にほぼ前後して紀要類に発表していた論考を収録したものである。なお、大戸は、該書において、不肖私の大学院院生時代以降の一連の時衆研究につき、今日においても世界性を持ちうる時衆が、「その思想的立場から発した、いかなる教育・学習の実践活動を展開したのかということについての考察は、依然として残された課題としてある」(二二〇頁)と批判し、自らもその課題に取り組んでいるのは、思想研究に傾く私にとってまさに頂門の一針であり、これを承けて執筆したのが本書第六章「『他阿上人法語』に見る武士の学習とその支援」のオリジナルであった。私がこれにおいて論じた時衆武士二〇例中、大戸は、該書において、宇都宮・三田・安食・毛利・小田・武田・河村・勝田の八ケースを取り上げているが、当然分析視角を異にするところが少なくない。彼此参照されたい。

(23) 赤松俊秀『鎌倉仏教の研究』平楽寺書店、一九五七年、一七三頁。なお、顕密よりなる鎌倉旧仏教に対する新興の異端、新仏教において、これまで禅の隆盛のみが説かれるなかにあって、この「時宗は禅宗と列んで、新興教団のうちで最も大きな勢力が有り、殊に武士の心情を深く捉えた点に於ては、禅宗を遥かに凌駕する」との指摘はとりわけ重要である。後述することになるが、鎌倉後期以降、一遍の時衆は武家社会に広く浸透し、大仏氏など有力な北条一族が帰依するに至っており、吉田兼好や世阿(弥)も禅との関係がしばしば説かれるが、いずれも時衆ないし時衆圏の人であって一遍の仏教の展開上にある。「時衆」については註(32)を参照されたい。

(24) 柳宗悦『南無阿弥陀仏・一遍上人』(『柳宗悦・宗教選集』第四巻)春秋社、一九六四年、二二六頁。

(25) 松野純孝「1960年の歴史学界――回顧と展望――」(日本史　中世」)(『史学雑誌』第七〇編第五号、六二頁)。

(26) 『求道と風雅』春秋社、一九八四年、四四頁。

(27) 唐木順三『日本の心』筑摩書房、一九六五年、一一八頁。

(28) もっとも、一般仏教史の分野においては、大橋俊雄「時宗史研究の回顧と展望」(『日本仏教史』第一号、日本仏教史研究会、一九五七年)・今井雅晴「中世時宗史研究の動向――最近五年間における」(『日本佛教』第五八号、日本佛教研究会、一九八三年)などによると、赤松俊秀『鎌倉仏教の研究』・柳宗悦『南無阿弥陀仏・一遍上人』などが公にされて以来その影響でかなり状況が改まってきているという。

(29) 梅谷繁樹／鎌田東二／竹村牧男／栗田勇『一遍・日本的なるものをめぐって』春秋社、一九九一年、「はじめに」二～三頁。

(30) わが国古来の縄文的精神風土の反映でもあろうか、定住に対する漂泊への郷愁が日本人の心の底にはある。そのあてどない漂泊という行為に精神的な深みを与えたのは中世の仏教であった。中世には網野善彦の『増補　無縁・公界・楽――日本中世の自由と平和――』(平凡社選書、一九八七年)がいう世俗の秩序から切り離された「無縁」の原理が強く働いていた。確かに、『一遍聖絵』などの中世の絵巻物を繙くと夥しい数の旅人の姿を見ることができる。一般に旅はたとえ物見遊山であっても非日常の人間形成の場といってよい。遍歴や行脚の旅となると自己修養の色彩がより強いが物見遊山的な面も残る。がしかし、遊行の旅は自己修養と衆生教化のみのエンドレスの旅なのである。そして、時衆、一遍仏教の信徒は「無縁」の原理を身に付けた自由な存在であった(網野善彦、同上書、一五八～一五九頁)。

なお、大戸安弘が、『日本中世教育史の研究――遊歴傾向の展開――』(梓書房、一九九八年)において、遊歴傾向こそ中世の教育を統一的に捉える手掛かりとして重要な位置を有するとし、遊歴者の教育活動を照射しているのは大きな意義を有する。

(31) 西尾実が、『中世的なものとその展開』(岩波書店、一九六一年、三八九頁)において、「中世的なもの」とは「否定に媒介された、止揚のたしかさ」であり、「発展的な『無』」である、といっている。

(32) 「一遍仏教」とは一遍智真(一二三九～一二八九)を始祖とする時衆のことである。宗名としてはもとより時宗であるが、「時宗」という宗名は近世に入ってからの成立であるから、中世においては「時衆」と呼ぶのが正しい。一方、一遍の仏教とその周縁に現代教育が見失っている不易なるものを探り、それを現代に還元しようとする立場においては時宗と呼ぶべきなのであろう。そこで、本研究ではその煩瑣を避け、一貫して「一遍仏教」と呼ぶこととした。しかも、一遍の仏教は、また一遍浄土教ともいうが、単に浄土教の一つというより浄土教でありつつ聖道門とも別物ではない絶対的一元論に立つという趣がある故に、その呼称には積極的な意味もある。なお、これに合わせ他の宗派も〇〇仏教と呼ぶことにする。

(33) なお、「周縁」なる概念は、山口昌男が、その『文化と両義性』(岩波現代文庫、二〇〇〇年)において、ヤスパース

Jaspers, K. の Grenzsituation をバーガー Berger, P. L. およびラックマン Luckmann, T. が換骨奪胎して使い、それをシルズ Shils, E. が「中心」という概念と対の構造として捉えたものであるとし（二三〇〜二三一頁）、それを踏まえて、世界各地で実施したフィールドワークに基付き、社会秩序の生成過程を解明する文化理論にまで展開させたものである。

(34) E・H・カー、註（17）前掲書、四〇頁。

(35) その例証としては明治の日本と平成の日本を比較するだけで十分であろう。明治のわが国には個を超えた自らの歴史への誇りや志・気概があった。

(36) 水田洋／水田玉枝訳『フランス革命についての省察ほか』一、中央公論新社、二〇〇二年、六一頁。

(37)『世界観と歴史理論』（西村皓／牧野英二編『ディルタイ全集』第四巻）法政大学出版局、二〇一〇年、二五七頁。

(38) 同上（二三五〜二三六頁）。

(39) 同上（七〇八〜七一二頁）。

(40) 同上（二四〇頁）。

(41) 同上。

(42) ボルノーは、その『実存哲学と教育学』（峰島旭雄訳『実存主義叢書』一四、理想社、一九六六年、二〇〜二七、三三〜六八、七九〜八二頁）において、人間存在の実存的領域を照射し、本来宗教的概念に属する「覚醒 Erweckung」の意味を検討して、伝統的な連続的形式の古典的教育学に対し、教育における非連続性の原理を提起して、非連続的事象を取り扱う教育学の可能性を語っているが、かかる観点より非連続の連続の自己変革ともいうべき仏教における「覚」や「解脱」、また、「往生」などの教育学的理解も考えられるであろう。

第一部　一遍仏教の位相

第一章　一遍仏教の素描

一　一遍仏教に至るまで

㈠

周知のように、一遍仏教は法然・證空・聖達、そして一遍と次第する。法然なくして證空なく、證空なくして聖達も、一遍もない。一遍は法然の高弟浄土宗西山派祖證空の法孫であり、当然のことながら、その仏教は、色濃く證空仏教を継承し媒介としつつ、法然仏教の展開と、一遍の強烈な個性よりする独自の展開がある。

㈡

古代から中世への歴史的転換期に当たって、研鑽に行《ぎょう》を重ね、その人間観を深化して、学解の思弁を事として宗教的生命をすでに失っていた南都・北嶺の仏教を否定の契機とし、時代的な不安・混乱・変異の渦中にあって、浄土仏教を一宗として独立せしめたのが法然である。

法然（一一三三〜一二一二）は諱を源空といい、美作の産。押領使であった父時国の非業に死に遇い、その遺戒に従って、一三歳の時、比叡山に登り、まず北谷の源光の室に入り、ついで西谷の皇円を師として出家して天台宗を学び、更に一八歳の時黒谷に遁世して叡空の許で修学した。そして、承安五年（一一七五）四三歳の時、善道の『観経疏』「散善義」の「一心専念二弥陀名号一、行住坐臥不レ問二時節久近一念々不レ捨者、是名二正定之業一、順二彼仏願一故」[1]の一句によって本願他力の救済を自覚し専修念仏に帰して、「偏《ニ》依《ルナリ》二善導一師《ニ》一」[2]の立場に立った。ここに新仏教の礎が築かれたのである。この念仏の教えが流布するに従い、南都・北嶺など旧仏教側より専修念仏停止への種々の圧力が加わって、「七箇条起請文」を作し、門弟らの行き過ぎをいさめたが、建永二年（一二〇七）土佐への流罪に決し、配流の途中で赦免されている。

彼は、九条兼実の要請によって著したその主著『選択本願念仏集』の開巻劈頭に、道綽の『安楽集』を引用して、「一切衆生皆《ハ》有《リ》二仏性一」[3]とし、人間存在が本来真実者たる仏となりうる性能を有していることを認めつつも、『阿弥陀経釈』において、底下愚縛・煩悩具足の凡夫は、真実なるものから遥かに離れ、煩悩に纏われて、自らその「真如実性無《シ》レ由二顕現《スルニ》一」[4]とする。しかして、このような内省に立つ彼は、その『選択本願念仏集』において、

計《ミレバ》也、夫《レ》速《ニ》欲《バ》レ離《ント》二生死《ヲ》一二種《ノ》勝法《ノ》中《ニハ》且《ラク》閣《テ》二聖道門《ヲ》一選《テ》入《レ》二浄土門《ニ》一。欲《バ》レ入《ント》二浄土門《ニ》一正雑二行《ノ》中《ニハ》且《ラク》抛《テ》二諸《ノ》雑行《ヲ》一選《テ》応《シ》レ帰二正行《ニ》一。欲《バ》レ修《セント》二於正行《ヲ》一正助二業《ノ》中《ニハ》猶傍《ニシ》二於助業《ヲ》一選《テ》応《シ》レ専《ニス》二正定《ヲ》一。正定之業者《トハ》即是《レ》称《スルナリ》二仏名《ヲ》一。称《スレバ》レ名《ヲ》必《ズ》得レ生《コトヲ》。依《ルガ》二仏《ノ》本願《ニ》一故《ナリ》。[5]

と述べているのである。すなわち、他からは「智恵第一法然房」[6]と賛美されながらも、自らは十悪・愚痴の法然という自覚しか持ちえず、末法の限界状況にあって、いかにしても仏性を自ら発現して真実たりえない罪悪深重の凡夫が、「財」・「根機」・「見聞」・「持戒」などのいかんを問わず、生死を離れて真実たりうる道は、諸行を「閣抛傍」し三重の「選択《せんちゃく》」をした正定業たる口称念仏の一行しかない、とした。従って、彼にあっては、『往生要集釈』において「捨此往彼」[7]と明記し、『選択本願念仏集』において「念仏《スル》者《ハ》捨《テ》レ命已後決定《シテ》往《ス》二生極楽世界《ニ》一」[8]と明言しているように、煩悩に覆われた具縛の凡夫の実存を直視した二元相対する来世往生が中心とな

る。

しかしながら、その『選択本願念仏集』の同法語の直前に「念仏行者ノ観音勢至ヲバ如ク二影ト与レ形ノ暫クモ不二捨離一」(9)と述べて、仏を念じていくならば、この濁りきった現実の世にあっても諸仏に護られ、不退の境地に安らうことができるとし、「往生の業成就は、臨終平生にわたるべし」(10)とも、「一念に一度の往生をあてをき給へる願なれば念ごとに往生の業となるなり」(11)ともいい、更に、

カカル不信ノ衆生ノタメニ、慈悲ヲオコシテ、利益セムトオモフニツケテモ、トク極楽へマイリテ、サトリヒラキテ、生死ニカヘリテ、誹謗不信ノモノヲワタシテ、一切衆生アマネク利益セムトオモフベキ事ニテ候也。(12)

と語って「還来穢国度人天」の旨を述べているのである。事実、彼は、日課として七万遍の念仏を修して、その己証・体験においては、美妙にして清浄なる浄土もすでに現世に映発して、宝地・宝樹・宝楼などの浄土の荘厳を見、また、弥陀三尊を見仏し、自らも頭光登蓮の姿を現じている。彼はまさに三昧発得の人であったのであり、「源空はすでに得たる心地にて念仏は申なり」(13)といい、「死生ともにわづらひなし」(14)と述べ、また、「阿弥陀仏と申ばかりをつとめにて、浄土の荘厳見るぞうれしき」(15)と詠じる所以であったのである。その故にこそ、「一文不知の愚鈍の身になして」(16)、自己中心的なはからいを否定し、すべてを念仏に任せ、「ただ一向に念仏」(17)することによって、人間は善であり、真実たりうるとした、と考えられるのである。

この法然の思想は、時機相応の教えとして、上下の尊崇を受けたが、特に、その「還愚痴」という庶民的性格から民衆はこぞってその教えに帰し、その門よりは幾多の人物が輩出していく。

㈢

證空（一一七七〜一二四七）は房号を善慧といい、京洛の産。藤原親季の長子として生を享け、幼少の砌一族の

内大臣久我通親の猶子となる。[18]そして、一四歳の時法然の門に入っている。以来常随の内弟子として二三年間師事し、建久九年（一一九八）二二歳の若さで師法然の『選択本願念仏集』撰述の座に列して勘文の役を務め、その完成の翌年師に代わって九条兼実にこれを講じ、元久元年（一二〇四）の「七箇条起請文」にも署名している。そして建永二年（一二〇七）の法難に連座して遠流に決していたが慈円の申し預りとなりこれを免れている。また、磯長の願蓮や如上の慈円について天台の教学を学び、法然没後は慈円の譲りを受けて西山《にしやま》往生院に住して[19]、京洛浄土仏教の中心的役割を果たしていた。西山に住んだから證空の流れは後に西山《せいざん》派と呼称されるに至る。ともすればその證空仏教、西山義を四宗兼学の雑修雑行のように批判するむきもあるが、證空自身はあくまでも不断念仏を日課とした専修念仏の行者であった。

彼は、「願成就セル仏ヲ阿弥陀仏ト号スレバ、明ラカニ知リヌ、阿弥陀仏ハ正シク我等ガ往生ノ行ナリト云フ事ヲ」[20]とも、「衆生は仏の願力に依りて往生を成じ、弥陀は衆生の信心に依りて正覚を顕す。然れば往生を離れて別に仏の正覚も無く、仏の正覚を離れて往生も無しと信ずるなり」[21]とも述べて、正覚往生倶時成就を高調して、衆生の往生は阿弥陀仏の正覚の時点で決定《けつじょう》している、とする。衆生の往生はあくまでも弥陀の本願にあり、その願行具足の弥陀に乗じるところに一切衆生の決定往生があるわけである。そこで、衆生は願行具足の弥陀に帰命し、念仏することが要請されるが、しかしその念仏とは仏を念ずることであり、「仏を念ずるといふは、其仏の因縁をしりてその功徳を念ずるを、真《まこと》の念仏とはいふなり」[22]と説き、更に、「無行不成者、解浄行故、三心悟既備、行業必可成也。其行体阿弥陀仏四字、意得往生正行、一切諸行業、皆無非往生教行、得心故也」[23]とも述べて、阿弥陀仏の正覚のいわれに目覚め、その因縁を領解《りょうげ》することとしたのである。

すなわち、『観無量寿経』[24]所説の一六観、定散二善について、「観ハ即チ領解ノ心ナリ。三心領解シヌレバ、即チ往生ハ只仏体ナリ」と、衆生の凡夫性の自覚と弥陀の救済の絶対他力性を領解させるものとし、ひとたび領解し、「観経ノ心ヲモテ三心ヲ得ツレバ、行トシテ成ゼズト云フ事ナキ故ニ、広ク一切ノ行モ成ズベキ理」[25]であるから、「南無阿弥陀仏と称する心を正因正定の業と名く」[26]というように、口業として声に出さずとも弥陀を至心に信楽《しんぎょう》して往生を願えば、その意業にある当体が南無阿弥陀仏の正定業であり、「南無阿弥陀仏と称する心」を起こせば即時に往生するのであって、時を隔てて往生するのではない。至誠心・深心・廻向発願心の三心を発している位が往生なのであって、これを念仏往生とも即便往生とも機法一体ともいう。故に、「南無といふは、正しき我等が体なり。即ち三心なり。故に此の南無が阿弥陀仏の体に具せられて名号となるぞ、と心得る所が、往生にてあるなり」[27]と説かれるのである。

しかしながら、念仏をただちに口称念仏とは規定せずに、

南無は迷の衆生の体也。覚りと云ふは阿弥陀仏の体なり。この二が一になりたる所を仏につけては正覚といひ、凡夫につけては往生と云ふ也。此の謂れをこゝろえたるを、三心とも帰命とも南無とも発願とも帰依とも正念とも憶念とも菩提心ともあまたに申す也。よく〳〵心うべき也。かく心えたる所がやがて名号にてはある也。必ずしも口にとなへたるばかりが名号にてはなき也。念声一体と云ふはこれにてあるなり。[28]

と述べ、「声に唱へ出だす処は我が往生の色が声に出づるなり」[29]とするのである。弥陀の弘願の領解の上にその領解の心から発現する行為としての正行があるのであって、彼が、「南無阿弥陀仏ほとけのみなと思ひしに唱ふる人のすがたなりけり」[30]と機法一体の旨を示し、「我等は常没常流転の悪ながら、やがてその心の底に、是をすてたまはぬ仏の慈悲の万徳が充ち満ちたりけるよ、と思ふ故に、あまりの嬉しさに南無阿弥陀仏と称ふるなり」[31]と述べて、「ほれ〴〵と南無阿弥陀仏と、なふる」[32]「白木の念仏」[33]を説いた所以であり、ここに證空の念仏思想の特色がある。

㈣

聖達[34]は、東大寺凝然がその『浄土法門源流章』に證空の「門人甚多。並随学ㇾ法」ぶなかあって、「大徳」とし

て四番目に指を屈し、[35] 俊鳳[36]がその『一遍上人語録諺釈』巻一で「達公是《ハ》浄家《ノ》義虎西山《ノ》法将也[37]」と評しているように、当時證空門下の俊足として名が高かったことが知られよう。彼は、後に證空門下の兄弟子で久我氏の一族唐橋通清の子である西谷派祖浄音にも従って学んでいるから、真摯な学究の徒であったことが知られる。しかし、念仏停止の圧力などによるのであろうか、相弟子の華台とともに京を去っている。そして、『法水分流記』によると、聖達は「住筑紫原山筑前大村正覚寺道教継父又予州住[38]」とあるように、西日本における文化の一大中心地太宰府を拠点として、予州また筑前と四国から九州に掛け「西山法将」としてその教旨の弘布に努めていたのである。ここに記す「道教」とはすなわち後の深草派二祖、『観経疏楷定記』三六巻などの著者顕意であり、「予州川野執行息聖達上人継子[39]」であって、当時は聖恵と称していた。顕意は深草派祖立信の室に入っているのであるが、その立信が実に「聖達真弟[40]」であったというから、事実とすると聖達は早く妻帯して同じく「真弟」の聖観とともに立信をもうけ、立信を自分の師證空の弟子として、後に継子の顕意をその立信に従わせ、その将来を託したこととなるのである。

「證空・一遍仏教伝灯系譜」(41)

- 法然
  - 信空（白川門徒）
  - 隆寛（長楽寺義）
  - 聖光（鎮西義）
    - 良忠（住鎌倉）
      - 慈心（小幡流）
      - 礼阿（一条流）
      - 尊観（名越流）
      - 良暁（白旗流）
      - 一向（一向派）
  - 幸西（一念義）
  - 親鸞（大谷門徒）
  - 湛空（嵯峨門徒）
  - 證空（西山義）
    - 證入（東山義）
      - 観日
      - 覚入
        - 顕性（住長門）
    - 浄音（西谷義）
      - 観智
      - 了音（六角義）
      - 顕性（住長門）
      - 聖達（住筑前原山）
    - 證恵（嵯峨義）
    - 実信（宇都宮頼綱）
    - 信生（宇都宮朝業）
  - 源智（紫野門徒）
  - 長西（九品寺義）
  - 聖覚（法印）

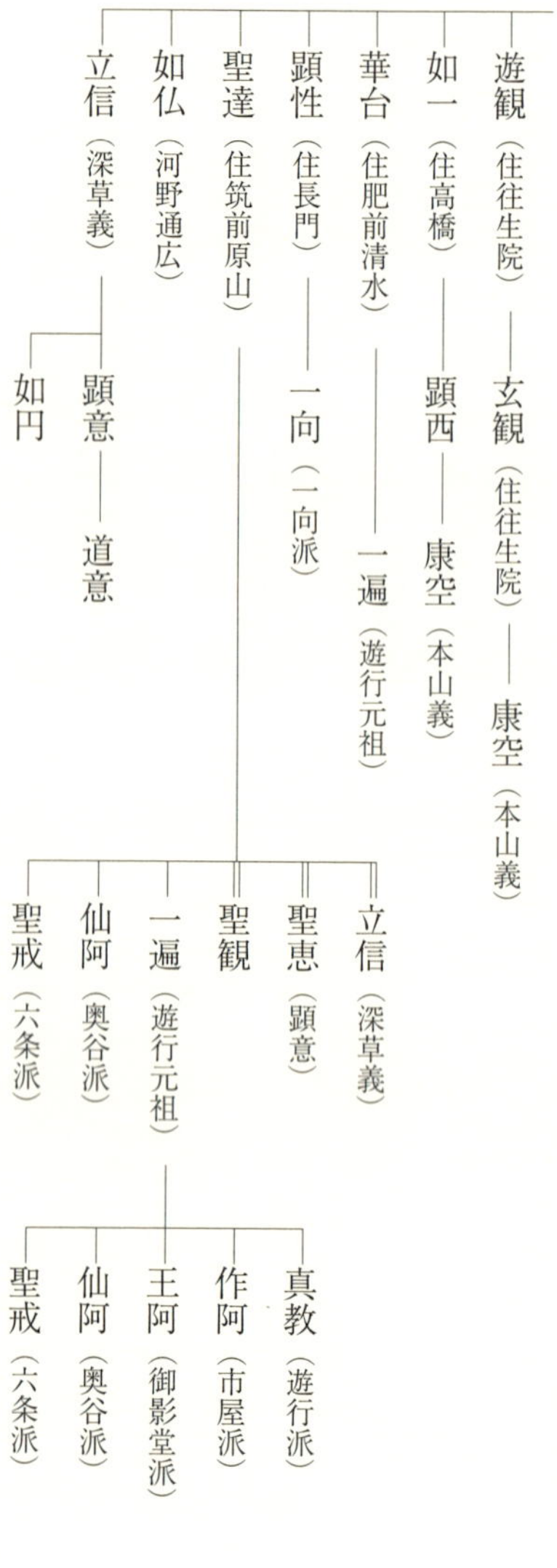

一遍は建長三年（一二五一）一三歳の時よりまずは丸一年余華台の許にあった後は弘長三年（一二六三）まで、この聖達の膝下にあって顕意らと机を並べ浄土仏教を学んでいる。彼が先行の祖師らのように当時一般的な比叡山においてではなく九州において修学したのは、すでに念仏停止後のことであるとともに、実はその父河野通広が、朝廷方の西面の武士として京に勤仕した折入道して如仏と号し證空の室にあって、「西山上人華台上人の座下にして訓点まのあたりにうけ(42)」、聖達や華台と互いに同朋の間柄であったという縁があったことによる。

さて、この聖達自身の思想を表す著述は今日伝わってはいない。『浄土法門源流章』も彼を「大徳」に数えつつその思想については記述していないから、著述を残さなかったらしい。一遍もその師の思想・教学について伝えるところがない。同族であるとともに聖達の室にあって一遍が華台の許より聖達の膝下に帰った建長四年（一二五二）春から顕意が上洛する建長七年（一二五五）までのおよそ三年ほど机を並べた法兄の顕意についても語らない。わずかに、三心は名号のなかにあるとする自らの立場に近似するからであろう、證空門下長門の顕性の三心所廃の法門をつねに称美し[43]、また、道元の許で禅の修行をし後に同じ證空の室に投じた白川高橋見性院の如一が弘安一〇年（一二八七）四天王寺で寂した際には手ずから葬送を行っていることが注目されるぐらいである[44]。念仏弘通を旨として「自力の意楽をばすてた[45]」「捨聖」一遍は自らの周辺をほとんど消し去っているのである。

聖達の師證空は、「解浄行[46]」との立場から、

至心信楽、欲生我国、ノ三心ノ体ヲ得テ成ジ給ヘル功徳ヲバ観仏ト云ヒ、入一切衆生心想中、ト云フ仏是ナリ。是ハ心ノ位ノ仏ナリ。依リテ、是心作仏、是心是仏、トハ、乃至十念、ノ念ヲ体ヲ得テ成ジ給ヘル位ノ念仏ノ仏ト云フ。念仏衆生、摂取不捨、ト云フ仏是ナリ。是ハ念仏ノ位ノ仏ナリ[47]。

と説く。そして、「至心信楽欲生我国」の三心に対応するのが観仏であり、「乃至十念」に対応するのが念仏であるとの立場に立ち、聖達の継子の顕意が、「阿弥陀仏ト唱ルハ、即是口業ノ行ナレバ、即是其行ト釈スト思ヘリ。此義甚ダ不然。口称スレバ口業ノ行也トイハバ、六字皆行也。何ゾ南無ハ是願也。阿弥陀仏ハ行也ト可レ云ヤ[48]」と述べ、「示観領解説為二三心一[49]」というように念仏は三心という阿弥陀仏の大悲願力に生かされていることを自覚する示観領解の上の行である、とする。そして、聖達の実子といわれ證空の愛弟子である立信が、「凡夫ノ心中ニ一分ノ智解モ生ジ定心モ起リ見仏ヲモ得ルト云ハ併ラ仏力ノ冥加也。自心ノ力ト不レ可レ思[50]」と説くように、それはいわゆる他力の領解ということであり、この点もとより聖達も同様であったから、熊野成道以前の一遍もこれを承けて径庭なく、「一念の信をおこして南無阿弥陀仏となへて、このふだをうけ給ふべし[51]」と、まさに如上の三心観に対応して念仏を勧めていた。

しかし、熊野への道中出会った一律僧に信心の有無の問答の末「信心おこらずともうけ給へ[52]」と念仏札を渡して疑団となり、「阿弥陀仏の十劫衆生の往生は南無阿弥陀仏と決定するところ也。信不信をえらばず、浄不浄をきらはず、その札をくばるべし[53]」との熊野権現の神託を受け、その疑団の氷解を得た。證空は、

たゞ南無阿みだ仏と申ばかりにて、往生すと心えたる輩、当世にたゞこれは一往は信ずるに似たりといへ共、

悉く尋ればさして思入たる処なし。ふかく信ずる義候はざる也。是をばひら信じと申にも不及候也。加様の輩に向ては、本願のむなしからず、凡夫を摂するいはれ、一分にてもかまへて心えよと申きかせ候也。[54]

と説いていた。しかし、一遍は、一切の機の計らいを離れて法の真実に帰す「依法不依人」の立場から、「領解すといふは領解すべからざる法と心得るばかりなり[55]」とも、また、「わがよく心得、わがよく念仏申（し）て往生せんとおもふは自力我執が失せざるなり[56]」とも、更には、「熊野権現信不信をいはず、有罪無罪を論ぜず、南無阿弥陀仏が往生するぞと示現し給ひし時、自力の我執を打（ち）払ふて法師は領解したり[57]」とつねに語っているように、證空の機功は募らぬが領解は求める白木念仏に歩一歩を進め、「たゞ南無阿弥陀仏と申ばかり[58]」の名号絶対の全分他力の立場に立つに至ったのである。

もっとも、領解が全くいらない、無知でよい、ということでもない。一遍自身、その自得するところを「己心領解の法門[59]」といい、その弟子の真教に「南無阿弥陀仏はうれしきか[60]」と問うている。念仏の功徳や阿弥陀仏の大悲願力のいわれを知らなくては歓喜の心も、踊り念仏という法悦の表出も生じてはこない。何も知らず目覚めなくてよい、ということではなく、「知りてしらざれ、かへりて愚痴なれ[61]」という全く離分別・無所着の、こだわりを離れた境涯をいうのである。その点、聖達の真弟として一遍にとっては法兄となる立信が、「領解の上には平信に帰し奉るべし。今領解と云ふは往生の道理を聊か経釈の面に付きて一分機の上に心得るばかりなり[62]」というのとそう径庭はないであろう。

ただ一遍は、「心はよき時も、あしき時もまよひなるゆへに、出離の要とはならず[63]」むしろ往生のさまたげとなるから、「念仏の下地を造る事なかれ。（中略）心の持様も往生せず。南無阿弥陀仏が往生するなり[64]」と述べて、信を往生の必要条件としない。往生は、十劫の昔、弥陀の正覚の刹那に成就されているのであって、今日の衆生の信の如何によって左右されるものではない。

もっとも、「信不信をえらばず[65]」ということを字義通り解釈して信そのものまで不要とするならば、また重大な誤りといわなくてはならない。もとより「仏法ノ大海ハ信ヲモッテ為二能入一ト[66]」し、「涅槃之城ニハ以テレ信ヲ為二能入一ト[67]」すのである。衆生の「信不信をえらば」ぬのは名号に根源的な絶対の信を置くからであって、称名の行をおろそかにしてよい、ということでは決してない。その意味において、證空が、「中々に心をそへず、申せば生と信じて、ほれぐ〳〵と南無阿弥陀仏ととなふる[68]」と述べるのは全的に正しい。一遍はこの證空の白木念仏を継承し、「信とはまかすとよむなり。（中略）我等は即ち法にまかすべきなり[69]」として、三業を法に任せて、「南無阿弥陀仏とまうす外、さらに用心もなく、此外に又示すべき安心もなし[70]」とまで徹底させ、名号至上の絶対他力の立場を表明したのである。

建治二年（一二七六）一遍は太宰府に師聖達を訪ねた。「なのめならず悦び給[71]」いて師自ら風呂を結構、二人で入浴しながら法談を交わした。聖達が「いかに十念をばすゝめずして、一遍をばすゝめ給ふぞ[72]」と問うのに対し、一遍は十一不二の領解を詳しく述べたところ、聖達は感嘆して、「さらば我は百遍うけむ[73]」といって百遍受けている。従来この当体一念の念仏を聖達が百遍受けたことについて「諧謔」と解されるなど[74]、必ずしも納得のいく説明がなされてきてはいない。聖達は、「十念称」の浄土仏教の伝統に従い、一念多念の論議をも踏まえ念仏の回数を問題にしつつ、「一遍」の念仏のいわれを問うている。しかし、一遍は、一念多念といった相対的な数の問題だけではなく、熊野成道の余韻なお残る間もない頃のことでもあり、それは聖達の一念ではなく「一遍」という如上の表現にも反映していようが、おそらく、信不信の問題をも含めた根源的な絶対の信を置く他力本願の根本義を「十一不二頌」をもって語ったのであろう。だからこそ、聖達は、弟子一遍の成長を喜び感嘆して、その他力の深意の重みを百遍受けることをもって示し、一遍は後でそのことを「いかにも智者は子細のある事なり[75]」と賞讃したのである。恩師だからといって機鋒鋭い一遍に世辞はない。

以上、これを要するに、聖達は、学究として聖達義というような独自の教義を開拓するというよりは「解ハ浄ムレ行ヲ[76]」という念仏を示観領解の上の行とするその師證空の西山義を忠実かつ豊かに継承し祖述して「浄教の秘頤をさづけ」[77]ていた真理に真摯な浄土仏教者であったことが知られる。そして幾つかの寺院を兼帯して四国・九州に證空仏教を弘布しつつ、多くの優秀な弟子を育てていることからすると、自らの存在の意義と限界をよく自覚した、むしろ教化・教育者肌の人であったのかもしれない。

法然仏教は、多くの念仏聖を擁することで成立し更に展開していくが、法然の三種の選択によってたどり着いた専修念仏がその「選択」の理論や一切衆生平等往生の立場を忠実に継承し、いわば円のごとく根源的ともいうべき無限の多角的に展開していく思想を包蔵していた。その法然の思想を、證空は弥陀の摂取不捨の大慈悲を領解し、凡夫の三業を離れて帰命する一念を喜ぶ白木念仏へと展開させ、聖達はこの證空浄土仏教を忠実に継承して一遍らに伝え、一遍は、その師教を更に領解はしつつもそれを離れる無所着の全分他力の念仏思想にまで特化していくのであって、そこに彼らの個性が大きく関わっていることが知られるのである。

二　天台本覚思想と一遍仏教

(一)

鎌倉仏教は、日本天台を否定の契機として成立したものであることは周知のところであるが、その日本天台、とりわけ源信以降のそれの立脚していた立場が、いわゆる本覚思想であった。本覚思想とは、人間は本来覚れるものであり、理想とは人間の本来の面目に他ならない、とする思想であって、理想を人間から遠く隔った彼方に認め、その理想に向かって修行して、長いエロース的努力の結果、ようやく理想に到達し、始めて覚ることができる、という始覚思想に対するものである。最澄によって開かれた日本天台は、元来始覚門に立つものであったのであるが、その開会《かいえ》思想に基付く円・密・禅・戒四宗合一の性格によって、本覚門的な華厳教学を導入して本覚化した真言密教の影響を受け、最澄没後次第に変容し、天台密教が形成される過程において、日本天台独自の本覚思想が成立したのである。そして、日本天台の本流として広く流布し、日本文化万般に大きな影響を与えていったのであって、それは日本人の精神の基盤をなすとすらいわれる面がある(78)。

もっとも、この本覚思想は、仏教の歴史的・理論的帰結ではあったが、その一面、誤り解される危険性をはらんでいた。すなわち、本覚思想というものは、覚者たる仏の側からいわれることであって、現実の人間は、その本来の面目たる仏性を、あくまでも可能性として行的・実践的・始覚的に開顕していくべきものである。仏性の開顕は、仏性を妨げている煩悩を始覚的に排除していくことによってこそ、可能となる。しかしながら、この、人間は本来仏であり、ただそれを明らかに知らないために迷っている、という思想が概念的・抽象的にもてあそばれ、ついには、自然主義的・現実肯定主義的傾向に堕して、自己否定的要素を欠落し、人間の現状追従を容認して、道心形成への修学・修行を不必要とする考え方を生じ、自然外道《じねんげどう》に陥っていったのである。すなわち、人間はすべて本覚の仏であり、自己に存する煩悩や我執も、煩悩即菩提として、何ら断じ去り、否定すべきでものではない、と考えられるに至った。この故に、日本天台は、平安末期には即身これ仏として持戒を否定し、アナーキーな風潮すら生じて、思想的頽廃をきたすところがあったのである。

鎌倉仏教は、まさに、この日本天台を否定的に媒介し、本覚思想の欠点に鑑みて、その行き詰まりを行証・体験において克服していった。この故に、鎌倉仏教には、日本天台の本覚思想が、その欠を補って発展的に継承され、しかして、その表現を変え、形を変えて現象しているのである。この本覚思想は、仏教における人間本質論であるとともに、教育可能論である、とも考えられるのであり、ここに、鎌倉仏教の掉尾を飾る一遍仏教と天台本覚思想との関連を考察することとする。

さて、一遍仏教、時衆始祖一遍は、伊予の天台宗継教寺の縁教の許で天台教学を学び、後、西山派祖善慧房證空の高弟たる、肥前の華台および太宰府弘西寺の聖達の許で證空仏教を修めた。證空は、法然の専修念仏に帰して後も、日野の願連から天台を学び、慈円から台密を学んでいるのであって、その教学は、天台開会の理念によって、法然の専修念仏義を継承したものであった。しかも、その高弟たる聖達がもと住していた筑紫原山は、太宰府天満宮の別当として中世勢威を振るった天台所属の原八坊に属していたことから、聖達の證空仏教は一層天台義的性格が濃厚なものであった、と考えられる。この故に、聖達に一二年間師事した一遍は、その證空仏教を通じて日本天台の影響を少なからず受けていたのである。しかして、一遍は、この證空仏教を否定の契機とし、新たに出離の要路を求めて、ついに、旧仏教はもとより他の鎌倉仏教のいずれもが往生のぎりぎりの条件としていた信をも必要条件とはせずに、鎌倉仏教における信・専修・易行という課題を独一の名号に帰一し、鎌倉仏教を究竟の頂にまで徹底せしめたのである。

一遍の己心領解の法門と伝える七言の頌に「十劫正覚衆生界　一念往生弥陀国　十一不二証無生　国界平等坐大会」(79)とある。すなわち、『一遍上人縁起絵』第六に「別願の正覚は凡夫の称名より成じ衆生の往生は弥陀の正覚に定(り)畢(んぬ)。依レ之衆生称念の今と本願成就の昔と全(く)二なし。然者一念即十劫、十劫即一念也」(80)とあるのは、この言詮に他ならない。

一遍は、阿弥陀仏の第十八願をもって、法蔵菩薩が因位に「若不生者不取正覚」と誓願を立てて一切衆生の往生を賭したのであるが、すでにその誓願が成就して阿弥陀仏となった以上、一切衆生はその時すでに往生を成就し救われている、とする。その故に、彼は、衆生は本来仏である、との立場に立っていたのである。この点は、證空仏教と何ら異なるところはない。しかしながら、證空は、弥陀の正覚自体に衆生往生の願行が具わっている、としていわゆる仏体即行説を説く。すなわち、證空は、その『観経散善要義釈観門義鈔』第三巻において、『観経散善義』の「三心既具無行不成。願行既成若不生者無有是処也」を釈し、「無行不成者《ト》、解《ハ》浄《ムル》レ行《ヲ》故《ニ》、三心《ノ》悟《リ》既備《ハリヌレバ》、行業必可《シト云》レ成《ズ》也。其行《ノ》体《ハ》阿弥陀仏《ノ》四字《ヲ》、意二得《ツレバ》往生《ノ》正行一《ト》、一切《ノ》諸行業《ノ》、皆無レ非《シト》《ト云コト》二往生《ノ》教行《ニ》一、得《ル》レ心故也」(81)と述べて、至誠心・深心・廻向発願心の三心さえ備われば、一切の行業は皆ことごとく行体たる阿弥陀仏のなかに統摂され、衆生の行は仏の行となる、と考えていた。この故に、彼は、正覚往生同時不二の趣旨を領解すれば安心決定して往生することができる、とする。他力の領解ということではあるが、この證空の思想は、明らかに浄土仏教的な形態を取って現象した天台本覚門のそれである、といってよい。

これに対して、一遍は、この機功は募らぬが領解は求めるという證空の思想に歩一歩を進めて、「聖道は『煩悩即菩提、生死即涅槃』と談ず。我等此法門をも教（へ）つべけれども、当世の機根にをいてはかなふべからず。いかにも煩悩の本執に立（ち）かへりて人を損ずべき故なり[82]」といい、また、

生死は我執の迷情、菩提は離念の一心なり。生死本無なれば、学すともかなふべからず。菩提本無なれば、行ずとも得べからず。しかりといへどもまなびざる者はいよ〳〵めぐる。此故に身をすてゝ行じ、心をつくして修すべし。（中略）吾等ごときの凡夫は、一向称名のほかに、出離の道をもとむべからず[83]。

と述べて、誤れる現実肯定的な本覚思想を批判し、称名行の実践の要を説く。法蔵因位において衆生はすでに救われ、仏と本質的に一体であるが、しかし、現象面では仏との差は絶大であり、凡夫であることに変わりはない。藤原有房の著と伝える『野守鏡』は、「直心即浄土なりといふ文」を掲げ、一遍の踊り念仏を批判しているが、確かに「直心即浄土」という文を即自的に解釈し、行証を忘れて、現にある凡夫がそのまま仏である、としてこれを一元的に肯定するならば、悪しき自然外道に堕してしまうのであって、一遍自身、「三業のほかの念仏に同ずといへどもたゞ詞ばかりにて義理をも心得ず一念発心もせぬ人共[84]」と所々の時衆の長老を叱責し称名行の実践を求めている所以であって、身・口・意の三業を離れ、一向に称名してこそ、本然の覚性が開発されて仏となることができる。

弥陀の大悲は、永遠と現実の問題であり、絶対と相対、本質と現象の統一の問題であって、不二相即の故にこそ、本質を現象に現成すべく、一遍は、「南無は始覚の機、阿弥陀仏は本覚の法なり。然（れ）ば始本不二の南無阿弥陀仏[85]」と称名による行証を高調する。始覚的に称名を行修していってこそ、本覚の仏が始本不二の称名の

位に顕現するのであり、かくして、證空仏教ひいては天台本覚思想の欠を始覚的な称名行によって補い、それを克服していったのである。一遍が、「密教と浄土教の融合という時代の要請を（中略）担っただけでなく、日本史上もっとももそれに成功した[86]」などと称される所以でもあるだろう。

（二）

一体、仏教は自己が本来の自己に回帰することを説く。人間が、本能的・衝撃的欲求をその意識の下層において他の動物と共有しつつも、より高次の欲求を持ち、本来の自己を追究していくことは空海やマズロー Maslow, Abraham H. らに俟つまでもない。仏教は自覚の宗教なのであり、その自覚とは、人間の本質への目覚めといってよく、自己を徹見し、人間の自我意識の作り出す貪・瞋・痴の煩悩こそこの世の苦の原因である、という認識に至ることであった。人生の目的はこの自覚によって自己実現し、真の人間になること、いわゆる成仏に至ることである。ここに、いわゆる縁起の法、すなわち、時間的には、一切の事柄は時々刻々に変化して一瞬といえども固定しているものはないという諸行無常、および、空間的には、一切のものはすべて相依相関の関係においてあり、何一つ他から切り離されて存在するものはないという諸法無我の二つを根本原理とする、空《くう》の哲学が説かれたのである。こだわりを離れるところには自由がある。一切は相互依存の関係にある故に、人間の排他的な我執は自縛の苦の原因となるわけである。

ここに、一遍は、「名号を念仏といふ事。意地の念をよびて念仏といふにはあらず。たゞ名号の名なり[87]」とまで述べ、観念の念仏、いわゆる観仏を否定し、「念仏する」のではなく、「念仏を申す」のである、として、専一なる称名念仏を説く。「意地の念」は自力の迷情に他ならない故に、一遍は、我執妄念の一切を捨て切った無我無心の絶対他力の念仏を強調したのである。後世二祖とされる他阿真教が、「我等が本分自己の心に如々含識を兼（ね）て塵々法界を隔（る）事なけれども客塵煩悩に障碍せられて自他彼此の情量を分別す[88]」と述べるごとく、人間の妄執が自他彼此の迷情を生じ、人生の迷いの根源となる。自我の迷いの世界の彼岸に汚れのない浄土があるのであり、ここに、「無心寂静なるを仏と云」(89)い、「生死といふは妄念」(90)であり、その生死を越えた「空無我の土」(91)こそ浄土であって、それは自心の即今にある、とされる。真教もいうごとく、「心は本のものにてみちなき安心」(92)であり、「仏道といふは但欲をはなる、より外は別の子細」(93)はないのである。

故に、一遍は、「捨て、こそ」との空也の言葉を念仏の本質を語った金言とし、念仏には少しの計度分別も残っていてはならない、と示して、一切の自力の妄執の捨棄を強調した。(94)一遍が、「我執なくて念仏申（す）が死するにてあるなり」(95)といっているごとく、自我に死し、念仏において無我無心になり切るとき、凡夫と弥陀は一如し、機法一体の名号となる。自らの心を捨てて無我となり、無量寿の名号に自己を没することによってこそ、自己の働きは実相と一体となり、行仏は仏行となって、唯仏与仏・仏々相念となるのである。しかして、『播州法語集』には、「我執をすて南無阿弥陀仏と独一なるを『一心不乱』といふなり。されば念々の称名は念仏が念仏を申（す）なり」(96)とも、また、「人のよそに念仏するをきけば、我（が）心に南無阿弥陀仏と、浮（か）ぶを聞名といふなり。然（れ）ば名号が名号をきく也」(97)ともある。すなわち、これは、全く妄執のない、物事への一切の執着の消えた空の境地をいうのであって、衆生は、一切の自力の想念を捨てて、離分別・無所着に念仏することにより、その直下に往生して阿弥陀仏となるのであるが、同時に、阿弥陀仏も因位の大願を成就して正覚を取るのであって、この称名の瞬間に、無限が有限にきたり、衆生と阿弥陀仏とは一体となるわけであった。まさに、機の絶対転換ともいうべく、永遠の相の下における自己実現となる。一遍が「能帰といふは南無なり、十方衆生なり。是則（ち）命濁中夭の命なり。然（る）を常住不滅の無量寿に帰しむれば、我執の迷情を削（り）て能帰所帰一体にして生死本無なるすがたを六字の南無阿弥陀仏と成ぜり」(98)と説くごとく、名号に帰入することによって、自己の現存在は、生死的生命を脱自して永遠に蘇生し、あくまでも時間のなかにありながら、時間形式を超えて、無生を証することとなる。「弥陀の本願他力の名号に帰しぬれば生死なき本分に帰る」(99)のである。

這般の消息を、シュライエルマッヘル Schleiermacher, F. E. D. 流にいうならば、有限と無限、瞬間と永遠とが一になる宗教的不死ということになるのであろう。[100]「消息法語」に、「南無阿弥陀仏と一度正直に帰命せし一念の後は、我も我にあらず、故に心も阿弥陀仏の御心、身の振舞も阿弥陀仏の御振舞、ことばもあみだ仏の御言なれば、生（き）たる命も阿弥陀仏の御命なり[101]」とあるごとく、国・界平等にして大会に坐し、「現身当念ニ往生ヲ剋果ス[102]」るのである。ここに、仏・凡二者の区別は消滅して、ただ名号だけが残る。この故に、「念仏が念仏を申」し、「名号が名号をきく」のである。そこには、もはや称える我も称えられる名号もなく、称える我と称えられる名号とが一体となり、唯一念仏・独一名号となる。あるものはただ念仏の声ばかりとなる。一遍が「主なき弥陀の御名にぞ生まれけるとなへすてたる跡の一声[103]」と詠じ、真教が「まよひこし心も身をも捨つればわれならぬ我ぞ御名をとなふる[104]」と詠う所以であり、その根底に否定媒介され貫流する本覚思想を見ることができるのである。

ところで、仏教は「自浄其意」をその根本倫理とする。人間の生は、行動・言語および意識の身・口・意の三業に統括されるが、身・口の二業は心に意思することによって成ずるから、意の汚染を断ち切ることを本意とする。しかし、身・口も二業によって生じる心の表面の経験も善悪・汚染ともに心の奥底の阿頼耶識に種子として植え付け保存される、とするから、もとより、行動を慎み、言葉を正して身・口の浄化に努めなくてはならない。ここにおいて、一遍仏教の念仏は、自力我執の見解を離れ、衆生の三業を離れて離分別・無所着の三業を成就する行であり、身・口・意の三業を清浄にし、弥陀の無量寿の永遠の命に自らの生を託しお任せする契機となる。大いなる命という弥陀の願船に乗託するのであり、一遍が、「信とはまかすとよむなり。他にまかす故に、人の言《ことば》と書（け）り。人たるもの、言はまことなるべきなり。我等は則（ち）法にまかすべきなり[105]」といった所以であろう。

まさに、祈り、念ずるということは、人間が人間を超えたものと対話し、自己を無にするということであり、称名に自力の功徳を認めず、自力の我執を捨てることによって、弥陀の三業と衆生のそれとは一つになる。衆生の三業を離れるということは自己を無にすることであり、自己を無にし、空にすれば宇宙全体が自分となるのである。名号において古い自なるものに死し、名号において永遠に生きるのであって、限り無い時空の宇宙と一体になり、自我の殻を破って、弥陀の三業を成じ、無量寿・無量光と一如するわけである。

当体一念の念仏において、十劫正覚は当体に現成し、無限が有限にきたり、ノエシス即ノエマ的に念仏即往生となり、その端的の一声に自己の衆生性は否定媒介されて、己身は弥陀となり、凡夫の身・口・意の三業は弥陀のそれとなって現身のままに往生を証得するのである。「離三業」は「成三業」となり、光寿無量の永遠の今を喜びのうちに生きる充実した生が実現するのであって、一遍仏教においてはこれを「離成三業」という。(106)『一遍上人縁起絵』第六に、「貪瞋具足妄愛の心の底に纔（か）に一念帰命する時身心我にあらず弥陀と一致に成（り）ぬれば彼此三業の謂（れ）成じて行住坐臥則（ち）弥陀の四威儀なり。仏と衆生と一になりかへり迷も悟も二なきものなり」(107)とある所以である。まさに、身心相即の立場に立った心の教育といってよい。

(三)

思うに、絶対的に否定された現存在は、念仏の真実において、絶対的に肯定される。身・口・意の三業の浄化によって頽廃した日常性にある現存在は否定媒介され、逆対応的に自己の本源に還帰するのである。否、一切捨離の名号に帰することによってこそ、無始輪廻の繫縛を離れて、父母未生以前の自らの「本分本家に帰る」(108)のである。七祖託何が、『他阿弥陀仏同行用心大綱註』において、「言ハ二南無ト一者則是レ帰命」である、とし、その帰命の第一義に「還源」を挙げている所以である。(109)「是を『努力翻迷還本家』といふ」(110)のであって、現存在の指向すべき浄土は自らの心のうちにあり、それはまさに帰りいくべき家郷に他ならなかったのである。しかも、この「還源」ということ、還元すれば善導の「努力翻迷還本家」ということは、もとより始覚的・時間的・段階的なエロース的努力の結果ではなかった。一遍は臨終命断のきざみに、はじめて西方浄土に往生するという、浄土仏教通途の立場も取らない。称名行によってその妄執の断ぜられる即今の現下に「生死なき本分に帰る」(111)のである。否定媒介された本覚思想が貫流するその思想・教学においては、「臨終即（ち）平生」(112)であって、捨此往彼の当得往生は、いわば此土《しど》入聖《にっしょう》ともいうべき、證空仏教に由来する即便往生に止揚されるのである。すなわち、一遍においては、「往生といふは無生」(113)、無生死であり、「名号の位ばかり往生」(114)なのである。「極楽は無我真実の土」(115)であるから、称名の時をおいて往生はない。しかも、自己の本分は名号であるが故に、自己の本分への回帰即往生、空無の境、無生死への超出となるわけであった。

一遍は、この宗教体験の世界を、「六字之中　本無生死　一声之間　即証無生」(116)と詠じているのであるが、それは、「松はまつ、竹はたけ其の体をのれなりにして生死な」(117)き、無色無形無我無人の絶対無の世界、自受法楽の世界であったのであり、更には、宇宙の悠久のリズムのなかに溶け込み、自然と観応道交する汎神論的な風光、法界遍満、限定なき宇宙大の生命に生きる「十界依正一遍体」(118)の万法名号の世界であったのである。他力の本質は宇宙すなわち法界に周遍するが故に、一念の口称において無限が有限に来たる。まさに、不生不滅なる本源に帰した、彼此三業相捨離しないこの境涯は日々是好日ともいうべき踊躍大歓喜の喜悦の世界に他ならず、一遍仏教の念仏は「歓喜の念仏」であったのであり、これは西山義、證空仏教に淵源するものであった。

註

（1）『観無量壽仏経疏』巻第四「正宗分散善義」（高楠順次郎編『大正新脩大蔵経』第三七巻、「経疏部」五、大正新脩大蔵経刊行会、一九九〇年、二七二頁、中）。

（2）『観無量壽経釈』（石井教道編『昭和新修法然上人全集』平楽寺書店、一九五三年、一二七頁）。

（3）『選択本願念仏集』（註（2）前掲書、三二一頁）。
（4）『阿弥陀経釈』（註（2）前掲書、一五五頁）。
（5）『選択本願念仏集』（註（3）前掲書、三四七頁）。
（6）『法然上人伝記』巻第一下（井川定慶編『法然上人傳全集』法然上人傳全集刊行会販売、一九六七年、三四五頁）。
（7）『往生要集釈』（註（2）前掲書、一七頁）。
（8）『選択本願念仏集』（註（3）前掲書、三三八頁）。
（9）同上。
（10）「つねに仰せられける御詞」（註（2）前掲書、四九四頁）。
（11）同上（四九二～四九三頁）。
（12）「津戸の三郎へつかはす御返事」（註（2）前掲書、五〇三頁）。
（13）「つねに仰せられける御詞」（註（2）前掲書、四九五頁）。
（14）同上。
（15）「元久二年十二月の詠歌」（註（2）前掲書、八七七頁）。
（16）「一枚起請文」（註（2）前掲書、四一六頁）。
（17）同上。
（18）通親の実子に道元がいたから二人は兄弟ということになる。
（19）三鈷寺のこと。
（20）『観経疏自筆御鈔』上、「玄義分」巻三（『西山叢書』第一巻、西山短期大学、一九九〇年、一〇六頁）。
（21）『五段鈔』（森英純編『西山上人短篇鈔物集』文栄堂、一九八〇年、一六二～一六三頁）。
（22）『女院御書』（同上書、一九五頁）。
（23）『観経散善要義釈観門義鈔』巻第三（西山全集刊行会編『西山全書』第三巻、文栄堂書店、一九七四年、三五四頁）。
（24）『観経玄義分他筆鈔』上（註（20）前掲書、第五巻、一九九六年、一〇頁）。
（25）『往生礼讃自筆御鈔』巻第二（同上書、第三巻、一九九〇年、一二頁）。

(26)『安心鈔』(註(21)前掲書、一八一頁)。
(27)『述成』第二(同上書、七七〜七八頁)。
(28)『西山善慧上人御法語』(同上書、一三二頁)。
(29)『述成』第八(註(27)前掲書、九一頁)。
(30)「西山上人の和歌」(註(21)前掲書、二七四頁)。
(31)『述成』第五(註(27)前掲書、八四〜八五頁)。
(32)『法然上人行状絵図』第四七(註(6)前掲書、三〇六頁)。
(33)同上。
(34)生没年不詳。従前一般に「しょうだつ」と呼ばれてきたが、『矢石鈔』『楷定記先聞録』などによれば「せいだ」と呼称されていたごとくであり、「つ」は略して呼んだのであろうから正しくは「せいだつ」とすべきであろう。法然門下の法印聖覚が漢音で「せいかく」と称したのと同様である。
(35)『浄土法門源流章』(註(1)前掲書、第八四巻、「続諸宗部」一五、一九九二年、一九八頁、下)。
(36)黐空妙瑞。真正な宗風振起のため獅子吼し、白隠に就いて参禅もしたという西山西谷義の泰斗であるが、一遍仏教、今日の時宗にとってもその母体證空仏教、西山派との近世における交渉を見る上でも重要な人物である。すなわち、藤沢山夏安居に『播州問答』を講義して『一遍上人語録諺釈』を著し、遊行一海の委嘱を受けて『一遍上人語録』第二版を編集している。なお、小林円意をして飯米を施与せしめてその夏安居を円成させ、かつ、『一遍上人語録』開版へ惜しみなき寄進に至らしめるなど、彼の関与は大きい。
(37)『一遍上人語録諺釈』巻一(時宗宗典編集委員会編『定本時宗宗典』上巻、時宗宗務所、一九七九年、四二二頁)。
(38)『法水分流記』(『日本仏教史』第三号、日本仏教史研究会、一九五七年、一二月三日、九一頁)。
なお、金井清光はその『一遍と時衆教団』(角川書店、一九七五年、二二頁)に「筑前大村正覚寺」を「道教」に掛けて道教を正覚寺開山とするが、彼は一八歳の時聖達の許を離れて上洛しているからこれはありえず、正覚寺は聖達の住坊の一つということになる。
(39)同上(九〇頁)。

(40) 同上。「真弟」とは実子の弟子をいう。

(41) 『法水分流記』を底本に他の諸系譜を取捨・校合して筆者が作成。なお=は実子にして弟子、┊|は継子にして弟子を示す。

(42) 『一遍聖絵』第一〇（註（37）前掲書、下巻、一九七九年、三八七頁）。

(43) 『播州法語集』に「長門の顕性房の三心所廃の法門はよく立（て）たり。然らば往生とげたりと、常に称美せらる、ものなり」とある（註（37）前掲書、上巻、六一頁）。

(44) 『一遍聖絵』第九（註（37）前掲書、下巻、三八四頁）。

なお、如一の孫弟子示導康空らその法系が證空師跡の西山往生院を伝持していわゆる本山義を形成している。

(45) 『播州法語集』（註（37）前掲書、五八頁）。

(46) 註（23）に同じ。

(47) 『観経玄義分他筆抄』中（註（20）前掲書、第五巻、八一頁）。

(48) 『竹林鈔』巻上（註（1）前掲書、第八三巻、「続諸宗部」一四、一九九二年、四六六頁、上）。

(49) 『観経正宗分散善義楷定記』巻第一（註（23）前掲書、第七巻、一九七五年、四八〇頁）。

(50) 『深草抄』上、巻一（『深草叢書』第四編〈謄写版〉、太田準悟、一九二二年、四枚目右）。

(51) 『一遍聖絵』第三（註（37）前掲書、下巻、三六八頁）。

(52) 同上（三六九頁）。

(53) 同上。

(54) 「津戸三郎への返状」（註（6）前掲書、巻第三上、三六八頁）。

(55) 『播州法語集』（註（37）前掲書、五七頁）。

(56) 同上（六〇頁）。

(57) 同上。

(58) 「津戸三郎への返状」（註（6）前掲書、巻第三上、三六八頁）。註（54）に同じ。

(59) 『一遍聖絵』第二（註（37）前掲書、下巻、三六六頁）。

(60)『一遍上人縁起絵』第四（註(37)前掲書、下巻、四一二頁）。
(61)『播州法語集』（註(37)前掲書、五七頁）。
(62)『円空上人御法語』（『深草教学』第一二号、浄土宗西山深草派宗務所、一九九二年三月、一四頁）。
(63)『播州法語集』（註(37)前掲書、五八頁）。
(64)同上（六三頁）。
(65)『一遍聖絵』第三（註(37)前掲書、下巻、三六九頁）。註(53)に同じ。
(66)『大智度論』巻第一（註(1)前掲書、第二五巻、「釈経論部」上、一九八九年、六三頁、上）。
(67)『選択本願念仏集』（註(3)前掲書、三三四頁）。
(68)『法然上人行状絵図』第四七（註(6)前掲書、三〇六頁）。註(32)に同じ。
(69)『播州法語集』（註(37)前掲書、六三頁）。
(70)「消息法語」（『一遍上人語録』巻上、註(37)前掲書、八頁）。
(71)『一遍聖絵』第三（註(37)前掲書、下巻、三七〇頁）。
(72)同上。
(73)同上。
(74)河野憲善『一遍教学と時衆史の研究』東洋文化出版、一九八一年、六五頁。
(75)『一遍聖絵』第三（註(37)前掲書、下巻、三七〇頁）。
(76)註(23)に同じ。
(77)『一遍聖絵』第一（註(37)前掲書、下巻、三六五頁）。
(78)栗田勇『最澄と天台本覚思想　日本精神史序説』、作品社、一九九四年、一五七～一五八頁。
(79)「偈頌和歌」（『一遍上人語録』巻上、註(37)前掲書、一〇頁）。
(80)註(37)前掲書、下巻、四一八～四一九頁。
(81)註(23)に同じ。
(82)『播州法語集』（註(37)前掲書、六三頁）。

(83) 「消息法語」(『一遍上人語録』巻上、註(37)前掲書、四一二頁)。
(84) 『一遍上人縁起絵』第四(註(37)前掲書、下巻、四一二頁)。
(85) 『播州法語集』(註(37)前掲書、六三頁)。
(86) 山折哲雄/正木晃/永沢哲『修行と解脱　拝む　唱える　舞う』佼成出版社、一九九二年、二六三頁。
なお、梅谷繁樹『捨聖・一遍上人』(講談社現代新書、一九九五年、一八〇頁)は「時宗七代他阿託何の頃に一遍法語に本覚色が入った」ようにいうが、その本覚色は證空仏教以来の伝統であることが知られなくてはならない。
(87) 『播州法語集』(註(37)前掲書、五四頁)。
(88) 『一遍上人縁起絵』第六(註(37)前掲書、下巻、四一六頁)。
(89) 『播州法語集』(註(37)前掲書、五八頁)。
(90) 同上(五四頁)。
(91) 同上(六一頁)。
(92) 『他阿上人法語』巻第四(註(37)前掲書、一六九頁)。
(93) 同上(一五〇頁)。
(94) 「消息法語」(『一遍上人語録』巻上、註(37)前掲書、八～九頁)。
(95) 『播州法語集』(註(37)前掲書、六二頁)。
(96) 同上(六〇頁)。
(97) 同上(六一頁)。
(98) 同上(六〇頁)。
(99) 同上。
(100) シュライエルマッヘル、佐野勝也/石井次郎訳『宗教論』岩波文庫、一九四九年、一一三頁。
(101) 註(37)前掲書、七頁。
(102) 河野往阿『時宗綱要』(註(37)前掲書、下巻、三四〇頁)。
(103) 「偈頌和歌」(『一遍上人語録』巻上、註(37)前掲書、一五頁)。

(104)『他阿上人法語』巻第八（註（37）前掲書、二二七頁）。
(105)『播州法語集』（註（37）前掲書、六三頁）。
(106)河野往阿『時宗綱要』（註（37）前掲書、下巻、三三四〜三三五頁）。
(107)同上（四一六頁）。
(108)『播州法語集』（註（37）前掲書、六〇頁）。
(109)同上（二四八〜二四九頁）。
(110)同上（六〇頁）。
(111)同上。
(112)同上（六四頁）。
(113)同上（五七頁）。
(114)同上（五八頁）。
(115)同上（五四頁）。
(116)「偈頌和歌」（註（37）前掲書、一一頁）。
(117)『播州法語集』（註（37）前掲書、六〇頁）。
(118)「偈頌和歌」（註（37）前掲書、一〇頁）。

第二章　一遍仏教とその位置

一　一遍仏教における「往生」の問題

㈠

一遍仏教は法然・證空・聖達・一遍と次第し、約一〇〇年のインターバルをおいて「時衆」[1]として結実した。一遍は法然の高弟西山派祖證空の法孫であり、前述のごとく、その仏教には證空仏教を媒介としつつ、法然仏教の継承と、一遍の個性よりする独自の展開がある。今試みに「往生」の問題に関わって、法然仏教の特殊的普遍としての一遍仏教につき、今日的理解をも加えつつ、考察してみることとする。「往生」が人間の在り方に関わるが故である。

㈡

「往生」とは、一般的には他の世界に生まれることをいうが、浄土仏教においては、念仏の功徳によって阿弥陀仏の真実の世界に往き生まれることをいう。すなわち、法然の『往生要集釈』に「捨此往彼蓮華化生《ナリ》」[2]とあるように、この現実の苦悩の世界を捨てかの清浄な極楽浄土へ往き、蓮台の上に生まれることをいうのである。

もともと、浄土仏教は、凡夫の罪悪性の自覚に立ち、この濁り切った現世においては煩悩の雲厚く、自力の修行によってこの世において成仏することなどおぼつかないから、命終後浄土に往って生まれ変わり成仏する、という考え方から成立してきたものである。従って、浄土仏教の伝統的な解釈においては、いわゆる「厭離穢土欣求浄土」、すなわち、この穢れた国土を厭い離れて浄い国土を欣び求めるということをその基本的立場とし、命終わって後極楽浄土に生まれることが強調されてきた。確かに、法然もその『選択本願念仏集』に「念仏《スル》者《ハ》捨《テ》レ命《ヲ》已後決定《シテ》往二生《ス》極楽世界《ニ》一」[3]と明言している通りなのである。

しかしながら、実のところ、『観無量寿経』を見ると、釈迦の十六観の教えを聞いて韋提希が「廓然大悟、得無生忍」[4]したのは現世でのことであった。また、『阿弥陀経』について見れば、一日ないし七日間、一心不乱に名号を執持するならば命終に臨んで阿弥陀仏が現前し、安心して極楽国土に生まれることができる、と説かれるとともに、また、このような阿弥陀仏の教えは、十方恒沙の諸仏に護られているので、その教えを聞いて仏を念じていくならば、この濁り切った現実の世の真っ只中にあっても悟りの約束された不退転の境地に安らうことができる、と述べられている。すなわち、『阿弥陀経』は、極楽世界へ生まれるのは命終の後のことではあるが、しかし、この現実のままでも退転することのない安心立命の位が定まる、としているのである。つまり、命終後に浄土に往生し、現世においては不退転の位に住する、というのであって、證空仏教の説に従って分類すると、前者は当得往生、後者は即便往生に相当し、それぞれ釈迦の無余涅槃および有余涅槃に比定することができる。

思うに、釈迦・弥陀二尊の教えに乗じて浄土の門も開かれたのである。仏教思想の歴史的発展の流れのなかで、大乗仏教のうちより必然的に発生し展開してきたものである以上、罪悪性の自覚に徹し阿弥陀仏の広大無辺な慈悲を信楽《しんぎょう》して極楽浄土に往生することを願う浄土仏教といえども、仏教の基本的綱格である真実の自己の覚醒というわゆる内的超越の立場の埒外にあるわけではない。実のところ「捨此往彼」を立場とする伝統的浄土仏教においても仏性や霊性・本覚の内在を否定していたわけではないのである。二元相対する緊張関係のなかの機法各別との人間観に立つ法然においても、来世往生が強調されつつも、仏性の存在を認め、「言往生者諸教諸宗之悟道時之名也[5]」とし、「往生の業成就は、臨終平生にわたるべし。本願の文簡別せざるゆへなり[6]」とも、また、「あみだ仏は一念に一度の往生をあてをき給へる願なれば念ごとに往生の業となるなり[7]」とも述べ、更に、「カカル不信ノ衆生ノタメニ、慈悲ヲオコシテ、利益セムトオモフニツケテモ、トク極楽ヘマイリテ、サトリヒラキテ、生死ニカヘリテ、誹謗不信ノモノヲワタシテ、一切衆生アマネク利益セムトオモフヘキ事ニテ候也[8]」と「還来穢国度人天」の旨を述べているのである。

一方、一遍も、浄土仏教の伝統に従って、「厭離穢土欣求浄土のこゝろざしを深くして息たえ命終（は）らんを喜び、聖衆の来迎を期して弥陀の名号をとなへ、臨終命断のきざみ無生法忍にかなふべきなり[9]」と命終後の来世往生を説き、「現世の結縁は後生の為（め）にて候へば、浄土の再会疑（ひ）有（る）べからず候[10]」と述べ、後生の往生を否定してはいない。しかも、彼にあっては、過去・現在・未来の三世を超越した名号に帰入すれば、始めもなく終わりもない無始無終の往生であり、「臨終平生と分別するも、妄分の機に就（き）て談ずる法門[11]」であるから念々が臨終であり、念々が往生であった。「たゞ今の念仏の外に、臨終の念仏な[12]」く、人生の最後瞬間のみが臨終ではなかったのである。それ故、只今の一念をむなしく過ごさぬよう説くのであるが、それは永遠の今を生きることであり、更に、彼が、「南無阿弥陀仏はもとより往生なり[13]」とも「名号の位則（ち）往生なり[14]」とも述べ、念仏を称えて往生するのではなく、また人間が往生するともいわず、念仏すなわち往生である、と説く所以であった。これは、法然が「往生の業成就は、臨終平生にわたるべし[15]」とも「一念に一度の往生をあてをき給へる願なれば念ごとに往生の業となるなり[16]」とも述べていることを先蹤とし、證空が「念仏三昧、往生の体と心得るより外には別に臨終を置くべからず。又別に来迎を置くべからず。念仏即往生、往生即臨終なり。又来迎なり[17]」といっていることを直接承けていることはいうまでもない。いわば現当両益ともいうべく、浄土は、念々において自心の即今にあるとともに、また、帰りいくべき家郷として他在的に西方にあったのである。

しかして、善導が『往生礼讃偈』「前序」において「前念命終後念即生彼国」[18]と往生の様態を前念は現世、後念で来世にと具体的に見、伝統的浄土仏教はこれに従うのであるが、「善導の釈ばかりにては猶（ほ）意得られず」[19]とする一遍は、前念・後念の別をも「只今の称名」[20]に止揚し、「偏依善導」[21]を立場とする法然が、すでに『選択本願念仏集』において「念仏行者ノ観音勢至ヲバ如ク二影ト与一レ形ノ暫クモ不二捨離一セ」[22]と述べ、「念仏スル者ハ捨テヽレ命ヲ已後決定シテ往二生ス極楽世界一ニ」[23]と説いていることを承けつつ、善導の『往生礼讃偈』の「発願文」が「臨命終時、心不顛倒、心不錯乱、心不失念、身心無諸苦痛、身心快楽如入禅定」[24]と命終以後の往生を説くのを改め、「誓願偈文」において、一向称名の人は、平生において、「阿弥陀仏　観音勢至　五五菩薩　無数聖衆　六方恒沙　證誠諸仏　昼夜六時　相続無間　如影随形　無暫離時　慈悲護念　令心不乱　不受横病　不遇横死　身無苦痛　心不錯乱　身心安楽　如入禅定」[25]と、有余涅槃にも比すべき即便往生を遂げて平安を得て心は浄土に遊び、臨終の後、「命断須臾　聖衆来迎　乗仏願力　往生極楽」[26]して、無余涅槃にも比すべき当得往生を遂げるのである。肉体的・生理的束縛など一切の障りから離れての究極的な無為涅槃界への「捨此往彼」の当得往生も、念々の名号の真実に生きる念仏即往生の此土入聖《しどにっしょう》ともいうべき即便往生を離れてそれがあるわけではなく、本来不二というべきものなのである。一切衆生の往生は十劫の昔の阿弥陀仏の正覚において決定《けつじょう》しているからである。

㈢

思うに、祈り、念ずるということは、人間が人間を越えたものと対話し、その霊性を強め、日常的自己を超えるということでなくてはならない。人間の輪郭を越えたものへの思慕こそが自己抑制の心構えを生じ、その物質的生活を浄化してくれる。一遍は、「捨て、こそ」との空也の言葉を念仏の本質を語った金言である、とし、念仏には少しの計度分別も残っていてはならない、と示して、一切の自力の妄執の捨棄を強調した。[27]彼が、「わがなくして念仏申（す）が死するにてあるなり」[28]といっているように、自我に死し、念仏において無我無心になり切るとき、凡夫と弥陀とは一如し、いわゆる「機法一体」の名号となる。一遍が、「能帰といふは南無なり、十方衆生なり。是すなはち命濁中夭の命なり。然（る）に常住不滅の無量寿に帰しむれば、我執の迷情をけづりて、能帰所帰一体にして、生死本無なるすがたを、六字の南無阿弥陀仏と成就せり[29]」という所以である。自らの心を捨てて無我となり、無量寿の名号に自己を没することによってこそ、法が顕わになって自己の働きは実相と一体となり、行仏は仏行となって、「唯仏与仏」、「仏々相念」となるのである。すなわち、称名に自力の功徳を認めず、自力の我執を捨てることによって、弥陀の身・口・意の三業と衆生のそれとは一つになる。

　衆生の三業を離れるということは自己を無にすることであり、自己を無にし、空《くう》にすれば、宇宙全体が自分となるのである。「無」は単なる消極的なゼロではなく、無限大でもあるのであって、名号において古い自己に死して名号において永遠に生きるのである。すなわち、自我に死して無我になり切るとき、限りない時間・空間の宇宙と一体になり、自我の殻を破って、弥陀の三業を成じ、無量寿・無量光と一如するわけである。当体一念の念仏において、十劫の昔の正覚は衆生の当体に現成し、無限が有限に来たり、念仏即往生となり、その端的の一声に自己の衆生性は否定媒介され、絶対に他なるものが矛盾的に自己同一し、機の絶対転換を遂げて、己身は弥陀となり、凡夫の身・口・意は弥陀のそれとなって、現身のままに往生を証得するのである。衆生の三業を離れる「離三業」は弥陀の三業となる「成三業」に転じ、光寿無量の永遠の今を喜びのうちに生きる充実した生が実現するのであって、一遍仏教においてはこれを後世「離成三業」という。

　これは、證空が、「一念十念も機の功に仍らず、唯仏体の外に別に機の功を論ずる事なき所を、念々不捨者是名正定之業といふ。即ち此を他力の至極とするなり[30]」とも、また、

> 南無は迷の衆生の体也。覚りと云ふは阿弥陀仏の体なり。この二が一になりたる所を仏につけては正覚といひ、凡夫につけては往生と云ふ也。（中略）此の謂れをこゝろえんずるを即便往生ともいひ、機法一体ともいひ、証得往生とも云ふ也[31]。

とも述べている證空仏教の「機法一体」、「離三業」の念仏を先蹤とすることはいうまでもない。

なお、一遍は、

> 南無とは十方衆生なり。阿弥陀とは法なり。仏とは能覚の人なり。六字をしばらく機と法と覚との三に開して、終（ひ）には三重が一体となるなり。しかれば、名号の外に能帰の衆生もなく、所帰の法もなく、能覚の人もなきなり。是則（ち）自力他力を絶し、機法を絶する所を南無阿弥陀仏といへり。（中略）しかれば金剛宝戒章と云（ふ）文には「南無阿弥陀仏の中には機もなく法もなし」といへり。(32)

と『金剛宝戒秘決章』の「念仏中《ニハ》努無二機法一《ト》」(33)との言葉を引用しつつ、この「機法一体」の論理を展開しているのである。しかし、実のところ、『金剛宝戒秘決章』は疑義があるものの法然の作と伝えられており、もし真作とすると「機法一体」の思想は證空以前すでに法然に胚胎していたことになって「悪人正機」説の事例にも比定せられ、注目される。

(四)

さて、西方極楽浄土の救主とされ、浄土仏教各派が本尊とする阿弥陀仏については、「浄土三部経」、ことに『無量寿経』において詳述されている。周知のように、そこにおいて、阿弥陀仏につき、その前世において法蔵比丘が世自在王仏の許で一切衆生の苦悩解決の誓いを立て長い思惟と修行の末に十劫の昔にこれを完成した、と記されている。およそ、宗教的真理は、人間の能力や言葉をはるかに越えた聖なる絶対的・究極的な永遠のものであるから、それ自体を直接客観的・対象的に限定し叙述することはできず、従って、比喩や方便、また神話や象徴をもって語られることが多い。例えば、神といっても、それはいかに言葉を尽くしても的確に表現することはできない。何となれば、それは単なる静的・固定的な実体ではないからである。阿弥陀仏の物語も同様に客観的な事実を記した史実ではない。しかし、この物語は、単なる神話でも、また、偽りの仮構でもなくて、問題はこの人間の苦悩と仏の慈悲との触れ合いを語って余蘊がなく、一人の人間が発願して成仏していくという、阿弥陀仏の物語の象徴的な表現の奥において語られている真意は何かということなのである。(34)

およそ、衆生は、相対・有限な罪悪・生死の、欠けたる存在として、完成は永遠のエロースであり、一遍の言葉をもっていえば「おもひと思ふ事はみな　叶わねばこそかなしけれ(35)」ということであったのであり、実のところ、衆生の善は悪を内包した相対的善にしか過ぎず、また、老いや死を否定できない人間性の根源に宿る、完成への向上という人文的欲求と不死という本能的欲求といった永遠の願いを有する。この人間存在そのものに根差し、人間すべてに共通する切なる願いこそ、人間をして自己の根拠への問いを促し、宗教への門を叩かしめるのである。宗教とは、無限への転生であり、永遠の相の下における自己実現であるからである。

ところで、森羅万象、天地の万物は大宇宙のサムシング・グレートともいうべき根源的生命のビッグ・バンに伴う自己表出であろう。衆生も、また、直接にはその両親から生まれたのであるが、本源に遡ると自然の一部として大宇宙の根源的生命から分岐し展開したミクロコスモスとして、生まれ変わり死に変わりしその永遠の命を今、ここに受け継ぎ、自分の順番を生きている。否、自分の力で生きているのではなく、個体を越えた太陽などの宇宙生命エネルギー、まさに「他力」によって生かされて生きている。無量寿・無量光の永遠の存在である阿弥陀仏は、限りない時間・空間として不生不滅の大宇宙そのもの、一切の物を包摂し、大宇宙に遍満している一切の生命を生み出し育む働きそのもの、大いなる宇宙の根源的生命であって、浄土仏教において「法身」の弥陀というのがそれである。

一般に、法身仏は、大宇宙の永遠不滅の真理、ダルマすなわち法そのものとして如々常住である故に、気が付こうが付くまいが悠久無限の宇宙である法身の弥陀は客観的に存在するが、その本来の姿は、時間的・空間的限定を越えて、形もなく色もなく自然《じねん》であって、人格性を欠くから「しるもしらぬも益ぞなき(36)」という趣がある。確かに、一遍が、「弥陀を真実といふ(37)」とも「無心寂静なるを仏といふ。意楽をおこすは仏といふべからず。意楽は妄執なり」[38]とも説き、更に、「『従是西方過十万億仏土』といふ事。実に十万億の里数を過（ぐ）るにはあらず。衆生の妄執のへだてをさすなり。（中略）たゞ妄執に約して『過十万億』と云（ふ）。実には里数を過（ぐ）る事なし」[39]というように、「無心寂静なる」阿弥陀仏もまた妄執深い衆生にとって十万億の里数に比定されるほど無限のかなたに超越している仏なのである。しかし、一遍が、また、「阿弥陀の三字を無量寿といふなり。此寿は無量常住の寿にして不生不滅なり。すなわち一切衆生の寿命なり。故に弥陀を法界身といふなり」[40]と説くように、弥陀は、衆生にどこまでも超越的でありつつ、しかも、これを内に包み、否、これに内在し見守っている仏なのであり、いわば、一切の衆生は、その親を縁としつつも法身の弥陀から生まれ、しかもそれによって生かされている。主体的な事実として、まさに、仏と衆生とは二つにして一つ、絶対矛盾的に自己同一なのである。

この故にこそ、阿弥陀仏は根源的な故郷の親として「大御親」とも称されるのであるが、その「仏の子」として一切の生ける生命は法身と同じ「仏性」を有しているのである。法身の大いなる永遠の命は時間・空間を絶し遍満して万物に命を付与し、個々の生命はその大いなる命と根源において一つになっているからであり、その仏性は、己心の弥陀として、自らの心のうちにある衆生の心想中の仏であり、宇宙大の真実の自己であるということができよう。『観無量寿経』に「諸仏如来、是法界身。入一切衆生心想中」[41]とあり、一遍が「仏こそ命と身とのあるじなれわが我ならぬこゝろ振舞」[42]と詠む所以である。

かく考えると、人間性の内面から発する根源的な永遠への願いは、もとをただせばまた真如とか法性と呼ばれる大宇宙の理法としての普遍的真理の表出、すなわち、法身の弥陀の願いであったこととなるのであり、宇宙の森羅万象を貫いて生命を育むこの普遍的な理法、宇宙の救済意志とでもいうべきものこそ、釈迦の悟ったダルマすなわち法の内容であり、また浄土仏教的に表現すれば一切衆生を摂取しなければ正覚を取らぬという智慧と慈悲の発露として衆生に働き掛ける「本願」として結晶している、といってよい[43]。法がいまだ顕われていない阿弥陀仏の因位が「法」を内に「蔵」した人格として「法蔵」と称され描かれている所以でもある。人間釈迦の願いが生・老・病・死に悩める人びとの救済にあったように、釈迦の言葉として綴られた「浄土三部経」の阿弥陀仏の本願はまた衆生の願いであったのであり、罪悪・生死の衆生なくしてその救済者の弥陀はなく、弥陀の正覚と衆生の往生はまた別のものではない。

ここにおいて、一遍は、その「己心領解《りょうげ》の法門」として「十劫正覚衆生界　一念往生弥陀国　十一不二証無生　国界平等坐大会」[44]との七言の頌を詠じ、一切衆生の往生は法蔵比丘が十劫の昔に万行による善根功徳の智慧をその名号に収め四十八願成就して阿弥陀仏となったとき決定している、とし、名号において、一切の衆生はすでに往生を成就し救われ、本来仏として、その性は善であり、「九品ともに正行の善あるべきなり」[45]とするのであって、それは「悉有仏性」の浄土仏教的表現といってよい。阿弥陀仏のことを報身といい、また、受用身《じゅゆうしん》というのは、名号においてその修行を報われて法を享受し楽しむ仏となったという意味であって、法身の阿弥陀仏と報身の阿弥陀仏は相即するが、前者は人格性に欠けるから、一遍が、「名号酬因の報身は　凡夫出離の仏なり　十方衆生の願なれば　独（り）ももるゝ過ぞなき」[46]と述べ、「他力不思議の名号は自受用の智なり」[47]とも説くように、一遍仏教では、阿弥陀仏は人格的な仏として顕現する自受用報身仏でなければならない。

阿弥陀仏を一切衆生の往生を期していわゆる法・報・応の通三身の報身を越えた「名号酬因の報身」とするところはもとより善導以来の他の浄土仏教と同様であるが、しかし、「自受用」身とする点はこれに異なり、その特色といえよう。他受用身の教化は初地以上の十地の菩薩位に限られて凡夫には無縁であるが、十方を宇宙の救済意志として妨げなく照らす、本願を発する智慧の光は自受用の本質だからである。

(五)

一般に「浄土」といえば煩悩の汚れを離れて悟りの境地に入った仏や菩薩が住む清浄な国土をいうが、浄土仏教における「浄土」は、いうまでもなく阿弥陀仏の極楽浄土であって、「安養浄土」とか「安楽浄土」などとも呼ばれる。『阿弥陀経』などの浄土経典によれば、この浄土は、法蔵比丘が苦しみ悩む一切の衆生を一人残らず救済するという誓願を成就し、その結果として建立され、煩悩が完全に消滅した「無為涅槃界」である、とされる。そして、この穢土から西の方へ十万億の仏土を過ぎた所にあって、そこでは一切の苦悩から解放されて心安らかであり、また、無数の金銀財宝で飾られ妙なる音楽の流れる善美を尽くした有相荘厳の理想世界であって、阿弥陀仏がここにあって常に説法している、とされるのである。

この極楽浄土は、釈迦の悟った境地を浄土仏教的に表現した世界であり、法・真実・真如・実相の世界である。それは、有無とか生死に関わる相対的な世界ではなく、有無・相対を絶し、それをゆるやかに包む絶対的な世界、あらゆる矛盾・対立を止揚した純一なそれであって、一切を包摂し、拒否しない絶対的な永遠の世界である。すなわち、いかなる対立もいかなる差別も限定もない、自然《じねん》そのものの涅槃寂静の世界である。対立がなく、煩悩もまた起こらない世界であるから、「無為涅槃界」というのであって、一遍は、この無色無形無我無人の世界を「無我真実の土」(48)とも「空無我の浄土」(49)とも表現している。

この世界は、純粋な無の世界であって、法身の弥陀の浄土に相当し、すべての人格性・人間性を止揚・脱却した世界である。その意味で凡夫にとって絶対に他なる世界である。すなわち、これは、一遍が、「弥陀を真実といふ」(50)とも「無心寂静なるを仏といふ」(51)ともいっているように、妄執深い衆生には無限大のかなたに超越している。彼が「極楽は無我の土なるが故に、我執をもては往生せず」(52)という所以である。しかしながら、すべての人間性を止揚し、凡夫にとって絶対に他なる世界であるといっても、それは凡夫と隔絶した世界ではない。それどころか、彼が「阿弥陀の三字を無量寿といふなり。此寿は無量常住の寿にして不生不滅なり。すなわち一切衆生の寿命なり。故に弥陀を法界身といふなり」(53)と説くように、衆生の寿命は弥陀のそれであった。弥陀の浄土は、どこまでも衆生に超越的でありつつしかもそれを包み、その本源となるものであった。

浄土は、衆生がその世界より生まれ、やがてはそこへ帰りいく生命の根源であったのである。すなわち、「生死といふは妄念」[54]であり、その生死を越えた不生不滅の「無我真実の土」こそ浄土であってそれは自心の即今にあるのであるから、妄執が断ち切られるところの現下に阿弥陀仏の浄土は現成し唯心の浄土となる。頽廃した日常性にある自己を否定媒介するとき、時間・空間のなかに身を置きつつ、自己の本源に帰って永遠・無限の境涯に入り、宇宙的自己を生きるのである。換言すれば、無我無心の名号に帰入することによってこそ、無始輪廻の繋縛を離れて、父母未生以前の自らの「本分本家に帰る」[55]のである。仏教は時空的存在として生死無常を生きる衆生をその家郷である不生不滅の本源に帰せしめる宗教である、といってよい。法然はその『選択本願念仏集』に「言《ハ》㆓南無㆒《ト》者即《チ》是《レ》帰命、亦《タ》是《レ》発願廻向之《ノ》義《ナリ》。言《ハ》㆓阿弥陀仏㆒《ト》者即《チ》是《レ》其《ノ》行《ナリ》」[56]と説くが、これを承け、後に時衆七祖とされる託何が、『阿弥陀仏同行用心大綱註』において、「言《ハ》㆓南無㆒《ト》者即是《レ》帰命」である、としつつ、その「帰命」の第一義に「還源」を挙げている所以である。[57]「これを『努力翻迷還本家』といふ」[58]のであって、衆生の指向すべき浄土は自らの心のうちにあり、それはまさに帰りいくべき故郷に他ならなかったのである。

さて、この衆生にとって生命の根源としての故郷である「無我真実の土」としての浄土は、諸々の生命を育む生命エネルギーの本源であり、悠久の宇宙の真理の発現として確かに客観的に実在する。そこで、ここにおいて、西方十万億土の彼方に衆生とは他在して二元的に存在するとされる、有相荘厳の浄土の意味について考えなくてはならない。

もとより、仏教は、一切の存在も現象も因縁によって生じ、これがあるから彼があるという、相依相関の関係を離れてはありえないから、一切が空・無我である、とし、固定した空間的・客観的な有相の実体は認めない。ここに、「西方」という指方立相も、太陽の沈む方向から未来・来世を西とした必然の結果であって、東に対する西といった空間的に局限された一方的なものではなく、絶対的な西、方位を越えた十方即西方としての西であって、すべての方向が西でなくてはならない。一遍は「『従是西方過十万億仏土』といふ事。実に十万億の里数を過（ぐ）るにはあらず。衆生の妄執のへだてをさすなり。（中略）故に経には『阿弥陀仏去此不遠』と説（け）

り。衆生の心をさらずといふ意なり」[59]という。十万億という距離も此岸と彼岸との数量的な空間の隔たりではなく、衆生の邪な我執のそれであった。仏身と仏土とは相即し、仏の来迎のあるところには仏の浄土が建立されていなければならない。従って、念仏を通し我執が撥無されるとき、仏護念の光中において、実に浄土と穢土、弥陀国と衆生界は平等となり、「国界平等坐大会」[60]ということとなるのである。

また、妙なる浄土の荘厳はどうか。すでに述べたように、「無我真実の土」としての法身の弥陀の浄土は、超越的でありつつ衆生を包摂するとはいえ、形もなく色もない絶対境として人格性・人間性に乏しい趣がある。そこで、善美を尽くし、凡夫がその日暮らしのなかで願わずにはおられないまばゆいばかりの妙なる有相荘厳の浄土が建立されたのである。すなわち、有相荘厳の浄土は、衆生を無我真実の世界へ導くため阿弥陀仏が誓願成就し建立した報身弥陀の浄土である、と考えられる。

故に、一遍は、

浄土を立（つ）るは、欣慕の意を生じ、願往生の心をすゝめんが為（め）なり。欣慕の意をすゝむる事は、所詮、称名のためなり。（中略）浄土のめでたき有様をきくに付（け）て、願往生の心は発るべきなり。此心がおこりぬれば、かならず名号は称せらるゝなり。[61]

という。称名には阿弥陀仏の万行万善の功徳が込められており、称名の直下に衆生は往生を遂げて真実世界に入ることができる故、極楽往生を願うことは手段であり、称名こそが目的である、というのである。彼が、「極楽も、指方立相の分は、法已応捨なるべし」[62]と述べ、対岸に着き無用になった筏と同様に念仏即往生の位に至れば指方立相の方便は捨てられるべきものである、といい、更に、「地獄をおそるゝ心をもすて、極楽を願ふ心をもすて、又諸宗の悟をもすて、一切の事をすて、申（す）念仏こそ、弥陀超世の本願にはかなひ候へ」[63]と述べている所以である。なお、法身弥陀の浄土は浄土本来の姿であって報身弥陀のそれは衆生への慈悲の故の仮の姿であり、もともと同一不二のものであることはいうまでもない。

㈥

「安心」とは、一般に仏教の修行によって心を法に安住させて不動の境涯に安らうことをいうが、浄土仏教では、阿弥陀仏の本願を信じて念仏により決定往生の確信に安住することをいうのであって、行《ぎょう》に対し、心をいい、普通、「浄土三部経」の一つの『観無量寿経』にいう「至誠心」・「深心」・「廻向発願心」の三心を当てる。しかし、法然仏教は厭欣心・菩提心および三心を、證空仏教では領解の三心を、それぞれ安心と呼ぶなど各派によってアクセントの置き方に差異がある。しかし、帰するところは、三心が衆生の起こすべき信心か、名号に本来備わったものかによって立場を異にするわけである。

さて、一遍仏教において、一遍は、三心を説明し、「至誠心は、自力我執の心を捨（て）て弥陀に帰する」こと、「深心とは『自身現是罪悪生死凡夫』と釈して、煩悩具足の身を捨（て）て本願の名号に帰する」こと、「回向心とは、自力我執の時の諸善と名号所具の諸善と一味和合するとき、能帰所帰一体と成（り）て、南無阿弥陀仏とあらはるゝ」こととし、要するに、「三心とは身心を捨（て）て念仏申（す）より外に別の子細なし。其身心を、棄（て）たる姿は南無阿弥陀仏是なり」と述べ[64]、一切は名号の体内に位置する、との立場を取った。そして、信についても、

決定往生の信たゝずとて人ごとに歎くはいはれなき事なり。凡夫のこゝろには決定なし。決定は名号なり。しかれば決定往生の信たゝずとも、口にまかせて称せば往生すべし。是故に往生は心によらず、名号によりて往生するなり。決定の信をたてゝ往生すべしといはゞ、猶（ほ）心品にかへるなり。わがこゝろを打（ち）すてゝ一向に名号によりて往生すと意得れば、をのづから又決定の心はおこるなり。[65]

と説く。すなわち、往生は、人間の力によって決定するのではなく、人が信じると信じないとにかかわらず、すでに十劫の昔に名号において決定している、としたのである。

確かに、信じることによって本願は感受されるのであるが、信じない者には何の価値もないというのでは大悲とはいえまい。そこで、證空は、

たゞ南無阿みだ仏と申ばかりにて、往生すと心えたる輩、当世にたゞこれは一往は信ずるに似たりといへ共、悉く尋ればさして思入たる処なしふかく信ずる義候はざる也。是をばひら信じと申すにも不及候也。加様の輩に向ては、本願のむなしからず、凡夫を摂するいはれ、一分にてもかまへて心えよと申きかせ候也。(66)

という。また、「無行不成者《ト》、解《ハ》浄《ムル》行《ヲ》故《ニ》、三心《ノ》悟《リ》既備《ハリヌレバ》、行業必可《シト云》成《ズ》也。其行《ノ》体《ハ》阿弥陀仏《ノ》四字《ヲ》、意得《ツレバ》往生《ノ》正行《ト》、一切《ノ》諸《ノ》行業、皆無《シト》非《ト云コト》往生教行《ノ》、得《ル》心故也《ニ》」(67)とも述べて、阿弥陀仏の正覚成就のいわれを領解することを説いた。すなわち、彼は、「得《テ》至心信楽欲生我国《ノ》三心体《ヲ》成《シ玉ヘル》功徳《ヲバ》云《ヒ》観仏《ト》、云《フ》入一切衆生心想中《ト》仏是也。此《ハ》心《ノ》位《ノ》仏也。仍《テ》云是心作仏是心是仏《ト》者、云乃至十念《ノ》念《ヲ》得《テ》体成《シ玉ヘル》位《ノ》念仏仏《ト》。云《フ》念仏衆生摂取不捨《ト》仏是也。此《ハ》念《ノ》仏《ノ》位仏也」(68)と説いて、「至心信楽欲生我国」の三心に対応するのが観仏であり、「乃至十念」に対応するのが念仏との立場に立ち、その法系であり一遍の法兄でもある深草の顕意の『観経正宗分散善義楷定記』巻第一に「示観領解説為三心」(69)とあるように、念仏は三心という摂取不捨の大慈悲に生かされていることを自覚する行である、とする。熊野成道以前の一遍も、これに同じく、「一念の信をおこして南無阿弥陀仏ととなへて、このふだをうけ給（ふ）べし」(70)と、まさにこの證空の三心観に対応し、「至心信楽欲生我国」の三心をつづめた「一念の信」を前提とし「乃至十念」の念仏を勧めていた。(71)熊野への道中出会った一律僧に信心の有無の問答の末「信心おこらずともうけ給へ」(72)と念仏の札を渡して、疑団となり、「阿弥陀仏の十劫正覚に一切衆生の往生は南無阿弥陀仏と決定するところ也。信不信をえらばず、浄不浄をきらはず、その札をくばるべし」(73)との神託を受け、その疑団の氷解を得た。熊野三山は伝統的に高野山などと違って女人禁制でないことはもとより「信不信をえらばず、浄不浄をきらはず」ということをその立場としていたのである。

しかして、一遍は、「領解すといふは領解すべき法にはあらずと意得るなり」(74)と證空のいわゆる白木念仏の立

場に歩一歩を進め、名号絶対の全分他力の立場に立つに至った。すなわち、彼は、「心は、よき時もあしき時も迷なる故に、出離の要とはならず(75)」、むしろ往生のさまたげとなるから、「念仏の下地をつくる事なかれ。（中略）心のもちやうも往生せず。たゞ南無阿弥陀仏が往生するなり(76)」と説いて、信をも往生の必要条件としない。機の善悪を離れて法の真実に帰する「依法不依人」の立場において、すべてを阿弥陀仏に委ね、如来の法則に従うとき、人間の計らいは自ずと消え、弥陀の智慧の働きが衆生を導いていく。ここに、弥陀の願船に乗託し、一遍が、「信といふはまかすとよむなり。他の意にまかする故に人の言と書《ことば》（け）り。我等は即（ち）法にまかすべきなり(77)」として、「任《セ》二三業《ヲ》於天運《ニ》一(78)」、法に任せて、「南無阿弥陀仏とまうす外、さらに用心もなく、此外に又示（す）べき安心もなし(79)」と、ただ念仏する以外に行者の用心も安心もない、と述べ、名号至上の絶対他力の立場を表明したのである。これを後世一遍仏教では「無安心の安心」という。

もっとも、この「無安心の安心」とは『時宗統要篇』の著者玄秀がいうように、「安心落著之上《ノ》無安心(80)」をいうのであるが、人間の恣意性とでもいうべきか、「我等《モ》無安心《ノ》念仏好事《キニ》侍《レト》存ジ、飽《マデ》食《シ》飽《マデ》眠《リ》、或引《レ》二雑念《ヲ》一、或述《ベ》二雑談《ヲ》一、徒《ニ》度《リ》二年月《ヲ》一為《ニ》レ衆《ノ》不レ作二少益《ヲモ》一(81)」る「一箇無相伝之輩(82)」を生じた。否、それどころか、実に、一遍在世中すでに、その「名号は、信ずるも信ぜざるも、となふれば他力不思議の力にて往生す(83)」といい、「念仏は安心して申すも、安心せずして申すも、他力超世の本願にたがふ事なし(84)」などと述べたことが、末端においては誤り解せられ、「たゞ詞ばかりにて義理をも心得ず一念発心もせぬ人共(85)」を輩出していた。一遍仏教に貫流している天台本覚思想への誤解に他ならない。それ故にこそ、後に時衆二祖とされる真教が、

　信心決定とまうすは本願名号に落居する一念なり。されば此信心の人ひとへに本願をあふぎ機の徳をもたざるのあひだ、称名の一行より外に心をもむきなければ、信心の人と称名の行者とふたつをかざれば、信心の人とも称名の人ともいかでかわけ候べき(86)。

と述べ、信心と称名とは別ものではなく、信は行のなかにあることを平易に説示しているのである。「信不信を

えらば」ぬのは名号に根源的な絶対の信を置くからであり、かつ、如来大悲の宗教的次元の問題であって、まさに離念不可得、衆生の分別や学解、三心さえも超越しているからである。

確かに、如来の側からいえば、信じなくてもすでに救われていることとなる。しかし、それは他力の故であり、衆生の機根は千差万別であるから、称名の行をおろそかにしてよいということでは決してない。行なくしては無仏の世界となる。もとより現にある有限・相対の衆生が自らを律する自己否定的要素もなく、そのまま仏でありうるはずはない。あるとするならば、それは厭世主義とは裏腹の悪しき現世主義に堕してしまう。如来大悲の本質を衆生生死の現象に現成する上で、その大悲に甘えることなく、あくまでも行はなされなくてはならないのである。一遍仏教において、近世初期の学匠切臨が「みだにょらいにうち任て念仏すれば往生するぞと、決定する一念を信心と云也」[87]というごとく、信とは凡小の計度分別を離れて本願に全託する他力の信なのであり、他力とは行において如来の法則、法の力に自らを任せることであった。招かれ知恩院において『選択本願念仏集』を講じた同じく近世一遍仏教の学匠観道が、その『選択貴旧鈔』において、『選択集』の大意は五言二八偈の「略選択の文」にあるが、その「頌文中已云ニ二正定之業者即是称仏名称名必得生依仏本願故ト一是即就行立信ノ之意也」[88]とし、要するに称名こそ肝要であるが、それは「就行立信」に他ならないから、称名のなかに自ずから信がある、といっている所以であろう。

さて、一遍において、「名号の位則（ち）往生」[89]であり、「往生といふは無生」[90]すなわち無生死であった。そして、「極楽は無我真実の土」[91]であるから、称名の時を措いて往生はない。あくまでも称名行、名号の位においてこそ、自己は法のなかに溶け込んで、生死的生命を脱して永遠に蘇生し、時間の束縛を受けながらも時間的形式を越えて、生きながらにして無生を証することとなる。時間・空間に身を置きつつそれを超越するのであり、これは、まさに、有限と無限、瞬間と永遠とが一つになる宗教的不死の境涯である。[92]その「消息法語」に、「南無阿弥陀仏と一度正直に帰命せし一念の後は、我も我にあらず。故に心も阿弥陀仏の御心、身の振舞も阿弥陀仏の御振舞、ことばもあみだ仏の御言なれば、生（き）たる命も阿弥陀仏の御命なり[93]」とあるように、国・界平等にして大会に坐すこととなるのである。

一遍仏教において、名号は過去・現在・未来の三世を一念に収める絶対現在において、一切の時間的規定を離れる故に、「三世截断の名号」ともいい、その「三世截断の名号に帰入しぬれば、無始無終の往生[94]」を実得して、「無量寿」の故に無生となる。「無量寿とは、一切衆生の寿[95]」であった。ここに、「少分の水を土器に入（れ）たらば、則（ち）かはくべし。恒河に入（れ）くはへたらば、一味和合して、ひる事有（る）べからず。左のごとく、命濁中夭の無常の命を、不生不滅の無量寿に帰入しぬれば、生死ある事なし[96]」なのであり、大いなる終わりなき永遠の命のなかに生死無常なる自己を任せるところに、自己は宇宙全体のなかにたちまち溶け込み広がっていく。そして、無我となって宇宙全体のなかに生かされ、時間・空間のなかに身を置きつつ時間・空間の制約を離れている故に、心の故郷ともいうべき根源的な光明遍照の永遠の命に抱かれ、仏護念の光中に生かされ生きているという、否、真実の自己は宇宙の根源的生命であるという、全分他力の絶対的な平安や喜びと永遠の安心立命が生じるのである。

欲望や世間の奴隷から解き放たれ、欲しいもの、やりたいことなどのエゴの束縛から解放されて、法に一切を任せた何の不安も揺るぎもない安らかな境涯に住して、自己の存在全体が真の自由と限りない安らぎを得、永遠の生における個として、生も死もない生死一如の無我になり切ってしまうところに、もはや相対・有限な人間存在そのものに根差す孤独感や不安、死への恐怖はなく、また、近代以降、世界を対象化し、変革してきたことに伴う基盤喪失感や物化し平均化されて陥った自己疎外の現象も克服される。自己の小さい生に死して大きな命に生きるのであり、人は互いに、自己は自分というまぎれもない個人でありながら、意識の上でトランスパーソナルに森羅万象のあらゆる世界と重々無尽につながり合い、個別性と関係性といった次元を越え、いわばすべてが自分のこととなってしまって対立がない。自己はただひとりの自己でありながら人びとすべてとつながり自他の間に垣根がなくなって人びとへの自他を分かたぬ怨親平等・自他不二の愛が生じ、罪深い凡夫である自己はそのまま名号において大いなる形なき永遠の命のなかにおいて救われ、「共生極楽成仏道」の和合共生の世界に生きるのである。まさに、「身心を放下して無我無人の法に帰しぬれば、自他彼此の人我な(97)」く、相対のなかにあって絶対に生き、時間的な世界が永遠の実相を示す境涯が開かれるわけである。ここのところを明治の学匠河野往阿は、「現身当念ニシテ往生を剋果(98)」し、「安堵ノ心蓮開発ノ義ト云(99)」ったのである。これは、徹底した他力称名行においてこそ得られる安心の境涯といえよう。

思えば、「智恵第一」と称され、万巻の書を読み、偏に善導に依ってこれを整理して、『選択本願念仏集』において諸々の教えを「閣抛傍」して念仏を「選択」した法然が、その理論の証として体解を志したのは、同書末尾に掲げた「三昧発得(100)」であり、『法然上人行状絵図』や『三昧発得記』などによれば、事実として、三昧発得の人善導にならい、それを越え、日課として七万遍の念仏を修して、宝地・宝樹・宝池・宝楼など浄土の荘厳を見、また、弥陀三尊を見仏し、自らも頭光登蓮の姿を現じている。法然もまた三昧発得の人であったのであり、「源空はすでに得たる心地にて念仏は申なり(101)」といい、「死生ともにわづらひなし(102)」と述べ、また、「阿弥陀仏と申ばかりをつとめにて浄土の荘厳見るぞうれしき(103)」と詠じる所以であったのである。

さて、一遍仏教において、この名号の世界は、時間的・空間的な限定を越えて無辺際である故に、宇宙論的性格を有しているが、それに尽きることなく、主体的な事実として、名号の一声において、あらゆるものが無限のつながりと広がりを持ち、法界遍満の汎神論的世界に変貌する。いわば、無色無形無我無人の純一なる無の世界が、「よろづ生（き）としいけるもの、山河草木、ふく風たつ浪の音までも、念仏ならずといふことな(104)」き、万法名号の世界と一体となるのである。名号の世界が、いかなる限定をも越え、純一なる無の世界と同一であることは、一遍自身の、「名号は青黄赤白の色にもあらず、長短方円の形にもあらず。有にもあらず、無にもあらず。五味をもはなれたる故に、口にとなふれどもいかなる法味ともおぼえず(105)」との言葉に明らかであるが、それは実のところ「無心寂静なる」(106)法身の弥陀の本質を考えれば当然のことであった。

一遍はこの時間・空間を越え、言葉や人知の及ばぬ、宗教体験の世界を、「六字之中　本無生死　一声之間即証無生」(107)と詠じているのであるが、それは、「松は松、竹は竹、其体をのれなりに生死なき」(108)無色無形無我無人の絶対無の世界、自受法楽の世界であり、更には、宇宙の森羅万象の悠久のリズムのなかに溶け込み、自然と感応道交する汎神論的な風光、法界遍満、限定なき宇宙大の生命に生きる、「十界依正一遍体」(109)の万法名号の世界である。他力の本質は法界に満ち満ちているが故に、一念の口称において無限が有限に来たり、「国界平等坐大会」(110)となる。まさに、不生不滅の本源に帰し、大いなる永遠の命に生かされている彼此三業相捨離しないこの境涯は、日々是好日ともいうべき踊躍大歓喜の喜びの世界に他ならず、一遍仏教の念仏は、「歓喜の念仏」であったのであり、それは證空仏教に由来するものであった。

すなわち、證空が、衆生と阿弥陀仏とが一体であることの表現が名号であるという、「機法一体」の立場から、「南無といふは、正しき我等が体なり。即ち三心なり。故に此の南無が阿弥陀仏の体に具せられて名号となるぞ、と心得る所が、往生にてあるなり」(111)と示し、更に、「ほれ〲と南無阿弥陀仏と〻なふる」(112)白木の念仏につき、「我等は常没常流転の悪ながら、やがてその心の底に、是をすてたまはぬ仏の慈悲の万徳が充ち満ちたりけるよ、と思ふ故に、あまりの嬉しさに南無阿弥陀仏と称ふるなり」(113)と述べているのを継承したものである。

(七)

上来、一遍仏教における「往生」の問題について、種々の角度から考察してきたのであるが、ここにおいて若干の補説をしておきたい。

一遍仏教の核心は、十劫の昔、衆生を済度するために成道した弥陀の正覚も、極楽浄土を願う衆生の一念も差別はなく、弥陀の十劫正覚と衆生の一念往生とは不二であり、端的の当体一念によって衆生は往生することができるという、正覚往生倶時成就、十一不二の弁証法的論理にあった。衆生はすでに救われて大悲光摂の内にあり、当体一念の念仏に十劫の正覚は当体に現成し、その端的の一声に自己の衆生性は否定媒介されて、己身は弥陀となり、凡夫の三業は弥陀の三業となって現身のままに往生を証得する。「名号の位則（ち）往生」[114]であって、決定はひとり名号にあり、絶対他力の故に機の功は募らなかったのである。

思えば、口称念仏という易行に最高の価値を見出したのは、一遍が端的に「三心といふは名号なり。この故に『至心信楽欲生我国』を『称我名号』と釈せり」[115]といっているように、『無量寿経』第十八願文の「設我得仏、十方衆生、至心信楽、欲生我国、乃至十念、若不生者、不取正覚」[116]を承け、「若我成仏、十方衆生称我名号、下至十声、若不生者、不取正覚」[117]として、「十念」、「称我名号」、「十声」と釈した善導であった。しかし、一遍は、その「十念」を「当体の一念」[118]に昇華し、名号絶対の念仏至上主義を宣揚して、「念仏勧進をわがいのち」[119]とし旅を栖《すみか》としたのである。まさに、一遍仏教においては、往生とは名号という超越的なものに照らして機の絶対転換という新しい高次の人間形成を成就する浄土仏教的人間形成ともいうべきものであった、といってよいであろう。

もっとも、この宇宙の根源的救済意志たる「本願」の自己表出としての、すべての功徳を収め衆生に働き掛ける名号はどう理解することができようか。「名体不二」というが、弥陀は「真実」[120]であり、名は体を現し、言葉には言霊が宿るという。「十一不二」、「機法一体」という十劫と一念、衆生と弥陀とを媒介する名号の世界に入り、法そのものである「真実」を表す聖なる名を称え「真実」と交流することによって衆生はそれが体に沁み込み刻印されて「真実」化する。真理を「光明」とすれば「光明」化され、真実の自己たる大いなる形なき命が顕わになって法のなかに没入し、「生（き）たる命も阿弥陀仏の御命」[121]となって、「真実」の世界すなわち浄土に入るということではないか。陀羅尼にも比すべく梵音のまま名号をただ称えることによって計らいを離れ、二次元的分別の桎梏を逃れて無碍自在の世界に入るのである。

実のところ、證空は、「我心をとゝのへすまして念仏する定《じょう》にて、往生の御こゝろざしはとぐるにて候[122]」といっているのである。定はすなわち瞑想であり、それにはいわゆるマントラの瞑想があるのであって、口で称える念仏も念仏呼吸法ともいうべきこれであったといってよいであろう[123]。実に念仏はそのまま禅定であったのであり、その念仏のうちに自ずとその生活姿勢も調っていき、我執の呪縛から解かれて、戒に則した生活が保たれていく。

思うに、念戒一致というのはいつでも修せる念仏の性質より来るものであり、その瞑想において雑多な想念を止め、心を一つに集中し、意識が深まり無我無心になっていくところに、自我の根底にある自己の本質としての真実の自己が顕わになる、と考えられるのである。そして、定には智慧が伴うから證空も一遍もそれぞれ「名号智火[124]」、「名号の智火[125]」といい、また、定すなわち三昧には仏が来迎するから、一遍が「名号即（ち）これ真実の見仏、真実の三昧なり。故に念仏を王三昧といふなり[126]」と述べる所以であったのである。

なお、一遍は、「生死の妄念つきずして　輪回の業とぞなりにける[127]」と述べて、業の輪廻を肯定している。そして、また、「名にかなふこゝろは西にうつせみのもぬけはてたる声ぞ涼しき[128]」と記した札を淡州二宮の社の正面に打ち付けているが、初句には證空が「称をば、『かなふ』、『ほむ』と云ふに心便りあり[129]」と述べていることが踏まえられており、かつ、第二句以下は法然の「あみだ仏と心はにしにうつせみのもぬけはてたるこゑぞすゞしき[130]」からそのまま引いたものである。中世には「和歌即陀羅尼」という観念があったから、まさに、自家薬籠中の法然の歌に手を加え、書き付けたのであって、一遍は法然とともに心が西方浄土に往生すると考えていたのである。法然が「すでに得たる心地にて念仏は申なり[131]」といい、一遍が「此身はしばらく穢土に有（り）といえども、心はすでに往生を遂（げ）て浄土にあり[132]」と説く所以であろう。

ともあれ、心の最深層の阿頼耶識の更に深奥にあるのが仏性ないし如来蔵と称される真実の自己であって、三世截断の名号によって輪廻の業を断つとき、阿頼耶識は転識得智して、真実の自己は宇宙の真実と一体となり、仏も我もない世界に一如する。往生浄土とは、真実の世界への目覚めであり、輪廻を越えた永遠の相の下に真実の自己に帰っていくことであった。一般に、宗教は、自己の存在を過去・現在・未来の三世といった永遠の生において理解するものなのである。

（八）

以上、粗々述べきたったごとく、一遍仏教は法然仏教の一特殊的普遍として一見独自の個性的色彩を強く示している。思うに、宗教の本質の把握は思慮分別による知的理解にではなく、主体的な行による体解にある。知解が不要というのではなく、真実の自己の目覚めへの手段としてこれも尊い。しかし、それはあくまでもいわゆる「法已応捨」の分としてであってより必要なのは体解である。念仏弘通を旨として、「知（り）てしらざれ、還（り）て愚痴なれ」[133]との「一枚起請文」[134]の文言にも比すべき伊予の尼僧の持言を賞揚し、弥陀の真実一路、「自力の意楽をば捨（て）果（て）た」灰頭土面・一所不住の捨聖一遍には『選択本願念仏集』など先師の著述を一々引く「智者のふるまひ」[135]はない。しかし、法然なくしてもとより證空なく、従って一遍もない。法然仏教は、法然の三重の選択《せんちゃく》によってたどり着いた「専修念仏」が西山色に彩られつつもその「選択」の論理や一切衆生平等往生の立場を忠実に継承し、往生の問題について煩悩に覆われた具縛の凡夫の実存を直視して、臨終の一念による来世往生を強調しつつも、一心専念の劫を経て別時念仏のうちに三昧発得し、「死生ともにわづらひな」[136]き境涯にあった法然の思想を、捨聖一遍は、機鋒鋭く「一向称名」[137]として特化・鋭角化して名号往生の、しかも名号至上主義にまで昇華しているのを見るのである。

これを要するに、一遍仏教において、往生とは自我に死ぬことであり、自我に死ぬとは弥陀と一体になることであったのであって、そこに救う弥陀と救われる衆生という二元対立はなかった。ここに、往生は、来世往生をそのうちに含みつつも、現身において執着を越えて無我的主体を形成し覚者に至る聖道門の成仏とも別のものではない絶対的一元論に立ち、そこにおいて、浄土仏教は聖道門と一つになったといってよい。まさに、一遍仏教は、「選択」の極において、浄土仏教を不二法門としての大乗仏教に還帰せしめたといえるのである。

二　一遍仏教の歴史的位置

(一)

わが国中世は、何よりも政治的に見て新たに政治権力を握った武士の時代であり、源平の合戦に胎動し、天下統一への巨歩とともに終わるという、この戦塵の鎮まることのない中世を生き、武芸を生業として、戦場に生命を賭けた武士の世界は、また、修羅闘争の巷として、思想的には人々に人生に対する真剣な反省を生み、内なる精神の世界に眼を向けさせて、罪業感を深め精神の静逸を求めて止まぬそれであった。中世はまた宗教の時代であったのである。

思うに、古今の東西を通じて、わが国中世の鎌倉期ほど、世界史的創業ともいうべく、宗教史上多くの偉材を輩出した時代はない。浄土仏教の法然・親鸞・一遍、禅仏教における栄西・道元、日蓮仏教の日蓮、いずれも、新たなる宗教的境地に到達して、後に、一宗を形成していき、鎌倉新仏教者と総称されて、現代にも影響を与えている人たちである。

彼ら鎌倉新仏教者は、古代律令貴族社会の秩序の崩壊という転換期において、貴族的でもっぱら学解の思弁を事として宗教的生命をすでに失っていた、壮大な伽藍を誇る南都北嶺の旧仏教を否定の契機とし、外的な荒廃、すなわち、時代的な不安・混乱・変異の渦中にあって、出離の要法を求め、真摯に研鑽に行を重ねて、人間観照の態度を実存的に深化し、仏教の本質に迫った。そして、現実的生に真実の宗教の座標軸を措定し、庶民性をその生命として、現世的傾向を加え、それぞれに、その個性的な教義を構築し、布教を展開していった。暗く閉塞し生死のクロスする酷薄な時代を戦慄しつつ荒廃に耐え懸命に生きた武士や庶民は、理論的であるよりは現実的・実践的であり、来世への往生を願いつつ、同時に現世での救いや鎮魂を求めないわけにはいかなかったからである。

この鎌倉新仏教最後の祖師が一遍である。彼は、実に、鎌倉新仏教の殿将ともいうべく、その時間的地位よりして、先行の祖師らの思想を統合し、鎌倉新仏教の総仕上げをすべき使命を担って登場した祖師であったと考えられるが、事実として、その仏教とはいかなるものであったのであろうか。

以下、各祖師や他の歴史的人物などとの関連に言及しつつ、その仏教を考え、また、鎌倉新仏教がその共通の課題とした庶民性や易行性を手掛かりとして、一遍仏教の歴史的な位置についていわば俯瞰的に少しく考察してみることとしたい。

(二)

一遍の「己心領解の法門」と伝える七言の頌に、「十劫《ノ》正覚《ハ》衆生界《ノタメナレバ》　一念《ニシテ》往二生《ス》弥陀国《ニ》一　十《ト》一《トハ》不二《ニシテ》証《スレバ》二無生《ヲ》一　国《ト》界《トハ》平等《ニシテ》坐《ス》二大会《ニ》一」[138]とある。一体、一遍仏教の中核は、十劫の昔、衆生を済度するために成道した弥陀の正覚も、極楽往生を願う衆生の一念も差別はなく、端的の当体一念の念仏によって、衆生は現身のままに往生することができるという、十一不二の弁証法的論理にある。

十一不二とは、弥陀の十劫正覚と衆生の一念往生との不二相即をいい、念仏が手段なのではなくて修即証ということであり、一遍仏教の母体である證空仏教に淵源し、「正覚往生俱時成就」と換言される。『一遍上人縁起絵』第六に、「別願の正覚は凡夫の称名より成じ、衆生の往生は弥陀の正覚に定（り）畢（んぬ）。依レ之衆生称念の今と本願成就の昔と全（く）二なし。然者一念即十劫、十劫即一念也[139]」とあるのは、この言詮に他ならず、衆生の往生なくして弥陀の正覚なく、弥陀の正覚なくして衆生もない、というのであって、十劫の昔の本願成就という決定が当体一念の只今の念仏に決定している、ということである。

弥陀は、衆生が念仏を称えるから救うというのではなく、一切衆生を救うとしてすでに十劫の昔に成道されているのであるから、衆生は、すでに浄土に往生し、『般若心経』のいわゆる「般羅僧掲帝」、すなわち、往生を成就した「彼岸に全く往ける者」なのである。しかし、現にある衆生はやはり凡夫でしかない。従って、十劫の正覚は過去完了であり、すでに一切衆生は救われているが、その決定は只今の決定と不二であり、それを当体一念の只今の念仏において行得するのは、「今、ここ」の自らの身体性においてということになる。生きた宗教的生命の表出は具体的現実としての現在只今の自己においてであるからである。

ここに、正覚往生同時不二にして、絶対に懸絶する弥陀と衆生とが逆対応的に相捨離しないのは、日常平凡に流れていくクロノス chronos ともいうべき経験的時間とは位相を異にする先験的・超時間的なカイロス kairos ともいうべき根源的時間においてである。一体、『播州法語集』には、「三世截断の名号」といい、また、善導の『般舟讃』の「廻心念々生安楽」の一句を引きつつ、「凡（そ）仏法は当体の一念の外には談ぜざるなり。故に三世即（ち）一念なり」とあって、過去・現在・未来の三世は直下承当の当体の一念に包摂される、という[140]。すなわち、法祖父證空が、「念仏三昧、往生の体と心得るより外には別に臨終を置くべからず。又別に来迎を置くべからず。念仏即往生、往生即臨終なり。又来迎なり[141]」と説くのを直接承け、過去といい、未来といっても現在と切り離された抽象的なそれではなく、念々が臨終であって、始めとか終わりといった時間的限定は迷いであり、無前無後、前後截断した刹那の一点に三世が凝集し、無量寿の永遠に包まれた「永遠の今」としてこそ当体の一念はある、と一遍はいうのである。

彼にあっては、過去・現在・未来の三世を超越した名号に帰入すれば、始めもなく終わりもない無始無終の往生であり、「臨終平生と分別するも妄分の機に付（き）ていふ[142]」のであるから、念々が臨終であり、念々が往生であった。「只今の外に臨終の念仏な[143]」く、人生の最後の瞬間のみが臨終ではなかったのである。それ故、三世が身体性を媒介の契機として包摂される当体の一念をむなしく過ごさぬよう説くのであるが、それが永遠の今を生きるということであり、更には、彼が、「南無阿弥陀仏は本より往生なり[144]」とも、「名号の位ばかり往生するなり[145]」とも述べて、念仏を称えて往生するのではなく、また、衆生が往生するともいわず、念仏すなわち往生である、と説く所以であった。

ここにおいて、「一時の懈怠、即ち一生の懈怠となる[146]」という自覚を促し、兼好が、「たゞ今の一念、むなしく過（ぐ）る事を惜しむべし[147]」と叱咤したことが想起される。もっとも、北条泰時が、「箭を放む度には、此矢ぞ最後、もし射はづしなば、二の矢をとらぬさきに、敵にも射とられ、又は生物にも喰殺さるべき身也と思篭て射べき也[148]」と示し、かりそめの稽古に放つ一矢にも生命を賭け、鋼のような緊張感をもって平素を戦場と思うようにと、只今の一念の重要性を強調しているごとく、それは、毫末の弛緩も一瞬の猶予も許されない、生死の巌頭に身を曝す乱世たる中世一般の時代的傾向ともいえるかもしれない。

しかし、兼好は、ともに和歌四天王の一人として四条時衆の頓阿と昵懇であったばかりではなく、よほど一遍仏教に親近した人物であったらしく、『一遍聖絵』の外題の筆者世尊寺経尹が『徒然草』一六〇段に、一遍が「一阿弥陀仏」の法名を与え、尋ねへの返事をしたためた「西園寺殿の御妹の准后」中宮嬉子に仕えた近衛局が同第六七段に見えるなどのごとくである。また、一説に同『聖絵』の絵の筆者円尹に擬され、それは後述の一遍の踊り念仏を論難した重豪の属した山門とともにアンチ新仏教の牙城たる寺門の、しかも後に法印・僧正と高位にのぼった僧であるだけににわかに肯首しがたいが、しかし同第八六段に登場するその「寺法師の円尹僧正」も近衛局にとっては甥に当たるという[149]。

ただその「たゞ今の一念」は、一遍仏教においては念々が往生という仏と一体になる一刹那であるのに対し、兼好においては「第一の事」（同一八八段）をなし遂げて人間的に自己充足をかち取ろうとする決意の刹那であるといういささか宗教的カテゴリーからはみ出して人間主義であるところに特色がある、といえよう。[150] 彼は僧侶であるといっても十戒を受けて出家した沙弥にしか過ぎず、いわゆる衆生済度の僧侶ではなかった故である。

また、一遍仏教における当体の一念は、親鸞仏教の信心獲得《ぎゃくとく》の一念と異なり、道元仏教の非連続の連続として、独立無伴にして経歴し、三世に通じる尽時の今に近いのである。すなわち、道元は、その『正法眼蔵』「大悟」に、「いはくの今時は、人々の而今なり。令《ム》㆔我《ヲシテ》念《ゼ》㆓過去未来現在《ヲ》㆒、いく千万なりとも今時なり而今なり。人の分上はかならず今時なり」[151]と述べて、その時間論を明らかにしているが、一遍仏教においては、先述のごとく、その当体一念の時間論に立って、更に、「凡（そ）仏法は当体の一念の外には談ぜざるなり」[152]と全仏教の帰趨が求められていたのである。

しかして、その三世を尽くす当体一念の念仏に、十劫の正覚は当体に現成して、念仏即往生となり、その端的の一声に自己の衆生性は否定媒介されて、十一不二の真理が現前し、己身は弥陀となり、凡夫の三業は弥陀の三業となって、死後の転生を待たずに現在において無生に証入し、現身のままに往生を証得する。

これは、あれほど個の罪悪性の自覚を深めた親鸞が、「仏性すなはち如来なり。この如来微塵世界にみち〳〵てまします。すなはち一切群生海の心にみちたまへるなり」[153]と述べ、平生に往生の業が定まるとし、「仏とひとし」[154]と説いて、如来等同思想を唱えていることや、道元が、「悉有は仏性」[155]たるものとし、即心是仏観を高調していること、更には、日蓮が衆生は三身即一の本覚の如来であるとし、唱題による即身成仏を説いて、「衆生の心けがるれば土もけがれ、心清ければ土も清しとて、浄土と云ひ穢土と云《フ》も土に二の隔《テ》なし。只我等が心の善悪によると見えたり」[156]とするのに極めて近いが、一遍仏教においては、それは、遍数や信などの結果ではない。すなわち、往生は念仏によってするのではなく、念仏がすなわち往生なのであり、他力は一切の機功を募らないからである。

故に、一遍は、「捨て、こそ」との空也の言葉を念仏の本質を語った金言として、「一切の事をすて、申（す）

念仏こそ、弥陀超世の本願にはかなひ候へ」(157)とも、「我体の念を本として念仏すれば、妄念を念仏と思へり」(158)とも述べ、「万行《モ》離《ルレバ》レ念《ヲ》一遍証《ノ》」(159)と示して、念仏には少しの計《け》度分別《たくふんべつ》も残っていてはならぬとし、一切の自力の捨棄を強調した。また、「身心を放下して無我無人の法に帰しぬれば自他彼此の人我なし」(160)とも述べて、自らの身も心も捨てて無我となり、無量寿の名号に自己を没することによってこそ、自己の働きは実相と一如して、法界身の弥陀が衆生の心想中に入り、行仏が仏行となり、仏が仏を念じて、唯仏与仏・仏々相念となる、としたのである。

　しかして、『播州法語集』には、「わが体をすて南無阿弥陀仏と独一なるを一心不乱といふなり。されば念々の称名は念仏が念仏を申（す）なり」(161)とも、また、「人のよそに念仏するをきけば、我（が）心に南無阿弥陀仏と、浮（か）ぶを聞名といふなり。然（れ）ば名号が名号をきく也」(162)ともある。すなわち、これは、全く妄執のない、物事への一切の執着の消えた空の境地をいうのであって、衆生は、一切の自力の想念を捨てて、無我無心、離分別無所着に念仏することにより、その直下に往生して阿弥陀仏となるのであるが、同時に、阿弥陀仏も因位の大願を成就して正覚を取るのであって、この称名の瞬間に衆生と阿弥陀仏とは一体となる。

　すなわち、「西園寺殿の御妹の准后への御返事」に、「南無阿弥陀仏と一度正直に帰命せし一念の後は、我も我にあらず。故に心も阿弥陀仏の御心、身の振舞も阿弥陀仏の御振舞、ことばもあみだ仏の御言なれば、生（き）たる命も阿弥陀仏の御命なり」(163)とあるように、国界平等にして大会に坐すのであり、ここに、仏凡二者の区別は消滅して、ただ南無阿弥陀仏だけが残る。この故に、「念仏が念仏を申」(164)し、「名号が名号をきく」(165)のである。そこには、もはや称える我はなく、称えられる名号と称える我とが一体となり、唯一念仏・独一名号となる。あるものはただ念仏の声ばかりなのである。

　一遍が、「主なき弥陀の御名にぞ生まれけるとなへすてたる跡の一声」(166)と詠じる所以であり、一遍仏教の真髄である。

(三)

ところで、十一不二の独一名号の世界とは、どのような世界なのであろうか。一遍の仏教思想に裏打ちされ、行的に自証されるその境涯とは、いかなるものであったのであろうか。

一体、十一不二の名号は、前述のごとく、三世を一念に統摂する絶対現在に落居して、一切の時間的規定を離れる故に、「三世截断の名号」ともいい、その「三世截断の名号に帰入しぬれば、無始無終の往生」(167)を実得して、無量寿の故に無生となる。すなわち、「命濁中夭の無常の命を不生不滅の無量寿に帰入しぬれば、生死ある事なし」(168)なのであり、二項対立を超え、相対のなかにあって絶対に生き、時間的な世界が永遠の実相を示す境涯が開かれるわけである。

一遍は、この思惟概念の範疇を超え、対象論理をもっては把捉することのできない宗教体験の世界を、「六字之中　本無《シ》二生死一　一声之間《ニ》　即《チ》証《ス》二無生《ヲ》一」(169)と詠じているのであるが、それは、「松はまつ、竹はたけ、其の体おのれなりにして生死な」(170)き、無色無形無我無人の絶対無の世界、自受法楽の世界であったのであり、更には、自然との観応道交の、「よろづ生（き）としいけるもの、山河草木、ふく風たつ浪の音までも、念仏ならずといふことな」(171)き、法界遍満、「十界《ノ》依正《ハ》一遍《ノ》体」(172)として現前し衆生の心想中に入る万法名号の汎神論的な世界であったのである。それは、阿弥陀仏が西方浄土の救主であるとともに、衆生界に遍満する法界身であり、その故に「無量寿とは一切衆生の命根」(173)に他ならず、その衆生の拠り所となる念仏を、一遍は、大地が生命を持ち一切を荷担することになぞらえて、「大地の念仏」(174)といっている。森羅万象・依正二報に名号が周遍するからであり、普遍なる「理」が現実という「事」の世界に具現した事即理の世界ということになる。

これは、親鸞の、「義なきを義と」(175)し自ずからにしからしむる自然法爾の思想や、日蓮の、「今本時《ノ》娑婆世界《ハ》離《レ》二三災《ヲ》一出《タル》二四劫《ヲ》一常住《ノ》浄土《ナリ》」(176)と述べて、此岸に浄土を見た娑婆即寂光土の観念に近似し、道元の、「一滴のなかにも無量の仏国土現成[177]し十方法界みな仏事をなすという境涯を思わしめるが、一遍にあっては、それが、法悦のうちに大地を踏みしめた踊躍大歓喜の踊り念仏を生じ、「他阿弥陀仏南無阿弥陀仏はうれしきか」と尋ね他阿真教が落涙する[178]喜悦の境涯へと展開しているのである。

一遍仏教の念仏は、「歓喜の念仏」であったのであって、それは、證空が、「南無といふは、正しき我等が体なり。即ち三心なり。故に此の南無が阿弥陀仏の体に具せられて名号となるぞ、と心得る所が、往生にてあるなり[179]」と述べ、「我等は常没常流転の悪ながら、やがてその心の底に、是をすてたまはぬ仏の万徳が充ち満ちたりけるよ、と思ふ故に、あまりの嬉しさに南無阿弥陀仏と称ふるなり[180]」と示しているのを、直接承けたものである。そして、庶民は、その踊り念仏といういかにも取り付きやすい行によって煩悩を発散し精神を鈍化させつつ無我無心、忘我の境のうちに名号と一体となって唯一念仏となり救われることができたし、見物する者には名号への結縁となったのである。

この踊り念仏は、次第に都鄙に遍満し念仏を一般民衆の間に浸透させていく上で大きな力となり、その盛行は、高田教団や大町門徒などの親鸞仏教にも大きな影響を与え、また、後世、宗教色を薄めて六斎念仏・盆踊りや、諸説あるがお国歌舞伎など伝統芸能の源流ともなっていく[181]。しかし、あくまでも、それは結果としてのことであって、踊り念仏は布教の手段というよりも上述のごとく行であり、一遍が遊行賦算や踊り念仏の行化を行ったのも、この念仏世界の法悦を頒ち人々を救済するための大悲行に他ならなかった。

また、その行化は、雲煙万里、寒暑を厭わず路糧も寝具もなく、「身命を山野にすて、居住を風雲にまかせ[182]」、文字通り衣食住の三をも無条件に機縁に任せた、喜捨供養がなければ飢餓線上の、まさに「一心に弥陀を憑（み）つ、　南無阿弥陀仏と息たゆる　是ぞおもひの限[183]」りという、まさに、「狂気」の捨身行であった。「日本一の狂惑のもの[184]」と称された所以でもあるだろう。しかし、都を遠く離れた草深い地方の隅々まで念仏が伝播しえたのは、不惜身命、「狂気」捨身の一遍ら時衆にその多くを負っていることはいうまでもない。

この一遍の姿に、旅を栖として、「旅に病で夢は枯野をかけ廻[185]」った中世的詩人芭蕉のそれが重なる。「松の事は松に習へ、竹の事は竹に習へ[186]」との言葉も、一遍の「花の事ははなにとへ紫雲の事は紫雲にとへ一遍しらず[187]」とのそれを想起させる。しかし、この芭蕉の、『論語』にいわゆる「吾道一以《テ》貫《ク》レ之《ヲ》[188]」ていの、「一筋の道[189]」を貫く「風狂」も、それぞれ当地の門弟らに支えられての風雅を楽しむディレッタントな『奥の細道』の旅であって、一遍におけるすさまじい捨身度生の宗教的狂気とは似て非なるもの、といわなくてはなるまい。

そして、一遍は、また、貴族的な旧仏教を否定の契機とした鎌倉新仏教の祖師たちのなかにあって、一部の地方への遊化もなくはなかったが、祖師の大半は寺院に止住し、あれほど捨棄を説いた道元すら寺を捨てえていないのに比して、灰頭土面、更に突き進んで泥やほこりにまみれ念仏勧進に徹してその足跡はほとんど全国に及び、様相を大いに異にするところであった。

新仏教に対する旧仏教側の攻撃は法然・親鸞らの流罪に見るごとく激しいものがあったが、一遍は、そのような物理的な法難にこそ遇ってはいない。しかし、「座主」を頂点とし秩序を重んじる鎮護国家の体制仏教側の目には、「貴賤高下の隔（て）なく[190]」「非人」や乞食らにまで化益するその賦算や、舞のような水平運動の今日のそれとは異なってダイナミックな上下動する男女混成の踊り念仏は、いかにも異端的でいかがわしく猥雑なものと映り、「偏に狂人のごとく[191]」、「野馬のごとし。さはがしき事、山猿にことならず[192]」と口を極めて罵倒されている。山門の僧重豪の同工異曲の難詰に対し、一遍は、「ともはねよかくてもをどれこゝろごまみだのみのりときくぞうれしき」と、行としての踊り念仏において心も共振させ只今の一念に三世が包摂される媒介の契機となる身体性の重要性を説き示している[193]。

なお、一遍は七〇首に上る和歌をもって法門を説き、人々を教導している。和歌はいうまでもなく、古来、民族詩としてわが国の風土や素朴な民族心情に通じて、愛誦し親しまれてきたものであり、とりわけ中世には「和歌即陀羅尼」という観念があったから[194]、一遍が和歌で教化教育したということは神仏の託宣のごとく権威を持って人々の心に強く訴えるものがあった、と考えられる。

布教のアクチュアルな実践そのものに徹するその姿勢は、「鎌倉いりの作法にて化益の有無をさだむべし[195]」と、旅人などへの禁令が厳しく、しかも時あたかも執権北条時宗が山の内へ向かう折であるのに、二〇人前後のその一行に覆面や蓬髪など異形の者をも帯同したまま木戸を押し入り、警護の武士に二杖打たれているところにも表れている。それは、弾圧や法難にもめげず、『法華経』弘通のため幕府と真正面から渡り合った日蓮の燃えるような宗教的信念にも近似するが、しかし、すべてを捨てた「捨聖」一遍は、これと対照的につねに醒めた人であって、元寇といった未曽有の緊迫した時代背景のなかにありながら、遠く深く現実を見据え、対立や争いといった有無相対の社会的枠組みや時代の価値観から超出している趣がある。

㈣

さて、鎌倉新仏教は、真の宗教の在り方を庶民大衆の生活のなかに見、その結果、専修・易行・信といった問題をその共通の課題としたのであった。すなわち、庶民仏教を標榜する鎌倉新仏教の出発点は、仏教の易行化にあり、その特色は一行の専修ということであったのである。

鎌倉新仏教以前においては、摂取といった観点から、八宗兼学が盛行し、また、天台開会《かいえ》といったことも行われたのに対し、鎌倉新仏教者は、余雑の行を捨て、最後に残った簡易な端的の一行にその宗教を凝集させ、その専修を説いた。庶民大衆にとって、旧仏教の行は堪え得るものではなく、多くの人々を済度するには、いかなる人も行じやすい直截簡明な方法でなくてはならなかったからである。しかして、彼ら鎌倉新仏教者は、難しい学問や知識は不要であるとし、法然が、『選択本願念仏集』において、諸行の「閣抛傍」の三重の選択によって専修念仏を選択し、口称の念仏を勧めたのを始めとして、親鸞は信による一向念仏を説き、道元は、在家・女人の成仏をも認め、兼修禅を否定して、只管打坐《しかんたざ》による得道を普勧し、日蓮は専唱題目によって何人も容易に成仏できる、と説いた。持戒主義を唱えた栄西すら少聞薄解の輩でも行じれば得道する、としたのである。

かくして、従来、庶民にとって高嶺の花であった仏教は、庶民的な色彩を持つに至り、易行化への歩を進めることとなった。しかしながら、旧仏教に比べての易行であって、法然や日蓮にあっては、行の数量の多を重んじる難行的な面を残し、また、信心為本の親鸞はいうまでもなく、いずれの祖師も信を救済可能の前提条件としていた点に、なお大衆化への限界があった。たとえていうならば、往々にして真実は隠蔽されて、疑い深いところがあるのが凡夫であり、まして凡愚下劣の民衆にとって、本願を信じて念仏することはやはり難行でしかない。信も力であるから、たとえ、親鸞がいうところの、仏から賜った他力回向の信心にしても、それを受け取る力が自己自身になければ、やはり現実のものとはならないからである。しかるに、一遍は、不信の人たちにも救済の可能性を保証して、必ずしも念仏しなくても唯一念仏となり、結果的には一行の専修と同じことになる方法を案出した。先述の踊り念仏よりも更にたやすく瞬間的に唯一念仏となることができるものであって、それがいわゆる賦算《ふさん》である。

先に見たように、一遍仏教の中核は、十一不二の弁証法的論理にあり、その名号に結縁するところに実相の世界が開けたのであるが、実にその行化の起点もここにあるのであって、一遍は、「十一不二頌」の感得後、人々を十一不二の名号に結縁させるため、衆生化益の旅を決意したのであった。そして、一人でも多くの人を往生させる方法を熟考して、その結果、賦算という簡単な行儀を案出したのであり、ここに、釈尊に始まる「遊行」に宗教的生命を再確認して、一定の精舎を構えることなく、もはやその思索による「己心領解の法門」の著述化をも捨てて、万事を放下し、まさに布教のアクチュアリティそのものに徹して、庶民教導のため一所不住の「捨聖」として遊行・賦算の旅に上った。これは、文筆に努めた法祖父證空や法兄顕意、また、他の鎌倉新仏教の祖師たちと著しく異なる。大乗仏教の主眼とするところは利他にあるからであり、一遍に、「聖教といふは此念仏をしへたるなり。かくのごとくしりなば、万事をすて丶、念仏すべき所に、あるひは学問にいとまをいれて念仏申さず、或は聖教を執して称名せざるはいたづらに他の財をかぞふるがごとし[196]」との言葉がある所以である。

かくして、その遊行の途次、紀伊の熊野において、一律僧に行き会い、賦算の念仏の札の受領を拒否され、ここに、彼は、賦算と信不信との関係についての大きな疑団を生じた。證空以来その西山門流では、「至心信楽欲生我国」の三心に対応するのが観仏であり、「乃至十念」に対応するのが念仏である、との立場に立ち、念仏は三心という弥陀の大悲に生かされているという謂れを自覚する手立てとしての示観領解の上の行である、とする。熊野成道以前の一遍もその門流としてこれに同じく、「一念の信をおこして南無阿弥陀仏ととなへて、この札をうけ給（ふ）べし[197]」とまさにこの證空仏教の三心観に対応し念仏を勧めていたのである。かくして、彼は、熊野本宮証誠殿に参籠祈請し、「阿弥陀仏の十劫正覚に一切衆生の往生は南無阿弥陀仏と決定するところ也。信不信をえらばず、浄不浄をきらはず、その札をくばるべし[198]」との神託を受け、信不信も自力の計らいに他ならない、との自覚に到達したと伝えられる。「目をとぢていまだまどろまざるに[199]」授けられた「神託」であるから、これはいわゆる夢のなかのことではなくて今日では特殊な意識状態における幻覚たる覚醒夢であると考えられている[200]。

なるほど、人間の力で往生できるとするならば、信もその必要条件となる。しかし、往生は、既述のごとく、十劫の昔、弥陀の正覚の刹那に成就されているのであって、人間の信がそれを支えているのではない。弥陀の大悲が救いの主体であり、煩悩熾《し》盛《じょう》の凡夫に信の徹底など望めはしない。衆生の往生は、十劫の昔の正覚の刹那に成就しているのであって、信不信、浄不浄といった差別によって左右されるものではなかった。「弥陀の本願に（は）欠（け）たる事もなく、あまれることもな[201]」いからである。

ここにおいて、信不信といった二項対立を超えるということは、それが名号への絶対の信があるからいえるということが往々にして忘れられてきた。名号への信がなければ名号にすべてを任せる他力などあり得はしない。名号こそ絶対なのであり、たとえ信心が起こらなくても称名は行じられなくてはならないのである。称名を行じるという場合、一般の在家信徒の俗時衆や結縁衆は、本願を信じて念仏することなどできなくても、この賦算に応じることは容易であり、しかも、意味も分からずただ極楽往生を保証してくれる何かありがたい法の象徴として念仏の札を受け取るから、まさに無所着に十一不二の名号に結縁して、「口に称せざれどもこゝろにかならず南無阿弥陀仏と浮[202]」かび、念仏と一体になり、唯一念仏・独一名号となって往生することができる。

もっとも、一遍仏教は「声と念と一体[203]」であるから、基本的には「打（ち）あげ打（ち）あげ[204]」、「口にまかせてとな[205]」えて、「声の中に三世をつくす[206]」「声の宗教」なのである。しかし、弥陀の十劫の正覚はその「声」をも条件とするものではなく、「人のよそに念仏するをきけば、我（が）心に南無阿弥陀仏と、浮[207]」かび、念仏の札を手にすれば「こゝろにかならず南無阿弥陀仏と浮[208]」かんで、「声」を出さない人も、また、「声」に出せない人も、「聞く」、「手に取る」といった自らの身体性において、十一不二の名号に結縁さえすれば平等に救われるのである。一遍が「結縁は在家の人こそ大切なれば[209]」と述べているように、賦算の主たる対象は一般庶民であった。

かくして、彼は、「三心といふは名号なり[210]」とし、信心の起こらない不信の者でも念仏に結縁すれば名号の力によって自ずから往生できるとして、一切の差別を越え、易行化の頂点に賦算を位置付けたのである。

その教化は、社会の階級を越えて貴族・武士・農夫・漁夫から「非人」・「疥癩人」・乞食などに及び、その教化を受けた「悪党」が道中の煩いから一遍ら一行を守っているし[211]、少し時代を下がるが、花園天皇が一遍仏教独特の教義を夢に感得し随喜するということがあった[212]。天皇が夢に見るほどに一遍仏教の教義が禁裏にも浸透していたのである。これは、まさに一視同仁、社会の階級を越え信を前提としない「開かれた宗教」の故であるだろう。その教えを受け目録に入った者二五万一七二四人、結縁の者はその数を知らず、弟葉一〇〇〇余人と伝え[213]、同時代に戒律を流布させた叡尊が多数の受戒者を動員しての受戒者九万七七一〇人[214]をはるかに越えている。ここに、一遍は、専修・易行・信といった鎌倉新仏教共通の課題に最後の結論を下して、鎌倉新仏教に点睛をほどこした、といえよう。

なお、能化の道時衆たるために入衆した時衆には、俗時衆や結縁衆とは異なり、無所着たるべく厳しく自己内省して制誡を守り念仏によるひたすらなる行証が要請された。しかし、学問もして「わがよく心得[215]」と知解に傾き、智者の振舞に陥って行証を欠き、一遍在世中すでに、末端においては「信不信をえらばず[216]」ということが誤り解され、「たゞ詞ばかりにて義理をも心得ず一念発心もせぬ人共[217]」を輩出していた。信不信の二項対立の止揚ということも弥陀のはからいに甘え行証を欠いては善悪の区別を消失し本願ぼこりに陥ってしまう。ここに、一遍が、「最後の御遺誡」においてすら、

五蘊の中に衆生をやまする病なし。四大の中に衆生をなやます煩悩なし。但本性の一念にそむきて五欲を家とし、三毒を食として三悪道の苦患をうくる事、自業自得果の道理なり。しかあれば、みづから一念発心せんよりほかには、三世諸仏の慈悲もすくふことあたはざるものなり。[218]

と、あえて叱咤せざるを得なかった理由があり、また、後に、帰命戒が設けられ真教らによって知識帰命が主張されていく所以でもある。しかし、この道時衆における信の取り違えの問題はなお尾を引き、後世における教団としての一遍仏教、すなわち「時宗」の衰退の因ともなっていく。

㈤

上来、粗々述べてきたごとく、一遍仏教は、法然仏教の一特殊的普遍として、一見独自の個性的色彩を強く示している。その門流にありながら法然・證空ではなく、列祖外の性空・空也や教信に私淑していることは、教信を慕った親鸞は別として異例である。また、神祇に親しく、熊野権現の神託を聞いていることは、神祇不拝の法然・親鸞らと著しく異なり、むしろ「天照太神正八幡宮等は我国の本主也。迹化の後神と顕れさせ給ふ[219]」と説き伊勢・八幡二神を『法華経』に収束した日蓮に近い。更に、一遍仏教には、修験道の影響があり、事実、一遍には、空海練行の古跡岩屋寺での修行があり、その折「霊夢しきりに示して感応これあらた[220]」であった故か霊能力を有し、また、「一遍門下の阿弥は、阿弥号に関する限り、重源との間には緊密な関係があるとしても、源空の

それとは、殆んど没交渉の位置にある」[221]との説や、一遍仏教の六番に結番し七昼夜にわたる一期不断念仏につき重源流の高野山系のものとの説もある。[222]確かに一遍は重源と同じくその法号を「南無阿弥陀仏」と名乗っているのである。

しかし、一遍は、その行化の範を空也や良忍に取っているのであって、化導の姿は空也に相似し、熊野権現に神託のなかで、「融通念仏すゝむる聖」[223]と呼びかけられているように、その遊行賦算は、「六十万人」に念仏を「融通」し勧進することであったのである。それらは、「依法不依人」[224]の故の大乗仏教の主眼とする化他門の先達の遺芳への景仰であり、覚醒夢として現れた権現の天籟の声は神仏習合の伝統の故に本地の弥陀の声であって、その示すところはあくまでも賦算の方法であり、重源流不断念仏説もその当否はともかく行法上のことに過ぎない。いずれにしろ、その仏教思想の根底を貫流するものはあくまでも證空仏教に他ならなかったのである。

一体、一遍仏教において、衆生がひたすら念仏を称え、仏に対して救済を願い臨終来迎を期して、多念を行じていく法然の念仏と、仏から衆生への救済に対して報謝し、平生に往生の業が成就することを期して、一念の信を重んじていく親鸞の念仏との二元対立は止揚される。すなわち、一遍仏教においては、救う弥陀と救われる衆生という主客の対立が融ぜられ、永遠と時間とが一つになっているのである。その念仏は、多念でもなく信に重きを置く一念でもなくして、当体一念の只今の念仏であり、時々刻々に新しい一念の相続であって、そこに、「念仏が念仏を申」[225]すという仏々相念の世界が開けたのであった。

かくして、鎌倉期浄土仏教は、一遍において最後の帰趨を見るとともに、禅仏教との邂逅をも果たすに至る。一遍の時間論の道元のそれとの相似はすでに述べたが、また、彼が、「如来万徳ノ　衆生妄念ノ　本無シ二一物一　今得タル二何事ヲカ一」[226]と詠じ、「生死は我執の迷情、菩提は離念の一心なり。生死本無なれば、学すともかなふべからず」[227]と説くところに、自力・他力の径庭はないのである。それは、自力をも他力をも超え、両者の一如したいわば念仏禅ともいうべき境位であるだろう。

もっとも、ここにおいて留意すべきことは、それが禅を修めた上での止揚ではないということである。実のところ、その法語を集録した『一遍上人語録』には、それがはるか後世の江戸期の編集であるため、高野聖らによって巷間に流布していたらしい一遍の法燈参禅伝説が竄入しているのであるが、今日すでに明らかになっているように、その折一遍が呈したとされる「となふれば仏もわれもなかりけり南無阿弥陀仏の声ばかりして」との歌は実は後の時衆六代一鎮のものであったから、これは歴史的事実ではない。[228] 一遍自身、「自力他力は初門の事なり」[229]といい、「自力他力を絶し、機法を絶する所を南無阿弥陀仏といへり」[230]と述べているように、彼は、あくまでも他力に徹することによって、法然以来の浄土仏教に一歩を進め、称名の一行に自力・他力を止揚したのである。

ここに、往生は、来世往生をそのうちに含みつつも、現身において執着を越えて無我的主体を形成し覚者に至る聖道門の成仏とも別ものではない絶対的一元論に立ち、そこにおいて、浄土仏教は聖道門と一つになったといってよいであろう。まさに、一遍仏教は、「選択」の極において、浄土仏教を不二法門としての大乗仏教に還帰せしめたのである。

なお、一遍仏教において、行としての踊り念仏が盛行していくなかで次第に娯楽的要素を強くし、後世において多くの伝統芸能のルーツとなっていくことは少しく述べた。この踊り念仏とともに一遍仏教の文化的意義においてとりわけ注目すべきは、そのすべてを捨てその捨てる心をも捨てる一切捨離の精神が、世を捨てて遁世した阿（弥）号を持つ、必ずしもそのすべてが時衆とはいい得ないものの、能・芸・相の三阿弥ら同朋衆や世阿・頓阿などの、文人・芸能者・連歌師・陣僧群を生み、万事余剰を洗い流し贅肉を削ぎ落とした「型」において究極の美を目指す室町文化他、[231]漂泊・閑寂・枯淡といったその後の日本文化の基調の一つともなっていることであって、その影響はその後の文化万般にわたり、現代の柳宗悦の民芸や坂村真民・溝口章らの詩にも及んでいる。

註

(1) もとより捨聖一遍に立教開宗の意志はなく、あくまでも彼は浄土宗の僧であったのであり、「時宗」という宗派名が成立するのは徳川幕府による宗教統制以降のことである。
(2) 石井教道編『昭和新修法然上人全集』平楽寺書店、一九五五年、一七頁。『正徳版漢語灯録』巻六に出る。
(3) 同上書、三三八頁。
(4) 中村元／早島鏡正／紀野一義訳註『浄土三部経』下、岩波文庫、一九六四年、七二頁。
(5) 『大原談義聞書』（註（2）前掲書、一〇九六頁）。
(6) 「つねに仰せられける御詞」（註（2）前掲書、四九四頁）。
(7) 同上（四九二～四九三頁）。
(8) 「津戸の三郎へつかはす御返事」（註（2）前掲書、五〇三頁）。
(9) 「消息法語」（『一遍上人語録』巻上、時宗宗典編集委員会編『定本時宗宗典』上巻、時宗宗務所、一九七九年、一〇頁）。
(10) 同上（八頁）。
(11) 「門人伝説」（『一遍上人語録』巻下、註（9）前掲書、三一頁）。
(12) 同上（三五頁）。
(13) 同上（三一頁）。
(14) 同上（二七頁）。
(15) 註（6）に同じ。
(16) 「つねに仰せられける御詞」（註（2）前掲書、四九二～四九三頁）。註（7）に同じ。
(17) 『述成』巻八（森英純編『西山上人短篇鈔物集』西山短期大学、一九八〇年、九一頁）。
(18) 高楠順次郎編『大正新脩大蔵経』第四七巻、「諸宗部」四、大正新脩大蔵経刊行会、一九九〇年、四三九頁、下。
(19) 「門人伝説」（『一遍上人語録』巻下、註（9）前掲書、三一頁）。
(20) 「消息法語」（『一遍上人語録』巻上、註（9）前掲書、九頁）。
(21) 『選択本願念仏集』（註（2）前掲書、三四八頁）。

(22) 同上（三三八頁）。
(23) 同上。
(24) 註（18）前掲書、四四〇頁。
(25) 『一遍上人語録』巻上（註（9）前掲書、六頁）。
(26) 同上。
(27) 「消息法語」（『一遍上人語録』巻上、註（9）前掲書、八頁）。
(28) 「門人伝説」（註（9）前掲書、三三頁）。
(29) 同上（一八頁）。
(30) 『述成』巻六（註（17）前掲書、八九頁）。
(31) 『西山善慧上人御法語』（註（17）前掲書、一三二頁）。
(32) 「門人伝説」（『一遍上人語録』巻下、註（9）前掲書、三一頁）。
(33) 『金剛宝戒秘決章』（註（2）前掲書、一〇五七頁）。
(34) 藤吉慈海編『阿弥陀仏の理解と表現』（「浄土シリーズ」四）、知恩院浄土宗学研究所、一九六八年、一〇〇〜一〇一、一一二〜一一三、一四六頁参照。
(35) 「別願和讃」（『一遍上人語録』巻上、註（9）前掲書、三頁）。
(36) 同上。
(37) 「門人伝説」（『一遍上人語録』巻下、註（9）前掲書、二六頁）。
(38) 同上（三〇頁）。
(39) 同上（三四頁）。
(40) 同上（三一頁）。
(41) 『浄土三部経』下（註（4）前掲書、五三頁）。
(42) 「偈頌和歌」（『一遍上人語録』巻上、註（9）前掲書、一三頁）。
(43) 藤吉慈海『浄土教思想の研究』平楽寺書店、一九八三年、一六九頁参照。

(44)『一遍聖絵』第一（註（9）前掲書、下巻、三六六頁）。
(45)「門人伝説」（『一遍上人語録』巻下、註（9）前掲書、二七頁）。
(46)「別願和讃」（『一遍上人語録』巻上、註（9）前掲書、三頁）。
(47)「門人伝説」（『一遍上人語録』巻下、註（9）前掲書、二七頁）。
(48)同上（三〇頁）。
(49)同上（二八頁）。
(50)「門人伝説」（『一遍上人語録』巻下、註（9）前掲書、二六頁）。註（37）に同じ。
(51)「門人伝説」（『一遍上人語録』巻下、註（9）前掲書、三〇頁）。註（38）に同じ。
(52)「門人伝説」（『一遍上人語録』巻下、註（9）前掲書、二九頁）。
(53)同上（三一頁）。註（40）に同じ。
(54)同上（二九頁）。
(55)同上（二八頁）。
(56)註（2）前掲書、三一六頁。
(57)『他阿弥陀仏同行用心大綱註』（註（9）前掲書、二四八～二四九頁）。
(58)「門人伝説」（『一遍上人語録』巻下、註（9）前掲書、二八頁）。
(59)「門人伝説」（『一遍上人語録』巻下、註（9）前掲書、三四頁）。註（39）に同じ。
(60)『一遍聖絵』第一（註（9）前掲書、下巻、三六六頁）。註（44）に同じ。
(61)「門人伝説」（『一遍上人語録』巻下、註（9）前掲書、二七頁）。
(62)同上（三七頁）。
(63)「消息法語」（『一遍上人語録』巻上、註（9）前掲書、八頁）。
(64)「門人伝説」（『一遍上人語録』巻下、註（9）前掲書、二六頁）。
(65)同上（二九頁）。
(66)『法然上人伝記』巻第三上（井川定慶編『法然上人傳全集』法然上人傳全集刊行会販売、一九六七年、三六八頁）。

(67)『観経散善要義釈観門義鈔』巻第三（西山全集刊行会編『西山全書』第三巻、文栄堂書店、一九七四年、三五四頁）。
(68)『観経玄義分他筆鈔』巻中（註（67）前掲書、第四巻、一九七四年、二九八頁）。
(69)『観経正宗分散善義楷定記』巻第一（註（67）前掲書、第七巻、一九七五年、四八〇頁）。
(70)『一遍聖絵』第三（註（9）前掲書、下巻、三六八頁）。
(71) 橘俊道『一遍上人の念仏思想と時衆』橘俊道先生遺稿集刊行会、一九九〇年、三四～三五頁。
(72)『一遍聖絵』第三（註（9）前掲書、下巻、三六九頁）。
(73) 同上。
(74)「門人伝説」（『一遍上人語録』巻下、註（9）前掲書、三一頁）。
(75) 同上（三六頁）。
(76) 同上（三三頁）。
(77) 同上（三四頁）。
(78) 同上。
(79)「消息法語」（『一遍上人語録』巻上、註（9）前掲書、八頁）。
(80)『時宗統要篇』巻第三（註（9）前掲書、下巻、六一頁）。
(81) 同上。
(82) 同上。
(83)「門人伝説」（『一遍上人語録』巻下、註（9）前掲書、二九頁）。
(84)「消息法語」（『一遍上人語録』巻上、註（9）前掲書、九頁）。
(85)『一遍上人縁起絵』第四（註（9）前掲書、下巻、四一二頁）。
(86)『他阿上人法語』巻第六（註（9）前掲書、一九八頁）。
(87)『一遍上人念仏安心抄』第四（註（9）前掲書、下巻、一八六頁）。
(88) 巻上（『時宗教学年報』第二〇輯、時宗教学研究所、一九九二年三月、二一九頁）。
(89)「門人伝説」（『一遍上人語録』巻下、註（9）前掲書、二七頁）。註（14）に同じ。

(90)「門人伝説」(『一遍上人語録』巻下、註(9)前掲書、三一頁)。
(91)「門人伝説」(『一遍上人語録』巻下、註(9)前掲書、三〇頁)。註(48)に同じ。
(92)シュライエルマッヘル、佐野勝也/石井次郎訳『宗教論』岩波文庫、一九四九年、一一三頁参照。
(93)「消息法語」(『一遍上人語録』巻上、註(9)前掲書、七頁)。
(94)「門人伝説」(『一遍上人語録』巻下、註(9)前掲書、三一頁)。
(95)同上。
(96)同上(三七頁)。
(97)同上(二九頁)。
(98)『時宗綱要』(註(9)前掲書、下巻、三四〇頁)。
(99)同上。
(100)註(2)前掲書、三四八頁。
(101)「つねに仰せられける御詞」(註(2)前掲書、四九五頁)。
(102)同上。
(103)同上(八七七頁)。
(104)「消息法語」(『一遍上人語録』巻上、註(9)前掲書、八頁)。
(105)「門人伝説」(『一遍上人語録』巻下、註(9)前掲書、二八頁)。
(106)同上(三〇頁)。註(38)に同じ。
(107)「偈頌和歌」(『一遍上人語録』巻上、註(9)前掲書、一一頁)。
(108)「門人伝説」(『一遍上人語録』巻下、註(9)前掲書、二八頁)。
(109)「偈頌和歌」(『一遍上人語録』巻上、註(9)前掲書、一〇頁)。
(110)『一遍聖絵』第一(註(9)前掲書、下巻、三六六頁)。註(44)に同じ。
(111)『述成』第一(註(17)前掲書、七七～七八頁)。
(112)「白木念仏御法語」(註(17)前掲書、二四五頁)。

(113)『述成』第五（註(17)前掲書、八四〜八五頁）。
(114)「門人伝説」（『一遍上人語録』巻下、註(9)前掲書、二七頁）。註(14)に同じ。
(115)「門人伝説」（『一遍上人語録』巻下、註(9)前掲書、二六頁）。
(116)『浄土三部経』上（註(4)前掲書、一九六三年、一三六頁）。
(117)『往生礼讃偈』「後序」（註(18)前掲書、四四七頁）。
(118)「門人伝説」（『一遍上人語録』巻下、註(9)前掲書、三一頁）。
(119)『一遍聖絵』第六（註(9)前掲書、下巻、三七四頁）。
(120)「門人伝説」（『一遍上人語録』巻下、註(9)前掲書、二六頁）。註(37)に同じ。
(121)「消息法語」（『一遍上人語録』巻上、註(9)前掲書、七頁）。註(93)に同じ。
(122)『女院御書』下巻（註(17)前掲書、一三二頁）。
(123)村木弘昌『釈尊の呼吸法　大安般守意経に学ぶ』柏樹社、一九七九年、二六二頁。
(124)『安心鈔』（註(17)前掲書、一八二頁）。
(125)「門人伝説」（『一遍上人語録』巻上、註(9)前掲書、三五頁）。
(126)同上（三〇頁）。
(127)「別願和讃」（『一遍上人語録』巻上、註(9)前掲書、三頁）。
(128)「偈頌和歌」（『一遍上人語録』巻上、註(9)前掲書、一五頁）。
(129)『三縁事』（註(17)前掲書、一一四頁）。
(130)註(2)前掲書、八八〇頁。
なお、『一遍上人縁起絵』第三に、「或野原をすぎられけるに人の骸骨多くみえければ」とて、「かはにこそをとこをんなのいろもあれほねにはかはる人かたもなし」との和歌を記す（『定本時宗宗典』下巻、四〇七頁）。『縁起絵』に出るから『一遍上人語録』にも竄入するが、一部異なるところがあるもののこれはいうまでもなく法然の和歌の引用であり（註(2)前掲書、一一七六頁）、留意されなくてはならない。
(131)「つねに仰せられける御詞」（註(2)前掲書、四九五頁）。註(101)に同じ。

(132)「門人伝説」(『一遍上人語録』巻上、註(9)前掲書、三〇頁)。
(133)同上(三六頁)。
(134)同上。
(135)「一枚起請文」(註(2)前掲書、四一六頁)。
(136)「つねに仰せられける御詞」(註(2)前掲書、四九五頁)。註(102)に同じ。
(137)「誓願偈文」(『一遍上人語録』巻上、註(9)前掲書、六頁)。
(138)『一遍上人縁起絵』第一(註(9)前掲書、下巻、三六六頁)。
(139)同上(四一八〜四一九頁)。
(140)註(9)前掲書、五七頁。
(141)『述成』第八(註(17)前掲書、九一頁)。
(142)『播州法語集』(註(9)前掲書、五七頁)。
(143)同上(六四頁)。
(144)同上(五七頁)。
(145)同上(五八頁)。
(146)『徒然草』下、第一八八段(西尾実校注『方丈記　徒然草』〈『日本古典文学大系』三〇〉岩波書店、一九五七年、二四五頁)。
(147)同上、上、第一〇八段(一七七頁)。
(148)「泰時御消息」(『渋柿』、『群書類従』第二七輯、「雑部」、続群書類従完成会、一九八三年、一六一頁)。
(149)藤原正義『兼好とその周辺』桜楓社、一九七〇年、一二四〜一二九頁参照。なお、この項の引用文の傍点は筆者が付した。
(150)同上書、六〇〜六三頁。
(151)『正法眼蔵』「大悟」(大久保道舟編『道元禅師全集』春秋社、一九三五年、一六九頁)。
(152)『播州法語集』(註(9)前掲書、五七頁)。註(140)に同じ。
(153)「唯信鈔文意」(真宗聖教全書編纂編『真宗聖教全書』二、「宗祖部」、大八木興文堂、一九七三年、六三〇頁)。

(154)「末燈鈔」第七通（同上書、六六七頁）。
(155)『正法眼蔵』「仏性」（註（151）前掲書、一三四頁）。
(156)「一生成仏鈔」（立正大学日蓮教学研究所編『昭和定本日蓮聖人遺文』第一巻、総本山身延山久遠寺、一九八八年、四三頁）。
(157)「消息法語」（『一遍上人語録』巻上、註（9）前掲書、八頁）。
(158)『播州法語集』（註（9）前掲書、六一頁）。
(159)「偈頌和歌」（『一遍上人語録』巻上、註（9）前掲書、一〇頁）。
(160)『播州法語集』（註（9）前掲書、五八頁）。
(161)同上（六〇頁）。
(162)同上（六一頁）。
(163)「消息法語」（『一遍上人語録』巻上、註（9）前掲書、七頁）。
(164)『播州法語集』（註（9）前掲書、六〇頁）。
(165)同上（六一頁）。
(166)「偈頌和歌」（『一遍上人語録』巻上、註（9）前掲書、一五頁）。
(167)『播州法語集』（註（9）前掲書、五七頁）。
(168)同上（六三頁）。
(169)「偈頌和歌」（『一遍上人語録』巻上、註（9）前掲書、一一頁）。
(170)『播州法語集』（註（9）前掲書、六〇頁）。
(171)「消息法語」（『一遍上人語録』巻上、註（9）前掲書、八頁）。
(172)「偈頌和歌」（『一遍上人語録』巻上、註（9）前掲書、一〇頁）。註（109）に同じ。
(173)『播州法語集』（註（9）前掲書、五六頁）。
(174)同上（六四頁）。
(175)「末燈鈔」第二通（註（153）前掲書、六五八～六五九頁）。
(176)『観心本尊抄』（註（156）前掲書、七一二頁）。

(177)『正法眼蔵』「山水経」（註(151)前掲書、九四頁）。
(178)『一遍上人縁起絵』第四（註(9)前掲書、下巻、四一二頁）。
(179)『述成』（註(17)前掲書、七七〜七八頁）。
(180)同上（八四〜八五頁）。
(181)金井清光『時衆文芸研究』（改訂版）風間書房、一九八九年、二八六〜三五四頁他参照。
(182)『一遍聖絵』第七（註(9)前掲書、下巻、三七九頁）。
(183)「別願和讃」（『一遍上人語録』巻上、註(9)前掲書、三頁）。
(184)『一遍聖絵』第四（註(9)前掲書、下巻、三七〇頁）。
(185)「病中吟」（中村俊定校注『芭蕉俳句集』岩波文庫、一九七〇年、三〇七頁）。
(186)『赤冊子』（潁原退蔵校訂『去来抄・三冊子・旅寝論』岩波文庫、一九三九年、一〇一頁）。
(187)『一遍聖絵』第六（註(9)前掲書、下巻、三七五頁）。
(188)金谷治訳注『論語』岩波文庫、一九六三年、五七頁。
(189)「元禄三年九月六日付曲水宛書簡」（荻原恭男校注『芭蕉書簡集』岩波文庫、一九七六年、一三一頁）。
(190)「百利口語」（『一遍上人語録』巻上、註(9)前掲書、四頁）。
(191)『野守鏡』上（註(148)前掲書、四八〇頁）。
(192)『天狗草子』（小松茂美編『土蜘蛛草紙　天狗草子　大江山絵詞』〈『続日本絵巻大成』第一九巻〉中央公論社、一九八四年）、五六頁（「図版」）、一六八頁（「詞書釈文」）。
(193)『一遍聖絵』第四（註(9)前掲書、下巻、三七二頁）。
(194)金井、註(181)前掲書、八三〜八五頁。
(195)『一遍聖絵』第五（註(9)前掲書、下巻、三七四頁）。
(196)『播州法語集』（註(9)前掲書、五九頁）。
(197)『一遍聖絵』第三（註(9)前掲書、下巻、三六六頁）。
(198)同上（三六九頁）。

(199) 同上。
(200) 名倉潤慈『夢と浄土教――善導・智光・空也・源信・法然・親鸞・一遍の夢分析――』風間書房、二〇〇九年、二三六～二三八頁参照。
(201) 「消息法語」(『一遍上人語録』巻上、註(9)前掲書、九頁)。
(202) 『播州法語集』(註(9)前掲書、六一頁)。
(203) 同上(五四頁)。
(204) 「消息法語」(『一遍上人語録』巻上、註(9)前掲書、八頁)。
(205) 「別願和讃」(『一遍上人語録』巻上、註(9)前掲書、三頁)
(206) 『播州法語集』(註(9)前掲書、六二頁)。
(207) 同上(六一頁)。
(208) 『播州法語集』(註(9)前掲書、六一頁)。註(202)に同じ。
(209) 『一遍聖絵』第一一(註(9)前掲書、下巻、三九〇頁)。
(210) 『播州法語集』(註(9)前掲書、五四頁)。
(211) 『一遍聖絵』第七(註(9)前掲書、下巻、三七七頁)。
(212) 宮内庁書陵部編『伏見宮旧蔵花園院宸記』第九巻(複製巻子本)、思文閣出版、一九九七年、「文保元(正和六)年二月一九日条」(別冊「解題釈文」二六頁)。
(213) 『一遍聖絵』第一二(註(9)前掲書、下巻、三九二頁)。
(214) 「思円上人度人行法結夏記」(奈良国立文化財研究所監修『西大寺叡尊伝記集成』法藏館、一九七七年、二一三頁)。
(215) 『播州法語集』(註(9)前掲書、六〇頁)。
(216) 『一遍聖絵』第三(註(9)前掲書、下巻、三六九頁)。註(73)、(198)に同じ。
(217) 『一遍上人縁起絵』第四(註(9)前掲書、下巻、四一二頁)。
(218) 「消息法語」(『一遍上人語録』巻上、註(9)前掲書、一〇頁)。
(219) 「善無畏三蔵鈔」(註(156)前掲書、四六七頁)。

(220)『一遍聖絵』第二（註（9）前掲書、下巻、三六七頁）。
(221)吉川清『時衆阿弥教団の研究』時宗文化研究所、一九七三年、一六〇頁。
(222)大塚紀弘「重源の不断念仏と『時衆』」（『寺社と民衆』第六輯、民衆宗教史研究会出版局、二〇一〇年三月、二四～二五頁）。
(223)『一遍聖絵』第三（註（9）前掲書、下巻、三六九頁）。
(224)同上、第四（三七〇頁）。
(225)『播州法語集』（註（9）前掲書、六〇頁）。註(164)に同じ。
(226)「偈頌和歌」（『一遍上人語録』巻上、註（9）前掲書、一一頁）。
(227)「消息法語」（『一遍上人語録』巻上、註（9）前掲書、九頁）。
(228)橘俊道『一遍上人の念仏思想と時衆』橘俊道先生遺稿集刊行会、一九九〇年、七九～八五頁参照。
(229)『播州法語集』（註（9）前掲書、六〇頁）。
(230)同上（五六頁）。
(231)水尾比呂志「東山文化」（遠藤元男／大久保利謙／大宅壮一／岡田譲／野間清六／宝月圭吾／松本清張編『室町幕府』〈『日本歴史シリーズ」第八巻〉世界文化社、一九六九年、七二～八〇頁）参照。

とりわけ、該書が、東山文化について、「禅は当代の主流思潮として、義政や貴族たちを洗礼した筈であったが、かれらの精神の深奥部まで浸透していたとは考えられ」ず、むしろ、その「特質とは、禅の影響と言うよりは、実は時宗という浄土教の影響であったと見なければならな」いとし、更に、「捨聖一遍が、寺を捨て像を捨て、経を捨ておのれを捨て、ただ念仏のみにすがって諸国を遊行した精神は、そのまま文化の諸贅肉を洗い流してくれた筈である」と述べていることは刮目されなくてはならない。

第二部　一遍仏教とその周縁の教育的展開

第三章　一遍の教育的人間観

一　無と真実の自己

一体、仏教とは、人間をして、日常的な自己から脱離し、超越させ、もって本来的・根源的にあるべき自己に回帰せしめるものである。この自覚し、志向さるべき本来的な自己とは仏、仏陀であり、覚者、覚れる者に他ならない。仏教は、仏の教えであるが、仏、仏陀となる教え、ならせる教えであり、人間が、自己の本質を徹見し、宇宙の真理に目覚めて覚位に入ること、入らせること、すなわち、普遍的な真理を体得した覚者となること、ならせることを目的とするものである。しかして、この人間教育の宗教ともいうべき仏教においては、形成さるべき人間の本質の追究が極めて重要な分野を占めるのであり、そこには、極めて深い人間の本質への吟味と、それに基付く徹底した覚者、根源的に深い人間への形成論が展開されているのである。

ここにおいて、仏とは、絶対的真理たる法を覚って、現象的世界を解脱し、その現象的世界の底にあって、それを包む無の世界に働く無我的主体である。一体、無の世界とは絶対無の世界である。有・無に関わる相対的な無ではなくして、有無・相対を絶し、それをゆるやかに包む絶対的な根源としての無の世界である。それは、否定を媒介にして肯定に転じ、あらゆる矛盾・対立を止揚した純一なる総合態であって、一切を包摂し、拒否しない絶対的世界である。すなわち、それは、仏もなく人もない世界、自もなく他もない世界、迷いもなく悟りもない世界、生もなく死もない世界、善もなく悪もない世界、愛もなく憎もない世界、動もなく静もない世界、過去もなく未来もなく、現在もまたない世界、時間も空間もない世界、総じていかなる対立も差別もない世界である。一遍はこの無色無形無我無人のおよそ対象化しえない無の世界を「無我真実の土」(1)といい、また、「不説善悪不行善悪」(2)と表現し、それは、「青黄赤白の色にもあらず、長短方円の形にあらず、有にもあらず、無にもあらざる名号」(3)の世界だと、述べている。

この世界は、純粋なる無の世界なのであり、すべての人間性を止揚、脱却した世界である。その意味で人間性にとって絶対に他なる世界である。これは人間否定の世界なのである。しかしながら、すべての人間性を止揚し、人間性にとって絶対に他なる世界であるといっても、それは人間を超越した世界ではない。人間の現象的世界は、この絶対無の世界の自己限定として表出したものなのである。人間は、すべての生命の根源として、この世界より生まれ、そこに死んでいくものであり、人間の生死はこの無の世界の自己表出に他ならない。それは、あくまでも、彼岸の世界ではなくして、人間の生死する此岸の世界の根底にあって、それを包む世界、いわばすべての現象の根源をなす本体である。実に、この絶対無の世界こそが覚の世界なのである。人間は、自らの日常的頽廃を撥無し、無我的主体たることによって、現身のままに無生に証入し、この覚の世界に入りうるのである。否、人間の現象的世界はこの絶対無の世界の自己限定であるが故に、あくまでも人間の帰りいくべき家郷であった。

人間は、その平均的日常性を脱離し、現実的世界の時間的・空間的限定を超越することによって、自らの家郷たる、絶対無の世界に帰りいくのである。まさに、人間は、この自己のあるべき家郷を自覚し、現象的世界の自らを否定媒介するとき、覚者たる仏となり、あるべき世界に回帰する。仏は、人間にとって現実を隔絶した超越的な絶対者ではなくして、実は自己自身であり、真実の自己である。それは、真実の自己であるとともに、現象的世界にある人間にとっては、家郷に住む親なのである。放蕩息子ともいうべき人間は、自らを否定することによって、家郷に住む親の許に帰りいく。穢土に住む人間は、「無始以来、十悪五逆四重謗法闡提破戒破見等の無量無数の大罪を成就」(4)した放蕩息子であり、「無我真実の土」(5)たる極楽浄土に住む仏は「無心寂静なる」(6)家郷の親であっても、その間には本質的な隔たりはない。仏とは、人間にとってイデアではなくして、本質であり、始覚たるエロースではなくして、本質たるアガペーなのである。しかしながら、虚仮不実の身にして清浄の心もさらにない人間が、いかにして「無心寂静なる」仏と本質的に同一なのであるか。いかにしても真実たりえざる人間が何故に真実たりうるのであるか。

人間には、絶対的な生得的価値として自性清浄な真如たる仏性が存在する。人間の本質、真実の自己とは実にこの仏性であり、その故に、人間は本来清浄かつ善なのである。人間は、自己自身において覚証さるべき本来の面目たる自性清浄な仏性を有している。否、かの道元によれば、「悉有は仏性」(7)たるものであり、一切衆生は、人間などの有情のみならず、山川草木日月星辰などの一切の非情をも含むものであった。そして、この点は一遍においても同様であった。すなわち、彼にあっては、弥陀の十劫正覚の時に、一切衆生はすでに往生しているのであって、弥陀の正覚なくして、一切衆生の往生なく、逆に一切衆生の往生なくして弥陀の正覚もないが故に、仏と衆生とは異質のものではなかったのであり、名号をもって否定媒介するとき衆生は本然の覚性を開発して仏となるのである。ここにいう衆生とは、もとより有情についていったのであるが、広義に精神を持たない非情のものをも含めて、万法もまた、名号に成ぜられれば、無始本有の心徳を開くともいう。(8)これは、森羅万象・依正二報に名号が遍満するからに他ならない。

人間を始めとする全存在は、仏性たるものであるが故に、本来仏であり、仏となりうるという、絶対平等の成仏可能性を有している。しかして、成仏可能性を有しているということは、人間が、仏性たるものであっても、仏そのものではなくして、可能性としての未来の仏であるということである。人間は、仏性たるものであるが、いまだ仏のごとく仏性が全露していない。すなわち、人間は仏性たるものであるとともに、煩悩性たるものであるのである。衆生は、絶対的な次元からいえば仏性であり、相対的な次元からいえば煩悩性なのである。つまり、同一物が、仏においては仏性として顕現し、衆生においては煩悩と成り果てている、といえる。その故に、「悉有は仏性なり」といい、また「煩悩即菩提[9]」といわれるのは、絶対的な立場からの言なのである。人間とは仏性と煩悩性とが自己同一的に併存した存在なのである。否、現実的世界にあって日常的頽廃に堕している人間においては、仏性は煩悩のために隠蔽されている、といってよい。

二　現存在としての人間

上来のごとく、真実の自己とは、仏性ひいては一遍仏教において、覚者たる仏であった。しかも、人間は自性清浄なる仏性を有するものであった。否、一遍にあっては、道元とともに、人間は仏性そのものとさえ考えられたのである。その故に、彼は、「十劫正覚衆生界　一念往生弥陀国　十一不二証無生　国界平等坐大会[10]」との立場から、弥陀の十劫正覚の時に、衆生はすでに往生しているのであって、しかも、弥陀の正覚なくして衆生の往生なく、衆生の往生なくして弥陀の正覚もないことを強調し、ここに、唐の善導が、いわゆる三福九品の性差別につき、九品のうち、上三品は行福、中上・中中の二品は戒福、下三品は三福無分の悪人と解釈し、以後の浄土仏教家は、すべてこの説を取るのであるが、ひとり一遍は、行福を上三品、戒福を中三品、世福を下三品に配して、「九品ともに正行の善あるべきなり[11]」といい、更に、「弥陀の色相荘厳のかざり皆もて万善円満の形なり。極楽の依正二報は万法の形なり。来迎の仏体も万善円満の仏なり。往生する機も亦万善なり。万善の外に十方衆生なし[12]」と説いて、すべて万善の法であり、下下品の悪人でさえ善である、とする。それ故、彼にあっては、まさに、仏性は現前して、仏凡一体・生仏一如であり、仏と衆生とは異質なものではありえなかったのである。

しかしながら、すでに時節至り、仏性は現前し、仏と衆生とは一如であるといっても、人間は日常的事実においては、自性清浄な仏ではありえない。衆生は本来清浄であり、その本性は善であるといいながらも、染汚性を有する凡夫においてあるのが現実なのである。

すなわち、衆生における仏性の在り方は、仏における在り方とは異なっている。仏は仏性がそのまま顕わになったものであるが、衆生においては、それが蔵された形で存在する。その故に、衆生は別名如来蔵ともいわれるのである。この如来蔵は、初めは字義通り衆生が仏性たる如来性を内に蔵しているという意味でいい出されたものであり、後に如来つまり仏を生み出す母胎であるということから可能性としての未来の仏を意味するようになったのである。その故に、如来蔵たる衆生はあくまでも可能性としての未来の仏であった。衆生が仏性を蔵し持っているということは、裏返していえば仏性が何かに纏われている状態にあるのが衆生だということになる。何に纏われているかといえば、いうまでもなく煩悩である。しかして、覚者たる仏は真理の具現者であり、仏性たる真如そのものであるが故に、無垢真如といわれ、衆生は煩悩を纏った真如であるが故に有垢真如といわれるのである。

同じく真如ではあっても、この無垢真如と有垢真如の差は絶大である。すなわち、仏性が全露した仏と、仏性たるものであるが故に本来仏である衆生との間には無限の距離がある。この故に、一遍は、

「従是西方過十万億仏土」といふ事。実に十万億の里数を過（ぐ）るにはあらず。衆生の妄執のへだてをさすなり。善導の釈に「隔《ツルニ》二竹膜《ヲ》一即《チ》踰《ユ》二之《ヲ》千里《ニ》一」とおもへり」といへり。たゞ妄執に約して「過十万億」と云（ふ）。実には里数を過（ぐ）る事なし[13]。

と述べる。そして、同じく真如として竹膜ほどの隔てしかないはずの仏と衆生との差が衆生の熾烈な煩悩の故に十万億の距離に比せられる旨説くのである。すなわち、一遍によれば、人間は、本来仏でありながらも、「法性の都をまよひ出[14]」でたがために、十万億の里数に擬せられるほど、清浄なるものとはほど遠い存在となり、仏性は、「我等の妄法におほはれて、其体あらはれがた[15]」いのである。

仏教において、人間は、本来清浄であり、仏である。しかしながら、現実の人間は清浄なるものとはほど遠い

存在であった。人間には、本来的なるものと本来的ならざるものとが相反する両方向に極限を持って二項対立的に、否、無限の両極の間にあって自己同一的に、存在しているのである。一切衆生は、本来仏性を有しているにもかかわらず、煩悩によって仏の教えに随順せず、背反せる恣意的な行為をなしたがために、いまだ流転の世界から出離することができず、現に火宅に住するのである。この故に、仏の教えに随順せず、違背せる行為をしてきた衆生の生死は罪である。一遍が、「我等衆生、無始以来、十悪五逆四重謗法闡提破戒破見等の無量無数の大罪を成就せり。これによって、未来無窮の生死に輪廻して、六道四生二十五有の間、諸の大苦悩を受（く）べきものなり」[16]と述べているごとく、罪悪生死の凡夫という自覚は、遠劫の過去より犯せる罪を荷った現存在の認知であるとともに、現在においても、仏の大悲に違背せんとする罪悪なるものという自覚なのである。すなわち、現存在としての人間は、本来的な自己を自覚せずして、吾我を貪愛し、名利に繋縛されて、貪・瞋・痴の煩悩の尽きることのない罪悪なる存在なのであった。

現存在としての人間が、頽廃的であり、煩悩具足・罪悪深重の凡夫であるのは、仏の教えに随順せず、しかして、絶対的真理たる法に暗く、本具の仏性を自覚しないためである。仏教は、諸行無常をいい、諸法無我を説く。すべてのものは、相依相関して生じ、生成・流転して変化し、恒久的・固定的な実体は何一つとして存在しない、というのである。

思うに、あらゆる存在の何一つとして、永遠に滅びないような固体を持ってはいないということは、動かすことのできない真実である。ましてや、人間は、仏教によれば、四大・五蘊仮和合の存在にしか過ぎない。すなわち、それは、地・水・火・風の四大と色・受・想・行・識の五蘊とが時節到来してたまたま合成された、一時的な仮在に過ぎないのであり、それはまた期せずして解体さるべきものである。更にいえば、人間の心身は、四大と五蘊とが因縁によって仮に結びついてできた複合体であり、一時的な因縁所生の仮在に過ぎないのであって、決して恒久的な固定的存在ではない。その故に、念々の刹那において危機に瀕し、死の不安にさらされている。

しかしながら、この現実に目を覆い、ともすれば、日常性に甘えて頽廃し、懈怠に逃避するのが人の常である。現存在としての人間は、その日常的頽廃にあって、この真実を見ず、無常なもののなかに不滅を求めて不老不死を願い、生への盲執着に悩む。しかしながら、自己の限界の故にその際限なき欲望は満たされることがないから、「過去遠々のむかしより　今日今時にいたるまで　おもひと思ふ事はみな　叶はねばこそかなしけれ[17]」ということとなる。実に、この一時的・暫定的な存在に他ならない自らの心身に執着することが、一切の迷妄・煩悩の起源に他ならなかったのである。

かように、人間は、諸法の実相とはほど遠い無明なる存在であるが故に、煩悩に覆われて生死に輪廻し、その生死は、罪であり、また悪であった。この故に、一遍は、「生死といふは妄念なり。妄執煩悩は実体なし[18]」といい、「五蘊の中に衆生をやまする病なし。四大の中に衆生をなやます煩悩なし[19]」と説く。すなわち、四大・五蘊の因縁所生の仮在たる自らの心身に執着することから生じる一切の迷妄もまた、絶対的なものではなく、一時的・相対的なものであり、実は空聚に過ぎない。故に、「四大をべち〳〵にはなれたる時は、おこすべき五欲もなく作るべき十悪もなし。しかれば根本の四大ありのまゝに身をもてば、衆生をなやますぼんなうなし[20]」ということとなるのである。実に、人間の肉体的・精神的存在は常住性なき存在であり、煩悩の実体もまたないのである。かくて、彼は、

身を観ずれば水の泡　消（え）ぬる後は人もなし　命をおもへば月の影　出（で）入（る）息にぞとゞまらぬ　人天善所の質をば　おしめどもみなたもたれず　地獄鬼畜のくるしみは　いとへども又受（け）やすし
眼のまへのかたちは　盲（ひ）て見ゆる色もなし　耳のほとりの言の葉は　聾（ひ）てきく声ぞなき　香をかぎ味なむること　只しばらくのほどぞかし　息のあやつり絶（え）ぬれば　この身に残る効能なし[21]。

と詠ずるのである。

思うに、人間は、生きんとして死なねばならない、絶対矛盾的自己同一の存在である。人間は、この世に

投げ出された死への存在であり、いつ消えるとも計り知れない、水泡のごとく月影のごとく頼みがたい存在なのである。死は計りがたき不定さで人間に襲いきたり、無常は、電光のごとく、朝霧のごとき迅速さで、念々に身に迫る。有為転変の悲しみはまさに人ごとではなく、生死巌頭に立つものは自己自身なのである。

およそ、この死において代替ということは不可能であり、死は本質的に自己自身の死ということ以外にはない。人間は、生まれる際には一人でしか生まれてこず、また、死ぬ時も一人でしか死ぬ他はないのであり、誰も連れだってはくれない。かように、人間は、生まれ落ちた時から死ぬ時まで、結局は単独なる孤独者なのである。一遍が、「をのづから相あふ時もわかれてもひとりはいつもひとりなりけり[22]」と詠う所以である。かかる絶えがたき憂愁に閉じ込められた独生独死の孤独者は、逃避することを許されずして死に直面する。すなわち、最も自己的な可能性としての死は、現存在の終末において見出されるのみではなく、それは、まさしくその存在の念々刻々のなかにあるものなのである。人間主体は、現在に立ち、今を生きている。実に、その現在の生の真っ只中に死があり、人間は、日夜生を営みつつ、しかも死につつあるのである。死の無規定的可能性は、独生独死の主体的自己に関わる問題だからである。

三　人間の真実回帰

仏教は、自己が自己に落ち着くことを説くものである。「法性の都をまよひ出[23]」でたがために、本来の面目を失って生死に輪廻し、日常的頽廃に陥って、自己の何たるかを自覚しないで無自覚の生存を続けているのが、現存在としての人間の偽らざる姿なのである。かかる非本来的な人間が、自己本来の面目を自覚し、日常的・平均的な自己を脱離して超越し、仏性を発現して自己本来の家郷たる実相の世界に帰り、覚位に落ち着くべきことを、仏教は強調するのである。

現存在としての人間は、真如法性の理に暗き煩悩に覆われた無自覚の凡夫ではあるが、意識的・観念的に自己本来の面目を自覚し、領解《りょうげ》することが、真実の自己への回帰なのではない。仏教における自覚とは、あくまでも意識的現象としての自覚ではなくして、具体的な行的実践において体得さるべきものであった。その故に、一遍は、「皆人の南無阿弥陀仏をこゝろえて往生すべきようにおもへり。甚（だ）謂（は）れなき事なり。六識凡情をもて思量すべき法にはあらず。但し領解すといふは領解すべき法にはあらずと意得るなり(24)」と語り、

名号には領せらる（る）とも名号を領すべからず。をよそ万法は一心なりといへども、みづからその体性をあらはさず。我（が）目をもて、わが目を見る事を得ず、又木に火の性有（り）といへども、其火その木をやく事をえざるがごとし。鏡をよすれば、我（が）目をもて我（が）目を見る。これ鏡のちからなり。鏡といふは、衆生本有の大円鏡智の鏡、諸仏已証の名号なり。しかれば、名号の鏡をもて、本来の面目を見るべし(25)。

といい、更に、

我（が）体を捨（て）て南無阿弥陀仏と独一なるを一心不乱といふなり。されば念々の称名は念仏が念仏を申（す）なり。（中略）念不念作意不作意、摠じてわが分にいろはず、唯一念仏に成（る）を一向専念といふなり(26)。

と述べて、名号に帰入し、名号そのものになって行ずるという、行的な実践による主客の合一を説く。そして、そこに、「打（ち）あげ打（ち）あげとなふれば、仏もなく我もなく(27)」、覚が覚として現れる実相の世界を示したのである。

実相の世界に生きるためには、あくまでも日常的・平均的自己を否定していかねばならず、ここに行が考えられる。しかも、その否定媒介する行たる名号自体が「有にもあらず、無にもあら(28)」ざる絶対の無、「名号は即（ち）名号なし。（中略）無名号とは是名号なり(29)」という実体のないものであり、実のところ、名号の媒介する行

的実践とはまさに無媒介の媒介ともいうべき無我の行修に他ならなかった(30)。

無我とは、一切の執着を去って本来の面目を発現し、実相の世界に観入することをいう。それは、覚の世界なる実相の世界に自己を没し、そこに主客の対立が融ぜられて真如と自己とが一体となることであり、いわば、自己が日常的・平均的な自己に死して覚の世界に一如することである。すなわち、行的実践においては、日常の平凡な経験的時間たるクロノス chronos にあり、自己中心的に対象を客観的に眺め、批判するといった主我的な行為とは異なって、瞬間が永遠となり時空が一点に収斂する瞬間時たるカイロス kairos にあり、対象と自己との一体において、ノエシス即ノエマ的に、対象そのものになって行ずるということが要求されるのである。

一遍が、「わが分の心よりおこす真実心に非ず。凡情をもて測量する法は真実なし(31)」と説くごとく、至誠心とか真実心とかいっても、人間がまことの心を持つことが期待されているのではなく、真実は、あくまでも覚の世界の真実であり、一遍の言葉をもってすれば、「唯名号の真実(32)」なのである。その故に、かかる行の世界は、「なまざかしからで、物いろひを停止して、一向に念仏申(33)」すといった、自己のはからいを全く脱却したところにこそ展開されるのである。その故に、一遍は、「本来無一物なれば、諸事にをいて実有我物のおもひをなすべからず。一切を捨離すべし(34)」と述べ、「念仏の行者は智慧をも愚痴をも捨（て）、善悪の境界をもすて、貴賤高下の道理もすて、地獄を願ふ心をもすて、又諸宗の悟をもすて、一切の事をすてゝ申（す）念仏こそ、弥陀超世の本願にはかなひ候へ(35)」と説いて、「捨てゝこそ(36)」の捨離精神を高調したのである。

捨てるということは欲望の主体として生身を持った人間には難中の難事である。頼むべからざるものを頼み、それに依拠せざるをえないのが、日常的な人間の姿なのである。しかしながら、一切を捨離して恣意的なはからいから脱却し、一切の迷妄・煩悩の根源たる我の束縛から解放されるところに、生命はけだし絶対的な自由を獲得して、人間は真実の自己に回帰する。自己を捨てた自我なき境地においてこそ、真実の自己が顕現するのである。

まさに、無我となったとき人は真実の自己となる。すなわち、人間は、自己の絶対否定によって、世情的なとらわれを脱落し、絶対的死の無底に沈むとき、新たなる生命に甦り、直ちに絶対肯定に転ぜられる。その故に、一切の放下を説き、自らも世を捨て、家を捨て、身を捨て、衣食住を捨て、心を捨て、最後にはその捨てる心をも捨て果てて、「捨聖」の名さえ博した一遍は、

生（き）ながら死して静（か）に来迎を待（つ）べし（中略）万事にいろはず、一切を捨離して、孤独独一なるを、死するとはいふなり。生ぜしもひとりなり。死するも独（り）なり。されば人と共に住するも独（り）なり。そひはつべき人なき故なり。[37]

と説く。そして、一切の日常性・平均性を剝ぎとった、無色無形無我無人の孤独独一の極限に宗教的に死してこそ、人間は、自らとも絶縁した深い孤独の空間のなかで、真実の自己を自覚し、絶対的に生かされる、としたのである。

実に、自己否定は単なる自己否定になり終わらず逆対応して、自己は、捨てることをも捨てるという否定の否定によって、高い次元に自己を肯定し、生かすことになる。捨てたはずの自己が逆に肯定されて活潑潑地の実相の世界に蘇るのである。人間は、一切の有為有漏の行為我に死することによって、無為無漏の世界に超越するのである。それは、「命濁中夭の無常の命を、不生不滅の無量寿に帰入しぬれば、生死ある事な[38]」く、相対のなかにあって絶対に生き、時間的な世界がそのまま永遠の実相を示す境涯である。ここに、人間は、生死を解脱し、実相の世界の法のままに従って、絶対無の世界に一如し、絶対の主体たりうるのである。一遍が、這般の消息を、「三心とは身心を捨（て）て念仏申（す）より外に子細なし。其身心を、棄（て）たる姿は南無阿弥陀仏是なり[39]」と述べ、「我（が）体を捨（て）て南無阿弥陀仏と独一なるを『一心不乱』といふなり。されば念々の称名は念仏が念仏を申（す）なり[40]」といい、また、「『聞名欲往生』といふこと。人のよ所に念仏するをきけば、わが心に南無阿弥陀仏とうかぶを聞名といふなり。しかれば名号が名号を聞（く）なり[41]」と説き、「心品のさばくり有

（る）べからず。此心は、よき時もあしき時も迷なる故に、出離の要とはならず。南無阿弥陀仏が往生するなり」[42]と「熊野権現夢想の口伝」を語っている所以である。

真の行の本質は、かくのごとく全く妄執・煩悩のない絶対的自己否定の境地において、自己の働きが無からの働きと合一するところに求められる。自己のありようは、取りも直さず実相の世界の法によってあらしめられるものでなければならない。その故に、一遍は、「信といふはまかすとよむなり。他の意にまかする故に人の言と書（け）り。我等は即（ち）法にまかすべきなり。しかれば衣食住の三をわれと求（む）る事なかれ。天運にまかすべきなり」[43]という。彼は、身を捨て、心を捨て、その捨てる心をも捨てたところに、法の世界を見出し、そこにすべてを任せるべきことを説いた。その法の世界とは、「水が水をのみ、火が火を焼（く）がごとく、松は松、竹は竹、其体をのれなりに生死なき」[44]自受法楽の実相の世界であり、無色無形無我無人の純粋経験の世界である。すなわち、それは、自我への執着、一切の物事への執着が消えた空・自由の境涯であり、有・無を超えた純一なる絶対無の世界である。

人間はかかる絶対無の法の世界に実は生かされてあるのである。人間は、この法の世界の自己限定であり、絶対の他において自己を有しているのである。自己とは法の世界の自己表出であり、しかして、人間は法によってあらしめられてある。この故に、自己の他に法はなく、法の他に自己はない。自己とは法を離れたものではないのである。しかして、法の世界は、人間がそこから生まれ、また、人間がそこに依拠し、生存すべき世界なのである。この故に、日常的自己を否定して法の世界に観入することは、自らの家郷に帰ることに他ならなかったのである。

ここに、彼が、「身心を放下して無我無人の法に帰しぬれば、自他彼此の人我なし」[45]と示すごとく、自らの家郷に入った人間は、ノエシス即ノエマ的にその面目を発現して、行仏は仏行となり、機法一体・生仏一如たりえたのである。その故に、その世界は、「南無阿弥陀仏と一度正直に帰命せし一念の後は、我も我にあらず。故に心も阿弥陀仏の御心、身の振舞も阿弥陀仏の御振舞、ことばもあみだ仏の御言なれば、生（き）たる命も阿弥陀仏の御命」(46)という即心是仏・即身成仏の世界なのである。実に、それは、また、「よろづ生（き）としいけるもの、山河草木、ふく風たつ浪の音までも、念仏ならずといふことな」(47)き、事々無礙・法界遍満の汎神的世界であり、自然との観応道交の世界であり、また踊躍大歓喜の生ずる喜悦の世界であったのである。まさに、それは、「任セ二三業ヲ於天運ニ一譲二四儀ヲ於菩提ニ一」(48)って、「身命を山野に捨て、居住を風運にまかせ」(49)た、今日は任運騰々、明日は騰々任運の行雲流水・無礙自在の世界であったのである。

かかる絶対無の法の世界は、現実世界に現成した実相の世界である。この法の世界は、現実的世界のかなたに、観念的に対象化された彼岸にあるのではなく、あくまでもこの此岸に現成さるべきものである。すなわち、現実的世界と法の世界とは非連続の連続の関係にあるものなのである。法の世界は、絶対的な世界であるという意味において現実的世界とは非連続の彼岸であるが、現実的世界たる此岸が転ぜられて絶対的な法の世界になるという意味において連続なのである。この故に、法の世界は、現実的世界を離れて存在せず、また現実的世界は法の世界を離れては存在しない。法の世界は、現実的世界と二元対立的に存在するのではなく、現実即絶対として絶対矛盾の自己同一的に現実的世界に現成さるべきものなのである。

かかる絶対的世界と現実的世界の一致、すなわち、出世間的世界と世間的世界の一体を説く真俗一諦は、一遍において、いわば行儀即仏法として現象している。すなわち、一遍にあっては、浄土は現世を超えた彼岸に求められるものではなくして、現実のこの現在においてこそ求めらるべきものであり、ただ、「浄土を立（つ）るは、欣慕の意を生じ、願往生の心をすゝめんが為」(50)であり、「欣慕の意をすゝむる事は、所詮、称名のため」(51)であるとなし、それ故、「願往生のこゝろは、名号に帰するまでの初発のこゝろ」(52)であり、「我（が）心は六識分別の妄心なる故に、彼土の修因に非ず。名号の位則（ち）往生な」(53)のである。しかして、名号に帰入した境位こそが浄土であり、「名号酬因の功徳に約する時は十界の差別なく、娑婆の衆生までも極楽の正報につらなる」(54)。そして、浄土・穢土を各別するものも人間の妄分別に約するために他ならず、他力の称名に帰入し、称名を行ずれば、「此身はしばらく穢土に有（り）といえども、心はすでに往生を遂（げ）て浄土にあ[55]」ることになるのである。この故に、彼にあっては、現存在としての人間は、「無相離念の観法もならず。自性無念のさとりもならず、底下愚縛の凡夫なれども、身心を放下して唯本願をたのみて一向に称名すれば、（中略）無相離念の悟[56]」を得て、この世において浄土に生まれるのであり、現実の世界と法の世界とは穢土即浄土として名号の位において一元的に行得さるべきものであったのである。

しかして、一遍は、かかる立場に立ち、「道具秘釈」を定めて日常の行修作法を規定し、日常喫飯茶事に即して、いかなる些細な日常茶飯事・一挙手一投足をも忽せにすることなく修行し、名号即往生の世界に帰入すべきことを説いた。すなわち、捨家棄欲の時衆に携行を許された随身具たる引入・箸筒・阿弥衣・袈裟・帷・手巾・帯・紙衣・念珠・衣・足駄・頭巾のいわゆる十二道具には、それぞれ阿弥陀仏の別名たる十二光仏の名を配当して弥陀の光徳となし、そこに包含される他力の深意を認めて究尽することを説き、身の回りすべて弥陀の光に光被されて行住坐臥これ称名に他ならぬとしたのである[57]。また、この十二道具を収める十二光の箱は、これまた十二光仏になぞらえたものであると同時に、各々の上に青・白・赤の三色をもって彩色して、いわゆる二河白道の譬えを象徴し、ここに僧尼共在の集団の故に生じやすい男女愛意の煩悩を潑無せしめている[58]。かくのごとく、一遍にあっては、事即理が強調されているのであって、「事」を離れて「理」は考えられず、従って、それは、「事」と「理」とを二元的に考えるものでも、また「理」から「事」を考えるものでもなく、あくまでも「事」の重視において、理・事の融合がなされているのである[59]。後に一遍仏教、今日の時宗の二祖とされる真教が、「浄土は事相の法門と名づく。事相なくしては迷闇の衆生いかでか済度のたよりあるべけんや[60]」と述べている所以である。

上来のごとく、現実に即して行的に把握された法の世界は、「水が水をのみ、火が火を焼（く）がごとく、松は松、竹は竹、其体をのれなりに生死なき[61]」無礙自得の世界であり、「いまははや見えず見もせず色はいろいろなるいろぞ色はいろなる[62]」と詠じられる無我の世界であった。水は水を飲み、火は火を焼き、松は松、竹は竹を表現して、生死なき世界、一切の色が色を表現しつくすことによって死して生きている絶対的な世界なのである。この「いろなるいろぞ色はいろなる」とは、相対的な二見待対《たいだい》の否定に他ならず、ここに、道元が、「この宗旨の開演現成するにいはく、色即是空なり、空即是色なり、色是色なり、空即空なり、百艸なり、万象なり[63]」と述べて、『般若心経』の「色即是空」を「色是色」にまで進めていることが思い合わされるのであるが、実に、一遍にあっては、浄土仏教の伝統に立ちながらも、自力・他力の別を超えた大乗仏教そのものの立場から、法の世界と現実の世界との相即妙融が示されている、といいうるのである。

四　無の教育

かかる真俗一諦の世界は菩薩行の世界に他ならない。すなわち、この世に現成された法の世界にあっては、行仏が仏行であり、修と証とは一如なのであって、修証には始終はなく、しかも、その修は、自己一身の成仏のための修ではなくして、他己との同時成道が思念されているのであり、ここにこそ菩薩の根本的性格があるのである。一体、菩薩とは、上には菩提の大道に向上し、下には衆生の救済に精進して、上求菩提下化衆生の普賢行願をなすものであり、そこには、自利利他相即、自他即一の成道の世界が誓願されている。

自利利他とはまた上求菩提下化衆生であるが、これは上求菩提して下化衆生がある、というのではない。すなわち、自利から利他へということを意味するものではない。自利とは利自ではないのである。自利において、あくまでも自己は対象とはされていず、それは自我中心的・功利的な行為では断じてない。この故に、自利の具体的内容は利他に他ならない。利他することが自利となるのである。ここにおいては、自己救済をまって他を救済するという自我中心的な世界は全的に否定されて、一切衆生を成仏せしめることが自己の成仏となるという、他己中心的な世界に転換されている。すなわち、そこには、自己に先立ち一切の他己を利しようとする自他転換があり、我執を元とする自我実現的な日常的・現実的世界とは異なる救済意志の世界が見られるのである。自己の全体を空じ切って日常的自己を脱落した無我の境地においてこそ、けだし、一切を救済しようとする無限なる主体的・実践的な意志が発露するのである。かかる自己を尽くし切って一切の他を救済しようとする絶対利他の意志とは、無我の愛ないしは慈悲に他ならない。一体、無我の愛とは、いわゆるエロースすなわち自我中心的・煩悩的・価値追求的な愛とは全的に異なった、献身的・純粋的・無所得的な愛たるアガペーを意味するものだからである。

かかる無我の愛に燃えた自他一如のこの菩薩道精神が、いわゆる遊行・教化の精神であることは、もはや贅言の要はないであろう。しかし、ここに、あえて付言するならば、一遍は、一切を放下して称名の一行のみ留め、一所不住の捨聖として、市中是道場の信念の下に、「念仏勧進をわがいのち[64]」とし、文字通り生命を賭して、一《いっ》化《け》一六年を日々旅にして旅を栖《すみか》とする遊行・賦算《ふさん》の教化に寧日となかったのである。すなわち、ここにいう遊行とは、「春の霞あぢはひつきぬれば、無生を念じて永日を消し、夕の雲ころもたえぬれば、慚愧をかさねて寒夜をあか[65]」し、ただ縁に随い、足にまかせて念仏を勧進して、「山路に日くれぬれば、苔をはらひて露にふし、渓門に天あけぬれば、梢をわけて雲をふむ[66]」という普賢行願の苦行であり、六波羅蜜に配当するならば忍辱《にんにく》・精進に他ならない。また、遊行に相即する賦算とは、「一遍の称名法界に遍じて前なく後なく、有識含霊みなこと〴〵く安楽の能人、無極の聖と成ずる、他力難思の密意をつたへて一切衆生決定往生の記莂をさづくるもの[67]」であり、六波羅蜜に配当するならば布施に当たるものである。実に一遍の教育教化にあって、この遊行と賦算が、両々相俟って、捨身度生の普賢行願であり、同時に自他を生かす自利利他即一の菩薩大行であったのである[68]。

註

(1)「門人伝説」(『一遍上人語録』巻下、時宗宗典編集委員会編『定本時宗宗典』上巻、時宗宗務所、一九七九年、三〇頁)。
(2)「誓願偈文」(『一遍上人語録』巻上、同上書、六頁)。
(3)「門人伝説」(『一遍上人語録』巻下、註(1)前掲書、二八頁)。
(4)「消息法語」(『一遍上人語録』巻上、註(1)前掲書、八頁)。
(5)註(1)に同じ。
(6)「門人伝説」(『一遍上人語録』巻下、註(1)前掲書、三〇頁)。
(7)『正法眼蔵』「仏性」(大久保道舟編『道元禅師全集』春秋社、一九三五年、一三四頁)。
(8)「門人伝説」(『一遍上人語録』巻下、註(1)前掲書、三四頁)。
(9)同上(二六頁)。
(10)「偈頌和歌」(『一遍上人語録』巻上、註(1)前掲書、一〇頁)。
(11)「門人伝説」(『一遍上人語録』巻下、註(1)前掲書、二七頁)。
(12)同上(三二頁)。
(13)同上(三四頁)。
(14)同上。
(15)同上。
(16)「消息法語」(『一遍上人語録』巻上、註(1)前掲書、八頁)。
(17)「別願和讃」(『一遍上人語録』巻上、註(1)前掲書、三頁)。
(18)「門人伝説」(『一遍上人語録』巻下、註(1)前掲書、二九頁)。
(19)「消息法語」(『一遍上人語録』巻上、註(1)前掲書、一〇頁)。
(20)『一遍上人念仏安心抄』(註(1)前掲書、下巻、一八五頁)。
(21)「別願和讃」(『一遍上人語録』巻上、註(1)前掲書、三頁)。
(22)「偈頌和歌」(『一遍上人語録』巻上、註(1)前掲書、上巻、一三頁)。

(23)「門人伝説」(『一遍上人語録』巻下、註(1)前掲書、三四頁)。註(14)に同じ。
(24)「門人伝説」(『一遍上人語録』巻下、註(1)前掲書、三一頁)。
(25)同上(三五頁)。
(26)同上(二八頁)。
(27)「消息法語」(『一遍上人語録』巻上、註(1)前掲書、八頁)。
(28)「門人伝説」(『一遍上人語録』巻下、註(1)前掲書、二八頁)。註(3)に同じ。
(29)註(1)前掲書、三一頁。
(30)浅山圓祥「一遍上人の名号思想と其の性格——その浄土教に於ける地位——」(宮本正尊/花山信勝/辻直四郎/中村元編『印度哲学と仏教の諸問題——宇井伯壽博士還暦記念論文集——』岩波書店、一九五一年、二二頁)に、名号は、一遍において、仏と衆生とを媒介するものであり、一切存在の根拠であって、その媒介は無媒介の媒介として、禅にいう無と等しい、とある。
(31)「門人伝説」(『一遍上人語録』巻下、註(1)前掲書、二六頁)。
(32)同上。
(33)同上(三五頁)。
(34)同上(三四頁)。
(35)「消息法語」(『一遍上人語録』巻上、註(1)前掲書、八頁)。
(36)同上。
(37)「門人伝説」(『一遍上人語録』巻下、註(1)前掲書、三三頁)。
(38)同上(三七頁)。
(39)同上(二六頁)。
(40)同上(二八頁)。
(41)同上(三三～三四頁)。
(42)同上(三六頁)。
(43)同上(三四頁)。
(44)同上(二七～二八頁)。

(45) 同上（二九頁）。
(46) 「消息法語」（『一遍上人語録』巻上、註（1）前掲書、七頁）。
(47) 同上（八頁）。
(48) 「門人伝説」（『一遍上人語録』巻下、註（1）前掲書、三七頁）。
(49) 同上。
(50) 同上（二七頁）。
(51) 同上。
(52) 同上。
(53) 同上。
(54) 同上（三七頁）。
(55) 同上（三〇頁）。
(56) 同上（三二頁）。
(57) 註（1）前掲書、三六八～三八七頁。
(58) 『一遍上人縁起絵』第三（註（1）前掲書、下巻、四〇五頁）。
(59) ここにおいて、「事」は事柄ないし現実を、「理」は理念ないし普遍をいう。
なお、一遍は上述のごとく、「道具秘釈」において、遊行時衆の生活用具たる十二道具の一々に具体的・即物的に深い宗教的意義を示すとともに、また、「心こそ詮なれ、外相はいかでも有（り）なん」という僧に対し、「こゝろよりこゝろをえんと意得て心にまよふこゝろ成（り）けり」と示しているように（「偈頌和歌」、『一遍上人語録』巻上、註（1）前掲書、一二頁）、人間の心の脆弱さへの認識に立ち、「手に念珠をとれば、口に称名せざれども、心にかならず南無阿弥陀仏とうかぶ。身に礼拝すれば、心に必（ず）名号思ひ出（で）らる」（「門人伝説」、『一遍上人語録』巻下、註（1）前掲書、三七頁）という「事」、身体性への重視がある。この「事」の重視はあるいは他力の浄土仏教においては一見矛盾のように見えるかもしれない。しかし、彼には、また、「念仏の下地をつくる事なかれ。（中略）身の振舞も往生せず」（「門人伝説」、『一遍上人語録』巻下、註（1）前掲書、三三頁）の言葉があるのであって、結局のところ、一遍において、名号という「理」を離れて「事」はなく、「浄土を立（つ）るは、欣慕の意を生じ、願往生の心をすゝめんが為（め）なり。欣慕の意をすゝむる事は、所詮、称名のためなり」（『門人伝説』、『一遍上人語録』巻下、註（1）前掲書、二七頁。註（50）、（51）に同じ）というように、称名のためへの「事」であり、身体性、ひいては「型」ということになろう。

(60)『他阿上人法語』巻第五（註（1）前掲書、一八三頁）。

(61)「門人伝説」（『一遍上人語録』巻下、註（1）前掲書、二七～二八頁）。註（44）に同じ。

(62)「偈頌和歌」（『一遍上人語録』巻上、註（1）前掲書、上巻、一四頁）。

(63)『正法眼蔵』「摩訶般若波羅蜜」（大久保、註（7）前掲書、二八頁）。

(64)『一遍聖絵』第五（註（1）前掲書、下巻、三七四頁）。

(65)同上、第四（三七〇頁）。

(66)同上。

(67)同上、第三（三六九頁）。

(68)なお、羽渓了諦はその著『佛教教育学』（大東出版社、一九三六年、「序」三～四頁）において、「自覚に依って体認された永遠最高の絶対価値は、固より個人的主観的に局限せらるべきものではなく、一切の有情、凡ての存在に妥当するものであるから、この大自覚が確立すれば、おのづからその絶対価値を普遍的客観的に実現しようとする（中略）覚他の行を生むとし、更に、将来何ほど人間の理念が高まっても、おそらくこれに超えた教育的思想の確立されることはあるまい」と述べている。

第四章　一遍仏教に見る真実の自己の形成

一　教育と超越

一体、教育とは、人間の教育であり、本来、自覚的表現主体である人間が、自己自身であろうとすること、真実の自己であろうとする行為に結合し、それを積極的に支援する営みである。無限の価値可能性を有している人間を対象に、その現実性・日常性を治整し、矯正して、究極的には、その完成を志向せしめようとする価値的形成作用なのである。その基本的形式において、内的可能性を引き出す「育成 Erziehung」においても、また、当為の型にはめる「形成 Bildung」の場合においても、あるべき自己は、現にある自己の直線的延長上に獲得されるべきものである。しかしながら、人間は、終生、未完成な存在でしかないが故に、現にある自己は、自らを絶えず乗り越え、あるべき自己へと無限の歩みを続けることを要請される。まさに、この、人間が真実の自己であろうとする無限の歩みにこそ、その真実がある、と考えられるのである。

しかし、人間にとって、完成は永遠のエロースである。エロースとは、もと高きものへの憧れであり、欠乏性をその本質とするが故に、より完全なイデア的存在を求めての絶えざる無限の努力となる。しかしながら、相対はいくら積み重ねても相対でしかない。この、エロースが到達しようと努めながらも、バベルの塔のごとく、ついに到達しえない完全なる自己実現は、相対を否定媒介し、超越することにおいて、達成される。すなわち、相対的な自己は、自らを全的に否定媒介されることによって、永遠の相における自己完成、真実の自己への回帰を果たすのである。けだし、この地平こそ、教育を越えた宗教の世界の他ならない。

しかして、教育と宗教とは、語義に拘泥しないかぎり、いわば、人間をして人間たらしめる人間形成の原理として一つであるが、その本質的営為において、否定の否定の関係にある。一体、教育は、すでに見たごとく、現存在の肯定の上に立ち、その漸進的発展を志向する連続的形式の人間形成作用である点において変わりはなく、これに対して、宗教は、いわば、アガペー的に現存在を空しうし、それを否定媒介する、非連続の連続的形式の人間形式作用である、ということができよう。けだし、宗教は、まさに非連続の連続形式の高次の人間形式作用として、ボルノー Bollnow, O. F. のいうごとく、新たなる教育学の可能性を示しているのであり[1]、そこにまた、いわゆる「超越 Transzendenz」の問題が関わっている。

一体、真実の宗教、世界宗教といわれるほどのものは、仏教にせよ、キリスト教にせよ、必ず、その本質において、超越の要素を有している。真実の宗教は、阿片などではなく、真実の自己への超越でなくてはならないからである。ここにいう「超越」とは、人間の意識から独立した理法へと自己の現存在を越えることを意味するが、越える方向において、二つに分かれる。いうまでもなく、自己のうちに超越をみる内的超越と、自己のかなたに超越をみる外的超越との二者であって、前者を代表するものが仏教であり、後者を代表するものがキリスト教である[2]。

周知のごとく、キリスト教において、神は、オットー Otto, R. のいわゆる「絶対他者 das Ganzandere」として、人と世界に対し、絶対的に超越するが[3]、その被造物としての人間が、服従し、信奉するかぎり、その愛と力によって恩寵をたれ、「最早われ生くるにあらず、キリスト我が内に在りて生くるなり[4]」というパウロ Paulo の言葉のごとく、自己の真の主体を形成する。これに対して、仏教は、神なき無神論的宗教であって、絶対他者を認めない。そこにおいては、絶対なるものは、真実の自己として、いわば絶対自者として把握されるのであって、それは、行《ぎょう》的実践、いわゆる「行道」を通し、現存在を「無の場所」とすることによって、顕現するのである。しかして、仏教とは、人間をして、日常的自己から脱離し、超越させ、もって、本来的・根源的にあるべき自己に回帰せしめるものなのであり、そこに、仏教が、「覚の実践哲学」ともいうべく、より高次の人間形成体系であるといいうる所以があったのである。

もっとも、ここにおいて、反論は予想される。仏教と一口にいっても、「八万四千の法門」と称せられるごとく、実に多岐にわたる流れがあるのであって、例えば、中に就いて、浄土仏教はどうであるかと。確かに、浄土仏教は、人間の凡夫性の自覚に徹してその限界の認識の上に、ひたすら阿弥陀仏の広大無辺な慈悲を信楽《しんぎょう》し、称名念仏して、極楽に往生を願うものであり、その意味において、ことのほか、キリスト教に類似した救済教的な性格を有している。しかし、阿弥陀仏は、元来、歴史的世界の人間であり、四十八願成就して正覚を得た覚者であって、キリスト教における神のごとき、人と世界とを隔絶した絶対他者ではない。否、それどころか、それは、自己のうちにおいて行得さるべき真実の自己に他ならないのである。しかして、あえていうなれば、弥陀の本願を信楽するということは、自己への諦めなどではなく真実の自己に回帰するということであって、浄土仏教が内的超越をその本質とすること、他の仏教思想と一般である。このことは、浄土仏教が、あくまでも、仏教思想の歴史的発展の流れのなかで、大乗仏教のうちより、必然的に発生してきたものであることを思えば、いうまでもないことであろう。

しかして、本章は、如上の浄土仏教の一翼を担う異才として、わが国思想史上の最高峰を形づくる鎌倉新仏教に、最後の結論を下し、いわば、それに点睛を施したともいうべき位置に立つ一遍仏教、後世の時宗の開祖とされる一遍の思想について、いわば教育精神史的見地より、この超越の問題を中心に、その実践哲学的思想体系を検討することとしたい。

二　無の世界

さて、一遍の法語に、「万法は無より生じ、煩悩は我より生ず[5]」、また、「本無一物頌」に、「如来万徳　衆生妄念　本無一物　今得何事[6]」とある。思うに、東洋的世界観の根底にはいわゆる「無 Nichts」の横たわっている[7]のが一般であるが、一遍においても、一切の存在の根底にこの無が思念されている。すべての存在・現象は、無を基底とし、その自己開示として成立している、とされるのである。一体、ここにいう無の世界とは、有・無に関わる相対的なそれではなくして、有無・相対を絶した、いわゆる絶対無の世界である。思うに、世界は元来一つであり、主観・客観、外界・内界といった対立が、独立に存在するわけではない。しかして、この対立的世界を止揚した主客未分の世界、あらゆる矛盾・対立を止揚した、いわゆる父母未生以前の世界こそ、現象的世界の底にあって、それをやわらかに包む、無の世界である、と考えられる。けだし、それは、自もなく他もなく、是もなく非もなく、生もなく死もなく、総じて、一切の対立を空じた純一なる無の世界である。一遍は、この無色無形無我無人の世界を、「無為の境界[8]」とも、「無我真実の土[9]」、「法性の都[10]」とも表現し、また、「水が水をのみ、火が火を焼（く）がごとく、松は松、竹は竹、其体をのれなりに生死なき[11]」、自《じ》受用《じゅゆう》法楽の世界である、といっている。

この無の世界は、人間性を止揚し、脱却した人間否定の世界である。「生死本無なれば、学すともかな[12]」わず、「菩提本無なれば、行ずとも得べから[13]」ざるものなのである。その意味において、無の世界は、人間性にとって、絶対に他なる世界といえる。しかしながら、それは、一切の人間性を否定し、人間性にとって絶対に他なる世界である、といっても、人間を超越した世界ではない。それは、あくまでも、彼岸の世界ではなくして、人間の生死する此岸の世界に相即し、対立を絶して一切に遍満する究極のリアリティなのである。

けだし、人間の捉えた世界像は、自らの主観の対象への投影であるか、対象化された客観の模像であっても、主観・客観の両者を含めた真に具体的な世界そのものではない。故に、一遍は、「心の外に法を見るを名づけて外道とすといふこと、心の外に境を置（き）て念をおこすを迷といふなり。境を滅して独一なる本分の心は妄念なし。心境各別にして、ふたつとおもひしより、生死には流転するなり[14]」と説くのであって、ここにいう「境を滅して独一なる本分の心」においてこそ、実相の世界が自覚されるのである。しかして、彼は、「経には、『阿弥陀仏去此不遠』と説（け）り、衆生の心をさらずといふ意なり[15]」と示して、いわゆる己心浄土を説き、かつ、また、「菩提心論にいはく『遇㆑筏達㆓於彼岸㆒法已応㆑捨』と。極楽も、指方立相の分は、法已応捨の分なるべし[16]」と述べて、浄土仏教通途の指方立相をも否定したのであった。実に、彼において、現存在の指向すべき浄土は、自らの心のうちにあり、それは、まさに、帰りいくべき家郷に他ならなかったのである。

一遍において、無の世界は、心の外に境を置き、自己の観念を対象に投ずる二元対立の世界を、全的に否定媒介するところに自覚される、一切の時間的・空間的限定を超越した世界であり、換言すれば、一切の人間性を揚棄した主体の心のうちに自覚される家郷であった。しかも、この「無我真実の土[17]」たる家郷にまします阿弥陀仏は、「無心寂静なる[18]」存在であり、かつ、たとえていうなれば、家出息子の帰りを待つ慈母たるものであった。この故に、阿弥陀仏は、決して、衆生と無縁の懸絶的な存在ではなくして、あくまでも、自らの心のうちに自覚される家郷たる衆生の心想中にある仏、すなわち、いわゆる法界身の自心仏であり、それは真実の自己であるとされるのである。彼が、「阿弥陀の三字を無量寿といふなり。此寿は無量常住の寿にして不生不滅なり。すなはち一切衆生の寿命なり。故に弥陀を法界身といふなり[19]」と述べ、更に、「仏こそ命と身とのあるじなれわが我ならぬこゝろ振舞[20]」と説く所以である。

もっとも、彼が、「他力不思議の名号は　自受用の智なり[21]」と述べ、また、「阿弥陀仏はまよひ悟の道たえてたゞ名にかなふいき仏なり[22]」と詠じているごとく、その仏教において、自受用法身たる阿弥陀仏は、万行円備の実智を名号に帰納して、衆生を摂化するにその体をもってせず、その名をもってするとされ、いわゆる名体不二説が宣明される。しかして、彼は、「名号は即（ち）心の本分なり。是を『去此不遠』ともいひ、『莫謂西方遠唯須十念心』ともいふなり[23]」と示し、かつ、「自己の本分は流転するにあらず、唯妄執が流転するなり。本分といふは諸仏已証の名号なり。妄執は所因もなく、実体もなし。本不生なり[24]」と述べて、衆生にあって、いわゆる悪無限的に六道四生二十五有を経歴し、生死に輪廻しているのは、妄執であり、生死の波に漂う現存在にあって、流転しない自己の本分とは、「諸仏已証の名号」であるとし、本体論的・本覚門的な立場を明らかにする。

一体、この世において、唯一の真実なるものは名号であり、名号をおいて他に真実なるものは見出しえない。故に、「名号を『不可思議功徳』ともとき、又は『真実』とも説[25]」くのであり、それは、すなわち、「弥陀を真実といふ意[26]」であった。しかして、彼にあっては、現存在は、実に、自己自身の底において、すべての現象の根源をなす永遠に真実なるものに触れることとなる。すなわち、衆生の本来的・根源的にあるべき真実の自己は、法界身たる阿弥陀仏に他ならなかったのである。彼が、「名号の外には　摠じてもて我（が）身に功能なし。皆誑惑と信ずるなり[27]」と説く所以である。

三　無への超越

上来のごとく、一遍によれば、無の世界は、「無我真実の土[28]」と表現されるものであった。一切の人間性を止揚し、脱却した、無色無形無我無人の純一無雑の世界であった。よって、彼は、「極楽は無我の土なるが故に、我執をもては往生せず、名号をもて往生すべきなり[29]」と説き、更に、「無心寂静なるを仏といふ。意楽《いぎょう》をおこすは仏といふべからず。意楽は妄執なり[30]」と断ずる。一体、「法性の都をまよひ出[31]」て、「無始以來、十悪五逆四重謗法闡提破戒破見等の無量無数の大罪を成就[32]」した衆生と、阿弥陀仏との差は絶大である。彼が、

「従是西方過十万億仏土」といふ事、実に十万億の里数を過（ぐ）るにはあらず。衆生の妄執のへだてをさすなり。善導の釈に「隔二竹膜一即踰二之千里一とおもへり」といへり。たゞ妄執に約して「過十万億」と云（ふ）。実には里数を過（ぐ）る事なし。[33]

と説くごとく、無限の両極の間を漂って生死の波に浮沈し、無常遷流に漂う衆生にとって、「無心寂静なる」阿弥陀仏は、十万億の里数に擬せられるほど無限のかなたに超越する。しかし、その阿弥陀仏は、すでに、見たように、オットーのいう絶対他者のごときものではなく、あくまでも、真実の自己として、いわば絶対の自者として把握されるものであったのであり、その自証・発現は、生命の外にではなく現存在の底への超越であり、自らの妄執の隔てを撥無することによって、果たされるのである。

この故に、一遍は、「本来無一物なれば、諸事にをいて実有我物のおもひをなすべからず。一切を捨離すべし」[34]と示し、更に、

深心の釈に「仏の捨（て）しめ給ふものをば即（ち）捨（て）よ」といへる。仏といふは弥陀なり。捨（て）よといふは自力我執なり。「仏の行ぜしめ給ふものをば即（ち）行ぜよ」といへる。行とは名号なり。「仏の去（ら）しめ給ふ処をば即（ち）され」といへる。処とは穢土なり。[35]

と述べているのであって、現存在の真実者への飛躍は、一切捨離の無我の行修によって可能となる。その行が、一遍においては、専一なる称名念仏に他ならなかったのである。

一体、仏教の実践原理ともいうべき、いわゆる行道は古来、戒・定《じょう》・慧《え》の三学であるが、鎌倉仏教に至って、それは、雑行を捨て、只管《しかん》・専修・一向を高調するなかで、打坐《たざ》・念仏・唱題という専一の行にまで昇華されたのであり、かかる歴史的背景において、彼は、「捨てゝこそ」との空也光勝の言葉を、念仏の本質を語った金言とし、念仏には少しの計度分別も残っていてはならないとして、「捨てゝこそ」の境地で、自らのすべてを削ぎ落として無我無心に「打（ち）あげ打（ち）あげとなふ」る念仏を高調したのである。[36]

思うに、捨てるということは尽きることのない所有欲などの否定であり、意馬心猿、煩悩熾盛の生身の人間にとって、それは大いなる苦痛を伴う。しかしながら、一遍の説く捨離は、自己を塵芥のごとく無に帰せしめる捨棄ではない。ここに、彼によって、「捨（て）てこそ見るべかりけれ世の中をすつるも捨（て）ぬならひ有（り）とは」[37]と詠ぜられる所以があるのであって、一切を捨ててこそ、自己の働きは、無底の絶対無の働きと自己同一を遂げ、自己即大宇宙の自覚に到達して、真実の自己に回帰するのである。百尺竿頭一歩を進め、大死一番、日常的自己に宗教的に死してこそ、逆対応的に個我に死んで大我に生きる、絶対否定即絶対肯定の道が自証されるのである。「『生（き）ながら死して静（か）に来迎を待（つ）べし』と云々。万事にいろはず、一切を捨離して、孤独独一なるを、死するとはいふなり」[38]との彼の深い断片は、けだし、この言詮に他ならない。

しかして、絶対的に否定された現存在は、念仏の真実において、絶対的に肯定される。実に、一遍仏教においては、名号を称えることそのものが捨てるということであったのである。いかにしても、真実たりえず、日常性への執着を離れることのできない現存在の、「無我真実の土」[39]への超越は、「唯声にまかせてとなふれば、無窮の生死をはなる丶」[40]法たる、名号に帰入することによって可能となる。否、「名号に帰するより外は、我（れ）とわが本分本家に帰ること有（る）べから[41]」ざるものであった。彼の法の曽孫、後に時衆七祖とされる託何が、『他阿弥陀仏同行用心大綱註』において、南無とは帰命であるとし、その帰命の第一義に「還源」を挙げている所以である[42]。この還源ということ、換言すれば、善導のいわゆる「努力翻迷還本家」[43]ということは、時間的・段階的なエロース的努力の結果ではない。しかも、彼は、臨終命断のきざみに、はじめて西方浄土に往生するという、浄土仏教通途の立場も取らない。一遍仏教において、捨此往彼の当得往生はいわば、此土《しど》入聖《にっしょう》ともいうべき、證空仏教、西山義に由来する即便往生に止揚される。すなわち、そこにおいては、「往生といふは無生」[44]、すなわち、無生死であり、「名号の位則（ち）往生」[45]なのである。しかも、自己の本分は名号であり、名号こそ一切衆生の命根ともいうべきものであるが故に、その名号の命根、自己の本分への回帰即往生、内なる空無我の境、無生死の世界への超出となる。まさに、一遍仏教において、自己の本分即名号という人間の本覚門的・本体論的認識より、自己の本分、名号の命根への回帰が説かれるのであり、それが真実の自己の形成に他ならなかったのである。まさに、一遍仏教は、その綱格において、覚の実践哲学であり、高次の人間形成体系であることは、釈迦解脱の原点である原始仏教と異なるところはない。

四　真実の自己への回帰

ところで、一遍仏教において、現存在が真実なるものへ超越するということは、十劫正覚が当体の一念に現成するということである。一体、一遍自ら「己心領解の法門」という七言の頌に、「十劫正覚衆生界　一念往生弥陀国　十一不二証無生　国会平等坐大会」(46)とある。すなわち、一遍仏教の根本義は、この頌に端的に宣明されているのであって、それは、十劫の昔、衆生を済度するために成道した阿弥陀仏の正覚も、極楽往生を願う衆生の一念も差別はなく、端的の当体の一念によって、名号帰入の直下に、衆生は現身のままに往生できる、というものである。まさに、それは、文字通り、十一不二の論理ともいうべきものであって、阿弥陀仏の十劫正覚と衆生の一念往生との不二をいい、歴史的には、一遍仏教の母体たる證空仏教に由来し、「正覚往生倶時成就」と換言されるのである。『一遍上人縁起絵』第六に、「別願の正覚は凡夫の称名より成じ衆生の往生は弥陀の正覚に定(り)畢(んぬ)。依レ之衆生称念の今と本願成就の昔と全(く)二なし。然者一念即十劫、十劫即一念也」(47)とあるのは、まさに、この言詮に他ならない。しかして、一遍仏教においては、実に、衆生の往生なくして阿弥陀仏の正覚なく、阿弥陀仏の正覚なくして衆生の往生もないのであって、十劫の昔の決定《けつじょう》が只今の決定となるのである。しかして、ここにおいて、正覚と往生、阿弥陀仏と衆生、現実において、絶対に懸絶するものが、非思量底に転入互具して逆対応し、正覚往生同時不二、阿弥陀仏と衆生と相捨離しないのは、いわばクロノス chronos ともいうべき日常の経験的時間とは位相を異にする、カイロス kairos ともいうべき言忘慮絶の超時間的立場、時間がそこから出て再びそこへ帰る、根源的な永遠の相の下においてである。

一体、「おほよそ仏法は当体の一念の外には談ぜざるなり。三世すなはち一念なり」[48]と説くごとく、一遍仏教において、全仏教は、当体の一念なる観点に立ち、その帰趨が求められているのであって、その資、後に時衆二祖とされる真教また、「今身尽未来際とは今の一念なり」[49]というが、このもっとも具体的な脚下の現実たる直下承当の只今に、過・現・未の三世は包摂される。いわば記憶・直観・期待といった「アウグスチヌス Augustinus 的現在」にも比すべく、過去といい、未来というのも、畢竟、現在における体験の一様態に過ぎないのであって、真の現実というものは、過去・現在・未来を包む立場に立つものでなければならない。すなわち、過去・現在・未来を統一する現在とは、その一瞬のなかに無量劫の過去・未来を含むものとして、いわば「永遠の今」として把握されるべきものなのである。この意味において、一遍における、三世を尽くす当体の一念は、この永遠の今の自己限定として、名号所在の場となるのである。[50]

この三世即一念なる永遠の今において、「三世を南無の当念に截る」[51]一念口称の端的に、十劫の正覚は当体に現成し、真実なるものの影向を見るのである。しかして、彼によって、「命濁中夭の無常の命を、不生不滅の無量寿に帰入しぬれば、生死ある事なし」[52]と説かれ、また、

能帰といふは南無なり、十方衆生なり。是すなはち命濁中夭の命なり。然（る）に常住不滅の無量寿に帰しぬれば、我執の迷情をけづりて、能帰所帰一体にして、生死本無なるすがたを、六字の南無阿弥陀仏と成就せり。[53]

と示す。すなわち、名号に帰入することによって、自己の現存在は、生死的生命を脱自して永遠に蘇生し、あくまでも時間のなかにありながら、時間形式を超えて、無生を証することとなる。換言すれば、「弥陀の本願他力の名号に帰しぬれば、生死なき本分にかへる」[54]のである。ここにおいて、かのシュライエルマッヘル

Schleiermacher, F. E. D. の、「有限なるものの真只中にあって無限なるものと一となり、瞬間の中にあって永遠となること、これが宗教における不死である」[55]との言詮が想起されるのであるが、一遍の当体の念仏にあっても、これに同じく、念々において、いわばノエシス即ノエマ的に行仏は仏行であり、機法一体・生仏一如となる。まさに、機すなわち現存在の絶対転換、「無我真実の土」[56]への超出である。『一遍上人縁起絵』第六に、

> 貪瞋具足妄愛の心の底に纔（か）に一念帰命する時身心我にあらず弥陀と一致に成（り）ぬれば彼此三業の謂（れ）成じて行住坐臥則（ち）弥陀の四威儀なり。仏と衆生と一になりかへり迷も悟も二なきものなり。[57]

とあるのは、この言詮に他ならない。[58]

なお、一遍は、

> 往生は初（め）の一念なり。初（め）の一念といふもなを機に付（き）ていふなり。南無弥陀仏はもとより往生なり。往生といふは無生なり。此法に遇ふ所をしばらく一念といふなり。三世截断の名号に帰入しぬれば、無始無終の往生なり。臨終平生と分別するも、妄分の機に就（き）て談ずる法門なり。南無阿弥陀仏には、臨終もなく、平生もなし。三世常恒の法なり。出（づ）る息いる息をまたざる故に、当体の一念を臨終とさだむるなり。しかれば念々臨終なり、念々往生なり。故に「回心念々生安楽」と釈せり。[59]

とある。当体の一念は、前後截断の刹那であり、留まらぬ非連続の連続としての尽時の今である。この無前無後の一念において、不断の流動としての念々において、生死が交錯して、念々臨終、念々往生であり、念々の称名は多念となり、無始無終の往生を得る。すなわち、名号即往生、修証は一等であるが、修は証上の修であるが故に、無始無終の往生とは、念々の往生、すなわち、修の無終、当体の念仏の相続を意味することになるのである。

しかしながら、その念仏相続は、もとより、直線的・段階的なエロース的無限ではなく、あくまでも、円環的行程としての無終、一瞬一瞬に完成を見る、非連続の連続の行修である。「往生は初（め）の一念」に定まるが、称名しなければ、もとの凡夫に他ならないからである。後の時衆三祖智得の、「縁㆓過去未来㆒現在一念也。分㆓臨

終平生一当体一心也。不レ去二現在一而被レ遷二時時一、不レ離二当体一而被レ転二剋剋一。諸法不常不断也。業報宛然成レ事。是故得レ生二一念一而可二相続一。相続雖レ有二時分一、称念何一声」[60]との言詮は、このことを片言のうちによくいいえて妙である、といえよう。けだし、この点、かの道元が、時は、「さきありのちあり、前後ありといへども、前後際断」[61]し、独立無伴にして経歴する、という時間論に立って、「学道の人、たとひ悟りを得ても、今は至極と思ふて行道をやむることなかれ。道は無窮なり。悟りても猶行道すべし」[62]と説いていることと軌を一にする、と考えられる。しかして、一遍仏教の体系は覚の実践哲学であること、他の仏教思想と一般であるが、その浄土仏教的所表現において、また、当体の念仏の実践哲学と称することができるのである。

上来のごとく、一遍仏教においても、「超越」が内在の超越であること、他の仏教思想と一般であった。現存在は、永遠の今に落居する、絶対無の自己限定ともいうべき無量寿の名号の一声に、日常的自己に死して転廻し、真実の自己が無色無形無我無人の純一なる無の世界に超越する。しかして、その本覚門的・本体論的立場の故に、自己は、現実の世界の根底たる無の世界に合一し、「無相離念の悟」[63]を得て、真実の自己に回帰する。しかも、真実の自己は、無色無形の無の世界と自己同一をなす形なき自己、いわゆる「無相の自己」[64]なるが故に、とらわれ限定されるところがないから、生命は、無礙自在の絶対的な自由を獲得し、創造性の母胎ともなる。まさに、永劫を截断する名号において、絶対無の世界が自覚され、一切の限定を越えるが故に、自己は果てしなき宇宙大の広がりを有する無我的主体に転生し、まさに永遠の相の下における無限者の風光を示すこととなるのである。なお、ここにおいて、更に付言するならば、その転生は、驚きであり、その自証された境涯は、踊躍大歓喜の踊り念仏の生ずる喜悦の世界に他ならなかったことは、一遍の行実に明らかなところである[65]。

思うに、歴史は永遠の今において展開する。しかして、この永遠の今を行動の場として、現実の大地に立つ無相の自己は、つねに、現実の底において永遠なるものに触れ、歴史を超えて歴史を作る、歴史的主体たりうるのである。しかして、一遍仏教において、本来的・根源的にあるべき真実の自己とは、まさに、この歴史的主体たる無相の自己であったと考えられるのであるが、この、無相の自己を形成するために[66]、現存在は、称名行の円環的連続を要請されたのである。更に、また、そのためにこそ、彼自らが、一切の限定を離れた無相の自己、歴史的主体として、その一化《いっけ》一六年寧日となく、南は大隅から北は陸中まで、普照無際土の、念仏弘通の行化をなしたのであった。

なお、また、かくのごとく超越の問題が、単に観念的・抽象的な論理上の問題に終わることなく、生涯教育ならぬ終生の行、捨身度生の菩薩行に転化し、相即して、実践哲学的体系を構築しているところに、時代を越え、歴史を超えて変わらぬ千金の重味がある、と考えられる。

註

（1）峰島旭雄訳『実存哲学と教育学』理想社、一九六六年、二一〇～二一七、五八～六八、七九～八二頁。

（2）遊亀教授《さずく》「人間存在の仏教的把握」（日本仏教学会編『仏教の人間観』平楽寺書店、一九六八年、四四～四六頁）。

（3）オットーは、その『聖なるもの』（山谷省吾訳、岩波文庫、一九六八年、一四～一七、四二～五一頁）において、いわゆる「聖なるもの das Heilige」はしばしば道徳的価値を含み、合理的要素を有するが、「聖」の本質は理性的に把握される以上のものであるとし、宗教的領域に固有にして一個独立した超理性的要素を「ヌミノーゼ das Numinose」と名付け、神は人と世界に対し、絶対的に懸絶する実在であるとして、「絶対他者 das Ganzandere」と呼ぶべきである、と説く。

（4）「ガラテヤ書」第二章（『新約聖書』日本聖書協会、一九五〇年、四一七頁）。

（5）「門人伝説」（『一遍上人語録』巻下、時宗宗典編集委員会編『定本時宗宗典』上巻、時宗宗務所、一九七九年、二九頁）。

（6）「偈頌和歌」（『一遍上人語録』巻上、同上書、一一頁）。

（7）このティピカルな例としては、仏教における空観や中国の老荘思想、近くは、西田哲学の絶対無の論理に指を屈することができよう。

(8)「消息法語」(『一遍上人語録』巻上、註(5)前掲書、一〇頁)。
(9)「門人伝説」(『一遍上人語録』巻下、註(5)前掲書、三〇頁)。
(10)同上(三四頁)。
(11)同上(二七〜二八頁)。
(12)「消息法語」(『一遍上人語録』巻上、註(5)前掲書、九頁)。
(13)同上。
(14)「門人伝説」(『一遍上人語録』巻下、註(5)前掲書、三三頁)。
(15)同上(三四頁)。
(16)同上(三七頁)。
(17)「門人伝説」(『一遍上人語録』巻下、註(5)前掲書、三〇頁)。註(9)に同じ。
(18)「門人伝説」(『一遍上人語録』巻下、註(5)前掲書、三〇頁)。
(19)同上(三一頁)。
(20)「偈頌和歌」(『一遍上人語録』巻上、註(5)前掲書、一三頁)。
(21)「門人伝説」(『一遍上人語録』巻下、註(5)前掲書、二七頁)。
(22)「偈頌和歌」(『一遍上人語録』巻上、註(5)前掲書、一五頁)。
(23)「門人伝説」(『一遍上人語録』巻下、註(5)前掲書、三四頁)。
(24)同上(二八頁)。
(25)同上(二六頁)。
(26)同上。
(27)同上(三七頁)。
(28)「門人伝説」(『一遍上人語録』巻下、註(5)前掲書、三〇頁)。註(9)に同じ。
(29)「門人伝説」(『一遍上人語録』巻下、註(5)前掲書、二九頁)。
(30)同上(三〇頁)。

(31) 同上（三四頁）。
(32) 「消息法語」（『一遍上人語録』巻上、註（5）前掲書、八頁）。
(33) 「門人伝説」（『一遍上人語録』巻下、註（5）前掲書、三四頁）。
(34) 同上（三四頁）。
(35) 同上（二七頁）。
(36) 「消息法語」（『一遍上人語録』巻上、註（5）前掲書、八頁）。
(37) 同上（一二頁）。
(38) 「門人伝説」（『一遍上人語録』巻下、註（5）前掲書、三三頁）。
(39) 「門人伝説」（『一遍上人語録』巻下、註（5）前掲書、三〇頁）。註（9）に同じ。
(40) 「門人伝説」（『一遍上人語録』巻下、註（5）前掲書、二八頁）。
(41) 同上（二八頁）。
(42) 『他阿弥陀仏同行用心大綱註』（註（5）前掲書、二四八～二四九頁）。
(43) 『往生礼讃偈』（高楠順次郎編『大正新脩大蔵経』第四七巻「諸宗部」四、大正新脩大蔵経刊行会、一九九〇年、四四六頁、上）。
(44) 「門人伝説」（『一遍上人語録』巻下、註（5）前掲書、三一頁）。
(45) 同上（二七頁）。
(46) 「偈頌和歌」（『一遍上人語録』巻上、註（5）前掲書、一〇頁）。
(47) 『一遍上人縁起絵』第六（註（5）前掲書、下巻、四一八～四一九頁）。
(48) 「門人伝説」（『一遍上人語録』巻下、註（5）前掲書、三一頁）。
(49) 『他阿上人法語』巻第二（註（5）前掲書、一四一頁）。
(50) なお、一遍仏教における当体一念の時間論については、河野憲善「鎌倉期浄土教の時間論的展開——一遍の当体の念仏について——」（『哲学研究』第三九四号、一九五〇年八月）なる卓論がある。
(51) 『一遍上人縁起絵』第六（註（5）前掲書、四一五頁）。
(52) 「門人伝説」（『一遍上人語録』巻下、註（5）前掲書、三七頁）。

(53) 同上（二八頁）。
(54) 同上（二八頁）。
(55) 佐野勝也／石井次郎訳『宗教論』岩波文庫、一九四九年、一一三頁。
(56) 「門人伝説」（『一遍上人語録』巻下、註（5）前掲書、三〇頁）。註（9）に同じ。
(57) 『一遍上人縁起絵』第六（註（5）前掲書、四一六頁）。
(58) ちなみに、西田幾多郎が、「教育学について」（『西田幾多郎全集』第七巻、岩波書店、二〇〇三年、二八一～二八二頁）において、永遠の今の自己限定として無限に自己自身を限定していく世界の社会的・歴史的形成作用として、具体的人格を形成する作用が教育である、としていることが注目される。
(59) 「門人伝説」（『一遍上人語録』巻下、註（5）前掲書、三一頁）。
(60) 『念仏往生綱要』（註（5）前掲書、二四二～二四三頁）。
(61) 『正法眼蔵』「現成公案」（大久保道舟編『道元禅師全集』春秋社、一九三五年、二九頁）。
(62) 懐奘編、和辻哲郎校訂『正法眼蔵随聞記』岩波文庫、一九三八年、一〇四頁。
(63) 「門人伝説」（『一遍上人語録』巻下、註（5）前掲書、三三頁）。
(64) 「無相の自己」なる概念は、世界宗教哲学界の最高峰であり、いわゆるＦＡＳ運動の提唱者でもあった久松真一の哲学の根本契機をなすものである。その『東洋的無』（『久松真一著作集』第一巻、理想社、一九六九年）などの著作に詳しい。
(65) なお、無の世界は、無辺際であるが故に、宇宙論的性格を有しているが、一遍においては、それに尽きることなく、名号の一声において、いわば、法界遍満の汎神論世界に変貌する。すなわち、無色無形無我無人の純一なる無の世界は、「よろづ生（き）としいけるもの、山河草木、ふく風たつ浪の音までも、念仏ならずということな」（「消息法語」、『一遍上人語録』巻上、註（5）前掲書、八頁）き、万法名号の世界と自己同一をなすのである。名号の世界が純一なる無の世界と自己同一であることは、彼自らの、「名号は青黄赤白の色にもあらず、長短方円の形にもあらず、有にもあらず、五味をもはなれたる故に、口にとなふれどもいかなる法味ともおぼえず。すべていかなるものとも思ひ量（る）べき法にあらず」（「門人伝説」、『一遍上人語録』巻下、註（5）前掲書、二八頁）との言詮によって明らかである。
(66) ここにおいて、「無相の自己を形成する」とは一種の逆説に他ならない。何となれば、形なき自己を形づくるとは自家撞着に他ならないからである。しかしながら、それは、人間形成という観点からの教育精神史的アプローチよりする表現上の制約である点、諒とせられたい。

第五章　他阿真教の教育思想

一　時衆教団の源流

一体、一遍仏教、後世の時宗は、文永一一年（一二七四）夏の一遍智真の熊野参籠を機縁として立教開宗せられた、とするが、一遍にとって、念仏勧進こそ生命だったのであって、つねに、「我（が）化導は一期ばかりぞ」[1]といい、また、入寂に先立って、手ずから所持の書籍をことごとく火に投じ、「一代聖教みなつきて南無阿弥陀仏になりはてぬ」[2]と述べていることよりすれば、もとより、彼に、宗派を別立する意図など、さらさらなかった、としなくてはならない。ちなみに、彼は、その高風を慕ってその遊行に随逐し、会下《えか》に入った者を「時衆」と呼んでいるが、これは、かの唐の善導の例にならったものであって[3]、時衆とは念仏衆と同義であったのであり、それが、後世、転称せられて、「時宗」という宗名を生んだのである[4]。それ故、当時の一遍仏教、時衆に、形態の調った教団としての組織もなかったであろうし、また、彼の一化《いっけ》一六年を通じて、その時衆に専属した寺院や堂舎は全くなかった、と考えられる。「百利口語」に、「道場すべて無用なり」と記し、「法主軌則をこのまねば弟子の法師もほしからず」とあるのは、這般の消息をよく伝えている[5]、といえよう。

それ故、聖一遍を知識と仰ぐ時衆は、彼の命終とともに瓦解せざるをえない性格のものであった。すなわち、六十万人知識一遍亡き後の一遍仏教、時衆は、その存在の意味を持たず、「彼（の）五十一年の法林すでにつきて一千余人の弟葉むなしくのこ」[6]り、時衆は各地に散って解散したが、その一部残った弟子らは、「たがひに西刹の同生をたのむばかりにて」[7]、「知識にをくれたてまつりぬるうへは速に念仏して臨終すべしとて丹生山へわけ入」[8]ったのである。しかるに、粟河の領主なる人が山中に訪うて念仏の算を懇望し、ついに、その同行中の上足他阿真教が、その切なる願いを入れて、かつて師一遍よりもらった所持の算を与えたのであるが、これを契機として、「如此化導ありぬべからんには徒に死（し）ても何の詮かあるべき。故聖の金言も耳の底に留り侍れば化度利生し給（ふ）にこそ」[9]と、死を思い止まり、真教は、衆に推されて知識の座に就いたのである。

実に、ここにこそ、時衆教団の源流が求められるのであって、聖一遍の入寂とともに消滅すべきであった時衆は、真教を知識として再編成され、しかして、改めて、遊行・賦算《ふさん》が続けられることとなった。かように、その出発点においては、受動的なものであったが、彼の地についた、一五年に及ぶ組織的・計画的かつ重点的な遊行・教化により、一遍以来の布教拠点を持たぬ遊行のみの教化という方針は転ぜられて、各地に道場も造営され[10]、その当麻独住後においても、統制の行き届きにくい地方の時衆らに遠隔教育ともいうべく数多くの消息を送って教誡し、その紐帯を密にするなど、彼は多大なる教育的意図の下に、教団形成の基礎を固めていったのであって、実に、一遍仏教、時衆は、彼の手によって、教団としての発展の基盤を与えられるに至ったのである。後世、彼が、時衆二祖であるにもかかわらず、始祖一遍をおいて、「大聖」、「大上人」と尊称される所以である[11]。

それでは、この、時衆教団の事実上の開祖ともいうべき真教は、いかなる理念をもって、衆生を教導し、やがて教団の能化として立つ時衆を育成していったのであるか。爾来、時衆が教団として目覚ましい発展を遂げ、中世後期には新興教団のうちで最も大きな勢力を有するに至った要因は、けだし、真教が、多くの有能な人材を育成し、地方の道場に派遣して、教線の拡張を図ったことに求めなくてはならないのである。そこで、以下、『他阿上人法語』・『一遍上人縁起絵』[12]・「奉納縁起記」などを手掛かりとして、その仏教思想のうちに内包せられている教育思想を考察せんとするのである。

二　真教の人間観

真教の法語に、「我等が本分自己の心に如々含識を兼（ね）て塵々法界を隔（る）事なけれども客塵煩悩に障碍せられて自他彼此の情量を分別す[13]」とある。一体、凡聖は本来一如にして、法性は一味なのである。一切衆生は、清浄なる真如たる仏性を有し、色受想行識の五蘊も、色声香味触法の六塵も、すべて法身であって、そこに隔歴はない。しかるに、自性清浄なる心性は、外縁により煩悩に染汚せられて、六塵の差別相に住し、自他彼此の迷情を生じる。すなわち、一切衆生は、業障深く、身口意の三業の行体はみな煩悩に浸され、「妄執妄念慢心虚仮名聞利養人我あつくおほふて仏性をうづ[14]」め、無始已来、「本覚の都とも迷ひの凡夫ともしることなく、業の軽重に随ひて六道に輪廻[15]」して、未来無窮の生死を受けているのである。しかして、凡聖は一如であるというものの、現実には、仏は菩提心を起こして六度万行を円満し、「真如の性を得給へるゆへに、無我の悟りをえて人我を離れ[16]」た、絶対的な存在であって、同じく法身ではあっても、凡聖の差は絶大であり、仏凡は隔歴して、凡夫は、あくまでも、可能性としての未来の仏に留まるのである。

一体、真教の説くごとく、「仏性を具足せざる衆生はな[17]」い。しかるに、衆生が、煩悩に覆われ、清浄なるものとはほど遠い存在として、生死界に流転しているのは、何故であるか。思うに、これは、衆生が、真如法性の理に暗きためとせられなくてはならない。すなわち、衆生は、諸法の実相に背反せる恣意的な行為をなしたがために、いまだ流転の世界から出離することができず、現に火宅に住するのである。よって、彼は、

それ六道生死の患苦は遁れんとほっすれどもいよ〳〵したしく、出離解脱の要法は修せんとほっすれどもますく〳〵うとし。忽劇をいとひ閑居にすむものは徒然にたへず。栄楽をおもひ世間にまじはるものは輪廻をまぬかれがたし[18]。

と述べ、更に、語を継いで、

つら〳〵この事をかんがふるに、生死無常の転変をあきらめず、実有著我の迷識に縛せられて苦海に浮沈す。朝露の風を待たざるのすがた、夕雲の夜空にかくるゝがごとし。老少ともに憑みなく、親疎おなじく滅亡す。この理りまことに眼前なり。たゞ知と知ざるとにあり。これを知ざるを愚者となづけ、これを知を智者といふ。智者は境界の相に著せず、こゝろの楽欲を捨て無為泥洹を欣慕し、愚者は放逸の業につながれ、身の造罪をおもくして永く垢塵に隠没す。[19]

という。

すなわち、諸行無常・諸法無我の真理を明らめた智者は、実相の世界と一如し、自然任運の無礙自在な境界にあって、事に臨んでも動じないが、真如法性の理に暗き愚者は、有為無常の境に生を享けながら、迷いの心を明らめず、名利に繋縛されて、吾我を貪愛し、露のごとく消えやすく、電のごとく名残りなき、四大五蘊の身を惜しんで、常住不変の僻見を起こし、貪瞋痴の煩悩は尽きることがない。かように、一切衆生は、迷い深くして真実の自己を自覚せず、生死の門を出でがたいが故に、「もとより凡夫のこゝろは識情とてまことの心にあらず[20]」と断ぜられる他はない。まさに、凡夫は、「欲心繁多にして貪瞋痴三毒の煩悩に逼迫せられ、輪廻生死の業因つきずして、三悪道の業苦を体とする[21]」罪悪なる存在であったのである。彼が、「魔といふは外に有るべからず。みづからの心中を第六の意識と名づく。是すなはち第六天の魔王なり。心外にありと心得たる程は外道た[22]」り、と弾呵する所以である。

三　捨の教育

「古人云（く）、寸陰可惜、時不待人と。此（の）言誠（なる）哉[23]」と嘆ずる真教は、「身は芭蕉泡沫に似たり。

命は電光朝露のごとし。須臾に生滅し、刹那に離散す[24]」と、無常なる衆生を愛惜する。一体、衆生は、この世に投げ出された死への存在であり、芭蕉泡沫のごとき、いつ消えるとも計り知れない、頼みがたい存在である。無の深淵にさしかけられ、念々の刹那において危機に瀕しているのが、衆生の偽らざる姿なのである。しかしながら、衆生は、その虚妄性において、この現実に目を覆い、生への盲執着に悩み、六道四生二十五有を経歴している。しかして、『阿弥陀経』に、「従是西方、過十万億仏土、有世界、名曰極楽。其土有仏、号阿弥陀[25]」とあるごとく、十万億の里数に擬せられるほど、衆生は清浄なるものとはほど遠い、罪悪なる存在なのである。

しかるに、彼は、ここにおいて、「仏は西方十万億刹をへだつといへども、信心の前には去此不遠なり[26]」と述べ、まことの信心を得た衆生にとって、阿弥陀仏は、「去此不遠」の法界身たるものであり、衆生とは無縁の懸絶的な仏ではなくして、その心想中にある自心仏である、とする。その故にこそ、彼は、時衆らに、「はやく無常の身命をかへりみて日夜の勤修ををこたらざる[27]」ことを高調し、発心・修行の要を説く。一体、「罪とは心のこと[28]」であるが故に、「心は本のものにてみちなき安心[29]」なのである。彼が、「廻心のこゝろなくしてはもとの三途の業因なるべきがゆへに、往生のみち有るべからざるものなり[30]」と示すごとく、まことに発心せず、廻心しない間は、いかなる教導も役には立たず、従って、流転の世界から出離することができないのである。[31]「迷ふとも人のむかしは仏なればもとの都に帰らざらめや[32]」と詠ぜられる所以である。

しかして、彼は、法性の都を迷い出て、生死に輪廻し、日常的頽廃に陥って、真実の自己を自覚せず、無自覚の存在の根底を徹見し、自己の何たるかを自覚して、その衆生性を脱離し、仏性を発現して、自己本来の家郷たる実相の世界に回帰することを高調する。すなわち、彼は、

仏道といふは但欲をはなるゝより外は別の子細なし。此の欲心本分の仏性をうづむ。たとへば春の草の雪に埋もれたるも、雪きゆればもえいづるがごとし。我欲心ほとけをかくすあひだ、これをみな捨離すれば、そのしたより仏性漸くに顕現し、法体念々に増進す。[33]

と述べて、識情であり、罪である心を、自らの敵と心得て捨離し、仏性を発現さすべきことを説く。一体、「我心をすつればほとけとひとつになりて、魔にはわかるゝ[34]」からである。

　思うに、彼の師一遍は、かの空也の「捨てゝこそ」との言葉を、念仏の本質を語った金言として、身心を放下し、無我無心に、「打（ち）あげ打（ち）あげ」、念仏することを説いたのであった[35]。真教は、これを承けて、「もと捨たりと思へる心振舞のその執心を捨てこそとのたまひけるなるべし[36]」と釈し、人間の我執を全的に否定する。一体、彼によれば、「悪見名聞自力虚仮、これを具足せざる衆生は一人も[37]」なく、自力こそが罪悪生死の凡夫の標識であったのであって、その故にこそ、機の妄情たる一切の自力は、否定されなくてはならなかった。よって、彼は、「己が心に信心ありがほならばいまだ本願には落居せざるなり[38]」といい、また、重ねて、「我は無道心なりと心えたるこそ道心にてはあれ。道心ありとおもはんものは、天魔にたぶらかされたる無道心のものなり[39]」と教誡する。自己に信心あり、道心あり、と思うのは、自力に他ならないからである。一体、凡夫には信心も力もないのである。この信も力もないという、徹底した、自己の虚妄性の自覚は、他力に帰する以外にはどうしようもない限界状況であり、その他力は一切の機の功を募らない。ここに、彼が、「身につけ心につけて己に行徳ありとおもはゞ、魔にたぶらかしすまされたるべし[40]」と叱咤する所以があるのである。

　この自力の否定は、彼をして、「善力強盛なるは無善無福なるにははるかにをとりたるなり[41]」と道破せしめるに至っている。止悪修善を含めて、自力は虚仮であり、念仏以外の諸行はすべて流転生死の妄業であるからである。しかして、「本より凡夫の性は魔の所属なるあひだ、悪念おこらざる時も魔障[42]」であるという、いかんともしがたい限界境位において、「これほどの道心に捨はてられ、信心にわかれける衆生の為に、五劫思惟十劫正覚ひとへにわれら凡夫引導の広大願海に帰入し[43]」、他力の加被によって、「九品の往生はまさしく下品にあらは[44]」れ、「まさしき往生は十悪破戒五逆の機にかうぶらしむ[45]」のである。実に、仏の本願は、十悪五逆の凡夫のためにあるのである。悪人正機を表明することはいうまでもない。かくして、真教は、時衆らに、「本より凡夫の心はみな輪廻のたねにてさふらふほどに、こゝろよりして心をさばくりさふらへば、たゞ血をもて血を洗ふがごとく少しも薄くなるまじく候。名号の水をもて心の血をあらへば、血すなはちおつべきなり。さればたゞとなふるより外別の道あるまじく候[46]」と述べて、罪である心に執着せず、一切を放下して、ただ一向に念仏することを説くのである。師一遍の語をもってすれば、「凡夫のこゝろには決定な[47]」く、「決定は名号な[48]」のであり、六識凡情をもって思量すべき法でないが故に、「領解するといふは領解すべき法にはあらずと意得る[49]」ことであった。

かように、毫末の自力をも許さず、領解を排して心地の工夫を仮《か》らない名号に帰入し、無我の境に躍入してこそ、非本来的なものの脱落を得て、真実の自己に回帰することができるのである。それ故、自らに道心なく、愛執のみ深いことを知った、まことの智者は、智者の振舞をせず、無知の人に同じくして念仏し、身を捨て、欲を離れて、一切に執着せず、「むねの欲をはらひて仏性をあらは[50]」し、無我真実の境に超越して、「かならずみづからの胸の中仏座となる[51]」のである。まさに、名号の行によって真実の自己に回帰する心の教育といってよいであろう。

ここに、真教は、「道場制文」を発し、また一遍の名に仮託した一八ヶ条の「時衆制誡」を示して、「夫以《レバ》、法性無相之本源、流㆓出《センコト》生死之大海《ニ》㆒、唯男女愛執之一念、流転三界之妄業。輪㆓廻《センハ》於六道之嶮岨《ニ》㆒、是自身著我之迷識也[52]」と断じ、衆生が迷界に流転する根元は、婬貪愛着の心に存する、とし、また、「莫㆑起《スコト》㆓愛執《ノ》心《ヲ》㆒[53]」く、「出家は　身を人にたくらべず、孤独の心をおこすべきなり[54]」と叱咤し、更に、重ねて、「この時衆とまうすは、親子を捨住処を離れ、身をなきものになして、身命をほとけに帰入して、決定往生を遂べき信心計りにて、一切の用事をつくしてさふらふものどもを時衆とは名づけ候[55]」という。換言するならば、彼は、一念発心して、一切放下の孤独の底に、「娑婆生死の界を厭ひて彼浄刹を欣慕[56]」する、捨家棄欲の厭欣時衆に身をなして、自己の心を心ともせず、生きながら死して、自らを境界に任す自然任運の姿こそ、まことの智者の名に値する、としたのである。彼が、「総じて善悪愛恚は境界にあるべからず、識情ひとつのとがなりと明らめてのち、善悪ともにその心を用ひずして、一切を他に任せば、智者至極の悟りなり[57]」と語る所以である。

四　真教の師弟観

真教は、時衆らに、自力とは迷いであり、他力とは仏の本願に乗じることである、と示して、「身命を仏に奉りて、餓死寒へ死なんと思ひ切りて、身を身ともせず心を心ともおもはずして、万事を他に任[58]」すよう説く。一体、ここにおいて、「万事を他に任すといふは、われ〳〵が迷ひの執心をもちひざるため、または用事をつくさん為に、身命を知識に帰命する[59]」ことである。すなわち、彼の法語に、

いかにも心のとゞまる処に住したきは、厭離穢土にてはなくして欣求穢土にてこそさふらへ。穢土の心のひく境界をば遠ざかるこそ、厭離穢土にては有べくさふらへ。（中略）心には住にくけれども、知識のあたり近き処に忍ても在たきこそ、厭離穢土の志にてはさふらへ。[60]

とある。そして、その述作たる『奉納縁起記』に、「木仏《ニ》無レ詞故尋《ルニ》而無《シ》レ示《タマフコト》。知識者《ハ》当体《ニ》有二其《ノ》誠一故《ニ》往生之《ノ》指南出離之《ノ》要路《ハ》無《シ》レ過《タルコト》二知識之一句《ニ》一[61]」とあるがごとく、「身命を仏に奉り」、「万事を他に任す」とは、「仏之御使[62]」であり、「生身仏体[63]」ともいうべき権威ある知識に帰命することなのであって、「みづから胸の業障三塗に落べきいはれをしら[64]」ず、「我身に生死をはなるゝ道の知がた[65]」き、末世の根機は、ただ知識を頼んでこそ、生死輪廻の門を出ることができる、というのである。

しかして、彼は、

此（の）時衆に入（る）者は、今身より未来際を尽して身命を知識に譲り此（の）衆中にて永（く）命をほろぼすべし。若（し）此（の）下をも出で制戒をも破らば今生にては白癩黒癩と成（り）て後生には阿弥陀仏の四十八願にもれ三悪道に堕（ち）て永（く）うかぶべからずと誓ひを成し金を打（ち）て入（る）[66]

よう説く。すなわち、時衆は、その入衆に際して、誓いの金磬を打ち、知識帰命の宣誓を行うのであって、これを帰命戒という。一体、これは、真教が、「頭をそるものは千万あれども心をそるものは一両も侍らず(67)」という衆生の現実を見つめ、「我は無道心なり(68)」、「我に信心道心な(69)」し、と現存在を捉えたことによるものである。すなわち、凡夫は、往生の志もなく、自らは信心も起こりがたいが故に、一切を知識に任せ、知識を頼んで往生を遂ぐべきことを、彼は高調するのである。

『一遍上人縁起絵』第六に、

> をのづから世をのがれ身を捨(つ)る者も六賊に随逐して法財を失ひ五欲に貪著して諸悪をたくはふ。これは力なき凡界のふるき習ひなれば、我と判断する事叶(ひ)がたき間いきながら死して身命を知識にゆづり心の所望をかなへずして永(く)用事を尽す。我を我にせざれば居を他所にうつさず心を心と用(ゐ)ざれば思(ひ)を万事に叶(へ)ず。是則(ち)他力に帰する至極をあらはし三心を事相にふるまへる色也(70)。

とある所以である。すなわち、真教は、「浄土は事相の法門とは名づく(71)」というごとく、一遍と同じく「事」を重視し、歳末の別時法要も、「面々に臨終の儀式を表せられ(72)」、報土入り修行の時衆が「仏之御使(73)」たる真教の前へ進んで坐禅し、煩悩の塵をよく払い往生に値するか否かのいわば最後の審判を仰ぐ意味を有し、その場面の絵もこれを示唆している。まさに、「道場制文」や「時衆制誡」を規範とし、自らの遊行会下はもとより地方の各道場をも派遣した時衆を「奉行(74)」として文字通り「三心を事相にふるまへる色」なる教育的協同体たらしめようとした、といえよう。

思うに、この知識帰命の主張は、無常遷流の世に、諸法の実相に随順せずして六道に輪廻している衆生への愛惜の念より発したものであって、もとより他に驕慢ならんがための高所意識と解すべきではない。ちなみに、他阿は、慢心を否定し、人師を気取ることを固く戒めて、「知識気色して人をいやしくおもひなすあひだ、皆慢心をさきだて、思慮なきゆへに、彼が業をうけとりて魔道の業となるべし(75)」と弾呵し、更に、「知識気色の情識を

捨て、内心はわろきものに同じく念仏まうさるべし[76]」と、会下の時衆を教誡しているのである。しかも、彼は、重ねて、

身命を弥陀に帰して往生の大事より外はその用なきのあひだ、芸能をすて智恵を捨徳を捨ぬるゆへ、何事も人にをしゆる事なし。仍てわれは弟子一人ももたず。面々信心ありて名号を唱へば、自他ともに往生を遂ぐべければ、たゞ皆同行なり。[77]

と説く。一体、彼自ら、その身を捨て、心を厭い、自身をなきものになして、一切を捨て、ついには、「もと捨たりと思へる心振舞のその執心を捨[78]」てはてた時衆であり、弥陀の前にはともに平等の仏弟子であった。しかして、「機根のかたには九品の差別ありといへども、往生の一行は念仏におさまるあひだ、信心の行者のまへには差別[79]」なく、よって、時衆は、一類同伴の念仏行者であるが故に、「同行《どうぎょう》」というのである。

しかしながら、ともに同行だからといって、「知識の言葉を一偏にこゝろえて、知識も我も同行にてこそあれ、必しも恭敬すべき謂れなしと領解せば、その人はまた信心かけぬべし[80]」といわなくてはならない。何となれば、「往生のいはれをしめす人[81]」たる、「知識の縁なくしては信心の落居さだまるべからざる[82]」ものであり、因たる所化の衆生は、化導増益の知識を縁として、信心の落居することを得る。知識は、時衆の行修の懈怠を戒め、「魔縁のたぶらかしを遁れさせ給ひて、仏教に随はせ[83]」衆生の往生の縁となる、行者中の権威を持った先達であり、彼に対する帰命戒が厳に守られながらも、相互に同入和合海の同行であり、差別なき仏弟子なのである。すなわち、「善知識者是大因縁といふも、因といふは衆生なり、縁といふは知識なり、二にしてしかも不二の道を得るゆへに大因縁と説きたまへり[84]」というごとく、それは、いわばノエシス即ノエマ的に能所・師弟の対立を止揚した、能所不二・師弟一如の境界であり、「教訓するは人を教訓するにてはなくて、我身の懺悔をする[85]」という、教えつつ教えぬ世界であるが、それは、もとより、師道の破壊や弟子意識の打破ではない。否定された対立においてこそ、真に、師は師としての意義を獲得し、弟子は弟子としての位置に住するのである。そこにはやはり師

の権威がありそれへの信もある。能化と所化とは平等であっても同等ではなく、化導する者とされる者との自ずからなる差異は存するのである。まさに、真教が、「親近するところの同行等侶すなはち人我甚しき情識も、われとひとしき悟りをえさするあひだ、これによて同行善知識とは名づくるなり(86)」と説く所以である。

しかして、真教より量阿智得への消息に、

人界に生をうくるに、その体相は別々なるに似たれども、仏性はかはる事なし。然れども知識のくらゐになりては、衆生の呼ところの名なれば、自今已後は量阿弥陀仏を捨て他阿弥陀仏と号せらるべし。この名は一代のみならず、代々みな遊行かたにうけつぐべきなり(87)。

とある。すなわち、他阿弥陀仏とは、ひとり二祖真教の固有名詞に留まるべきではなく、三祖智得以下、代々の遊行上人に受け継がれるべきものなのである。何となれば、時衆の統率者たる遊行上人は、まさに、捨身度生の同行善知識、大因縁の善知識なのである。七祖託何が、「所レ謂他《トハ》者十方衆生《ナリ》。言二阿弥陀一《ト》者称我名号《ナリ》。仏《トハ》者願成就覚体《ノ》也《ナリ》(88)」と述べて、衆生と仏とが因となり、縁となって、生仏不二・能所一体であることを表すものが他阿弥陀仏であり、それは南無阿弥陀仏の名号と全同である、と説く所以である。この故に、人みなすべて、名号の位において、本来他阿弥陀仏であるはずであるが、衆生は、我他彼此の人我にうずもれ、「識情万端にして一准なら(89)」ざる故に、今はしばらく、知識の位のみを他阿と呼ぶ、というのである。

五　「他阿」の形成

しかして、「六十万人すすめはてゝはまた始めてすゝむる(90)」、六十万人の同行善知識他阿弥陀仏は、衆生を自己と同等の境にまで引き上げ、「われとひとしき悟りをえさす(91)」ために、身心を放下し、「なにごとをも仏知識になげあづけまいらせて(92)」往生を先途と、名号に帰入することを説いた。一体、業障に戦慄する現存在が大悲の光摂をこうむるのは、南無阿弥陀仏の名号の位をおいて、他にはない。名号こそ、業を滅して浄土に生ぜしめる清浄の行体であり、その利剣、よく輪廻の絆を截って、名号帰入の直下に、凡夫は、生死の重障を離脱し、仏性を全現して、仏の来迎にあずかるのである。

ここに、真教は、「今生より外に後生な[93]」く、「今の念仏より外に臨終[94]」なく、「この領解たちぬる行者は今生後生臨終平生ふたつなくして心安穏になる[95]」という。時は現在を支点として経歴し、念々に生死が交錯するからである。ここに、念々が臨終であり、念々に往生を得て、当体の念仏において修即証であり、「念仏往生は念仏即往生の行[96]」となる。一遍は、「おほよそ仏法は当体の一念の外には談ぜざるなり。三世すなわち一念なり[97]」と喝破するが[98]、真教は、これを承けて、「仏法とまうすは三世がやぶれて一切のことを後念につか[99]」ず、とも、また、「今身尽未来際とは今の一念なり[100]」ともいう。仏教において、最も具体的な脚下の現実は、独立無伴にして経歴する、留まらぬ非連続の連続としての、尽時の今であって、その当体の一念に過現未の三世は包摂される、というのであり、三世即一念なる直下承当の絶対現在において、自らの衆生性を全的に捨離する一声に、煩悩は雲散霧消し、日常的・平均的自己は否定媒介されて、仏性が全露し、絶対なるものの影向を見るのである。真教の「往生讃」に、「有心は平生なりければ　称念のうちに臨終あり　しかれば臨終は　ふたつなしとぞ知られける　南無ととなふる一声は　帰命の一念なりければ　阿弥陀仏と称するに　六字のうちに往生す[101]」とある所以である。

しかして、「その一念ののちはこの心つねになけれども、はや光中に摂取せら[102]」れて、「輪廻こゝにたえ[103]」、しかも、「念仏の声の中より来迎引接たれ給ひて不退の浄土へ迎へとり給ふあひだ、生死の命はたちまちに滅して無量の寿命を感得[104]」する。換言するならば、永恒の自己限定ともいうべき、只今の念仏において、六道生死輪廻の苦を離れ、無為涅槃の浄土無生の楽を受けて、生死的生命に死し、自己本来の家郷たる実相の世界に帰って、永遠の生命に蘇生し、「きはもなくながき仏の命とひとつにな[105]」って、あくまでも時間のなかにありながら、時間を越えて永遠に参与することとなる。これは、まさに、一遍が、「命濁中夭の無常の命を、不生不滅の無量寿に帰入しぬれば、生死ある事なし[106]」と喝破し、更に、「仏こそ命と身とのあるじなれわが我ならぬこゝろ振舞[107]」と詠じた、彼此三業不相捨離の境界であるが、真教は、これを、「貪瞋具足妄愛の心の底に纔（か）に一念帰命する時身心我にあらず弥陀と一致に成（り）ぬれば彼此三業の謂（れ）成じて行住坐臥則（ち）弥陀の四威儀なり。仏と衆生と一になりかへり迷も悟も二なきものなり[108]」といい、重ねて、「まよひこし心も身をも捨つればわれならぬ我ぞ御名をとなふる[109]」と詠じているのである。

まさに、機法一体・生仏一如であり、称名の声に、罪は滅し、法が顕現して、父子相向の本家に帰還し、唯仏与仏・仏々相念という仏作仏業の絶対的世界が此土の上に現成する。換言すれば、一遍の称名、当体の念仏に、絶対は影向し、身口意の三業、行住坐臥の四威儀は、諸法の実相を離れず、「願力の徳名号の不思議によて往生を遂ぐるくらゐ[110]」において、各別の機情は、摂取不捨の本願弘誓に光被せられ、「法のかたより融通して自他の行体一如[111]」となり、我他彼此の人我は泯没するのである。一遍は、この境界を「身心を放下して無我無人の法に帰しぬれば、自他彼此の人我なし[112]」といっているが、捨家棄欲の時衆にとっては、愛憎を超えて敵がなく、よって、真教は、

昔は敵とこそおもひしに、今は敵却て知識となるあひだ、胸の悪業はひらきて蓮台となる悦をいだかんうへは、たれをか敵とおもふべき。敵なからんうへは、知識より外に身の得意も有べからず。そへられたる同行同侶こそともに知識の計らひのものなれば、むかしは思はしかりしものにこそひたかりしが、今はおもはしくもあれ思はしくもなかれ、知識より給はりたる同行なれば、ともに心をへだてずして行法をも怠らず勤め（るべし）[113]。

と説くのである。願力廻向の故に、差別なき自他平等の同行同侶であり、無前無後の当体も一念において、自己も他己も、一味和合して、法界身中にあり、阿弥陀仏と一体となって、無我無人の名号のみが残る。ここに、一

遍の言葉を借りれば、「念仏が念仏を申[114]」し、「名号が名号を聞（く）[115]」という、唯一念仏の世界が開かれる。まさに、個我のはからいを超え、人我の情は破れて、自もなく、他もない、自他不二の世界であり、人みなすべて、南無阿弥陀仏、即他阿弥陀仏となる。

しかして、他阿弥陀仏にまで形成せられ、「ほとけひとつにな[116]」った時衆は、地方の道場に派遣せられ、「知識の心と所化の心と替りて[117]」、ここに、第二、第三の他阿弥陀仏、すなわち、大因縁の善知識として、自他即一の行を展開したのであり、それは、還来穢国して人天を度す、菩薩行ともいうべきものであったのである。

これを要するに、他阿真教の時衆教育の理念は、まさに、「他阿」の形成を志向するものであった、ということができるのである。すなわち、彼は、その教育を通して、当麻に独住する第一他阿弥陀仏として、遊行の旅にある第二他阿弥陀仏たる智得、および、第三他阿弥陀仏ともいうべき地方道場の能化たる時衆との緊密な連繋の下に、ともどもに衆生化益を展開し、しかして、そこに、時衆教団を形成して、やがて、浄土仏教内に一派を成立せしめていくのである。

註

（1）『一遍聖絵』第一一（時宗宗典編集委員会編『定本時宗宗典』下巻、時宗宗務所、一九七九年、三九〇頁）。

（2）同上。

（3）『観経疏玄義分』の巻頭に「道俗時衆等、各発無上心」（高楠順次郎編『大正新脩大蔵経』第三七巻、「経疏部」五、大正新脩大蔵経刊行会、一九九〇年、二四五頁、下）とある。

（4）「時宗」なる語は、『大乗院寺社雑事記』長録四年（一四六〇）六月一四日条（竹内理三編『増補続史料大成』第二七巻〈『大乗院寺社雑事記』一二〉、「若宮祭田楽頭記」臨川書店、一九七八年、三九三頁）に「持《(時)》宗道場」とあり、ルビに「(時)」とあるように「持」は同音で同じつくりの「時」の誤記であって、これを最古として室町中期以降諸書に散見するが、けだし、固定化したのは江戸初期であろう。

（5）『一遍上人語録』巻上（註（1）前掲書、上巻、五頁）。

なお、ここにおいて、宗派を別立する意図のない一遍はまた弟子も持たなかった、ということに留意されなくてはならない。真教ら一遍に付き随う時衆も、いわゆる弟子ではなく、『一遍聖絵』第四に、「他阿弥陀仏はじめて同行相親の契をむすびたてまつりぬ。惣じて同行七八人相具して、弘安元年夏の比、与州へわたり」（註（1）前掲書、三七一頁）とあるごとく、真教が「堅為㆓師弟契約㆒」（『奉納縁起記』、註（1）前掲書、上巻、二三七頁）と述べているように事実として師弟なのであるが、一遍にとってはあくまでも同じく仏道を修行する仲間、すなわち同行《どうぎょう》であったのである。

ちなみに、「誓願偈文」は浄土への往生を願う一遍自身の仏への願文であってもとより時衆への説示などではなく、「我弟子等」（註（1）前掲書、上巻、六頁）は「我・仏弟子等」の意味であり、また、「道具秘釈」の「一遍弟子」（『一遍上人語録』巻上、註（1）前掲書、六頁）も原文は割書であることからして（『一遍聖絵』第一〇、註（1）前掲書、三八六頁）「一遍の弟子」の意ではなく同じ同行の「一遍・仏弟子」の意味なのである。また、「時衆制誡」の末尾には「我遺弟等」（註（1）前掲書、上巻、六頁）とあるが、「我（が）化導は一期ばかりぞ」といっていた一遍がそのようなことをいうはずはなく、真教の一遍への仮託の言葉ということになる。高野修は「時衆制誡」そのものが「一遍聖の作とは思われ」ず、作者は「二祖他阿真教その人であろう」としている（『原文対照現代語訳 一遍上人語録』岩田書院、二〇〇九年、五五頁）ことが首肯される。従って、唐沢富太郎が『中世初期仏教教育思想の研究』（東洋館出版社、一九五四年、二一三～二一四頁）において、後二者を根拠に一遍が「平等的な同朋的なものを要求しつつ、又他面に於いては」「自己肯定の面」を示しているかのごとく述べていることは訂正されなくてはならない。

（6）『一遍聖絵』第一二（註（1）前掲書、三九二頁）。

（7）『一遍上人縁起絵』第四（註（1）前掲書、四一三頁）。

（8）同上、第五（同上書、四一三頁）。

（9）同上。

（10）「化導は一期」（註（1）に同じ）として「済度を機縁にまかせ」（註（1）前掲書、三七九頁）た一遍と、地についた計画的・重点的な教化を展開した真教との間には自ずと布教の方法にも違いが出てこざるをえない。大戸安弘は、その

『日本中世教育史研究――遊歴傾向の展開――』（梓出版、一九九八年、二二二～二二三頁）において、真教が、当初道場の建立は認めない方針を持っていたが古徳の遺跡に廟塔・堂舎を建立し利生方便となるのであればさしつかえない、と述べていることを取り上げ、「これまでの遊行という布教方法だけでは、一遍の正しい教えをより広範に広め、しかも定着させるには無理があり、道場を各地に建立し、そこに時衆を派遣し、常に信徒と在ることがなければ、それは不可能であると考えたのであろう」とし、そこに「時衆の存在原理の変質に関わる重大な問題の断行」への決意がある、と卓見を披瀝している。

(11) 例えば、「遊行代々法語」に「大聖より中聖遊行の時被レ進二御書等一」とあり（註（1）前掲書、上巻、三五二頁）、時衆四祖呑海は真教を「大聖」といっている。

(12) 『一遍上人縁起絵』全一〇巻は、真教の弟子宗俊の詞書に係り、初めの四巻は一遍の行状絵巻であるが、後の六巻は真教の絵伝となっている。

(13) 『一遍上人縁起絵』第六（註（1）前掲書、四一六頁）。

(14) 『他阿上人法語』巻第五（註（1）前掲書、上巻、一七九頁）。

(15) 同上、巻第三（一六〇頁）。

(16) 同上、巻第二（一五〇頁）。

(17) 同上、巻第五（一八〇頁）。

(18) 同上、巻第四（一六七頁）。

(19) 同上。

(20) 同上、巻第七（二〇二頁）。

(21) 同上（二〇一頁）。

(22) 同上、巻第五（一八一頁）。

(23) 『一遍上人縁起絵』第六（註（1）前掲書、四一六頁）。

(24) 同上。

(25) 中村元／早島鏡正／紀野一義訳註『浄土三部経』下、岩波文庫、一九六四年、九〇頁。

(26)『他阿上人法語』巻第二（註（1）前掲書、一三八頁）。
(27) 同上、巻第六（一九〇頁）。
(28) 同上、巻第五（一八二頁）。
(29) 同上、巻第四（一六九頁）。
(30) 同上、巻第七（二〇七頁）。
(31) なお、一遍も、「本性の一念にそむきて五欲を家とし、三毒を食として三悪道の苦患をうくる事、自業自得果の道理なり。しかあれば、みづから一念発心せんよりほかには、三世諸仏の慈悲もすくふことあたはざるものなり」（『一遍上人語録』巻上〈註（1）前掲書、上巻、一〇頁〉）と述べている。
(32)『他阿上人法語』巻第八（註（1）前掲書、二二三頁）。
(33) 同上、巻第二（一五〇～一五二頁）。
(34) 同上（一五二頁）。
(35)『一遍上人語録』巻上（註（1）前掲書、八頁）。
(36)『他阿上人法語』巻第二（註（1）前掲書、一四八頁）。
(37) 同上、巻第四（一六八頁）。
(38) 同上、巻第二（一五二頁）。
(39) 同上、巻第四（一七五頁）。
(40) 同上、巻第二（一五一頁）。
(41) 同上。
(42) 同上、巻第四（一七六頁）。
(43) 同上（一七一頁）。
(44) 同上、巻第五（一八〇頁）。
(45) 同上、巻第一（一三三頁）。
(46) 同上、巻第三（一五四頁）。

(47)『一遍上人語録』巻下（註（1）前掲書、上巻、二九頁）。
(48)同上。
(49)同上（三一頁）。
(50)『他阿上人法語』巻第三（註（1）前掲書、上巻、一六五頁）。
(51)同上（一六〇頁）。
(52)同上、巻第一（一二二頁）。
(53)『奉納縁起記』（註（1）前掲書、上巻、一三八頁）。
(54)『他阿上人法語』巻第一（註（1）前掲書、上巻、一二八頁）。
(55)同上、巻第三（一六二頁）。
(56)同上（一五四頁）。
(57)同上、巻第二（一三七頁）。
(58)『他阿上人法語』巻第二（註（1）前掲書、上巻、一四六頁）。
(59)同上（一四二頁）。
(60)同上、巻第二（一三八～一三九頁）。
(61)註（1）前掲書、上巻、一三八頁。
(62)同上。
(63)『他阿弥陀仏同行用心大綱註』（註（1）前掲書、上巻、二四九頁）。
(64)『他阿上人法語』巻第二（註（1）前掲書、上巻、一四〇頁）。
(65)同上。
(66)『一遍上人縁起絵』第六（註（1）前掲書、四一七頁）。
(67)同上。
(68)『他阿上人法語』巻第四（註（1）前掲書、上巻、一七五頁）。
(69)同上、巻第二（一五二頁）。

(70)『一遍上人縁起絵』第六（註（1）前掲書、四一七頁）。
(71)『他阿上人法語』巻第五（註（1）前掲書、上巻、一八三頁）。
(72)『一遍上人縁起絵』第五（註（1）前掲書、四一四頁）。
(73)『奉納縁起記』（註（1）前掲書、上巻、一三八頁）。註（62）に同じ。
(74)『他阿上人法語』巻第二（註（1）前掲書、上巻、一四三頁）。
(75)同上、巻第一（一三九頁）。
(76)同上（一四〇頁）。
(77)同上（一四九〜一五〇頁）。
なお、ここにおいて、「われ弟子一人ももたず」なる言葉は『歎異抄』の「親鸞は弟子一人ももたずさふらふ」（金子大栄校訂、岩波文庫、一九五八年、四三頁）の一文を想起させる。同じく阿弥陀仏に身命をあずけた他力の道として、その弥陀の前にはすべて同行であって師弟の別はない故に、期せずして酷似したフレーズが発せられることとなったのであろう。一遍については註（5）を参照されたい。
(78)同上（一四八頁）。
(79)同上、巻第五（一八〇頁）。
(80)同上、巻第二（一五〇頁）。
(81)同上、巻第五（一八一頁）。
(82)同上。
(83)同上、巻第三（一六四頁）。
(84)同上、巻第六（一五〇頁）。
(85)同上（一四三頁）。
(86)同上（一五〇頁）。
(87)同上、巻第一（一二五頁）。
(88)『他阿弥陀仏同行用心大綱註』（註（1）前掲書、上巻、二四五頁）。

(89)『他阿上人法語』巻第一（註（1）前掲書、上巻、一二八頁）。
(90)同上、巻第五（一八二頁）。
(91)同上、巻第二（一五〇頁）。
(92)同上、巻第一（一二九頁）。
(93)同上、巻第六（一九一頁）。
(94)同上。
(95)同上。
(96)同上、巻第三（一六〇頁）。
(97)『一遍上人語録』巻下（註（1）前掲書、上巻、三一頁）。
(98)なお、一遍は、『往生礼讃』の「恒願一切臨終」の文を釈して、「たゞ今の念仏の外に、臨終の念仏なし」（『一遍上人語録』巻下、註（1）前掲書、上巻、三五頁）といい、また、『般舟讃』の「廻心念々生安楽」の文を釈して、「南無阿弥陀仏には、臨終もなく平生もなし。（中略）しかれば念々臨終なり、念々往生なり」（同上、三一頁）と述べている。
(99)『他阿上人法語』巻第四（註（1）前掲書、上巻、一六八頁）。
(100)同上、巻第二（一四一頁）。
(101)同上、巻第一（一二三頁）。
(102)同上、巻第四（一七二頁）。
(103)同上、巻第七（二一〇頁）。
(104)同上（二〇三頁）。
(105)同上、巻第三（一五四頁）。
(106)『一遍上人語録』巻下（註（1）前掲書、上巻、三七頁）。
(107)同上、巻上（一三頁）。
(108)『一遍上人縁起絵』第六（註（1）前掲書、四一六頁）。
(109)『他阿上人法語』巻第八（註（1）前掲書、上巻、二二七頁）。

(110) 同上、巻第六（一九七頁）。
(111) 同上。
(112) 『一遍上人語録』巻下（註（1）前掲書、上巻、二九頁）。
(113) 『他阿上人法語』巻第二（註（1）前掲書、上巻、一四五頁）。
(114) 『一遍上人語録』巻下（註（1）前掲書、上巻、二八頁）。
(115) 同上（三四頁）。
(116) 『他阿上人法語』巻第二（註（1）前掲書、上巻、一五二頁）。
(117) 同上（一五〇頁）。

第六章　『他阿上人法語』に見る武士の学習とその支援

はじめに

わが国中世、一三～一四世紀において最も興隆した浄土仏教は一遍仏教、すなわち時衆[1]であった。旧仏教による法然門下弾圧や朝廷・幕府による念仏停止の令によって専修念仏が壊滅的打撃を受けた後に登場したのが、一遍やその門下他阿真教であったのであり、それを外護し、支えた主たる階層は中世という時代の荷担者であった武士であった。それは、『一遍聖絵』に見える一遍の帰依者が大友兵庫頭頼泰・吉備津の宮の神主の子息・大井太郎・武蔵国あぢさか入道・二宮入道・たかはたの入道・丹波国山内入道・地頭代平忠泰・中務入道ら武士が多く、それも「弓箭等を帯」し「下人」を従えた[2]地頭・名主クラスの武士であり、また、真教のそれも『一遍上人縁起絵』や『他阿上人法語』を見ると、後深草女院公子・花山院右衛門督家定・藤原為相・藤原為兼・内大臣法印道恵など貴顕の名も見えるが、更に夥しい数の武士が登場することによって首肯される。

もっとも、周知のごとく、一遍仏教、今日の時宗において宗祖とされる一遍は、「我（が）化導は一期ばかりぞ[3]」といい、「念仏勧進をわがいのち[4]」とし、あくまでも一「浄土宗」の僧としてあって、新たに宗派を別立する意図などさらさらなかったから、この一遍を「知識」と仰ぐ時衆はその命終とともに瓦解すべき性格のものであった。しかし、衆に推されて一遍の跡を襲い知識の座に就いた真教の一五年に及ぶ積極的かつ計画的な教化によって、正和五年（一三一六）には一〇〇ヶ所に上る地方道場も造営され[5]、かつ嘉元元年（一三〇三）一二月相模の当麻に隠棲した後においても、時衆の主宰者として、各地の道場に「道場制文」を発し道場主よりそこに集う僧俗に読み聞かせて誓約させ、また、遊行時衆や地方止住の時衆・結縁者にいわば遠隔教育ともいうべく数多くの消息を送って懇切に教導し、多大なる教育的意図の下に、教団の基礎を固めていったのである。

そこで、この時衆教団の発展の礎を築いた真教とそれを荷担した武士を中心に、その発展、更に興隆の要因として、彼らの学習ｰ支援の具体相を考察していくこととする。

一　視点と課題

㈠　学習ということ

もとより、宗教の本質の把握は、その知的理解にではなくて、体解による。宗教は、「たゞ義をもて談ぜんもの[6]」でも、「たゞ詞ばかり[7]」の理屈や論理の問題でもなくして、何をおいても身証・体解ということが必要である。一遍が、「あるひは学問にいとまをいれて念仏申さず、或は聖教を執して称名せざるはいたづらに他の財をかぞふるがごとし[8]」という所以である。学問が不要であるというのではない。いわゆる聞・思・修の総体こそ学習というべく、修行の前提として学問が要請されることはいうまでもない。一遍自身、「学問のためならば浄土宗の章疏よみをしてきたるべ[9]」しとの師聖達の指示によってまずその法の同朋華台の許で一両年修学し、後、聖達の許に戻り首尾一二年間浄土の教門を学んでいる。しかし、それは己証への前提であって、真理や本質は、客観的に知られるというよりは、主体的に身を投じて直観し、真理たる法に合一さるべきものなのである。本当に知るとは体全体で知ること、すなわち体得ないし行得をいうのである。もとより、それは、身体性の媒介を示しつつも、単に身体の行や身体的把握とのみ解すべきではなく、仏教において、身体と意識とは、二項対立的なものとしてではなくて、相互浸透的に把握され、身体と心とは不離一体の相応するものとして「身心一如」と考えられ、身体と知・情・意の心との全体の活動により、全人格を挙げて心身に沁み透るほどに学習することとなる。およそ人間は不完全な相対的存在である故に、貪瞋痴の煩悩によって覆われ、悩み苦しむことの多い存在である。それ故に、人間は、その人生において何らかの当面する問題を解決すべく努めるのであって、学習とは人間がより善く生きようとする営みそのものであり、教育とはその学習の支援に他ならない。人間は、生命を持った存在として生来自己活動の力を有し、学習しようとする。しかし、自由な観念的存在として、その学習の方向が常に正しい方向に向かっているという保証はないから、その学習を文字通り善い方向に導く支援が必要となるのである。

とりわけ一遍や真教らの一遍仏教にあっては、事実として師弟の関係にあってもともに修行する仲間である「同行《どうぎょう》」であり、「われは弟子一人ももた⑽」ざる能所不二・師弟一如の「教訓するは人を教訓するにてはなくて、我身の懺悔をする⑾」という教えつつ教えぬ世界であったから、まさにその教育は「支援」と呼ぶのがふさわしい面をも有する。時衆の寺院が地名を冠して「藤沢道場」・「当麻道場」・「四条道場」などと呼ばれる所以でもあるだろう。

ともあれ、人間いかに生きるべきかを全人格を挙げて問い、求め、学び、ともに考えるところに心豊かなより善き人生が花開く。まさに、身心一如の自己表出的行為によってより善く生き、また、自己を越えた真理とともにあるという聞・思・修の学習が成立する、と考えられるのである⑿。

㈡　往生ということ

中世の人々は実に強い関心とリアリティをもって、日常的に死後の往生を願った。それは、現世とセットになっていた来世という世界を見失って、死を単なる観念の世界に閉じ込めて禁忌とし、死について語ることを避ける現代の人々にはおよそ考え及ばないものがある。

一般に、往生とは「捨此往彼　蓮華化生」、すなわち、この穢土を捨ててかの浄土に往き、浄土の蓮華のなかに化生することをいう。端的にいって浄土に生まれることをいい、未来の当益なのであるが、それは浄土仏教においては念仏の行によってである。念仏とは一念ごとの自己超越であって、念仏する者にとって、念仏するごとに弥陀と我とが返照し合って精神を純化し真実の生き方が生じて、そこに根源的に深く香り高い人格を形成[13]して「善く生きる」のであり、それは命終後に「浄土に生まれ再生する」ことによって成就する、ということはできよう。ことに、一遍仏教においては、生死は一如であり、臨終即平生であるから、念々に死を覚悟し切迫感をもって真の生を生き、一瞬一瞬弥陀と相対し死を通して現在の生をより善く生きるということなのであり、念仏することが、そのまま往生なのであって、中世の人々、ことに罪業感の強い武士は、念仏によって極楽往生の保証を得て安心して迷いを離れ生死巌頭の乱世の現世を「一所懸命」に生きえた、と考えられるのである。

(三)　衆団の形成とその問題

上述のごとく、一遍は、当初、「身命を山野にすて、居住を風雲にまかせてひとり法界をすゝめ給[14]」い、「済度を機縁にまかせて、徒衆を引具[15]」していたのに過ぎなかったのであるが、他阿真教が「同行相親の契をむす[16]」んだのをはじめとして、その高風を慕って会下《えか》に入り、また、結縁する者がしだいに多く、自然発生的にグループとしての衆団が形成されていく。一遍は、真教をはじめその遊行に従う者を「同行」と呼び、また在地の人々をも含めてその教えに従う者をすべて「時衆」と呼んだ。かの善導の『般舟讃』に出る[17]前引「同行相親」のごとく、前者は共に仏道を修行する仲間の意であって、後者は同じく善導の『観経疏玄義分』巻頭[18]の「道俗時衆等」によるのであって六時念仏衆の意であり、僧俗の別や会下・在地の違いに関わりなくその教えに従う者をそう呼んだのである。

しかし、いかに自然発生的とはいえかように衆団が形成されていくと、衆団維持のための用心や工夫が要請されることとなる。とりわけ一遍入寂後知識の座に就いた真教によって、知識帰命、すなわち指導者への帰依が主張され、「時衆制誡」も制定されていく所以である。現実の執着より離れ、誓戒の鉦を打って入衆[19]したものの、僧尼混在の衆団にあっては厭うべき男女愛欲の問題が生じがちであり、また、不信の時衆の出現もあった。実に晩年の一遍がことに腐心したのは男女愛欲と信心の問題であり、とりわけ後者は、一遍の跡を襲った真教が衆団をセクトとしての教団へと形成していく上での大きな課題であった。

一遍仏教において、衆生の往生は、十劫の昔の阿弥陀仏の正覚の刹那に成就しているから、それは、信不信、浄不浄といった差別によって左右されるものではない。一遍の己心領解《りょうげ》の法門と伝える七言の頌に「十劫正覚衆生界　一念往生弥陀国　十一不二証無生　国界平等坐大会[20]」とある。一体、一遍の教説の核心は、十劫の昔、衆生を済度するために成道した弥陀の正覚も、極楽往生を願う衆生の一念も差別はなく、端的の当体一念の念仏によって、衆生は現身のままに往生することができるという、十一不二の弁証法的論理にある。十一不二とは、弥陀の十劫正覚と衆生の一念往生との不二相即をいい、正覚往生倶時成就と換言される。なるほど人間の力で往生できるとするならば、信もその必要条件となる。しかし、往生は十劫の昔、弥陀の正覚の刹那に成就されているのであって、人間の信がそれを支えているのではない。

しかし、「信不信をえらばず[21]」ということを字義通り解釈して信そのものを不要とし、安心の体得を等閑に付すならば、また重大な誤りといわなくてはならない。法蔵因位において衆生はすでに救われ、仏と本質的に一体であるが、しかし、現象面では仏と差があり、凡夫であることに変わりはない。現にある凡夫そのままが仏であるとしてこれを一元的に肯定するならば、行証を欠いた本覚思想として悪しき自然外道《じねんげどう》の誤りを犯すこととなるのである。事実として、一遍在世中すでに「不信のものども[22]」が輩出し、「所々の長老たち」すら「三業のほかの念仏に同ずといへどもたゞ詞ばかりにて義理をも心得ず一念発心もせぬ」有様であった。[23]

弥陀の大悲は、永遠と現実の問題であり、絶対と相対、本質と現象の統一のそれであって、不二相即の故にこそ、本質を現象に現成すべく、一遍においては念仏による行証が要請されていたのである。[24] 信が往生の要件ではないとは、阿弥陀仏の絶対の立場からいわれることであって、相対的な凡夫の側にあっては、やはり行への信は求められるのであり、「みづから一念発心せんよりほかには、三世の仏の慈悲もすくふことあたはざるもの[25]」であったのである。念仏の行なくして凡夫の往生はない。本願の行への信はもとより要請されるのであって、この点、真教も同様であり、

本願を信じて念仏まうせば十悪五逆なを往生すときゝて、破戒虚仮をもかへりみるべからずといふ義は、往生の為にてはなくして、悪業にすゝめられて悪道におつべき悪見なり。（中略）廻心のこゝろなくしてはもとの三途の業因なるべきがゆへに、往生のみち有べからざるものなり。[26]

と悪無礙の法門を否定して、名号に根源的な絶対の信を置き、「本願名号の一行に信をとるは深心[27]」として「他力に帰するの信心[28]」を主張している。

㈣　真教と武士

一遍仏教、後世の時宗の宗祖とされる一遍は、伊予の豪族河野通信の孫であり、その機鋒の鋭さはその武門の血を示し、また、「凡（そ）仏法は当体の一念の外には談ぜざるなり[29]」との三世を一念に統摂するいわば現在主義的な教えは、ことに生死巌頭に身を曝す武士層に受け容れられたが、その後継の知識として時衆を教団に組織した二祖他阿真教に帰依し、それを支えた階層もまた武士階級が多かったことはすでに少しく述べた。真教は、一遍以来の道場を持たぬという方針を転じ、甲斐国黒駒の豪族の求めに応じてその弟子弥阿弥陀仏を「御へんもわれ〳〵がもとへ黒駒殿の信心深くして所望ありしあひだつかはした[30]」ごとく、時衆を各地の願主の請いに応じ

その「願主の信心をたすけて往生を遂させんが為[31]」に派遣し道場をその学習－支援の場としているが、その願主は経済的な裏付けも必要であるから、その多くは在地領主層の武士であったのである。一般に菩提寺建立が武士に始まることは周知の通りであるが、時衆道場も地頭・名主クラスの武士によって開創されているのである。

一体、禅仏教は自力の修行によって現世での契悟を説くものであり、確かに切磋し、武名を上げて勇士としての道を全うすることを本懐とする武士の気風に適合するはずのものであった。しかし、輸入後間のない禅仏教が正しく理解され、受容されるのは鎌倉中期以降のことに属し、しかも、上層武士にその禅に結びついていたいわゆる宋学などの教養として受容される傾向が強かった。それに対して、後に触れるごとく、具体的かつ対機的に人に応じ、また、その心のひだに触れる一遍仏教、時衆の教説は、まさに信仰として罪業感の強い武士層に受容されていったのである。しかも、真教の「花山院右衛門督殿へ進ずる御返事」によれば、

上洛の事真実の御信心によて叡聞にをよびさふらふうへは、いそぎ参洛をくはだてゝ、御道場を拝し利益衆生に向ふべくさふらふのところに、関東の荒武者どもにとりこめられ、身暇をゆるされずさふらふのあひだ、御意に応ぜざるの条かへすぐ〜本意をそむき候[32]。

とある。花山院右衛門督とは後伏見天皇近臣の右大臣花山院家定のことといわれ[33]、後伏見天皇の招きをも辞退せねばならないほど真教の身辺は慌しく、坂東武者に対するその徳望は高かった。

元弘三年（一三三三）五月一八日、新田義貞が鎌倉へ攻め入り、二二日に幕府は滅亡したが、その直後の二八日付けで他阿弥陀仏が証阿弥陀仏宛に送った書状に、

鎌倉ハをびたゞしきさはぎにて候つれども、道場ハ、殊に閑に候つる也。其故ハしげく来候殿原ハ、皆合戦の場へ向候つれバ、留守の跡にて無㆓別事㆒候。たゝかひの中にも、よせ手、城のうちともに皆念仏にて候ける。どしうちしたりとて、後日に頸めさるゝ殿原、これの御房達、はまへ出て、念仏者にハ、皆念仏すゝめて、往生を遂させ、いくさの以後ハ、これらを皆見知して、人々念仏の信心弥興行忝候。命延候者、又々可

二申承一候。(34)

とある。この他阿弥陀仏は時衆五祖安国であって、「しげく来候殿原」とはもとより鎌倉武士であり、当時の鎌倉武家社会への時衆の浸透のほどがうかがわれるのである。

ただ鎌倉武士といっても政権との距離は様々であり、このことが領主としての彼等の生き方を規定している面がある。本節冒頭に述べたように、彼等の学習が「善く生きようとする営みそのもの」である以上、このことを閑却するわけにはいかない。そこで、時衆武士を、政権中枢の北条氏およびその昵懇者、すなわち得宗被官や幕府膝下の相模国御家人とそうでない者とに一応分け、次節で前者を、第三節で後者を考察したい。

二　時衆武士の学習とその支援——北条氏とその昵懇者の場合——

(一)　称阿雅楽助の場合

『他阿上人法語』巻第八に、

称阿弥陀仏雅楽助別時に着したまへる法衣を給はりければ、さいはいに人の姿に生れつゝ御法のころもけふきつる也、年もくれ命もつくることはりの憂身のはては一声の御名、と読てたてまつりし返し、あみぎぬを悲喜の涙に袖ぬれて仏の御目にかゝるべきかな、一声の御名のうちにはまいるべき時やきぬらん年ぞあけぬる。(35)

とある。この雅楽助についてはこれまでのところ「幕府の御家人と思われるが不詳。真教とよほど深い交渉があったらしい(36)」とされているだけであった。称阿雅楽助を北条時俊（一三三三没）に比定する説もあったが、『時衆過去帳(37)』によると称阿の没年は元亨二年（一三二二）であって両者は別人であり、雅楽助はやはり「不詳」というしかない。真教の六月一四日付け「四祖七条金光寺住之時被遣御書」において、「京都計と見へ候に、辺土はいかゞあるべからん」[38]との、呑海の有力な後援者であって大番役で在洛中の藤沢「四郎太郎殿御文」を受け取り、真教に仲介して呑海の賦算権を拡大した「雅楽助殿」は、もとよりこの人であるから、確かに真教と親しい鎌倉の高位の御家人であることは間違いはない。また、歌人でもあったことが真教との和歌の贈答から窺い知られる。

『他阿上人法語』巻第六にこの「称阿弥陀へつかはさる御返事」が二通ある。[39]

一通は、病中の称阿が称名のものぐさき故を尋ねたことへの返事である。熱心な一遍仏教、時衆の信徒であり、別時に詣で真教より阿弥衣を与えられる程の称阿も病中にあってさすがに称名が物憂かったらしい。時衆の念仏はもとより證空仏教、すなわち西山義の「南無阿弥陀仏はうれしき」[40]「歓喜の念仏」の思想系譜を汲む。がしかし、一般にいって、「名号は清浄無染にして輪回生死の業を離れたるによって、平生の時すらなをものぐさし。いはんや病中にをいてをや」であるから、真教は、「心のものぐさきまめなるが得失となるにはあらず。往生は唯本願名号の不思議なり」と一遍仏教の原則を示しつつ、その行証へと導くため、武門の人である称阿に「念仏の行者はいたはりのとき勇士の戦場に向かふがごとく、最期の信心にものぐさきうちにもいさまるべきなり」と対機的に武人らしい念仏行を説いているのである。

今一つの返書は妙好人と信および行の関係についての問いに真教が答えたものである。すなわち、これに、「念仏の行者を人中の分陀利華とゝかる、は信心決定の人のことなり」とあるのは、もとより『観無量寿経』に「若念仏者、当知、此人是人中分陀利華」[41]とあり、善導が『観経疏散善義』においてこれを「言二分陀利一者、名二人中好華一、亦名二希有華一、亦名二人中上上華一、亦名二人中妙好華一」[42]と釈しているのをベースにしたものであって、いうまでもなく一遍の「六十万人頌」に見える「人中上々妙好華」[43]もこれを承けたものである。真教と親交のある熱心な信徒称阿はこれら文献にはもとより目を通した上での質問であっただろう。

ことに、すでに触れたごとく、信と行の問題は晩年の一遍にとっても重大問題であった。対機説法であるが故に、本願ぼこりを克服する上で「一念発心」、称名行の重要性が高調されつつも、また、一方において、「名号は信ずるも信ぜざるも、唱ふれば他力不思議の力にて往生す」[44]と述べ、「信不信をいはず、有罪無罪を論ぜず、南無阿弥陀仏が往生するぞ」[45]との熊野権現の「神託」が「常の仰（せ）」であったから、これが末端においては誤り解せられ、「たゞ詞ばかり」の「不信のものども」を輩出したこともまた事実であった。真教も、「故聖の時よりこのしたの僧尼の別して人にかはりて発心も智恵もすぐれたる事はなし」[46]というごとく、その会下においてもやはり「無道心のやからは増多」[47]であった。この故であろう、真教は随所において信心を強調しているのである。しかして、一見すると教えの説き方のスタンスが一遍と異なるかとも見えなくはない。この初期時衆の信と行という重大問題を捉えての質問であったのであろう。そして、真教はまたこの質問に対し、

信心決定とまうすは本願名号に落居する一念なり。されば此信心の人ひとへに本願をあふぎ機の徳をもたざるのあひだ、称名の一行より外に心のをもむきなければ、信心の人と称名の行者とふたつをかざれば、信心の人ともいかでかわけ候べき。

と信心とは称名の一行への信であることを端的に表明し、信と行との問題を止揚しているのである。もとより信心を除いて宗教はないが、その信心は凡小の計度分別を離れて本願に全託する他力の信であるからである。

(二)　陸奥入道殿の場合

『他阿上人法語』巻第四に「陸奥入道殿へつかはさる御返事」がある。この「陸奥入道殿」が誰であるか、「殿」という敬称が付されているだけにかなりの身分の人ということが推測されるのみで、従来不明であったが、その後、真教の布教期である正応三年（一二九〇）から文保三年（一三一九）にかけて陸奥守なる受領名をもつ武士の検討の結果、それが北条一門に限られ、しかも大仏宣時に合致することが突き止められた。[48]大仏宣時は、正応二

年（一二八九）陸奥守となり、弘安一〇年（一二八七）八月には評定衆より連署となっているのであって、その子宗宣が執権となるなど有力な地位にあり、「殿」の敬称付きで呼ばれる所以であった。また、『続拾遺和歌集』・『新後撰和歌集』・『玉葉和歌集』・『続千載和歌集』などに入集の秀れた歌人でもあった(49)。

　さて、宣時宛の返書も信と行についての質問に答えたものと思われる。これは、「鎌倉帰住当時はその儀なき候」にはじまり、真教が鎌倉に住したことを示す文書としても知られるが、互いにどのような所に隔っていようとも「御志だにはじめの信にたがはせ給はずんば、御往生はたのもしくおぼしめさるべくさふらふ。仏智はたゞ信心のうへに応をたれて、往生は称名の声に決定すべく候」と細やかな思いやりのなかにも信心は行に伴い、初一念は行に収斂することを示す。そして、「言葉おほくなりさふらへば、こゝろ落居せざるのあひだ、要をとりて文字を略しさふらふ」と書き添えている(50)のは、宣時が文の人であるだけにそれだけ行の必要性を示したものともいえよう。

(三)　佐介安芸守貞俊の場合

　版本『他阿上人法語』には誤って「佐竹」とあり、長く常陸佐竹一族と解されていたが、佐介《さすけ》氏は、北条一門時房流、その居を構えた鎌倉佐介ヶ谷に「佐介松谷文庫」を営んだ好学の家柄であり(51)、代々和歌を嗜んだ。貞俊は、上述の時俊の子であり、やはり歌人であって(52)『続千載集』に二首、『続後拾遺集』・『新千載集』に各一首入り、同『法語』巻第八に、正和二年（一三一三）の「年の末に寿阿弥陀仏佐介安芸守貞俊朝臣詣て続歌まうし行れし時の歌の中、雑、いにしへはいまとおぼへてみる夢のおどろけば又昔なりけり」(53)とある。『太平記』巻第一一によれば、貞俊が戦陣に伴った時衆の陣僧と思われる「最期ノ十念勧ケル聖」に妻子へ遺品を託して、辞世の歌を詠じ、十念高らかに処刑されている(54)。

　さて、『他阿上人法語』巻第六に「佐介安芸守貞俊殿へつかはさる御返事」がある。貞俊の融通念仏とは一体何か、それの他の念仏との違いは如何、との質問に答えた返書と思われる。大原の良忍の融通念仏とは系譜を異にするにもかかわらず、『一遍聖絵』第三には周知のごとく一遍に対する熊野権現の「融通念仏すゝむる聖[55]」との呼びかけがあり、一遍、そして、後の時衆にとっても重要な意味を持つ権現の言葉であるだけに釈然としない、ということであったのであろう。一遍仏教、時衆のことを学習する者として当然の疑問であった。

これに対し、真教は、互いに自他を隔てるのは凡夫のならいであるが、本願にはそれがなく、本願の前にはすべてが平等であって、本願に帰すれば「法のかたより融通して自他の行体一如なるところ」が融通念仏であって何も特別のものではない、とし、更に、わかりやすく平時と別時の儀式を例として、死期は予め分からないものなのであるから、「如何ならんおりふしもいづれの時刻にも、おなじくとなへゐたらばみな往生の念仏」である、と師一遍の教説に忠実に臨平一致の義をもって説明している[56]。まさに、啐啄相和《あい》した学習とそれへの支援であり、貞俊またその教えに従って往生の素懐を遂げているのである。

(四)　安東左衛門父子の場合

安東氏は、駿河国安東庄を本貫とし、北条氏の得宗被官の中心勢力として活躍した家柄である。『他阿上人法語』巻第三に見える左衛門入道昌顕および左衛門尉貞忠はおそらく父子であり、入道昌顕が父であろう。入道昌顕宛真教書状に見える新左衛門はその子であり、貞忠自身かその兄弟ということになる。ちなみに、『金沢文庫古文書』所収「金沢貞顕書状」に「太守御使安東左衛門尉貞忠[57]」とあり、貞忠も被官として北条高時に近従し重用されていたことが知られる[58]。

さて、「安東左衛門入道昌顕へつかはさる御返事[59]」は長文であって、真教が入道の外護する道場へ派遣している但阿弥陀仏の説示への不審を入道が直接真教に問うたものと思われ、命終に『大無量寿経』の「設我得仏、十方衆生」の文を唱えることの可否が主題となっている。何宗による出家かは分明でないが、すでに出家し入道して経典学習も積み、その手紙に自力他力の「いはれ大略見えてさふら」うというから、その浄土仏教理解もある程度のものがあった故の不審であろう。

すなわち、『大無量寿経』巻上第十八願文を前提にしての問答であって、経典読誦の意義にも敷衍しうるものであり、真教は、命終に第十八願文を唱えるといったことの起こるのは教えた知識も唱えた病人も「信心いまだ落居せざるのゆへ」であるとし、在地領主への書状にふさわしく、

喩へば文は人の所知の券契のごとく、名号は所知のごとし。紙に書たる文書ありといふとも、所知せざればその得分なきに似たり。所知あれば文書なくとも得分あり。得分をとらんうへは文書要なしといへども、人の争はんとき文書をもてもとの所知を知らんがごとく、まさしく文書の要たることなし。往生の良薬は南無あみだぶつなり。その良薬ををしへたるは設我得仏等の文なり。いかでか紙に書たる文字をば衣食の二事にはもちゆべきや。然れば文は出離の資糧とするにあたはざる歟。

と平易に述べ、更に、

たゞほとけを頼み奉りて念仏せば、名号不思議の仏力をもて浄土に生ずべしと落居してまうすより外は別の道なければ、いかなる不審もおこれ、妄念妄執も競ひ来れ。唯くるしみの心のうへに南無阿弥陀仏と唱へて月日を送るを、決定往生信心念仏の行者とはまうすべくさふらふ。是をこそ他力とも名づけさふらへ。

と教示しているのである。

なお、この書状のなかで、「親子を捨住処を離れ、身をなきものになして、身命をほとけに帰入して、決定往生を遂べき信心計りにて、一切の用事をつくしてさふらふものどもを時衆とは名づけ候」とし、しかしながら、凡夫の故に、

もとの欲心着心うせず、こゝろの用事もつきぬいはれにて候あひだ、われ〳〵が計ひとして、衣食の二事も道具等をもあたへてさふらふは、他の悕望をやめん為にて候あひだ、冬は帷ひとつ紙衣ひとつ衣ひとつ冬の

装束に用ひ、夏は衣と帷ばかりにて、また別の用事なきゆへにこそ、心の悕望もさふらはね。規式を定めずしては、私に人の供養物をうけば知識の心と別々になり、面々をのれ〳〵がこゝろの欲もつきずして、もとの捨たる処をも空しくなし、誑惑の心起て人をへつらふべく候あひだ、この発心の筋を護念して出家修道の信心を成就せしめん為に、この式目の謂れはさふらふなり。

と事細かに「式目の謂れ」について述べているのは、「時衆制誡」および嘉元四年（一三〇六）真教制定の「道場誓文」などのことをいうのであろう。各道場時衆が学習・修行の上で守るべき厳格な「規式」を明瞭に示していて注目される。

　次に、「安東左衛門尉貞忠へ遣さる御返事」を見てみよう。これは「大悲闡提の願」は衆生のために発せられたものかという問いへの返書らしい。文中の、「已得二菩提一捨不レ証」[60]の句は善導の『往生礼讃偈』「日中」に、また、「還二来穢国一」[61]の句は同じく善導の『法事讃』巻下に見えて、ともに浄土仏教に通途の経文であるが、「大悲闡提の願」は『入楞伽経』巻第二の二種一闡提のうちの一つに出て法相家の所立にかかり、天台宗にも伝えられたものであって、「憐二愍一切衆生一作下尽二一切衆生界一願上」[62]すことをいい、先述の『大無量寿経』の第十八願文「設我得仏、十方衆生、至心信楽、欲生我国、乃至十念、若不生者、不取正覚」の思想ともつながりがある。いずれにしても一知半解な学習では質問すらできない内容を持つ。

　貞忠は、父入道の影響を受けたのであろうか、文尾に見えるごとく、真教着用の阿弥衣を請うほどの篤信者であり、道場時衆の許などでかなりの経典学習を積んでいた、と思われる。これに対し、真教は、それは、「凡夫の思ひより意得べき」ものではなく、「生死を離れはて、のち衆生済度の為に闡提の願をおこすをこそ菩薩の慈悲と名づけたれ。此内証は仏智の果海より流出する処の智恵なり」と述べて、「いつまでの余命をたのみてか、智恵をもおこし行業をもつむべきや」と「意得なを」すよう叱咤し、学問が不要というわけではないが本末に転倒するところがあってはならないのであるから、凡小の分別を離れて、大いなる無量寿の命にすべてを任せ、

「称名怠らず信心ふたごゝろなき念仏の行者とならせ給」うよう説示している。(63)

㈤　寂阿工藤三良左衛門尉の場合

工藤氏は上述の安東氏とともに得宗被官の中心勢力の家柄であって、「寂阿弥陀仏」を称した三良左衛門尉はその一族である。『時衆過去帳』「僧衆」延慶二年（一三〇九）二月二日の条に見える「寂阿弥陀仏」(64)はこの人であろう。伊豆国田方郡伊東庄より起こり、藤原南家を称する。曽我兄弟に討たれたという工藤祐経は同族である。『他阿上人法語』巻第八によると、三良左衛門尉は、歌人でもあったらしく、当麻へ詣で真教と和歌の贈答をしている。すなわち、三良左衛門尉は、「信心落居のよしを申」すとて「つぼむ程もはちはすの名をばもちたれど開けて後や花といふべき」と詠み、真教はその返しに「濁りよりいでゝはちすの清き名に花はひらけて御法をぞきく」と詠じている。(65)三良左衛門尉は、濁世の凡夫の身でありながら「寂阿弥陀仏」という蓮台上の法名を名乗っているがその蓮の花の開くのは浄土に生まれてからのことか、と往生の時点を問うている。これに対し、真教は、名号を称える妙好華はすでに人中にあって花開いている、と臨終即平生の義をもって答えている。和歌の才がその縁となったのであろうが、和歌を通しての問答であり、まさに啐啄同時の学習－支援の関係といえよう。

㈥　原田四郎左衛門入道の場合

原田氏も、遠江国佐野郡原田郷を本貫とした上記工藤氏の支族らしい。(66)佐野には一遍留錫との寺伝を有する蓮光寺が現存し、けだし原田氏の外護の下にもあったと思われる。

『他阿上人法語』巻第四において四郎左衛門入道は真教に宛て「道心もなくして念仏の信心もうすきむね訴へまうし」、いかがすべきか正直に尋ねている。真教は、これに対し、「念仏往生の信心とまうすは、（中略）一向に機の功をつのらず。万事を仏に任せ奉るのゆへに、信心なく道念なしとかねておもひ知給ふこそ、決定往生の法

機」であると述べ、更に

されぼこれほどの道心に捨てられ、信心にわかれける衆生の為に、（中略）称名ひとつの不思議をもて生死をはなれ、無漏の浄土に化生せん事、曠劫にも知ざりつる願意を聞えたるうれしさに、（中略）この不思議をおもひしる時心の嬉しければ、そのしたはすなはち信心なるべし。

と、入道のごとく信心にも見捨られ、救われがたき衆生を化生させる弥陀の大悲を喜ぶ心こそが時衆の信心であることを示している。[67] まさに、一遍義に忠実に他力の信心を説いて余蘊なく、かつ、能所一体の問答といってよい。

(七)　勝田一族の場合

勝田《かつまた》氏はその出自を藤原南家工藤流などと伝えるが、定かでない。遠江国榛原郡勝田庄を本貫とし、平安末期頃より源氏に属していた有力な御家人である。享保六年（一七二一）「遊行派末寺帳」には、同郡に「証誠寺勝田」、「清浄寺相良」、隣の城飼郡（現小笠郡）に、「三光寺横地」があって、[68] 榛原郡の寺院を勝田氏が、三光寺を勝田氏と同族かといわれる横地氏が外護しており、今日、清浄寺のみ現存する。勝田氏には、源平合戦に活躍した勝田玄蕃助成長の曽孫かとされる「藤原朝臣長清」がいる。[69]『他阿上人法語』巻第八によると、延慶三年（一三一〇）「九月の頃、熊野より下向に遠江国鎌塚宿にて勝田証阿弥陀仏越前左近太夫入道蓮照まうで、、十五番の歌合申行ひ」[70]、更に、『二祖上人詠歌』（水戸市彰考館本）によると、正和二年（一三一三）「十一月ノ比、勝田証阿弥陀仏詣デ、シバシ参籠」[71] している。真教とよほどの親交があったと見えるこの「勝田証阿弥陀仏」こそ越前守長清であり、和歌を藤原定家の孫藤原（冷泉）為相に学んだ歌人でもあって、『夫木和歌抄』全三六巻を編集している。その内、真教の歌を三〇首、一遍の歌を七首収載しており、一遍仏教、そして真教への傾倒ぶりがうかがえる。真教も為相やその弟暁月房為守、また藤原為兼に合点を受けているから、和歌の上で同門ということになる。

『他阿上人法語』には、上述の長清の子または弟であろうか、巻第八に「慈阿弥陀仏勝田孫四郎実長」(72)が見え、同様に真教と和歌の贈答をしているが、長清以上に熱心な時衆の信徒であり、巻第三に二通、第四に一通、計三通も「御返事」が入っている。また、同『法語』巻第三には今一人、夫「山本殿」に死別した未亡人「勝田戒仏房」という女性が見えている。(73)これは、実長の近親に違いなく、あるいは姉妹かもしれない。実長宛『法語』を見てみよう。

実長は、上述のごとく、真摯な信徒であり、しかも北条氏得宗専制体制下という時代的状況によるものか、人生上の問題に深く悩むところがあったらしく、遁世の志を起こし、「出家発心もし時衆にも入て、念仏まうさばやとおもひた」つほどであった。真教は、有力な御家人勝田氏の将来を慮ったものか、「まさしく家を出て時衆にいらせ給はずとも、念仏まうさせたまはんのみこそ、出家の本意にても有べきなれば」とこれを謝絶し、俗時衆として善く生き、往生を遂げるよう説いている。(74)

実長は、歌学なども学び、もとより教養も深かったから、「交衆なき閑居に止住」して、その知的関心から一人経論を披読し、釈義を書写して、かなりの経典学習を重ねていたのであって、疑問が生ずれば、道場の知識にも聴問することもあったであろうが、幾度も真教に質問し意味を問うている。

真教は、「経論とは無際深広の仏説、蒙昧管見の浅智いかでかそのこゝろをうかゞ」うべくもなく、人師の解釈も、「またくその義勢をもてあそばんがため」のものではない。しかるに、「およびもつかぬ経論をみおぼえて、かくのごとく書送らるゝの条無道心の至り、あげてかぞふべからず」とまことに手厳しく叱責する。「眼に重瞳浮（び）て繊芥の隔（て）なく面に柔和を備（へ）て慈悲の色深（か）」(75)き真教には、またこの秋霜烈日の厳しさがあった。本末転倒して「浄土の章疏をもてあそ」び、専要なる称名行をおろそかにしていることを弾呵するのである。(76)もとより行の基礎として学問が不要というのではない。実長が問うているなかにあって、わけても、「三心をも具足し心行を調へて念仏まうすべきかのよしたづね奉」った質問は注目しなくてはならない。すなわち、「心行」とは安心と起行であって、三心の上に行を起こすとするのが普通の解釈だからである。

この問いに対し、真教は、『観経疏散善義』の一節を引きつつ[77]、「修する行体は雑毒の善たるによて出離にたらず。かくのごときたるのあひだ無有出離之縁とも釈せらる」と述べ、更に、「何の不足ありてか心行ともにそろへて往生せんといふ所望は有べきや。（中略）たまく信もなく行も修せられずとこゝろへたるこそ往生すべき機を得たるなれ」と、信もなく行も修せられない下根下機の凡夫こそ念仏の正機である、としている[78]。

ともあれ、実長は、「他阿が返事を出したなかでは教理の内容を理解できる出色の信徒であったことは確か[79]」であり、真教も、その教化の対象をよく見、その能力に応じて、細やかな配慮のなかで指導を加えていることが知られる。

(八)　本間源阿の場合

本間氏は、相模国高座郡海老名郷を本貫とする海老名氏の一族であって、隣接する「恩馬郷」を本貫とし、同国愛甲郡依智郷にも所領を有し、大仏流北条氏譜代の被官として重用された[80]。すでに見たごとく、その主家大仏氏は陸奥入道宣時をはじめとして時衆に属していたから本間氏は大仏氏を介して時衆に帰依したものと思われる。

源阿についてはその実名は明らかにしえないが、『太平記』に見えて人見恩阿とともに討死したという「相模国ノ住人本間九郎資貞、生年三十七」を「本間源阿弥陀仏か若しくはその血縁のものであろう」とする説がある[81]。

『他阿上人法語』巻第六に入る「本間源阿弥陀仏へつかはさる御返事」は、旅先にある真教からのものであって、

鎌倉を出し時は秋をはるぐとおもひやりしかども、月日を送る盗人のおそろしさはいつの間にかくれぬらん。はや秋のすゑになりをはんぬ。春までの月日に捨てられずして命なをながらへなばかならず見参に入べく候。

という美文調の書き出しに始まる。けだし、源阿は対面を願うとともに心に日々襲い来る不安について尋ねたのであろう。真教はこれに対し、存命の折の再会を約すとともに、「心こそ仏」であるが身が亡べば滅する生滅の仏でしかなく、「我執名聞偏執我慢は日にそへてはなはだしくなりゆけば、身命をほとけに任せて」、いわば永遠の相の下に善く生きるべきことを「有為の報仏は夢中の権果」なる最澄の『守護国界章』[82]に出る言葉を引きつつ述べている。[83]かなり難解な文言もあり、対機説法であるから源阿の理解力や学習の程も窺えよう。

(九)　人見音阿の場合

人見氏は、武蔵国榛沢郡人見郷を本貫とした鎌倉初期以来の北武蔵の豪族であって武蔵七党中の猪俣党の同族であり、御家人として幕府に勤仕し、[84]同所にある人見道場一乗寺を外護した。『他阿上人法語』に「人見音阿弥陀仏」が出、陣僧を伴って楠木正成の河内赤坂城に向かい、本間九郎資貞とともに戦った人見四郎恩阿は、「『太平記』では恩阿、『法語』では音阿となっているが同一人物であろう」[85]とされる。

『他阿上人法語』巻第三の「人見音阿弥陀仏へつかはさる御返事」は、飲酒や人の誹謗についての生々しい音阿弥陀仏の問いへの返書らしい。音阿は、七三歳にして軍規を犯し単身敵陣に抜けがけをするという、まさに荒削りな坂東の猪武者の典型のような性格であり、まして、修羅闘諍の乱世であったから争い事など悩みも多く、それを真教にぶつけたものであろう。これに対し、真教は、

酒のみ得意を求めて大合子を好まれさふらふは、上戸にして思慮なきのあひだ、たまには持物をも酒しろにかへつくして、結句無明の酒にゑひて、迷いものとなるべき因縁のこゝろにひかれて、かくのごとく思慮なきは愚痴の至りなり。

と家財道具まで酒代にして思慮分別を失うといった大酒を叱責する。そして、「総じて往生ほどの一大事をば、凡夫の悪き心をもてはいかゞなるべきぞ。なればわろしと知てほとけを頼み、念仏まうすときは他力なるゆへに

往生を遂べし」とも、「わが善悪の心を捨て人にいろはざれば、かならずみづからの胸の中仏座となる」とも、諄々と説く[86]。まさに、人間関係の煩わしさのなかで、永遠の大いなる命に照らし人間いかに生くべきかという、心のありようを問う学習であったといえよう。

今一通の「御返事」は巻第五に入る[87]。ここにおいて、音阿は、賦《ふ》算《さん》の時配る「勧進のふだに決定往生六十万人とみえさふらふ」意味および『観音授記経』に説くところについて尋ねている。これに対し、真教は、六十万人の念仏札の意味について、

六は六字の名号、十は十界の依正、万は万善万行、人は人中の分陀利華なり。(中略) かならずしも数にてはあらずさふらふ。又六十万人は一切衆生の名なり。一切衆生と書ては一生の勧進に相応しがたきあひだ、六十万人すゝめはてゝ、はまた始めてすゝむるなり。

と説明する。

そして、音阿は、『観音授記経』に見える「阿弥陀の御寿入滅す」ということへの疑義について問う。確かに、『観音授記経』には「阿弥陀仏寿命無量百千億劫、当有終極。善男子、当来広遠不可計劫、阿弥陀仏当般涅槃」とも、「阿弥陀仏正法滅後、過中夜分明相出時、観世音菩薩、於七宝菩提樹下、結加趺坐成等正覚」ともあり[88]、初期「無量寿経」類に見える阿弥陀入滅・観音成仏説を説いている。無量寿であるはずの弥陀の入滅とはいかにという疑問が生ずるのは音阿ならずとも当然のことである。ただ、善導の『観経疏玄義分』に「報身常住永無生滅。何故観音授記経説阿弥陀仏亦有入涅槃時」とあり[89]、法然の『選択本願念仏集』にもその記述があるから、音阿は『観音授記経』を直接披読してのことというより、時衆の所依とする『玄義分』ないし『選択集』を見て質問したのであろう。

これに対し、真教は、

阿弥陀は生死のいのちに類し給はずして、浄土におはしまして観音へ附属したまふ娑婆のかたを、阿弥陀仏

の入滅とは名づけたるなり。極楽にしては無量寿なれども娑婆の御寿は娑婆になければ、入滅と名づけしその文のこゝろを得ざる人は、智恵なくして文字ばかりに僻見をおこすあひだ、法のところをしらずして極楽の御寿に入滅ありと心えさふらふなり。文は睫のごとしとこそみえてさふらへ。睫は目にちかけれども見えざるがごとし。

と対機的に会通も加えつつ噛んで含めるように懇切な教示のなかにも、文字づらにとらわれた近視眼的な見方を叱責している。

そして、更に、音阿は、「在西示現小但是暫随機」の文についてその意味を問うている。これは、いうまでもなく善導の『往生礼讃偈』「晨朝」に見える句であって、[90]「示」は「時」が正しく、音が同一であることから誤写したものらしい。真教は、「浄土は事相の法門とは名づく。事相なくしては迷闇の衆生いかでか済度のたよりあるべけんや。小を現ずるはほとけに大小なけれども衆生のためなり」とわかりやすく答えている。時衆として「六十万人」の意味についての質問は初歩的なそれといわなくてはなるまい。しかし、人見道場一乗寺にあって知識にも聴聞し、学習を深めていたのであろう、『玄義分』や『往生礼讃』などにも当たってかなり読み込んだ上での疑問であることは確かである。

なお、深谷市人見にある人見四郎泰国が開基し、一遍開山とも伝える上述の一乗寺には、文保二年（一三一八）弥陀一尊種子板碑、正中二年（一三二五）弥陀一尊種子板碑、元弘三年（一三三三）弥陀三尊種子板碑、建武三年（一三三六）釈迦一尊種子板碑、永和四年（一三七八）「摂益文」「光阿」銘蓮台付き名号板碑、年紀不詳弥陀三尊図像板碑など六基の板碑があり、[91]ことに永和四年のそれは高さ一・二メートル、幅三二センチの立派な完形板碑である。[92]板碑は功徳の永劫性を願う故にもとより石造であり、造立するにはそれなりのエネルギーを必要とするが、それが音阿をはじめとする北武蔵の豪族人見一族の一乗寺における学習の表出であり、また、それへの支援の結果であったことはいうまでもないであろう。

(十)　河村文阿の場合

上述の「人見音阿弥陀仏」において「人見」に時衆道場一乗寺があったごとく、『他阿上人法語』に見える阿号の上に冠している地名は「ほとんど全部真教晩年ごろの時衆道場の所在地を示している」(93)のであって、「河村文阿弥陀仏」も同様であった。文阿は、秀郷流藤原氏の一族波多野氏の支族であって相模国足柄上郡河村郷を本貫とし、尾藤氏など有力得宗被官と密接な関係を持っていた御家人河村氏の一族であって、その嫡流に「道阿」・「浄阿」など阿号の法名を持つ者があり(94)、享保六年(一七二一)の「遊行派末寺帳」によれば近世までは時衆道場金台寺が存在しており(95)、おそらくその外護の下にあったと考えられる。

『他阿上人法語』巻第二に、文阿が、

別時念仏しける夜のまぎれに前栽の温州橘を人に盗まれてさふらふあひだ、物を愛するに付てこそか丶る事も出来り候へ、大方かくのごとき物人の所望については本意なき子細もありぬべくさふらふ、よて山水みな堀除て植木は少々御用に入事もやとのこし置候。

と具体的体験を下に時衆としての心の在り方を問うている。これに対して、真教は、「往生の大事こそ、是僧尼の本意」とするところであるから、「物を愛するに付てこそか丶る事も出来り」と考え、「本意なき子細もありぬべくさふらふ」と盗みをするに至った状況に思いを致したのは、「よくこそおぼえさふら」いて上出来であるが、この盗人は仏の変化《へんげ》と考えて、「盗人と思はずしてほとけの護念のゆへにかくはおもふなりけれと心得られさふらはゞ、決定往生の信心にて有べくさふらふ」と、更に心をスウィッチし、受け取るよう勧めている(96)。その庭の前栽を自ら処分しているのであるから、文阿は、けだし金台寺においてではなく自宅で別時念仏をしていたのであり、この蜜柑の盗難事件の受け取り方といい、中々の人物であったと思われるが、真教は、その更に奥を指摘しているのであり、まさに日常生活のなかにあってより善く生きる在り方への緊密な学習－支援の関係といえよう。

(十)　松田浄阿の場合

松田氏は、上記河村氏と同じく秀郷流藤原氏の一族波多野氏の庶流と称し、相模国足柄上郡松田郷を本貫として、在京の勤仕も多かった御家人であった。(97) 享保六年（一七二一）の「遊行派末寺帳」によれば同地に近世まで存在していた田福寺はその外護によるものであったであろう。(98) 松田郷と先の河村郷とは隣接しており、しかも松田氏と河村氏は同族であるから真教との縁もその先後はともかく明らかであろう。

『他阿上人法語』巻第六に「松田浄阿弥陀仏へつかはさる御返事」が入る。これによれば、浄阿は、出世間の道についての初歩的な質問をしたらしい。これに対し、真教は世間・出世間の別を懇切に説明し、

浄土往生は念仏知識のをしへに随ひて、流転生死の因果をしめさるといへども、世間もすてがたく、妻子財宝にわかるゝこともものうきあひだ、即身成仏かなひがたきによて、身は家にありといへどもこゝろひとつに信心おこりぬれば身命を阿弥陀仏に廻向して、命をはるまで念仏相続して臨終の一念に来迎に預り、不退の浄土に往生してながく生死をはなるゝことは、衆生行業のちからにあらず。仏智の御ちから名号の不思議によてなり。(99)

と示し、流れるように流暢な名文のなかに、往生は身命を弥陀に全託した称名の一行にある、という。

三　時衆武士の学習とその支援——北条氏非昵懇者の場合——

(一)　宇都宮泰宗とその一族の場合

宇都宮氏は、諸系図とも道兼流藤原氏の末裔とするが確かではなく、常陸国八田をその故地として、下野に入り、下野第一の豪族として鎌倉初期には宇都宮検校の相伝を許され、幕府に勤仕した御家人である(100)。『他阿上人法語』巻第四に見える宇都宮常陸前司泰宗は、浄土宗宗祖法然に帰依し、出家後、その高弟證空に師事して著名な宇都宮頼綱入道蓮生の嫡曾孫貞綱の弟であり、法名は蓮恵といった。歌人でもあり、『新後撰集』に二首、他に六種の勅撰集に計一五首入集している。歌人として活躍したのは一人泰宗のみではなく、宇都宮一族には歌人が輩出しているのであって、その背景には右の頼綱が藤原定家と親しく交わってしばしば和歌の贈答や揮毫を受け、その娘が定家の長男為家に嫁して、二条流の為氏、京極流の為教らをなしている著名な事実がある。

『他阿上人法語』巻第八には、「下野の宇都宮へ人招請しけるに依てくだり給ひし時、もるまじき法ときくこそ嬉しけれちかひのふねの網にひかれて、と読みしかへし、ひく網のめにかゝらずばきかましや誓のふねに法のひとこゑ(101)」とあり、真教が招かれて宇都宮に下向し、和歌の贈答を行っているのであるが、これは上野より下野に遊行した永仁五年（一二九七）六月の時のことであろうか。ともあれ、真教が宇都宮氏と接触するに至ったのは、法然―證空―聖達―一遍―真教と次第する證空仏教、西山義以来の法系も関わろうが、真教は自らも京極・冷泉派の和歌を嗜む故に上述の歌壇関係も勝縁となっていたのである。

ここにおいて、注目すべきは、弘安六年（一二八三）の紀年付きの、武家家訓のうちもっとも古いとされる「宇都宮家弘安式条」を制定しており、その第二一条に「念仏堂時衆・事　右、任二本願主之素意一、専二浄土宗之教法一、常執二行談義一、須レ相二励学問一也。当番之時、自身可二参勤一。所労之外、代官停二止之一。兼又、好二酒宴一事、一向可レ禁二制之一(102)」とあることである。宇都宮氏の一族は、計画的に当番制で道場に参勤し、僧とともに浄土宗の教法について常に談義を執行し、原則として代理を認めず、学問に励むべく組織的に督励されていた。まさに、「この道場では、会読・討論・講義を中心とする集団学習がなされ」、「専門家である僧侶の学習の場に、一般の俗人が組織的に参加したことを確認することのできる極めて早い時期のものの一つと、言ってよい」のである。[103]この「式条」が弘安六年のものかどうかについては説が分かれるが、「念仏堂時衆」とは宇都宮道場応願寺の前身であろうし、宇都宮氏が時衆化するのは上記のごとく永仁五年頃以降のことに属する。[104]

ところで、『他阿上人法語』には他に宇都宮一族と思われる「宇都宮円阿弥陀仏」が巻第四に、「下野宇都宮上の三河の現一房」が巻第二に見える。貞綱は宇都宮道場応願寺の「本願」とされて法名を蓮昇といい、正和五年（一三一六）七月五一歳で没しているから、真教が永仁五年（一二九七）下野に遊行の折これにまみえた可能性はある。[105]ただ上記の円阿弥陀仏とは別人であろう。

まず、『他阿上人法語』巻第四に入る「宇都宮常陸前司泰宗」宛「御返事」を見てみよう。名文であり、泰宗が真教に「往生浄土の用心尋まうされけるにつかはさ」れた返書である。問いの内容は時衆として初歩的なものであるが、泰宗は兄貞綱とともに宇都宮道場の外護に当たっただけに「たま〳〵経論聖教に向ひて心中を校合し疑問に思うところを真教に問うたらしい。すなわち、真教は、生死無常の理は眼前にあり、「これを知ざるを愚者となづけ、これを知を智者といふ」のであって、弥陀の誓願はすでに成就し衆生の往生は決定して、衆生はその本質において真実なのであるから、『往生礼讃偈』に「恒願一切臨終時」[106]とあるごとく、「つねに口業の称名大切たるべし」と、時衆教義を平易に説き示している。[107]

次に同『法語』巻第四に入る同じ宇都宮一族と思われる「宇都宮円阿弥陀仏へつかはさる御返事」を見てみよう。円阿は道心ある時衆であったのであろう、渡世にのみ向かう心のありようを内省して「三心発得の安心」について問うている。それだけに、真教は、師一遍の教説に即し、「もとの凡夫の心根全分往生にむかはずして渡世にのみほださるゝと心えてこそ、本願の不思議もたふとく、往生の信心もなければたゞ口に任せてとなふべしと信心のおこるこそ、決定往生の行者にてはあれ」とも、「心に浄土もたふとく往生もふたごゝろなくならんを期せんには、総じて往生する人一人も有べからず。末世に有間敷こゝろなればなり」とも述べて、現存在のありようが執着のなかにあるからこそ、それが自らを拘束しているという自覚が必要なのであり、それ故、他力に帰する信心こそ時衆の安心であることを示し、「仏をたのみ名号をとなへて臨終を待」つよう対機的に説いている。[108]これは、死、「臨終を待」つという絶対の自己否定によって一転して逆対応的に現実を善く生きる絶対の肯定を生み出す時衆にいわゆる「臨終即平生」の弁証法的論理であることはいうまでもないであろう。

(二)　小田解阿の場合

小田氏は上記宇都宮頼綱の祖父朝綱の弟知家を祖とする宇都宮氏の庶流であって、常陸国筑波郡小田を本貫とした御家人であり、享保六年（一七二一）の「遊行派末寺帳」によれば同所には近世までおそらく小田氏が外護したと思われる時衆道場勝福寺があった。[109]小田解阿弥陀仏は『他阿上人法語』巻第二に見え、常陸真壁郡海老島新善光寺の開山であって、知家の曽孫時知に比定されている。[110]

「小田解阿弥陀仏へつかはさる御返事」は『他阿上人法語』巻第二に入る。解阿は「万事を他に任すといふ」こと、すなわち他力とは何かという具体的意味について問うたものと考えられる。当時、小田氏は、北条一門によってその領地をしだいに蚕食され、一族滅亡の危機にあった。[111]その強大な権力の前にはなす術もなくただ雌伏し、辛抱強く嵐の過ぎ去るのを待つしかなかったのである。これはその苦悩のなかでの問いであったらしい。[112]これに対し、真教は、「他に任すといふは、われ〳〵が迷ひの執心をもちひざるため」であり、それが他力ということであって、そのことへの正しい具体的な導きを仏の代官に求め、「身命を知識に帰命するかね」を打つのであるが、もしもこれを誤解して、「他にまかするといひて、人のかたらひによりて出もし制戒をもやぶらば、かねは何のためぞや。人にしたがふは身の用のなくなりたる安心誓ひをなすかたは、我こゝろにも人のすゝめにもつかじためなり」とわかりやすく述べ、[113]北条氏得宗専制体制下の政治的なしがらみやそれへのこだわりから離れ、すべてを弥陀に任せて大いなる永遠の相の下に生きるよう説いているのである。

㈢　武田一族の場合

いうまでもなく、武田氏は、甲斐国武田郷を本貫とした古代末以来の由緒正しい名族であるが、新羅三郎義光の玄孫信光の三男小五郎信政が家督を嗣いでおり、これが『他阿上人法語』巻第六に見える「武田小五郎入道教阿」であるとされる。また、その弟武田六郎信長が一条に依って一条氏を興し、その孫源八時信が一条道場一蓮寺を開創して、その弟六郎宗信、法名法阿弥陀仏がその初代となっている。『一遍上人縁起絵』第七および、『他阿上人法語』巻第六に見える[114]「甲斐国一条のなにがしとかいふ人」とはこの時信であろう。また、同『縁起絵』第八に登場し、真教が甲斐遊行の間これに従い、真教が甲斐から相模に向かう時には御坂峠まで送って来た甲斐国「板垣入道といふ人」も武田氏と同族の板垣氏であって、[115]かなりの高齢であるからあるいは信光の兄兼信の子あたりかもしれない。なお、同『法語』巻第一において真教に「信心深」いとたたえられ、浄阿を称した「黒駒殿」も同族であって、名を黒駒讃岐守泰清といい、信光の末子九郎信基の子孫という。[116]

甲斐の名族武田氏も北条氏の度重なる弾圧のなかでその一得宗被官などの下司的地位に甘んじ、嫡流信政が讒言を受けて安芸に配流一〇年の辛酸をなめている。『他阿上人法語』巻第六に入る「武田小五郎入道教阿へつかはさる御返事」はかかる状況にあった教阿信政がまさに「世間の悕望をすて、我執名聞の家を出て仏道の要路に尋ね入」って、主体的な学習を展開している途次のものである。これに対し、真教は、「所領財宝にわかれ、身をなきものになすともまことの発心なきときは（中略）往生の一大事をば本願に任すといひながら信心はいよ〳〵すたれ、着相にます〳〵ひかれて往生をむなしくするのみ」であると弾呵し、かつ、「たゞ在家も出家も人の敵は外にはつや〳〵有べからず。みづから僻見の執心にあ」るのであるから「あひかまへて初発心を失ひすてず、まごゝろに本願に帰して往生の本意を遂給ふべし」と信政の置かれた状況を思いやりつつ自らの執心のうちにある本当の敵への自覚を促し、その自らを拘束する闘争の巷のくびきから離れた自由で大いなる価値の世界に拡大された自己を形成して、苦の現実を乗り切るよう示しているのである。[117] まさに、感応道交の妙、より善く生きる学習－支援の師弟関係の典型といえよう。

また、同『法語』によれば、時信は、「もと二百徧の念珠にて侍りし時は時刻はみじかく数はおほし、この百八にては時刻はひさしく数はすくなく侍り、もとの数徧のごとく侍べき歟、数はすくなくとも時分の久しきにつき侍るべき歟」と真教に尋ねている。時信は数珠を繰るという自らの日常体験のなかで、はからずも、念仏する数と時間、いわば法然門流において久しく論議されてきた一念多念という奥行きの深い難問に逢着し、その解決を真教に求めたのである。真教は、まことに明解に、「数徧は数徧の為にあらず相続のため、相続は相続のためにあらず臨終一念の為、臨終一念は臨終一念のためにあらず往生のため、臨終一念の往生は南無阿弥陀仏」と、一念・多念の別、臨終・平生のそれをもただ端的の当体一念の名号に止揚し示しているのである。[118] 卓抜した教法という他はない。

㈣　上原左衛門入道連阿の場合

上原左衛門連阿弥陀仏は信濃国諏訪郡上原を本貫とする豪族で同地の諏訪社の社家であった。[119] 享保六年（一七二一）の「遊行派末寺帳」によれば、その頃まで諏訪上原には西福寺、諏訪嶋には光明寺という時衆道場が存在したが、[120] けだしともに上原氏の外護によるものであったと思われる。

さて、連阿は、別時にも随喜するなど平生の真摯なその学習の結果であろう、真教に「見参」して聴聞するとともに、また、手紙で度々「条々の不審を書て尋ね奉」っており、[121]『他阿上人法語』巻第四にはそのうち二通が入っている。その一通において、連阿は、かなりの年輩でもあるらしく、臨終の本尊、善根法門、臨終の時、臨終の起臥、善夢悪夢、悪見名聞自力虚仮の六ヶ条について問うている。この六ヶ条に通底するのは連阿の往生への強い関心である。いわゆる「一所懸命」の弱小武士にとってまさに所領の確保・拡大そのものが「善根」とはほど遠い「悪見名聞自力虚仮」の行為となるのは必然であり、いつ臨終の時を迎えるか分からぬという死と隣り合わせのその武的生活にとって、臥しての臨終や臨終の本尊などといった平安なありようはほとんど臨むべくもないといった方がよく、また、自らの罪業の深さへの苛責の念から悪夢にもさいなまれることが多かったのであろう。そこにはより善き生き方、そして死の迎え方への文字通り必死の学習があったのである。

真教は、これに対し、「安心とまうすは、機の三業にをひては出離の道たえはてたる謂れ至極しつるあひだ、唯不思議の本願名号に往生を任せてとなふるより外は出離たのみがた」し、と「安心のうへの起行の体」を示し、右六ヶ条にそれぞれ事細かに回答している。そして、「悪見名聞自力虚仮、これを具足せざる衆生は一人も有べから」ざるものであるから、「ほとけに任せ奉りて機に徳を持せざるこそ、無作の行体」である、と述べ、往生への要件は称名の一行であることを示して、細やかな配慮のなかで連阿の不安を取り除いている[122]。

今一通の書状において、連阿は、更に一二ヶ条の不審について問うているのであるが、その一、二について見てみよう。まず、連阿は、その関心に従って、「臨終の時は合掌せずとも念仏だにまうしさふらはゞ往生は決定たるべきか」と問う。真教は、「往生は念仏の声にて終らば合掌の有無によ」るものではない、とし、しかも、武士である連阿の立場よりする質問の奥を読んで、「名号なくしてはたとひ合掌すとも往生にあらず。武士などの戦場に向ひて切殺されさふらはんに、手には弓箭をとれども、口には名号をとなへて終らば往生たるべきなればゞ、たゞ称名ばかりこそ専要なり」と具体的に答えている。

次いで、連阿は、「道心おこりてまうしさふらはん念仏と、無道心にて本願ばかり頼み奉りてまうしさふらはん念仏と差別有べく候や」と、今度は外の形ではなく、「道心」という内面のありようと念仏の関係について問う。連阿の自らの心を内省し、学習を深めてきたことからする深い質問といえよう。これに対し、真教は、連阿の能力を十分に踏まえ、「道心無道心とはいかなるところをわけられさふらふやらん。我は無道心なりと心えたるこそ道心にてはあれ。われに道心ありとおもはんものは、天魔にたぶらかされたる無道心のものなり」と叱責しつつ、更に、「道心ありとこゝろえんものは、よきことにして本願を信ずまじければ、何によりてか往生をとぐべき。われは無道心なりと知得てんものは、自力の我執つきてほとけをたのみ念仏せんとき、護念に預りて往生を遂べし」と示している。まさに、無道心たることを自覚する人こそ正機なのであって、真教は、師一遍の教説に忠実に、道心は自力我執に染む故に、すべてを本願に任せて念仏に落居するよう説くのである。

更に、連阿は、「別時に目をとぢて念仏し候にもろ〳〵の悪念おこり、一切のわろきことのみ案じられさふらふは、魔の所行にてさふらふや」と別時念仏という瞑想行のなかにしばしば起こり来る妄念について問う。真教は、

本より凡夫の性は魔の所属なるあひだ、悪念おこらざる時も魔障なり。おこる時もあるじのしると知らざるとの差別ばかりなり。目をとぢて念仏するときは魔軍念仏にたゝかれて、ちりみだるゝ心をば罪の滅するとしりたまふべし。（中略）妄念のおこるとしられんは、念仏のたふとさのゆへなり。

と魔軍との戦いに喩えつつ、「念仏三昧を成」ずるよう説いている。

ともあれ、連阿は、往生への切なる願いのなかで真摯に学習して日常生活に引き当てて考え、その素朴かつ真剣な思いを率直に真教にぶつけているのであって、真教は、これに対し、「法談とまうす事も往生一大事の為にてこそあれ。仏法をしり心えたらんとも、出離はそれによるべからず」との立場から、「一切の不審とまうすも迷ひの心のいふかひなき情識におもひ貯へたるあとかたもなき妄執なるべし。唯その不審のうへにも常に念仏まうしたまふべし」と、知的に理解するのではなく、不審も迷いなのであるからその迷いのままに行的に体で三昧を成ずることがもっとも肝要である、とするのである。[123] ここに、いわば啐啄相《あい》呼応する能所一体の学習－支援の師弟関係を見ることができよう。

㈤　三田孫太郎の場合

三田氏は、下総千葉氏の一族相馬氏分流のうちの武蔵国荏原郡三田郷を本貫とした御家人であって、同国多摩郡の三田領勝沼に三田長綱開基という時衆道場乗願寺が現存するから、三田孫太郎は右の一族で多摩に住んでいたらしい[124]。

『他阿上人法語』巻第四において、三田孫太郎は真教に、

文のごときは至心信楽欲生我国と、云云、しかりといへども散乱執心は増多にて曽て至心信楽せられず、是一、次に釈の中に若少一心即不得生と、云云、此釈に違するものはたとひ称名すといへども順次の往生遂がたき歟、是二、平生に称名相続すといへども臨終の十念退転せば来迎は不定たるべき歟、是三

などと尋ねている。すなわち、まず第一に、孫太郎は、『大無量寿経』巻上に「第十八願文」として「至心信楽、欲生我国」とあるが、しかし、自ら顧みるに「散乱執心は増多」な状態であって至心にひたすら信楽《しんぎょう》する心など起こってこない、と切実な思いを吐露する。第二に、「若少一心即不得生」と『往生礼讃偈』「序文」にあるが、その通り至誠心・深心・廻向発願心の三心のうち一つでも欠けている者は称名しても往生することができないのか、と自らの安心のありようを見つめつつ問うている。第三に、平生に称名をしていても臨終の際に十念しなければお迎えはないのか、との万一の不慮の際を慮った懸念を糾すのである。第一、二の質問は、『大無量寿経』や『往生礼讃偈』という時衆にとってまさに正依の経典をよく読み込み、ポイントを押さえてかなりの学習を積んだ上での質問であり、また、第三においては武士の生業からする不安をも垣間見せている。

真教は、これに対し、まず、「至心信楽、欲生我国」ということは弥陀の十方衆生に対する誓いの言葉であり、我執名聞などの凡夫の識情も臨終の一念によってその業を切って往生を得るのであって、そう自覚するところに「至心に信楽」する心も生ずる、という。次に、「若少一心即不得生」ということについて、『観経散善義』を引きつつ三心釈を示し、「貪瞋邪儀奸詐百端」など「凡夫の心生死をはなるべからざる業障を、善導和尚観経の文意をえて利他真実と釈したまふなり。行者これを聞得る処至誠心なり」とし、「機に出離の道なしと知得るのと

き、(中略)本願の名号に落居して往生を決定するは深心」であり、「私の行徳を出離につのらずして、一切衆生とへだてなくなるを廻向心と名づく」とする。要するに、衆生が三心を持つのではなく、自らの行徳をつのらないのが三心である、とねんごろに説く。そして、「平生に信心おこらば必臨終に唱ふべし。平生不定ならば臨終にもとなふべからず」と述べ、何も思い悩むことなく称名に専心し、一切衆生と隔てのない大いなる無量寿の命において拡大された自己を生きるよう諭している。[125]

(六)　中条左近蔵人父子の場合

中条氏は、新田氏の一流里見氏の一族で越後国中魚沼郡波多岐庄中条を本貫とする御家人である。そして、『一遍上人縁起絵』第八に出る「越後国波多岐庄中条七郎蔵人」、「後出家して浄阿弥陀仏となむいひける」人[126]とは、実に、新田太郎義俊の玄孫経氏であって、『二祖上人詠歌』下に「中条伊賀入道ノモトへ召請申ケル間、武蔵へ下リ給テハ日数ヘテ後出給ケルニ」[127]とある「中条伊賀入道」と同一人であり、しかも、『他阿上人法語』巻第四に見える「中条左近蔵人」はその子政継であった。[128]

さて、上引『縁起絵』第八によれば、父七郎蔵人は、里見一族と行動を共にしつつ伊賀守の受領も得てはいるが、北条政権下酷薄の乱世が現出する修羅闘争の巷を厭い、真教に値遇して後は、その一所懸命の「所領財宝妻子眷属の愛執着心を翻(し)て只後生菩提の営(み)より外は他事なかりける」[129]出家生活に入っている。そして、病中にあっては『往生礼讃偈』の「化仏菩薩尋声到　一念傾心入宝蓮」[130]を唱え、源信作「来迎讃」の一句「即チ紫雲靉靆テ　柴ノ宿ニ起旋リ」[131]を頌し、かつ、臨終の苦痛のなかにあって、『称讃浄土経』には「慈悲加祐令心不乱」[132]とある故に、「我(が)力ならばこそいかなる苦痛ありともなどか念仏の申されざるべきとて高声念仏百返許申(し)ていき絶」[133]えたという。武士ならではの見事なすさまじいまでの往生であるが、しかし、それは、また、上述の『往生礼讃偈』・『称讃浄土経』・「来迎讃」などをよく理解し諳んじるに至る経典学習や行的体験の結果であったのである。

その点、『他阿上人法語』巻第四に入る「中条左近蔵人へつかはさる御返事」によれば、子の左近蔵人は、父とは対照的に、いまだ学習も浅く、父ほどの信念には達していなかったと見え、正直に、自らの「行のものぐさくものうく」、「念仏はものぐさき心」を吐露して、いかようにすべきかを問うている。真教は、これに対し、「行のものぐさくものうくなるはことはり」ではあるが、しかし、「ものぐさき心にしたがはゞ魔界とともなひ、(中略)悪業はまめなる心を用ひざ」るものであるから、「この心をえて速に称名し給ふ」よう諭し、何はともあれ行的実践の必要なる所以を説いている。[134]

(七) 毛利丹州殿の場合

毛利氏は、幕府政所別当大江広元の子季光を祖とし、他の広元の子孫とともに幕府の枢要に参画しつつ、在地領主として武士化し、季光の子経光より伝領の越後国佐橋庄に移住した。『他阿上人法語』巻第五に見える「毛利丹州殿」はその経光の子左近蔵人基親の嫡子丹後守時元とされ、慈阿と号して、佐橋庄北条に時衆道場専称寺を開創している。[135]丹州時元は、越後毛利氏の惣領として有力御家人の地位にあったが、政所別当時代よりは幕府との隔りは大になったことであろう。しかし、同『法語』において、北条一門の「陸奥入道殿」・「佐介安芸守貞俊殿」などとともに「殿」という敬称で呼ばれているところに、その社会的地位の高さを窺うことはできる。

同『法語』巻第五によると、時元は、真教を越後へ丁重に招請するとともに、あわせて、堂塔造立の功徳や決定往生の用心について尋ねたらしい。真教は、これに対し、身辺動きの取れぬ状況故に招請に応えられないことを誓状をしたため詫びるとともに、堂塔は「願往生人の行法の依所」であり、その「かりそめなる行業ぞとしりながら、是をいとなむは咎にあらず」、発心こそ肝要であると述べ、更に、「凡夫の心は生死輪廻の界にまよひ出たる苦器にて候ほどに、執心もふかく我執もおほく、慢心虚仮名聞利養にほだされる迷情なりとみづからが心をしるを悟りとも名づけ」るのであるから、「往生の道たえたる凡夫なりけりとわが身のうへの失をはぢ」、自覚し、「ふたご、ろなく阿弥陀仏の願意をあふぎ」、名号の一行三昧の他力に徹するのが、「決定往生の人」であるという。けだし、時元が、その熱心さの余り、「心の勇猛に往生にむかひ、そのちからをもて往生を得るべしと心得る」自力に傾き、また、多くの堂塔を営み、文中の「界阿」をはじめ衆僧を置くなど、「所修の行体をたのみて往生をねがふ」雑行を行っているきらいがあるのを糾して、時元の配慮に謝しつつも「御信心まこと」なる真の念仏行者への学習の在り方を示したものと思われる。[136] まさに、厳にして慈、六十万人知識として機のありようの具体に即した支援の妙といえよう。

(八)　安食九郎左衛門入道実阿の場合

安食氏は、近江国犬上郡安食庄に拠った武士といわれる。九郎左衛門はこの一族であって、享保六年（一七二一）の「遊行派末寺帳」によると、安食には近世まで善根寺があり、[137] 彼ら一族はその外護者であった、と思われる。真教が近江を遊行した正安四年（一三〇二）のことであろうか、九郎左衛門はこれに帰依し、たびたび面謁していて、出家入道して実阿と号し、正和三年（一三一四）真教に悩みや疑問を四八ヶ条にまとめて問いこれに真教が答えたものが、「安食問答」であって同九月九日の日付を有し、伝写され一部の書として流布するとともに『他阿上人法語』巻第八に入る。これは、正和元年（一三一二）浄阿真観の申請によって真教に上人号の院宣が下り、そのためか、真教は右正和三年には上洛して、浄阿の四条金蓮寺にあって数日の法要を営み、広義門院にまみえて、九月二六日熊野参詣に出立しているから、[138] その上洛の途次不審を示され、京にあって返信したのであろう。

右の四八ヶ条からなる「問答」のポイントは三点に集約される。まず第一は真実信心の問題である。種々の論議があり、学習すればするほど不審も生じてくる。九郎左衛門はすでに触れた「若少一心即不得生」の文を掲げ、

「散乱不信のわれらは三心不具の条勿論」であり、「たま〱念仏をまうす時は、いかにもものうくおぼえ」て「虚仮不実のものにて本願にはもるべく候や」と問う。これに対し、真教は、「もとより凡夫のこゝろは識情とてまことの心にあらず」、「一心かけばといふは三心の一心がかけたるにてはあらず」、「自心の三業をもてば一大事の生死をはなるべき因縁なし」と、自なるものの限界を認識し、本願に任せていささかの計度分別、「身の徳をもとめずして他力に帰」す全分他力こそ真実信心である、と師一遍の教説に従って示す。

第二のポイントは臨終の念仏の問題である。九郎左衛門は、「或は軍陣にのぞみ、或は怨敵などにたゝかはん時は、いかにも敵をほろぼさんとおもふ心強盛にのみ候べし。然るに心には何と思ふとも、口に名号をとなへ候はゞ往生すべく候歟」とも、「念仏の行者不慮に横死にあひ候とき（中略）一念もまうさず候はゞ、往生すべからず候歟。又はひごろの念仏によて往生すべく候や」などとも問う。これに対し真教は、

> 或は軍陣にのぞみて怨敵とたゝかはんときは、かならず敵をほろぼさんとおもふこゝろ強盛なるべし。（中略）しかりといへども信心念仏の行者は、口に名号をとなへて命終すれば、称名の声にこのつみを滅して必往生を遂べし。

という。また、「死縁まち〱なれども、日来信心の行者はいかなる横死にあひて死すとも、臨終に念仏をまうして往生を遂べし」と語を継ぎ、更に、「ひとたび信心決定する行者は、この信心ほとけの護念に預り候あひだ、臨終にはかならず念仏して来迎に預るべし」と強調する。それは、「今の信心より外に臨終な」く、臨終即平生の故だからであり、「横死横難にあひて臨終に一念にもおよばざるものは、もとより念仏に落居せざるゆへ」であった。

第三のポイントは信心と生活の関係の問題である。抽象的な教義問答ではなくして、現実生活のなかでいかに善く生きるかという生活に密着した問題として真摯な学習がそこに展開されている。すなわち、九郎左衛門は、

> 狩猟釣漁のともがらその余渡世のやからも、（中略）吾身は罪障おもければ念仏まうすともよも往生はせじと

おもひ、或又念仏すとも三心もしらず、自力他力もわきまへず、たゞ世間の営をのみこゝろにふかくおもへば往生すべからずなど、疑ふものどもの、より〱人まねには口に任せて念仏をまうし候。これらは往生のうつはにあらず候や。

とも、また、「いまだ念仏の法門を聞ざる已前に信じならはしたる法華薬師経等をなを捨やらずして、かれをよみてしかも極楽に廻向すと申候は、なを本願を信ぜざる雑行となりて往生を遂ぐべからず候歟」とも問うている。これに対して、真教は、「狩猟釣漁の輩もそのよ渡世のやからも信心あれば往生をとげ、信心なければ往生せず」とも、また、「人間に生を受たるほどのものは渡世をいとなまずしては一日も身をたすくべからず候あひだ、いけらんほどのいとなみぞと心得ば、余行相違あるべからず候。世間の人の世を渡る身のうへになぞらへつるがゆへなり」とも述べているのであるが、いかにも具体的で生活のなかに根差した他にあまり類例を見ない問答である、といえよう。

ともあれ、その道場善根寺にあって知識や他の時衆とともに談義し、また自ら経典学習も深めてきた結果であろう、九郎左衛門は、模範的な時衆というべく、『観無量寿経』・『阿弥陀経』・『往生礼讃偈』・『観経疏散善義』・『般舟讃』などいわゆる三経一論五部九巻より自在に引用するとともに、それにつき自ら種々の解釈を示し、諸説に検討を加えつつ、しかも、その真摯・純朴な人物の故もあって、単なる観念的理解に留めずにそれを自らの生活体験に引き当ててまさに生きた質問をしているのであるが、真教は、これに対して、懇切に「一夜の眠りをのぞきかんがへ進じ」て、その学習を適切に支援しているのである。(139)

(九)　須山六郎の場合

須山氏は、「陶山」、「栖山」などとも書き、備中国小田郡陶山を本貫として多くは六波羅探題に勤仕した御家人であって、(140)同所には享保六年（一七二一）の「遊行派末寺帳」によると、その頃まで高声寺という時衆道場があった。[141]元弘・建武の内乱には幕府に動員されて戦っており、須山氏が真教に帰依したのは源阿ら本間氏や人見氏との縁によるものであろう。

さて、『他阿上人法語』巻第三の「備中国須山六郎より進ずる状」には、「御下に在りさふらふ程は悪業も遠ざかりさふらひしに、下国ののちは罪障ふかくなり侍り、あらぬものになりてさふらふあひだ、御助けあるべきよし」記されている。六郎は、真摯な人物であったのであろう、真教に師事しつつ、阿号は名乗っていないからけだし俗時衆として一時その会下にあったらしい。本国備中笠岡城に帰り、乱世動乱の戦塵の巷の俗界にあって、機に触れ、縁に従って熾烈なまでに競い起こる罪業の深さへの苦悩を率直に吐露し、真教に支援を請うている。ひたむきなまでにより善く生きようとしつつ、武士であるが故の生きざまの具体のなかにあって葛藤し苦しむ真摯な自省の声といってよい。

その返書において、真教は、

これにては何となく馴むつび給ひさふらへば、身業のほどもしられずさふらひけるに、国にてはふるまひも心根も業深くあらぬものになりたるよし訴へたまふ。是にてこそあらぬ人にておはしましさふらひけれ。それにては只今出きたる心にてはなし。もとの悪業と懈怠に立帰らせ給ひてさふら（う）。

と厳しく叱責し、

身はかく悪業にとぢられて地獄におつべかりけるを、この本願を聞えずしては、適人界に生を受たる甲斐なくしてまた泥梨にしづむべきに、ちかひの強縁にあひて、この不信懈怠の身往生の本意をとげんこと、よろこびてもなをあまりありけりと心得たまはんには、また如何なる心かさのみ悪業をば好べき。

と述べて、煩悩的自我の波間に溺れ浮沈している六郎に対し、悩みや不安はそのままに、自力の徳を捨てて一切を弥陀に乗託し、無量寿の大いなる命にすべてを任せれば、自縛の苦から解放されて自由になり、「心中はれていよ〳〵本願はたふとくなりたまふべきものなり」というのであり、煩悶する須山六郎にとってまことに心強い生き方への支援であったであろう。[142]

おわりに

上来粗々と武士層の浄土仏教の学習とそれへの真教の支援の具体相を『他阿上人法語』を中心に考察してきた。政権中枢との関わり方による、生活・学習の様態の相違は上来述べてきたごとくであるが、やや観点を変えて彼らの階層差という点に目を移し、まとめとしたい。

その階層は多岐に及ぶが大きく二つに分かれ、一つには北条一門やそれに連なる得宗被官および宇都宮・武田・毛利などの由緒正しい名族が意外と多く、そこにおいて多くその学習－支援の師弟関係への媒介となっていたのは主として和歌であったということである。これら上級武士は共通して和歌を嗜み、もとより真教は中央歌壇との交流をも有する一流歌人として、和歌の才を積極的にその教化・布教に用いていたのである。もとより「和歌即陀羅尼」という中世一般の観念も一遍と同様にその背景に介在していたであろうし、教化への手掛かりということではあるが、しかし、このことは、後世の一遍仏教、時宗の盛衰と連歌の消長との暗合にも関わっていて、注目すべきであろう。

今一つは河村・松田・小田・上原・人見・中条・安食・須山などの諸氏であり、総じて絶対的な北条氏得宗専制という状況下にあって、文字通り先祖伝来の一所懸命の領地をかろうじて守るに汲々としていた地頭・名主クラスの武士であり、それだけに不安や人生上の悩みも多く、往生への切実な願いを抱いていたのであって、浄土仏教の学習においても真剣かつ真摯な姿勢が見られたのである。

そして、これら武士の学習への真教の支援は、双方向の遠隔教育ともいうべく、細やかに、時に即し、機や能力に対機的に応じ、「教訓するは人を教訓するにてはなくて、我身の懺悔をする」[143]というまさにノエシス即ノエマ的ともいうべき能所双忘の、厳にして慈、啐啄同時底のそれであり、六十万人知識として忠実にその師一遍の教説に即しつつ、名号において、自縛を離れ、無量寿という拡大された大いなる命に生きる、東洋哲学が究極とする「空《くう》」ないし「無」に裏打ちされた「無の教育」ともいうべきものであったのである。

ともあれ、これら浄土教学習の武士層に支えられ、また、「願主の信心をたすけて往生を遂させんが為[144]」真教により派遣された道場時衆の、「知識の心と所化の心と替りて[145]」真教の代官としての活躍の下、その道場は世俗に開かれた学習‐支援の場として機能して、時衆は南北朝期には当時最大の教団として旧仏教をも凌駕する趣を有していく。しかし、これを支えた武士層である北条一門はもとより幕府とともに滅亡したが、それに連なる有力武士、武田・宇都宮・越後毛利また勝田などの諸氏も戦国時代に至って亡び、他の時衆大名も関ヶ原の合戦によって没落してしまう。一般的にいって、一五、六世紀は、単に古代・中世から近代への過渡期ということだけではなく、古代以来の社会体制やそれを支える価値観がくつがえってしまうわが国の歴史における一大転換期であったが、時衆を支えていた武士層もこの期にほとんど滅び去ってしまったのである。

時衆は、一遍以来、宮廷公家層にも、もとより庶民層にも多くの支持層を有していたが、なかんずく武士との結び付きがすべてを「兎も角も願主に任せ[146]」るというきわめて強いものであっただけにその外護者を失って廃寺となり、また転派する寺院も多かった。それに加え『他阿上人法語』において度々質問に取り上げられた「他力の信」への取り違えが真教の力説にもかかわらず末端においては後世に尾を引いてなお「不信のものども」を生んで名号への信が等閑に付されていき、知識帰命が主張されつつも求心性を欠き、新たな対象を求めて時期相応の学習‐支援を展開することも近世檀家制度によって困難となって、以降、失地は回復しえず、教団としての一遍仏教、時宗は衰退していく。

註

（1）一遍・真教らはその教えに従う人々を「時衆」と呼んだ。後述するごとく、善導『観経疏玄義分』の「道俗時衆等各発無上心」によるのであって、「六時念仏衆」の意である。「時宗」と書くようになるのは江戸時代に入ってからのことであった。従って、中世においては「時衆」と記さなくてはならない。
（2）『一遍聖絵』第九（『定本時宗宗典』下巻、時宗宗務所、一九七九年、三八三頁）。
（3）同上（三九〇頁）。
（4）同上（三七四頁）。
（5）『七条文書』（註（2）前掲書、上巻、三九一頁）。
（6）『他阿上人法語』巻第七（註（2）前掲書、上巻、二〇五頁）。
（7）『一遍上人縁起絵』第四（註（2）前掲書、四一二頁）。
（8）『播州法語集』（註（2）前掲書、上巻、五九頁）。
（9）『一遍聖絵』第一（註（2）前掲書、三六五頁）。
（10）『他阿上人法語』巻第三（註（2）前掲書、上巻、一四九～一五〇頁）。
（11）同上（一四三頁）。
（12）拙稿「教育における身と心」（石堂豊監修　南沢貞美／竹内明編『人間形成原理　身とこころの教育』川島書店、一九八五年、三四～三五頁）。
（13）恵谷隆戒「往生の現代的表現」（藤吉慈海編『往生浄土の理解と表現』〈「浄土シリーズ」二〉知恩院浄土宗学研究所、一九六六年、一〇六～一〇七頁）参照。
（14）『一遍聖絵』第七（註（2）前掲書、三七九頁）。
（15）同上。
（16）同上（三七一頁）。
（17）高楠順次郎編『大正新脩大蔵経』第四七巻、「諸宗部」四、大正新脩大蔵経刊行会、一九九〇年、四四九頁、下。
（18）同上、第三七巻、「経疏部」五、二四五頁、下。

(19) 時衆教団では、帰命戒と称し、身命を知識に譲る誓いをなして鉦を打ち入衆する。
(20) 『一遍聖絵』第二（註（2）前掲書、三六六頁）。
(21) 同上、第三（三六九頁）。
(22) 同上、第七（三七七頁）。
(23) 『一遍上人縁起絵』第四（註（2）前掲書、四一二頁）。
(24) 拙稿「愛と喜び――お砂持と踊念仏に関わって――」（『時宗教学年報』第二三輯、時宗教学研究所、一九九五年三月、一二八頁）。
(25) 「消息法語」（『一遍上人語録』巻上、註（2）前掲書、上巻、一〇頁）。
(26) 『他阿上人法語』巻第七（註（2）前掲書、上巻、二〇七頁）。
(27) 同上、巻第六（一九九頁）。
(28) 同上、巻第二（一四九頁）。
(29) 『播州法語集』（註（2）前掲書、上巻、五七頁）。
(30) 『他阿上人法語』巻第一（註（2）前掲書、上巻、一三四頁）。
(31) 同上、巻第二（一四五頁）。
(32) 同上、巻第五（一七八頁）。
(33) 橘俊道『時宗史論考』法藏館、一九七五年、八九頁。
(34) 高野修編『白金叢書時宗中世文書史料集』白金叢書刊行会、一九九一年、二八頁。
(35) 『他阿上人法語』巻第八（註（2）前掲書、上巻、二二八頁）。
(36) 橘、註（33）前掲書、九〇頁。
(37) 大橋俊雄編『時衆過去帳』（時衆史料第一）時宗教学研究所、一九六四年、二三頁。
(38) 『遊行法語集』（註（2）前掲書、上巻、三三〇頁）。
(39) 『他阿上人法語』巻第六（註（2）前掲書、上巻、一九八～二〇〇頁）。
(40) 『一遍上人縁起絵』第四（註（2）前掲書、四一二頁）。
(41) 中村元／早島鏡正／紀野一義訳注『観無量寿経』、『浄土三部経』下、岩波書店、一九六四年、七三頁。

(42) 註(17)前掲書、第三七巻、「経疏部」五、二七八頁、上。

(43) 「一遍聖絵」第三(註(2)前掲書、三六九頁)。

(44) 『播州法語集』(註(2)前掲書、上巻、五四頁)。

(45) 同上(六〇頁)。

(46) 『他阿上人法語』巻第六(註(2)前掲書、上巻、一九五頁)。

(47) 同上(一九六頁)。

(48) 湯山学「『他阿上人法語』に見える武士」(一)(『時衆研究』第六三号、時宗文化研究所、一九七五年二月、三八〜三九頁)。

(49) 『尊卑分脈』第四篇、「恒武平氏」(『新訂増補国史大系』、吉川弘文館、一九五八年、二二頁)。

(50) 『他阿上人法語』巻第四(註(2)前掲書、上巻、一七七頁)。

(51) 関靖『武家の興学北条実時一門と金沢文庫』東京堂、一九四五年、二六〜三〇頁。なお、『時衆過去帳』文保元年三月一日の条(註(37)前掲書、二二頁)に「作介《ママ》　釈阿弥陀仏」とあり、佐介ヶ谷には一遍仏教、時衆の拠点もあったらしい。

(52) 『尊卑分脈』第四篇、「恒武平氏」(註(49)前掲書、二二頁)。

(53) 『他阿上人法語』巻第八(註(2)前掲書、上巻、二一九頁)。

(54) 後藤丹治・釜田喜三郎校注『太平記』一(『日本古典文学大系』三四)岩波書店、一九六〇年、三八六〜三八七頁。

(55) 「一遍聖絵」第三(註(2)前掲書、三六九頁)。

(56) 『他阿上人法語』巻第六(註(2)前掲書、上巻、一九七頁)。

(57) 『金沢文庫古文書』第一輯、「武将書状篇」三六九、金沢文庫、一九五二年、一一六頁。

(58) 湯山学「『他阿上人法語』に見える武士」(二)(『時衆研究』第六四号、時宗文化研究所、一九七五年五月、三〇〜三三頁)。

(59) 『他阿上人法語』巻第三(註(2)前掲書、上巻、一六一〜一六三頁)。

(60) 註(17)前掲書、四四六頁、中。なお、本書は引用中の語句を「善提」とするが、ここでは「日中礼讃」として通途の「菩提」と改めている。

(61) 註(17)前掲書、四三一頁、中。

(62)　註(17)前掲書、第一六巻、「経集部」三、一九八九年、五二七頁、中。
(63)　『他阿上人法語』巻第三(註(2)前掲書、上巻、一六三頁)。
(64)　『時衆過去帳』(註(37)前掲書)二一頁。
(65)　『他阿上人法語』巻第八(註(2)前掲書、上巻、二二七頁)。
(66)　太田亮『姓氏家系大辞典』第二巻、角川書店、一九六三年、二〇八七頁。湯山「『他阿上人法語』にみえる武士」(二)、註(58)前掲誌、三五頁。
(67)　『他阿上人法語』巻第四(註(2)前掲書、上巻、一七一頁)。
(68)　大橋俊雄編『時宗末寺帳』(時衆史料第二)時宗教学研究所、一九六五年、四三頁。
(69)　榛原町史編纂委員会編『静岡県榛原町史』上巻、一九八五年、四一八～四一九頁。『夫木和歌抄』国書刊行会、一九〇六年、一二八二頁。
(70)　『他阿上人法語』巻第八(註(2)前掲書、上巻、二二七頁)。
藤原南家との伝承により藤原姓を名乗っている。
(71)　河野憲善校訂『二祖上人詠歌』(『時宗叢書』二)時宗教学研究所、一九七四年、二三頁。
(72)　『他阿上人法語』巻第八(註(2)前掲書、上巻、二二六頁)。
(73)　同上、巻第三(一五八頁)。
(74)　同上(一六三～一六四頁)。
(75)　『一遍上人縁起絵』第五(註(2)前掲書、四一三頁)。
(76)　『他阿上人法語』巻第三(註(2)前掲書、上巻、一五六～一五七頁)。
(77)　「無有出離之縁」(註(17)前掲書、第三七巻、「経疏部」五、二七一頁、上)。
(78)　『他阿上人法語』巻第四(註(2)前掲書、上巻、一七二～一七三頁)。
(79)　石田善人「篤信の諸相三　証阿弥陀仏――時宗――」(赤松俊秀監修『日本仏教史』二〈中世編〉、法藏館、一九六七年、四八七頁)。
(80)　湯山学「時衆と相模武士――『他阿上人法語』に見える武士　補論――」(『時衆研究』第六五号、時宗文化研究所、一九七五年八月、一〇～一六頁)。

(81) 橘、註(33)前掲書、二二一頁。
(82) 巻下之中(註(17)前掲書、第七四巻、「続諸宗部」五、一九九二年、二三三頁、下)には「有為報仏、夢裏権果」とあって「夢中」が「夢裏」となっている。
(83) 『他阿上人法語』巻第六(註(2)前掲書、上巻、一九二～一九三頁)。
(84) 湯山学「時衆と武蔵武士」(一)(『時衆研究』第六八号、時宗文化研究所、一九七六年、一二～一四頁)。
(85) 橘、註(33)前掲書、二二〇頁。
(86) 『他阿上人法語』巻第三(註(2)前掲書、上巻、一五八～一六〇頁)。
(87) 同上、巻第五(一八二～一八三頁)。
(88) 註(17)前掲書、第一二巻、「宝積部」下、「涅槃部」全、一九八八年、三五七頁、上。
(89) 註(17)前掲書、第三七巻、「経疏部」五、二五〇頁、中。『選択本願念仏集』(石井教道編『昭和新修法然上人全集』平楽寺書店、一九五五年、三三八頁)。
(90) 註(17)前掲書、四四四頁、中。
(91) 今井雅晴『中世社会と時衆の研究』吉川弘文館、一九八五年、一八六頁。
(92) 金井清光『時衆教団の地方展開』東京美術、一九八三年、四一八頁。
(93) 金井清光『一遍と時衆教団』角川書店、一九七五年、二六四頁。
(94) 湯山学「時衆と相模武士――『他阿上人法語』に見える武士　補論――」(註(80)前掲誌、五～七頁)。
(95) 『時宗末寺帳』(註(68)前掲書)四七頁。
(96) 『他阿上人法語』巻第二(註(2)前掲書、上巻、一四一～一四二頁)。
(97) 湯山学「時衆と相模武士――『他阿上人法語』に見える武士　補論――」(註(80)前掲誌、一八～二〇頁)。
(98) 『時宗末寺帳』(註(68)前掲書)四六頁。
(99) 『他阿上人法語』巻第六(註(2)前掲書、上巻、一九六頁)。
(100) 湯山学「『他阿上人法語』に見える武士」(一)(註(48)前掲誌、三二頁)。
(101) 『他阿上人法語』巻第八(註(2)前掲書、上巻、二二七頁)。

(102)『宇都宮市史』第二巻、中世史料編、宇都宮市、一九八〇年、八七～八八頁。
(103)大戸安弘『日本中世教育史の研究――遊歴傾向の展開――』梓出版、一九九八年、二二四～二二五頁。
(104)石田善人「武士と時衆――戦国武士と浄土教――」（『日本浄土教史研究』平楽寺書店、一九六九年、四五九～四六〇頁）。
(105)貝島朋子「興隆期時宗教団の支持層について――特に武士階級を中心として――」（二）（『時衆研究』第八一号、時宗文化研究所、一九七九年八月、六頁）。
(106)註（17）前掲書、四四〇頁、中。
(107)『他阿上人法語』巻第四（註（2）前掲書、上巻、一六七頁）。
(108)同上（一六九頁）。
(109)『時宗末寺帳』（註（68）前掲書）五一頁。
(110)湯山学「『他阿上人法語』に見える武士」（一）（註（48）前掲誌、三六頁）。
(111)網野善彦「常陸国における荘園・公領と諸勢力の消長」（下）（『茨城県史研究』第二四号、茨城県史編さん室、一九七二年一一月、一二一～一七頁）。
(112)大戸、註（103）前掲書、二五五～二五七頁。
(113)『他阿上人法語』巻第二（註（2）前掲書、上巻、一四二頁）。
(114)『一遍上人縁起絵』第七（註（2）前掲書、四二一頁）。
(115)同上、第八（四二三～四二四頁）。湯山「『他阿上人法語』に見える武士」（一）（註（48）前掲誌、五〇頁）。
(116)『他阿上人法語』巻第一（註（2）前掲書、上巻、一三四頁）。湯山「『他阿上人法語』に見える武士」（一）（註（48）前掲誌、四四頁）。
(117)同上、巻第六（二〇〇頁）。
(118)同上（一九〇頁）。
(119)橘、註（33）前掲書、八八頁。
(120)『時宗末寺帳』（註（68）前掲書）五四頁。
(121)『他阿上人法語』巻第四（註（2）前掲書、上巻、一七三頁）。

(122) 同上（一六七～一六八頁）。
(123) 同上（一七三～一七六頁）。
(124) 湯山学「時衆と武蔵武士」（一）（『時衆研究』第六九号、時宗文化研究所、一九七六年八月、二六～三〇頁）。
(125) 『他阿上人法語』巻第四（註（2）前掲書、上巻、一七一～一七二頁）。
(126) 「一遍上人縁起絵」（註（2）前掲書、四二四頁）。
(127) 『二祖上人詠歌』（註（71）前掲書、六四頁）。
(128) 湯山学「『他阿上人法語』に見える武士」（二）（註（58）前掲誌、一二頁）。『他阿上人法語』（註（2）前掲書、上巻、一三五頁）。
(129) 「一遍上人縁起絵」巻第八（註（2）前掲書、四二四頁）。
(130) 「日中」（註（17）前掲書、四四六頁、下）。
(131) 「来迎和讃」（高野辰之編『日本歌謡集成』巻四、中古・近世編、東京堂出版、一九六〇年、一四頁）。
(132) 註（17）前掲書、第一二巻、「宝積部」下、「涅槃部」全、一九八八年、三五〇頁、上。
(133) 「一遍上人縁起絵」巻第四（註（2）前掲書、四二四頁）。
(134) 『他阿上人法語』巻第四（註（2）前掲書、上巻、一六九頁）。
(135) 湯山学「『他阿上人法語』に見える武士」（一）（註（48）前掲誌、二四～二九頁）。
(136) 『他阿上人法語』巻第五（註（2）前掲書、上巻、一八八～一八九頁）。
(137) 『時宗末寺帳』（註（68）前掲書）五二頁。
(138) 『浄阿上人伝』（註（2）前掲書、下巻、五五八頁）。
(139) 『他阿上人法語』巻第七（註（2）前掲書、上巻、二〇一～二一一頁）。
(140) 湯山学「『他阿上人法語』に見える武士」（二）（註（58）前掲誌、八～九頁）。
(141) 『時宗末寺帳』（註（68）前掲書）六九頁。
(142) 『他阿上人法語』巻第三（註（2）前掲書、上巻、一五五頁）。
(143) 同上、巻第二（一四三頁）。

(144) 同上（一四五頁）。
(145) 同上（一五〇頁）。
(146) 同上（一四六頁）。

第七章　隠者兼好の教育思想

はじめに

「隠者の教育思想」とはけだし逆説的な一種の自家撞着に他ならない。何となれば、社会の一切から離脱した世捨人たる隠者において、他者を前提とするいわゆる教育が成立すべくもないし、厭い捨て去った人間社会の営みなど思念されることもない、と考えられるからである。

もっとも、教育史上、かのペスタロッチ Pestalozzi, J. H. が、自らを隠者と称し、『隠者の夕暮 *Die Abendstunde eines Einsiedlers*』において、その教育観と宗教観を披瀝し、一七八二年に公にされた「スイス週報 *Ein Schweizer-Blatt*」において、隠者というものは、世間を描写するに些細なことを見逃すことによって、しばしば強い特色を描き出す、と述べている[1]ことがここに思い合わされる。しかしながら、彼のいう隠者 Einsiedler とは、その行実からして、結果的に親しい友にも見捨てられて寂寥の世を独行する者というほどの意味であったと考えられるのであって、自ら世を捨て、いわば人間離脱者として、世間の一切にとらわれることのなかった、われわれのいうところの隠者とは、自ずから異なるのであり、その本質において、隠者とは、すぐれて東洋的なものといわなくてはならないであろう。

翻って、わが国において、多くの隠者が活躍したのは、いうまでもなく中世である。わが国中世は「隠者の時代」とも称しうるほどに多くの隠者が輩出した。中世は、精神界を覆った仏教思想の影響下にあって、戦塵の鎮まることのない乱世の故に、現世の無常を諦観し、心の永遠を求めて隠遁する無数の隠者を生んだのである。文化史上著名なものだけでも、枚挙に暇のないほどであって、中世文化の荷担者 Träger として、その歴史上に占める位置はまことに大きいものがあるのである。

一体、文化は生々しい社会変動の渦中を離れたところに形成されるのが一般であり、(2)乱世動乱の中世においては、その動乱の主役たりえない僧侶や隠者にその文化は把持されていた。社会に対しつねにある程度の距離を置いて接触するという彼らの高踏的な位置が、自らの境界をして、現実の一切の束縛から離れた、きわめて自由な創造的世界たらしめ、彼らをして、単に文化の維持者という以上に、新たな文化の創造者たらしめたのである。そこにおいては、現実社会に背を向けた世捨人としてのネガティヴィズムは、新たなる文化創造のエネルギーに転ぜられ、止揚されているのである。彼ら隠者は、このエネルギーをもって、中世の文化荷担者として活躍したのであった。

それでは、この中世の文化荷担者たる隠者は、教育史上いかなる位置を与えらるべきであろうか。従来、教育史的立場よりする隠者の先行研究を、浅学寡聞にして私は知らない。(3)しかし、教育は文化を媒介として成立する。しかして、隠者の故に、たとえ、いわゆる教育事実は見られずとも、思想的所産は別問題であり、文化荷担者たる隠者の教育思想はあくまでも問われるべきである、と考えられる。何となれば、彼ら隠者は、現実社会の束縛を離れ自らを解放することによって、何物にもとらわれることのない透徹した眼で人間社会を徹見し、人間いかに生くべきかをわれわれに示すからである。しかして、ここに、私は、中世文化の荷担者たる隠者の教育理念を、特に一遍仏教に親近しその文化圏にあった卜部兼好を中心として、考察することとする。

一　隠者とその外延

㈠　隠者というもの

今日、隠者というとき、われわれは、西行・長明・兼好や芭蕉・良寛といった人物の名を思い浮かべ、また、伯夷・叔斉や竹林の七賢、淵明・王維といった中国の人士の事績を想起する。そして、その立場と境涯とに何か郷愁にも似た血液的な共感を覚えるのを禁じえないのである。

一体、われわれ日本人の心の底には、伝統的に隠者的なものが沈殿している、といってよいであろう。たとえていうなれば、明治における近代主義の嵐を受けて、ドイツ文学の作風にならったローマン的作風の作品を多く書いた森鷗外は、いわゆる「諦念」という東洋的人生観を奉じ、小倉師団の宿舎に新しい妻を迎えるに当たって、座敷の床に、「草庵白屋古聖之住処」という掛け軸を掛けたといい[4]、鷗外に続いて明治文壇に登場し、世間より一歩離れて観察し、批判するところから作品を書いた夏目漱石のいわゆる「則天去私」の境地に、隠者的な態度を看取することは可能である。しかし、何も、鷗外や漱石といった明治の文豪に例を求めずとも、現代において、教育上の発言も多かった哲学者森信三は、「二十代の半ば頃から、わたくしの心の奥底には隠者に対する一脈の憧憬が始まって、それが齢古稀を越える今日に至るまで、終始一貫絶えたことがない[5]」と告白し、その憧憬に形姿を与えたものが「隠者の幻」というその著作であったのである。

かように、隠者的なものはわれわれ日本人の精神にかなりの比重を有しているのであって、エゴイズムが社会の表面を覆い、隠者的な生き方が考えられないような今日、なお、いわば「幽流」として、われわれの心の奥底には、草庵と漂泊の隠者生活への憧憬が存在し続けているのである。否、喧噪と躁急に渦巻く現代故に、一層閑寂と静逸の隠者生活が憧憬される、という方が正しいのかもしれない。斎藤清衛が現代の隠者とする放哉や山頭火の現今のブームはその証左ともなろう。(6)

一体、隠者とは、隠逸脱俗の人であって、普通世捨人というが、いわば人間離脱者とでも称すべき存在であろう。

わが国には元来隠逸の思想はなかったといわれ、中国から隠逸思想が伝来するとともに、貴族階級を中心として徐々に滲透し、権力を否定して、自由を求め、酒・琴・書を楽しむといった中国的なものから、しだいに日本的に消化されていったが、(7)いまだきびしい無常観を欠いたものであった。何といっても、隠逸の本格的な時代は仏教思想が精神界を支配した中世であり、仏教思想に基付いたその隠逸は隠遁と呼ばれた。中世の不安・混乱・変異といった外的世界の荒廃が、すべての人の心を仏教に向かわせ、多くの出家遁世して仏道に入る者を生み、更に、出家の社会をも離れて隠遁する者を輩出せしめたのであって、これがいわゆる隠者なのである。

(二)　隠者の外延

「隠者」という言葉も先の隠逸思想とともに中国から入ってきたものであるが、隠逸思想の日本的消化に即応して、わが国における隠者は、中国のそれとは趣を異にし、その実体はすこぶる複雑であり、その外延的範囲もきわめて広い。

この隠者を、通説(8)を私なりに整理しつつ分類すると、まず、Ⓐ世を捨てて現実世界を離脱し、自らの心の拠り所を仏教に求めて、信仰に入るものがあり、これはさらに二種に分かれる。

①世間を厭い出家して寺院に入ったものの既成教団の在り方にあきたらず隠遁したもので、初めから寺院に入らないものもかなりあったのであって、兼好が「ひたふるの世すて人」(9)といっている信仰一途の文字通りの隠者で、いわゆる聖《ひじり》などがこれである。

②俗縁を厭い、正業を捨てて出家しながらも、好むところに従って学問や文学・芸能などに従事するもので、信仰上の不徹底な面はあるとしても、文化史上・思想史上に大きな足跡を残したものはこの類のものである。

このⒶ類こそいわゆる隠者と一般に称されるものであるが、その傍系に、Ⓑいわゆる無用者・アウトサイダーとして、社会からあぶれ出、逸民・遊民となるものがある。世のすね者・あまされ者・無頼の徒などがこれに含まれ、いわば、Ⓐ類の頽落形態とでも称すべきものであるが、世外的な自由と曠放を有する点において、隠者に加えられるのである。

この外延において、Ⓑ類はともかく、Ⓐ類について、①型は、信仰以外のものは虚妄としてすべて否定する純粋なる隠者であるのに対して、②型は、隠遁による絶大な自由を精神的創造の母胎として、現実的価値の生産に関わるという面を持つ。一体、このⒶ類の隠者は、一般に現実世界から逃避した存在として、世俗的現実には消極的な立場にあるが、人生の理想、心の永遠を追究することにおいては逆に積極的であり、ことに、その②型は、さらにより高次の現実的価値の創造に関わる点に特色を有するのである。中世の文化荷担者として活躍した隠者がこの型のものであったことはもはや贅言の要はないであろう。しかして、この②型の隠者は、更に、

㋑ひとえに自然をその対象として、漂泊の行脚生活に日を送るもの
㋺ひとえに自己をその対象とし、山林に閑居して草庵生活を行うもの
㋩ひとえに人間を対象とし、山より里へ下って市井に生活するもの

の三種に分かれる。㋑は西行によって代表され、㋺には長明があり、そして、㋩にこそ兼好があるのである。[10]実に、兼好こそは、世のうちにありながらそれを超越し、人と交わりながらそれにとらわれない、文字通りの「市井の隠者」として、ひとえに人間をその対象としたのであって、われわれが教育の立場より隠者を見るとき、彼を取り上げざるをえない理由もここにあるのである。

二　隠者兼好と『徒然草』

(一)　隠者兼好の視座

一体、隠者は、いわば自己を捨離し尽くした人間離脱者であり、人間離脱という、いわば「無 Nichts」の境位に自己を置くことによって、従来自己を縛ってきた自己自身を離れ、常人の意識や感覚を離脱して絶大なる自由を獲得し、無心なる透徹した眼で、文字通りスピノザ Spinoza, B. d. のいわゆる「永遠の相の下に sub specie aeternitatis」おけるがごとく、自在に実相世界を鳥瞰することができた。隠者は「無」を媒介にして「有 Sein」を見る達人であり、その「達人の人を見る眼は、少しも誤る所あるべから[11]」ざるものであった。西行や長明といった他の隠者と異なり、ひとえに人間を対象とした、市井の隠者兼好は、もとよりこの例に漏れない。彼はいう、「蟻のごとく集まりて、東西に急ぎ、南北に走る。高きあり、賤きあり。老（い）たるあり、若きあり。行（く）所あり、帰（る）家あり。夕に寝ねて、朝に起く[12]」と。これはまさに鳥瞰する隠者の眼である。人世百般を語って余蘊のない慧眼の評論家小林秀雄は、兼好について、「彼には常に物が見えてゐる、見え過ぎてゐる[13]」と述べているのである。実に、兼好は、人間が「見え過ぎてゐる」ほどの達人なのであり、その見えすぎる眼で人間を凝視し、人間いかにあるべきかを思念したのであった。

ところで、唐木順三は、「つれづれ」とはいわゆる「すさび」の類概念に他ならず、兼好は、つれづれをわぶることなく、つれづれという通常の時間の停止した所に住して、裸形の現実に相対し、「人生のすかし絵」を観察したのだ、と述べた[14]。まさに卓見というべきであり、それは、われわれの考察に対しても手掛かりを与える。

すなわち、つれづれという「無」において、実相は実相として顕わになり、常人には見えない真理が透視される故に、このつれづれに住し、それを視座として、人間社会を観察した兼好は、人間が「見え過ぎてゐる」ほどの達人でありえたのであった。しかして、このつれづれという「無」に住して、隠者兼好が「日暮らし、硯にむかひて、心にうつりゆくよしなし事を、そこはかとなく書きつ[15]」けたものが、『徒然草』ということとなるのである。

(二)『徒然草』について

ここにおいて、『徒然草』が確かに兼好の著作であったかどうかが一応問われるべきかもしれない。しかし、それが彼の著作であることは、兼好自筆本が現存する『兼好法師集』との照応関係[16]などよりして明らかというべきであろうが、更に、永享三年（一四三一）の識語を持ち、現存最古の写本とされる正徹本奥書きに「兼好法師作也」とあり[17]、『実隆公記』文明六年（一四七四）九月二一日の条に「兼好法師津礼々々草一覧了[18]」とあることなどによって確認される。

さて、この『徒然草』上下二巻は、「心にうつりゆくよしなし事を」てまひまに書きつけた随筆であるから、もとより一貫した主題はなく、体系的な論理的連関というものもない。それは、一般に指摘されているごとく、いわば、求道的なものを経とし人間情趣的なものを緯として織りなされた種々の模様を持つ織物として、多面的な結晶体とも称すべきものだけに、従来、教訓の書とか趣味の書とかまた求道の書とか更には批評の書とか、見る角度によって種々様々に評されてきたが[19]、人間を語ることを通して、各段章の間には作者兼好の主体的な統一的意志とでも称すべきものが存在する。その統一的意志とは無常観に裏打ちされたいわゆる「道の思想」であり、『徒然草』のすべての構成契機はこれに弁証法的に帰趨される、と考えることが可能である。『徒然草』は、この「道の思想」を基底とし、深い人間理解に立って、人間いかにあるべきかを説く故に、「人間探究の書」とでもいうべきものである、と思われるのである。このことは、題材の上から見ても、自然に取材したところが全二四三段中わずかに五段であって、それとても自然が人間にとっていかなる意味を持つのか、というていのものであって、人間そのもの、人間社会の問題を取り上げた段はきわめて広汎にわたっており、登場人物は実におよそ二七〇人に達するという事実からも傍証される。

もっとも、隠者は、あくまでも隠者であり、世捨人として、世に背き、人より隠れた人であって、基本的には自己一人の道を行ずるものなのである。市井の隠者という独特の立場にある兼好とても、その基本的性格に変わりはないのであって、彼は、書斎で自らに静かに説き、静かに語ったのであり、従って、その『徒然草』も他に読者を意識して書いたものではなく、あくまでも自己自身への提示・鑑戒として書いた、いわば独語的なモノローグだったのであり、人に向かって説示し、垂示するというていのものではないのである。

しかし、中野孝次もいうように[20]、『徒然草』は、『枕草子』とともに、江戸期を通じて文人のもっとも愛好した古典であったし、更に読みつがれ、現代人の心にもひびき合うものがあるのである。

三　隠者兼好の自己形成の過程

(一)　その人間形成の基底

隠者兼好の生きた時代は、鎌倉後期から南北朝期にかけての、文字通り動乱と変革の時代であった。

一体、彼は、まことに隠者らしく、生没年[21]をはじめとしてその伝歴に明らかでない点も多いが、弘安の役（一二八一）の数年後に、中世の神祇界に相当重きをなした家たる卜部氏の庶流として、後宇多天皇に奉仕した宮主であった治部少輔兼顕を父として生を享け、俗名は兼好《かねよし》といい、兄弟には『豊葦原神風和記』三巻を著した大僧正慈遍や民部大輔兼雄があったから、[22]下層貴族とはいえ、知識の家であり、教育的に恵まれた環境に育った、といわなくてはならない。しかして、『徒然草』第二三八段には、[23]堀川具親が、東宮であった頃の後醍醐天皇から「悪㆓紫之奪㆒㆑朱也」の句は『論語』のどこにあるかとの質問を受けて返答に窮しているのを見て、第九巻「陽貨篇」のその箇所を教えた由の兼好の自讃話が載っているが、これは三〇歳頃のことといわれ、[24]その英才ぶりが窺われる。

また、彼は、若くから二条派に和歌を学んだ、『続千載集』以下『続後拾遺集』・『風雅集』・『新千載集』・『新続古今集』などの勅撰作者であり、私撰集『続現葉和歌集』・『藤葉和歌集』の歌人でもあって、元弘の頃より頓阿・浄弁・慶運とともに和歌の四天王といわれ、[25]自撰家集も編んでいる。その上、自らも堀川具守家の諸大夫として、後二条天皇の朝廷に出仕し、徳治二年（一三〇七）頃左兵衛佐となっている。[26]こういった経歴も、その人間形成に大きく影響し、王朝文化への愛着と共鳴を深め、管絃の道にも通じ、有職故実の理解への自信を生むよすがとなっているのである。

彼が、わが国の歌文といわず、漢籍といわず、仏典といわず、広く古典に通じた博覧強記の人であったことは、『徒然草』よりして明らかである。今試みにその『徒然草』に引用ないし念頭に置かれている書目およそ六〇余篇について見るに、歌学の一部として学んだと考えられる『伊勢』・『源氏』・『枕草子』・『万葉集』・『白氏文集』・『文選』など和漢の文学がもっとも多数を占めて二〇余篇に及び、『論語』・『孟子』・『老子』・『易経』などの儒・老・荘の書が二〇篇に近く、『摩訶止観』・『維摩経』・『六時礼讃』・『法事讃』・『一言芳談』などの仏典が一二篇、『九条殿遺誡』・『延喜式』などの有職故実関係のものが一〇篇弱となっている。そして、それらの書目の『徒然草』に出る頻度を検索してみると、『論語』が一一でもっとも多く、『白氏文集』が一〇でこれに続き、以下、『文選』が六、『枕草子』・『老子』・『荘子』・『易経』が三、『源氏』・『摩訶止観』が二、他が一となる。[27]いずれにしても、これらの貴族に伝統的な教学に、兼好の人格と思想とが培われ、その人間形成の基底となっていることは間違いない。

(二)　市井の隠者への自己形成

兼好は、上来のごとく、王朝文化を継承する教養の家に生を享け、神祇の家の、しかも庶流でありながら、その英才の故か、蔵人・左兵衛佐という非常な立身を遂げている。しかし、なぜか、おそらくは、その自撰家集たる『兼好法師集』の、例えば、「つらくなりゆく人に」との詞書を添えた「今さらにかはる契とおもふまではかなく人をたのみける哉」などといった詠歌より推定される深刻な恋愛体験、愛の無常の痛嘆より、正和二年(一三一三)三〇代の初めにはすでに出家の身となり[28]、俗名をそのまま音読して法名を兼好《けんこう》とするに至っている。[29]そして、彼は、この前後、関東にも旅し、悶々の心を紛らわしたりしたようであるが、ついに、「心は縁にひかれて移るものなれば、閑ならでは道は行じがたし[30]」と遁世し、洛北修学院・比叡山横川に隠栖し、また、この間再度関東に下向して、諸国修行を行い、「日暮れ塗遠し。吾が生既に蹉跎たり。諸縁を放下すべき時なり[31]」と熾烈なまでに真実の道を求めた。[32]そして、僧侶としての栄達をも嫌って、文字通り隠者としての境涯に身を置くに至る。しかして、人間社会における愛の無常の認識は、彼の世界観・人生観をも特徴付ける思想として転成されることとなるのである。

『徒然草』全二四三段を一貫して流れているものはこの無常観に他ならない。当代の流行思想であるからという以上に、兼好においては、その信念となり、現実の生を価値あらしめるための理念ともなっていたのである。西尾実の指摘によれば、『徒然草』は、第三〇段を境として、「飛鳥川の淵瀬常ならぬ世にしあれば[33]」といった感傷的な生活感情としての詠嘆的無常観から、第七四段のごとく無常を悲しむ者は「愚かなる人[34]」と断言し、「変化の理」を知らないからだという自覚的無常観に深化している、とされる。[35]確かに第三〇段あたりまでの無常観は詠嘆的といえるが、『方丈記』や『平家物語』におけるごとき四季の流転や滅びいくものへの感傷に満ちた単なる詠嘆的無常観とは異なり、「世はさだめなきこそ、いみじけれ[36]」と無常を無常として受け止めていこうとする面をも有していた。そこに時代の推移が看取されるのであるが、ともあれ、このような、無常を世の実体として直視していこうとする傾向は、無常の世に生を享けた者としてどういう心構えが必要かという反省となり、自覚的無常観を生むに至るのである。

かかる無常観の深化は、彼をして、「しづかなる山の奥、無常のかたき競ひ来らざらんや[37]」と、従来の山林の隠者としての自らの在り方を批判させ、再び京の町に出、「たゞ今の一念、むなしく過ぐる事を惜しむべし[38]」という自覚の下に、市井の隠者として生活し、歌壇にも復帰することとなった、と考えられる。以後、歌人としては、すでに触れたごとく、元弘の頃より和歌四天王として活躍し、『風雅集』の撰進に応じて自撰家集を編んだりしているが、これも当時の歌壇を読者に考えてのことではなく、自己の感興にまかせててまひまに書き付けたものが、結果的に機会を得て日の目を見たということに過ぎないであろう。

もっとも、「いまだ誠の道を知らずとも、縁を離れて身を閑にし、事にあづからずして心をやすくせんこそ、暫く楽しぶとも言ひつべけれ[39]」という彼は、「誠の道」を悟って無常なる境界より常なる世界へ超出した人ではなく、「縁を離れて身を閑にし、事にあづから」ざる「つれづれ」なる「無」の状態に留まり、そこにおいて、「人事おほかる中に、道をたのしぶより気味ふかきはなし[40]」と「道をたのしぶ」人であった。しかして、彼は、その清澄な無常観を逆手に取り、あくまでも「つれづれ」に住して、その透徹した隠者の眼で、人間やその社会を、自らはそれにとらわれることなく、冷静に観察し、鳥瞰するに至ったのである。

なお、『兼好法師集』に入る「ならひのをかに無常所まうけてかたはしに桜をうへさすとて」という詞書を添えた「契りをく花とならひのをかのへに哀れ幾世の春をすくさん[41]」との詠草よりすれば、その晩年は洛西双ヶ丘に住まい、そこで亡くなったと思われるが、二条良基の百首に合点している観応三年（一三五二）八月以後の動静は明らかではない。[42]

四　隠者兼好の教育思想

㈠　兼好の人間観

兼好は、「市井の隠者」としてひたすら人間をその対象とし、その著作『徒然草』は「人間探究の書」とでもいうべき性格のものであった。それでは、彼は、人間をどのように見ていたのであろうか。

彼は、「人は天地の霊なり。天地はかぎる所なし。人の性なんぞことならん」[43]と、人間は本来天地とともに寛大で無窮であるはずという。しかるに、瑣末な出来事に喜怒哀楽のかぎりを尽くすのが現実であり、「人の心は愚かなるものかな」[44]と嘆ぜられる所以であるが、それは、その霊妙な本性が名利愛欲に繋縛されている故とされる。ここに、彼は、「名利に使はれて、閑かなる暇なく、一生を苦しむるこそ、愚なれ」[45]と述べ、実有の相に執着して名利を求めて生涯を送るのは愚かである、とし、更に、「人と生れたらんしるしには、いかにもして世を遁れんことこそ、あらまほしけれ」[46]と語って、物欲を捨離した無一物の境涯を高調するに至る。彼にとって、「無常の来る事は水火の攻むるよりも速に、のがれがたきもの」[47]と明察されていたから、「常住ならんことを思ひて、変化の理を知ら」[48]ず、「ひたすら世をむさぼる心のみふか」[49]い者は、「愚かなる人」[50]であり、「よからぬ人」[51]であったのである。

これに対し、兼好は、「変化の理」を認識し、それに逆らわずに生きる人を「よき人」[52]といい、人間の望ましい在り方としたのであった。一体、彼は、「いでや、この世に生れては」[53]という書き出しの『徒然草』第一段において、人間いかに生きるのが願わしいかという願望の対象として、まず、門地と容姿とを挙げるが、これらは望んでも生来いかんともしがたいものであって、当為・陶冶理想とはなりえず、真に対象とすべきものは、同段に「しな・かたちこそ生れつきたらめ、心はなどか、賢きより賢きにも移さば移らざらん」[54]とあるごとく、才《ざえ》であり教養である、とし、学問・作詩・和歌・音楽・有職・手蹟・社交といった万人が自らの意志と努力とによって望みうる項目を履修すべきものとして挙げている。その意味で、白石大二が、「よき人」の意味論的な考察を行い、包括的・多義的な概念としつつも、それは、身分からではなく、教養や人柄から捉えられたものであり、『やんごとなき人』『心ある人』『賢き人』の意味を合せ持つ生活態度上の理想人を表す語とな」[55]るとしたことは正しい。

もっとも、この「よき人」が貴族・都会人と重なる面の多かったことは『徒然草』の当該箇所に徴して明らかであるが、それは、彼が、王朝文化につながる文化圏に育った下層貴族として、貴族的・都会人的趣味を有していた結果である、というよりも、当時の社会的・時代的制約から学問・教養のある人が地方の身分の低い人によりも京の身分の高い人に多かった故である、と考えられる。兼好のいう「よき人」は、あくまでも、基本的には、自らの精進によって学問・教養を積み、心を賢きより賢きに移しえた人であり、自ずからその人柄のにじみ出るような人物であったのである。そして、そういう人こそ、桜井好朗が、「よき人」を、単なる貴族ではなく、生活の均衡を保持し、転換期の渦に巻き込まれない「開かれた主体としての自我」としていること[56]に重なるであろう。しかして、そこにおいては、学問や教養は、あえていうならば、単なる学問のための学問といったていのものではなく、「道を学ぶとならば、善に伐らず、友がらに争ふべからずといふ事を知るべき故なり、大きなる職をも辞し、利をも捨つるは、たゞ学問の力なり」[57]という、人間いかに生くべきかということへの弁証法的位置に置かるべきものであった。その故にこそ、「よき人」は「変化の理」を覚悟した人でありえたのである。

ところで、先に触れたごとく、白石によって「よき人」が包括的で多義的な概念である、とされたことは、兼好の発展的人間観と関連がある。一体、西尾実は、恩愛から道念へ、道念から人間的至情へという発展を兼好の人間観の根底としていた。[58]すなわち、素朴な人間性における恩愛の情はそれなりに認め、それが求道的に否定媒介されるところに道念が成立し、「道人」[59]や「智者」[60]という人格の形成を見て、更に、それが止揚されるところに、純粋な人間らしさとしての人間的至情が成立し、「本より賢愚・得失の境にをらざ」[61]る、あらゆる相対の観にとらわれない地平の、至高の人格たる「まことの人」[62]の完成を見る。彼の人間観は、人格的立場の発展を含んだ立体的な構造のものである故に、その理想人たる「よき人」は包括的・多義的であらざるをえなかった、と考えられるのである。

(二)　兼好の教育理念

上来のごとく、兼好の人間観の基底はその発展的人間観に求められた。しかして、かような発展的人間観を前提とするとき、「愚かなる人」は、「よき人」を志向し、心を賢きより賢きに移して、恩愛から道念へ、道念より人間的至情へという階梯を踏むことによって、ついには、最高の人格たる「まことの人」の境にまで達することが可能である、とされる。「まことの人」とは彼の究竟の理想的人間像であり、「よき人」への志向は究極的には至上の人格たる「まことの人」への道程となるのである。しかも、彼のいう「まことの人」とは、「道人」らしさ、「智者」らしさを止揚したところに奪取される人格であるが、それは、枯木寒岩のごとき冷たく悟った人ではなく、「優に情ありける」[63]、素朴な恩愛の情にも通じた、「究竟は理即にひとし」[64]いていのものであり、従って、人格の究竟の完成とは純粋な人間らしさへの回帰とも称しうるものであった。

ところで、この「まことの人」への階梯はいわゆる「道の思想」に裏付けられたものであった。一体、兼好は、「我を知らずして、外を知るという理あるべからず。されば、己を知るを、物知れる人といふべし」[65]と、自己の存在の徹見を説き、しかして、「利那覚えずといへども、これを運びて止まざれば、命を終ふる期、忽ちに至る」[66]と人間存在の無常性を高調して、「一時の懈怠、即ち一生の懈怠となる」[67]という自覚を促し、「たゞ今の一念、むなしく過ぐる事を惜しむべし[68]」と叱咤する。無常故に明日あるを待たずして今日只今を充実させることに真剣であるべきことが説かれるのである。『徒然草』第九三段に、「人皆生を楽しまざるは、死を恐れざる故なり。死を恐れざるにはあらず、死の近き事を忘るゝなり[69]」とある所以である。死を忘れた生には切迫感がなく深味や濃密さに欠ける。しかも、兼好において、只今の一念の充実とは、万事を放下して道を修することであった。すなわち、「名利に使はれて、閑かなる暇なく、一生を苦しむるこそ、愚かな[70]」のであり、世間並の生に距離を置き、「直ちに万事を放下して道にむかふ時、さはりなく、所作なくて、心身ながくしづかな[71]」のであった。かくして、彼は、「人事おほかる中に、道をたのしぶより気味ふかきはなし。これ、実の大事なり[72]」という。道を修することこそ、愚か以外の何物でもない人間にとって、実の重大事である、とするのであり、それは、無常なる人間を愛惜するが故に、その生を充実させ、真実の人生を歩ましめることが要請されるからに他ならない。

それでは、彼が人間にとって第一義とする「道」とは一体何であろうか。彼のいう「道」とは、彼が僧侶であることよりして「仏の道」であることは無論であるが、第一三段に、彼が、その愛読書として、「老子のことば、南華の篇[73]」を挙げていることより知られるごとく、老荘の教える「無為自然の道」とも深い交渉を有する。一体、彼は、僧侶といっても十戒を受けて出家した沙弥に過ぎず、いわゆる具足戒を受けた比丘僧ではなかったから、一宗一派にとらわれる必要はなく、宗教的・思想的にも自由人であった。ちなみに、彼が最高の人格とする「まことの人」は、一般的には、『荘子』にいう「真人」の訳と考えられているが[74]、また、臨済禅にいう「無位の真人」や、一遍仏教、時衆の「まことの智者」の概念の影響を受けている、ともいわれる[75]。確かに、彼は、親友である時衆の頓阿をはじめ、一遍仏教と密につながる時衆圏の公家らに親近し、その影響を色濃く受けていた[76]。なるほど、そのためであろう。彼が「まことの人は、智もなく、徳もなく、功もなく、名もなし、誰が知り、誰か伝へん。これ、徳を隠し、愚を守るにはあらず。本より賢愚・得失の境にをらざればなり[77]」というのと、時衆二祖他阿真教が「おほかたまことの智者は、身をすて欲をはなれて着をなさず[78]」ということとの間にはほとんど径庭はない。ただ、しかし、後者の場合、一切を放下して仏の真実に生きる求道者こそが「まことの智者」と考えられているのに対し、前者の「まことの人」は、相対の観にとらわれず、「縁を離れて身を閑にし[79]」、道を「暫く楽しぶ[80]」という、宗教的カテゴリーからはみ出したものであった。

ここに、ともすれば、彼が、いわば思想のディレッタントとして、いまだ未徹の人である、との評価を受ける因がある。たとえば、亀井勝一郎は、『中世の生死と宗教観――日本人の精神史研究――』において、兼好には、自己の邂逅した根本経典が全く語られていず、信仰においてもっとも根本的な身証性が欠如している、と指摘した[81]。確かに、そこに、思想や宗教に対しても、現実社会に対するごとく、一定の距離を置いて接し、観察するという隠者特有の態度を看取することが可能なのである。しかし、いずれにしても、彼が、何物にも執着することなく、悠然として「道」を語っていた超俗飄逸の達人であったことに相違はない。ともあれ、彼においては、儒・老・仏の思想が、それぞれに取り入れられ、その主体において、自家薬籠中のものとして消化し、止揚されているのであって、いわば、それは、彼にとっては、人間が拠るべき根本のもの、永遠のものとして、人間的完成への「道」であり、この「道」を修するとは完全なる人格を形成することなのであった。

一体、第三八段には、「伝へて聞き、学びて知るは、誠の智にあらず[82]」とあり、道はあくまでも陶冶と鍛錬の上に成立するものであった。彼が、第五一段の水車作り、第七〇段の琵琶の道、第九二段の弓道、第一〇一・一〇二段の有職、第一〇九段の木のぼり、第一一〇段の双六、第一八五・一八六段の乗馬など、諸道・諸芸にわたって、専門の道に携わる人の修行・鍛錬の功を述べ、「万にその道を知れる者は、やんごとなきものなり[83]」と「道の人」を尊んで、しかも、人生の万般に道を認め、慎み深い修行を説いている所以である。しかして、その道の修行は、いわゆる「型」による陶冶であったことは、一遍仏教の一切捨離の影響下に形成されたといってよい室町期の一切の余剰を削ぎ落した「型」の文化[84]と一般である。すなわち、兼好は、所縁に引かれ、外界の刺激によって動かされやすいという人間の脆弱さの認識に立脚して、「筆を執れば物書かれ、楽器を取れば音をたてんと思ふ。盃を取れば酒を思ひ、骰子を取れば攤うたん事を思ふ。心は必ず事に触れて来[85]」り、「縄床に座せば、覚えずして禅定[86]」に入る、とし、重ねて、「外相もし背かざれば、内証必ず熟す[87]」と述べて、精神的内実を得るために、身体性や環境を重視し、形を整えることを説いたのである。ここにおいて、一遍に、「手に念珠をとればロに称名せざれどもこゝろにかならず南無阿弥陀仏に浮（か）ぶ。身に礼拝すれば、心に名号をかならずおもひいでらる[88]」との言葉のあることが想起されてよい。

ちなみに、この身体性・環境重視の思想は第一一七段[89]に見えるその交友論と関連する。一体、兼好は、第一一七段において、よき友として、物くれる友・医者・知恵ある友を挙げ、一方、悪しき友として、身分の高い人・若い人・無病頑健な人・酒飲み・荒々しく血気にはやる人・うそをいう人・欲の深い人を挙げているのであるが、和歌森太郎の指摘によれば、これらの七種の悪しき友を除いた友を三種のよき友と合わせるところに形成される集団は、各人がそれぞれの分に応じて献身的に助け合って和を致し、人生の真実を見つめて理想を目指すことのできる教育的な「友人協同体」であり、これを兼好は望ましく考えたのである[90]。まさに、これは、人間形成の場を整え、外形から入って心を澄ましていくことを志向する意味において、環境の整備に他ならなかった。

なお、ここにおいて付言するならば、外相さえ整えれば心の在り方はどうでもよい、ということにはならない。「必（ず）果し遂（げ）んと思はん事は、機嫌をいふべからず[91]」と遅疑逡巡することなく万事の放下を説く彼においては、むしろ意志の力が環境以上に重要な契機をなしている。「事・理もとより二つなら[92]」ざるものだからである。

そして、かかる事理不二の型に入っての真摯な修行にあっては非連続の連続ともいうべき人格の飛躍的転換が突然やってくる。型に入ることによって、その型の規定をも超えた「可・不可は一条なり[93]」という自在な境地が生ずるのであって、この転換は、道念より人間的至情へという発展に照応するものである、と考えられる。何となれば、道念という段階は、例えば、仏祖・聖賢の道を遵守するという意味において型に入ることであり、私心を捨棄し、徹底的にその「道」の型を修行する段階であって、これに入らねば人間的至情という自在な境涯には達しえない。かの芭蕉が、「祖翁口訣」において、「格に入りて格を出でざる時は狭く、格に入らざる時は邪路に走る。格に入り、格を出でて、初めて自在得《マ》べ《マ》し[94]」といっているごとく、「格」という型の修錬の徹底があってこそ、破格は高次の「格」となり、新たな「格」の創造が得られるのである。

かように、兼好は、相対を超えて何物にもとらわれることのない、しかも人間的至情に生きる「まことの人」を人間の最高の在り方とし、心を賢きより賢きに移せば、「舜を学（ぶ）は舜の徒[95]」という、型の後天的修行効果によって、ついには、中国古代の聖天子のごとき聖賢の域にも達しうる、とするのである。第一五〇段に、

いまだ堅固かたほなるより、上手の中に交りて、毀り笑はるゝにも恥ぢず、つれなく過ぎて嗜む人、天性その骨なけれども、道になづまず、妄りにせずして年を送れば、堪能の嗜まざるよりは、終に上手の位にいたり、徳たけ、人に許されて、双なき名を得る事なり[96]。

と述べて、生まれつきその天分がなくても、努力して、その道を修すれば、ついに道を得て名人の域に達するとしている所以である。

もっとも、ここにおいて、たゆみなく慎んで放埒にならず、型に入り、道を正しく修するためには師の指導が必要であることはいうまでもない。「すこしのことにも、先達はあらまほしき事[97]」であるから、型・規範を重視する修行にあってはなおさらのことであろう。「懈怠の心、みづから知らずといへども、師これを知る[98]」のであり、師こそ、懈怠をいましめ、求道鞭撻に重大な役割を果たす存在なのである。

しかして、兼好は、人に対し、正しい師の指導の下に、無常の身に迫っているということを念頭に置いて、その瞬時・刻々の生を意義あらしめるために、勇往邁進して、「道の人」として型に入って修行し、しかも、型を出て、真にその人間性を完成させ、真実の人間として生きるべきことを説いた、と考えられるのである。

おわりに

以上、粗々述べてきたが、これを要するに、兼好は、「市井の隠者」として、隠者一般においても特色ある位置にあり、「無」なる「つれづれ」に住し心を遊ばせて、その透徹した隠者の眼で人間社会を鳥瞰し、人間の理想的な在り方を思念した。もとより、隠者として、それは、あくまでも自己一人の道を行ずるものでしかなかったが、一遍仏教に親近した市井の隠者兼好には、他の隠者と異なって、深い人間への愛惜、同じ人間なるが故の悩みを持ち、無常の風を悲しむ人間全体への温かい理解と共感があり、そこに自己形成への鑑戒として提示し、体験的に生み出された思想は、自ずと人間一般に通ずる理念として普遍性を持つこととなったのである。そして、その教育思想は、その自己形成の過程の反射として、『徒然草』に結晶しているのであり、自覚的な澄んだ無常観に裏打ちされたいわゆる「道の思想」を基盤とし、恩愛より道念へ、道念より人間的至情へという弁証法的発展を志向するものであったが、そこにおいては、人間の脆弱さへの認識から、師の重要性が説かれ、いわゆる「型」による教育方法がその発展段階に照応して思念されているのであって、しかして、型に入ってその型を出るところに「まことの人」という最高の人格が得られる、としたのである。

思うに、教育史的立場よりする兼好ら隠者の研究は、管見によるかぎり、従来閑却されてきたが、しかし、上来のごとく、特に兼好において、その教育史的意義は、わが国文化史上におけると一般、きわめて大きく、その教育思想家としての事績は刮目すべきものがあり、向後、彼を教育史的叙述のなかに加えて、正当なる位置を与えるべきである、と私は考えるのである。

註

(1) 福島政雄抄「言行片々」(同訳『ペスタロッチ全集』第一巻、『世界教育宝典全集』、玉川大学出版部、一九四九年、三〇九～三一〇頁)。

(2) 風巻景次郎「日本文学史の周辺」(『文学史の構造』〈『風巻景次郎全集』第二巻〉桜楓社、一九七一年、三七一～三七二頁)。

(3) 教育学一般においても、細谷恒夫が、「教育における価値の問題」(『教育学の理論』〈『教育学全集』一〉小学館、一九六七年、一七〇～一八四頁)のなかで、『徒然草』第四一段において、教育的行為における価値の総合を論じているのが、わずかに管見に入っているのみである。

なお、教育学以外の研究者のかかる領域への発言として、国文学者西尾実の「『つれづれ草』における人間理解の大系」(『つれづれ草文学の世界』法政大学出版局、一九六四年、六六～九一頁)および日本史家和歌森太郎の「中世の友人論」(『中世協同体の研究』清水弘文堂書房、一九六七年、二四一～二五六頁)があり、ともに、後に触れるごとく、教育史的立場から見ても注目すべきものである。

(4) 石田吉貞「草庵文学とその系譜」(『淡交』第二八巻第六号、一九七四年六月、二五頁)。

(5) 「隠者の幻」序(『森信三著作集』第一〇巻、実践社、一九七一年、一頁)。

(6) 『隠仙の文学』武蔵野書院、一九六三年、一七三～二〇八、二一四頁。

(7) 桜井好朗『隠者の風貌』塙書房、一九六七年、一三～一五頁。

(8) 石田吉貞『隠者の文学――苦悶する美――』塙書房、一九六八年、一八～二〇頁。

(9) 『徒然草』上、第一段(西尾実校注『方丈記　徒然草』〈『日本古典文学大系』三〇〉岩波書店、一九五七年、九〇頁)。

(10) なお、石田吉貞は、『隠者の文学』(註(8)前掲書)二五頁において、これを隠者文学の三様式としている。

(11) 『徒然草』下、第一九四段(西尾、註(9)前掲書、二五〇頁)。

(12) 同上、上、第七四段(西尾、註(9)前掲書、一五〇頁)。

(13) 小林秀雄『無常といふ事』角川書店、一九五四年、二〇頁。

(14) 『中世の文学』筑摩書房、一九六五年、一〇八～一〇九、一一七～一一九、一二六～一二七頁。

(15) 『徒然草』上、序段(西尾、註(9)前掲書八九頁)。

(16) 例えば、『徒然草』第一〇四段(同上書、一七二～一七三頁)は、『兼好法師集』(『群書類従』第一五輯、「和歌部」、巻第二六九、

続群書類従完成会、一九四一年、四六六頁）の「秋の夜とりのなくまで人と物かたりして帰りて」という詞書およびその歌「有明の月そ夜ふかきわかれつるゆふつけ鳥やそらね成けん」を物語化したものと考えられている。
(17) 高乗勲『徒然草の研究』「校本篇」、自治日報社、一九六八年、三三〇頁。
(18) 『実隆公記』巻一、上、続群書類従完成会、一九三一年、二三頁。
(19) 這般の消息は、例えば、白石大二の「徒然草の批評」（『兼好法師論――人・時代・伝統――』三省堂、一九四二年、二四～四七頁）に詳しい。
(20) 「吉田兼好の死生観とその普遍性」（『清貧の思想』草思社、一九九二年、一一一～一一六頁）。
(21) 『大日本史料』が引く『諸寺過去帳』の「法金剛院之過去帳」に「兼好法師、観応元年四月八日」（『大日本史料』第六編一三、東京帝国大学史料編纂掛、一九四一年、五六〇頁）とあり、享年六八歳ということから、弘安六年（一二八三）生まれ、観応元年（一三五〇）没とされていたが、『諸寺過去帳』なるものは調査の結果意外に信頼度の低いもので、しかも、観応元年以後の兼好生存を証する史料の発見によって、今日では、この説は否定されている。
(22) 『卜部氏系図』（『続群書類従』第七輯下、「系図部」、巻第一七九、続群書類従完成会、一九二八年、二一二頁）。
(23) 『徒然草』下（西尾、註（9）前掲書、二八一頁）。
(24) 橘純一『正註つれ〴〵草通釈』下、慶文堂書店、一九四一年、七一七頁。
(25) 『正徹物語』上（久松潜一／西尾実校注『歌論集能楽論集』〈日本古典文学大系〉六五）岩波書店、一九六一年、一八八頁）。
(26) 同上および『卜部氏系図』（註（22）前掲書）を史料とし、それを『徒然草』・『兼好法師集』の内容に照らし合わせて、今日では叙述のごとく考証され、定説となっている。
(27) 藤原正義「徒然草と沙石集――その思想と文体と――」（『兼好とその周辺』桜楓社、一九七〇年、一三五～一六一頁）に見える数とは、私の検索数は若干異なる。
(28) 『兼好法師集』（『群書類従』第一五輯、註（16）前掲書、四六〇頁）。
(29) 兼好は、『大徳寺文書』（高乗、註（17）前掲書、「本文研究篇」、五九四～五九五、六〇一頁）によれば、元亨二年（一三二二）四月二七日付けにて山城国山科小野庄内の名田を柳殿の塔頭に低廉な三〇貫文で売寄進しているが、この寄進状には「沙弥兼好」と記されており、しかも、この名田は、彼が、正和二年（一三一三）九月一日に、六条三位有忠から九〇貫文で買い取ったもので、その際の有忠の売券と御教書には「兼好御坊」と記されている。今日兼好の出家を確認しうる最古の文書はこれである。従来は、後宇多上皇の正中元年（一三二四）の崩御に結び付けたり（『正徹物語』、久松／西尾、註（25）前掲書、一八八頁）、後二条天皇の御子邦良親王の嘉暦元年（一三二六）の死に結び付けたりされた（中村直勝「徒然草研究」、『室町時代』〈『日本文学講座』〉第七巻、新潮社、昭和七年、九九〜一〇一頁）が、いずれも、時間的に事実に齟齬したものである。

(30)『徒然草』上、第五八段（西尾、註（9）前掲書、一三七頁）。

(31) 同上、上、第一一二段（一八〇頁）。

(32) 出家後における彼の伝歴についての叙述は『卜部氏系図』（註（22）前掲書）・『兼好法師集』などによる。

(33)『徒然草』上、第二五段（西尾、註（9）前掲書、一一〇頁）。

(34) 同上、下（一五〇〜一五一頁）。

(35)「『つれづれ草』の世界観」（『つれづれ草文学の世界』、註（3）前掲書、一五八〜一六〇頁）。

(36)『徒然草』上、第七段（西尾、註（9）前掲書、九四頁）。

(37) 同上、下、第一三七段（二〇五頁）。

(38) 同上、上、第一〇八段（一七七頁）。

(39) 同上、上、第七五段（一五二頁）。

(40) 同上、下、第一七四段（二三一頁）。

(41)『兼好法師集』（『群書類従』第一五輯、註（16）前掲書、四五八頁）。

(42) 史的信憑性が高いといわれる『後普光園院殿御百首』（『続群書類従』第一四輯下、「和歌部」、巻第三八九、続群書類従完成会、一九二三年、七九四〜七九八頁）によれば、兼好は頓阿・慶運とともに良基の百首に点を加えているのであって、これには観応三年八月二八日の日付の頓阿の跋がある。

(43)『徒然草』下、第二一一段（西尾、註（9）前掲書、二六〇頁）。

(44) 同上、上、第八段（九五頁）。

(45) 同上、上、第三八段（一一九頁）。

(46) 同上、上、第五八段（一三七～一三八頁）。
(47) 同上、上、第五九段（一三九頁）。
(48) 同上、上、第七四段（一五一頁）。
(49) 同上、上、第七段（九五頁）。
(50) 『徒然草』第三八、七四、八五、九三、一一三、一七四、二一一段などに出る。
(51) 同上、第五六、七八、一七五段などに出る。
(52) 同上、第一〇、三七、五六、七三、七九、一一八、一三七、一三八、一七五段などに出る。
(53) 同上、上、第一段（八九頁）。
(54) 同上、上、第一段（九〇～九一頁）。
(55) 「『よき人』の意味論的考察――兼好の所謂『よき人』――」（『徒然草と兼好』帝国地方行政学会、一九七三年、四四九頁）。
(56) 「徒然草における思惟と表現」（『中世日本の精神的景観』塙書房、一九七四年、一一二～一一三頁）。
(57) 『徒然草』上、第一三〇段（西尾、註（9）前掲書、一九五頁）。
(58) 「『つれづれ草』における人間理解の大系」（『つれづれ草文学の世界』註（3）前掲書、七四～七八頁）。
(59) 『徒然草』第一〇八段に出る。
(60) 同上、第六〇、九八、一四〇段などに出る。
(61) 同上、上、第三八段（西尾、註（9）前掲書、一一一頁）。
(62) 同上、第三八段に出る。
(63) 同上、上、第八四段（一五八頁）。
(64) 同上、下、第二一七段（二六五頁）。
(65) 同上、上、第一三四段（一九七頁）。
(66) 同上、上、第一〇八段（一七七頁）。
(67) 同上、下、第一八八段（二四五頁）。
(68) 同上、上、第一〇八段（一七七頁）。註（38）に同じ。

(69) 同上、上、第九三段（一六六頁）。
(70) 同上、上、第三八段（一一九頁）。註（45）に同じ。
(71) 同上、上、第三九段（一二八頁）。
(72) 同上、下、第一七四段（二三一頁）。註（40）に同じ。
(73) 同上、上、第一三段（一〇〇頁）。
(74) 高乗、註（17）前掲書、「解釈篇」、七一五〜七一六頁。
(75) 藤原正義「兼好における時衆と禅」（註（27）前掲書、八二頁）。
(76) 同上、一二四〜一三三頁。
(77) 『徒然草』上、第三八段（西尾、註（9）前掲書、一二一頁）。
(78) 『他阿上人法語』巻第二（『定本時宗宗典』上巻、時宗宗務所、一九七九年、一四八頁）。
(79) 『徒然草』上、第七六段（西尾、註（9）前掲書、一五二頁）。
(80) 同上、上、第七六段（一五二頁）。註（39）に同じ。
(81) 「徒然草」（文芸春秋新社、一九六四年、二二六〜二四〇頁）。
(82) 『徒然草』上、第三八段（西尾、註（9）前掲書、一二一頁）。
(83) 同上、上、第五一段（一三一頁）。
(84) 水尾比呂志「東山文化」（遠藤元男／大久保利謙／大宅壮一／岡田譲／野間清六／宝月圭吾／松本清張編『室町幕府』〈「日本歴史シリーズ」第八巻〉世界文化社、一九六九年、七二〜八〇頁）。
(85) 『徒然草』下、第一五七段（西尾、註（9）前掲書、二二〇頁）。
(86) 同上、下、第一五七段（二二〇頁）。
(87) 同上（二二一頁）。
(88) 『播州法語集』（註（78）前掲書、六一頁）。
(89) 『徒然草』上（西尾、註（9）前掲書、一八四〜一八五頁）。
(90) 「中世の友人論」（註（3）前掲書、二五〇〜二五三頁）。

(91)『徒然草』下、第一五五段（西尾、註（9）前掲書、二一八頁）。
(92)同上、下、第一五七段（二二二頁）。
(93)同上、上、第三八段（一二一頁）。
(94)「祖翁口訣」（潁原退蔵校註『芭蕉文集』〈『日本古典全書』〉、朝日新聞社、一九五五年、二一三頁）。
(95)『徒然草』上、第八五段（西尾、註（9）前掲書、一五八頁）。
(96)同上、下、第一五〇段（二一五頁）。
(97)同上、上、第五二段（一三二頁）。
(98)同上、上、第九二段（一六四頁）。

第八章　世阿の能楽稽古論

一　研究史上の世阿

本章は、能楽の大成者世阿(1)の思想を、教育精神史的見地より考察するものである。

一体、世阿は、能楽の創始者観阿の実子であって、その類稀な天分に加え、観阿の薫陶を受けて自己修練に努め、幼少よりすでにその才能を認められて、将軍足利義満の寵を受け、当初、上流貴顕に「如此散楽者乞食所行也(2)」と蔑視された猿楽を、義満が営んだ金閣を中心に開花した北山文化の精華として、王朝文化にも比すべき優雅艶麗なる至高の幽玄能にまで高めた能役者であって、芸能史上不滅の光を放つ存在であり、その卓越した高次の能楽論などが文学史や思想史の上においても不動の地位を占める偉材であるが、その能楽論の基底をなしていたものは稽古論であった。

思うに、学習の支援たる教育という価値的営為の真実は人間形成に収斂さるべきものであるが、なかんずく、稽古とか修行と呼ばれる領域はきわめて濃密な人間形成作用ということができる。しかして、自らの思索と体験のなかで稽古論を基底として書かれた世阿の数多くの伝書は、人間形成の書たる趣を有し、その能楽論は、また、すぐれた教育論ともいうことができるのである。

一体、世阿に関する学問的研究は吉田東伍によって明治四二年（一九〇九）二月に『能楽古典世阿弥十六部集』が能楽会より刊行されて以後のことに属する。以来、世阿に関する研究は、枚挙にいとまがないほど夥しいものがあるが、世阿の能楽論がまた教育論でありうることに着目しての研究はそう多くはなく、ことに教育学ないし教育史の立場からのそれは寥々たるものがあるのである。しかし、取り上げられた時点は早く、教育論としての能楽論研究に先鞭が付けられたのは、吉田東伍の手によって『能楽古典世阿弥十六部集』が刊行され、学問的研究の端緒が開かれた直後の、明治四二年三月に鈴木暢幸が『能楽』に発表した「卓抜なる芸術教育」であった。爾来、この方面の研究は、国文学者西尾実が一貫して多くのすぐれた論考を発表するなど、文学史ないし芸能史畑の研究者のいわば研究余滴として開拓されてきた感があった[3]。しかして、管見によれば、けだし、教育学ないし教育史の立場から、最初に世阿に目を向けたのは乙竹岩造であって、「世阿弥集に漂う教育的色彩」を『教育学研究』に昭和一二年（一九三七）七月発表し、次いで、福島政雄が「幽玄美の原理と教育」を『学校教育』に昭和一三年一〇月・一一月発表し、これらを受けて、高橋俊乗が昭和一八年（一九四三）一〇月に「日本教育先哲叢書」の一冊として刊行した『世阿弥元清』において世阿を「中世後期最大の教育思想家[4]」と称するに至っている。以後、増永良丸によって、短篇ではあるが非常に体系的・整合的な論考が公にされ、神保博行は教育哲学の立場からきわめて有意義な力作を発表し、また、中山一義は精力的にその芸能稽古論の究明を行い、更に、安部崇慶が芸道稽古論研究の一環として世阿へ論及し、近くは西平直によって世阿伝書の「稽古」への哲学的な検討がなされてきている[5]。

　しかしながら、総じて、従来の教育論としての世阿能楽論研究は、量的に限られたものであるとともに、その内容においても、今日においては訂正さるべき点が出てきている。例えば、従前のごとく『風姿花伝』「第一年来稽古条々」をもって世阿の教育思想を論じ、彼をいわゆる随年教法の先駆者として位置付けるといったことはもとより論外のこととして改められねばならない。一体、八〇年の長い生涯、倦むことなく思索を続けた世阿においては年月を経るに従ってその思想にいわば弁証法的な成長・発展が認められるのであって、平板一律には捉えられないのであり、その変化に即して教育思想も考えなくてはならない。その生涯を大きく、花やかな順風満帆の五〇歳ごろまでの前期、失意のなかに数多くの著作をものした六〇歳前後の中期、そして逆境の七〇歳以後の後期という、三期に分かつならば、『風姿花伝』は前期の著作なのである。しかも、それは確かに世阿が書いたものであり、その第三篇までが応永七年（一四〇〇）の識語をもつ前期のものであるが、その「第三問答条々」の結語に「家を守り、芸を重んずるによて、亡父の申置きし事どもを〔心底〕にさしはさみて、大概を録する所」[6]であり、従って、その「奥義云」の結語に、

凡、花伝の中、〔年来〕稽古より始めて、この条々を注（す）所、全自力より出づる才学ならず。幼少より以来、亡父の力を得て人と成りしより、廿余年が間、目に触れ、耳に聞き置しまゝ、その風を受けて、道のため、家のため、是を作する所、私あらむものか。[7]

とあるごとく、父観阿の思想を祖述したものであり、年来稽古の思想は観阿に帰せられるべきものであって、世阿にとっては、後の思想への発展の経緯をも示している、その一大理論体系の基礎理論をなすものと、考えられるからである。

しかも、また、教育学の立場よりの研究が、もとより教育の論理を踏まえた原理的に切り込みの鋭い体系的な考察であることは、他の教育論としての世阿能楽論研究の類書に見られぬ長所であるが、それが、ともすれば、時間・空間を閑却して歴史的な見方において問題をはらみ、今日の教育学 Pädagogik という西洋の学問のあらかじめ決められたシェーマやパラダイムをそのままわが国中世の世阿の能楽論に当て嵌めて、その図式に適合するもののみをフォローしていくという欠点がまま見られるのである。現代の尺度や論理で中世を論断することは歴史的な考え方ではない。世阿がわが国中世の人物である以上、その研究者も中世という時代に分け入って中世人となって中世人の考えや立場で思惟し、誇張や歪曲なく、その思想を根底基盤から実証して、世阿を考えてこそ、その思想の真意義に触れることができる、と考えられるからである。

思うに、能楽は、今日、芸術として扱われる。しかし、今日いうところの「芸術」は、Art ないし Kunst の訳語[8]として、美的創作の世界を表すものである。それは、信仰・儀礼・習俗といったものから独立した、純粋に美の表現を目的としたものなのである。しかして、わが国中世の能楽が、もとより芸術的要素を有しつつも、如上の意味における芸術とは非常に異なったものであったことは自明であろう。

一体、中世において、猿楽と呼ばれた能楽は、信仰や儀礼・習俗と一体不可分のものであったのであり、『申楽談儀』にも「申楽とは神楽なれば、舞歌二曲を以て本風と〔申す〕べし」[9]とあるごとく、猿楽は神事芸能たる神楽であって、美的創作としての舞台芸術ではなく、あくまでも厳粛な宗教芸能であった。しかして、能役者は、元来、芸人といった存在ではなく、大社寺の神（仏）事に従事する神職に他ならなかった。世阿が、『風姿花伝』において、わざわざ一章をさき、猿楽の起源伝説を記した「第四神儀云」に、猿楽は、神代やインドに始まる神聖なものであり、わが国では、秦河勝が聖徳太子の命によって、「神代・仏在所の吉例に任て、六十六番の物まねを」[10]橘の内裏紫宸殿で勤め、天下の乱れを鎮めたことに由来し、大和猿楽はこの秦河勝の直系であって、春日神社・興福寺などの神（仏）事に従事する、と述べている所以もここにある。

かつ、また、この「神儀云」において、歴史的事実か否かは別として、猿楽の起源は、神代における天照大神の高天原の岩戸隠れの際の天鈿女命の歌舞である、としている。[11]しかして、『日本書記』巻第一には、この天の岩戸伝説について、「猨女君遠祖天鈿女命、則手持二茅纏之矟一、立二於天石窟戸之前一、巧作俳優[12]」とあるのであって、ここに見える「作俳優」は「わざをぎ」と訓じ、神を招《お》ぎ祀る意味とされている。[13]芸が神とつながり、神を呼ぶのである。

しかして、如上の伝説を自認した能役者が、神仏に仕え、神仏と人とを結ぶ神職たることは、その共通の認識であり、一般の人々からも神（仏）事を行い神仏との媒介をする存在として考えられていた。かかる能役者が自らの演技を芸術であると意識するはずもなく、あくまでも、神聖な意義ある猿楽を演じ、神を招ぎ祀る伎をもって、天下泰平や無病息災を祈る神職であると信じていた。もっとも、観阿から世阿への能の展開過程において、神事芸能として地方に基盤を持つ猿楽能から都市の縉紳公卿を主たる享受者とする幽玄能への推移があり、それが結果として能の娯楽的・芸術的色彩を強めたことは否定できない。しかし、能役者自身が、自らの演技を芸術であると意識することはもとよりなく、例えば、『風姿花伝』の序言において「此道に至らんと思はん者は、非道を行ずべからず[14]」とあるごとく、履み守るべき規矩、「道」として、換言すれば宗教芸能としての自覚の下に演能していたのであり、それは、世阿の後継者である女婿の禅竹においても異なるところのなかったことは、その『明宿集』に、能役者が、「神職」として「ユメ〳〵無道ヲ振舞フベカラ[15]」ざる旨を示していることによって知られるのである。かかる猿楽の稽古論をその時代背景や当時の状況を無視して今日的な視点から単なる芸術教育思想などとして狭く把握することがいかに問題であるかは論を俟たないところである。しかも、わが国古来の芸道においては、単なる術や伎の進歩ということを越えてその道の鍛錬による自己の人間的完成が終局の目的として庶幾されているのであるが、上述のごとく、猿楽もその例にもれず「道」として、実のところ、「舞・はたらきは態也。主に成る物は心なり[16]」と、身体的な技術の錬磨を越えて心の陶冶をこそ主とすべきことが強調されていることよりすればなおさらであろう。

一体、戦後の世阿研究は、金春家旧蔵本や『拾玉得花』の発見など、多くの世阿の伝書の発掘と相俟って、量的にも質的にも急速な発展を遂げている。しかして、従来の一六部の伝書に限定されていた研究は、今日存在の知られている二一部[17]の伝書全体に当たって再吟味するとともに、今日の世阿研究の水準において再構成されなくてはならない。しかして、世阿の教育学的・教育史的な研究も、戦後の世阿研究の成果を踏まえつつ、中世という時代的コンテクストにおいて世阿を見、世阿伝書の全体を通覧して、その教育思想の総体を体系的かつ実証的に把握することが要請されることとなる。ここに、本章は、先行の世阿研究の成果に導かれつつ、以下、世阿の能楽稽古論を教育学、なかんずく教育精神史の立場から考察するものである。

二　世阿の宗教的背景

上述のごとく、能楽は、美を表現する芸術などではなく、それとは未分化の神仏の影向する宗教的祭祀そのものであって、「道」として演能は演ずる能役者そのものの自己表出であるとして人間的完成が前提されており、能役者は、芸人などではなくして神（仏）事に従事する神職として、好色・博奕・大酒を断つ三重戒を自らに課し[18]、「諸道・諸事をうち置きて、当芸ばかりに入ふして、連続に習（ひ）極め」[19]る宗教的求道といってよい、自己鍛錬の修行が要請されていた。世阿は円頂・入道の神職であったのであるが、その宗教については諸説がある。

実のところ、『申楽談儀』に「清次法名観阿・犬王法名道阿」[20]とあるごとく、世阿の父清次の「観阿」という名前は法名であって、中世において盛行した一遍仏教、時衆のそれである。犬王道阿また「一心不乱に、『南無阿弥陀仏』と申て、鉦鼓を叩き（中略）あなたへゆらり、こなたへゆらりと、立歩き」[21]、踊り念仏に他ならぬ「念仏の申楽」を演じた時衆であった。「観阿弥」とか「世阿弥」などと「阿弥」止めにするのは同朋衆の阿弥号に引きずられた後人の誤称に他ならない。彼ら能役者は、多く弥陀信仰を受容し、阿弥陀仏のいわゆる取り子として、「舞台に立って神仏の役を演ずるときには神仏そのものになるから、即身成仏を示す世阿・世阿弥陀仏という時衆名を名の」[22]った。同じく『申楽談儀』に世阿が一三歳ごろの「藤若と申ける時、大和多武峰の衆徒の、重代の天神の御自筆の弥陀の名号を、天神より霊夢二度に及とて、渡さる。今に是有。文字は泥也」[23]と記されているが、宗教芸能者たる観世家における神仏習合の弥陀信仰、すなわち時衆信仰を明瞭に物語っている、といえよう。観世家が「観世」家たる所以であろうし、また、時衆においては、『一遍聖絵』第一一に「天神は西土補助の薩埵」[24]とあるごとく、一遍の頃より天神を観世音菩薩の仮現として信仰していたが、ことに南朝の皇胤時衆一二代尊観法親王は、その心境において菅公と通い合うものがあった故か、ことのほか天神を尊崇し、南朝方とも連なるところのある世阿と同時代の人であることが思い合わされるからである。しかも、『時衆過去帳事僧衆』の時衆一五代尊恵の項に「来阿弥陀仏〔観世三良〕（〔　〕は裏書き。以下同じ）、「声阿弥陀仏〔同四郎〕」などとあり、[25]この「三良」が世阿、「四郎」が弟四郎太夫であるかは、この頃世阿は存命中で逆修の過去帳入りだとすると、世阿らは尊恵に結縁し、改めて「来阿弥陀仏」などの法名を授与されたことになる。たとえそれが他の観世家の者だとしても、当時の観世家が時衆圏に属していたことは明らかといえよう。

上来のごとく、世阿が時衆であったことは明らかであるというべきであるが、「補巌寺納帳」[26]発見に関わってその二世竹窓智厳に世阿が帰依したとし、彼を曹洞禅に結び付けて説く傾向が一方において定説化しつつある。彼が曹洞禅に本当に帰依したか否かについてはなお疑問も呈され、[27]定かではないのであって、確かに初期の伝書より禅語が多く用いられ、その能楽論への禅の影響は顕著なものがあるのは事実であるが、それはむしろ臨済禅のそれが強いといってよいのである。[28]思うに、師檀関係において所属宗派が固定していない中世にあっては、時衆であって参禅するということは何ら不思議なことではない。

しかして、私見によれば、これは、観世家伝世の信仰・慣習的規範としての時衆、世阿における能楽論発展への教養としての当時流行思潮の禅ということであって、二者択一の問題ではない、と考えられる。しかも、世阿の思想において、禅の影響として説明されていることの多くを、自己の本分を説く本覚門的・本体論的な立場に立ち、一切捨離を高調する、いわば念仏禅ともいうべき時衆の思想が媒介しているとも考えられる。一例を挙げれば、『花鏡』「奥段」に見える「時々の初心」[29]は道元の思想をもってではなく、「当体の一念」[30]という一遍の時間論をもって十分に説明することができる。ことに、一遍は、「万法は無より生」[31]ず、と述べ、すべての現象や文化も無を基底として成立しているとし、「念仏が念仏を申」[32]し、「名号が名号を聞」[33]くという無我無心の念仏を説き、「心をばこゝろの怨とこゝろえてこゝろのなきをこゝろとはせよ」[34]と「無心の心」[35]をもって生きることを高調したが、それが世阿にあっては「無心の感」[36]となって、「無」が能の妙花を生む場となっているのである。

世阿弥陀仏という時衆の法名を名乗る者として、時衆からの思想的影響もやはり少なくはないのであり、世阿作能「当麻」には「八万諸聖教皆是阿弥陀ともありげに候。（中略）称ふれば仏も我もなかりけり南無阿弥陀仏の声ばかり」(37)と一遍仏教を時衆六代一鎮の和歌を引きつつ正しく説き、同「実盛」でも、応永二一年（一四一四）三月時衆一四代太空が加州篠原において斎藤実盛の霊に十念を授け済度したという事実を正しく踏まえて脚色しているごとくである。しかも、その仏も我もなく「南無阿弥陀仏の声ばかり」という一切捨離の精神などの影響下に余剰を削り落し無駄をなくした「型」が、未熟な者もそれに入れば二而不二の達人の位に上るという「易行」の修行として措定されてくる、と考えられる。いわば名号の真実に代わる、歴史のなかで洗練され真実にまで昇華された型に任せ型になり切るのであり、まさに他力であって、自力の禅ではない。型によって達人と同じとなるのであり、そこには既述のごとく、名号において衆生はすでに救われ往生しており、名号において弥陀と一体となるという一遍仏教の思想が底流している、といってよいのである。

しかして、彼の思想は、基本的には、あくまでも時衆文化圏における能役者として、その不断の稽古修行のなかで、体験的に自得されたものなのであって、その説明原理やヒントとして、当時の流行思潮であった禅を併せて用いられたのであり、そこに、禅臭芬々として、理論のための理論との感の深い、その女婿禅竹の能楽論との根本的差異がある、と考えられるのである。(38)

三　世阿の能楽稽古論

(一)　稽古と型

一般に「稽古」は芸能や武術の世界におけるその技術の修錬を通じての自己鍛錬をいうが、元来、それは、まず、文字通り、古を稽《かんが》えることであった。世阿によれば、稽古とは、自らの理想像とした父観阿を始めとする権威ある「当道の先祖」[39]の履み行った道をたずね、遵守すること、すなわち、「音曲・舞・はたらき・物まね、かやうの品々を極むる形木」[40]に従うことであった。具体的には、『至花道』に、「当芸（の）稽古の条々。其風体多しといへども、習道の入門は、二曲・三体を過ぐべからず。二曲と申は舞歌なり。三体と申は物まねの人体也」[41]とあるごとく、あくまでも「二曲三体」という基本の「形木」に入る修行を意味する。身体の在り方やそのまさに身体性が心のあり方を大きく規定するから、まず「形木」すなわち身体的表現の本質的要素を抽出し圧縮したいわば永遠の形ともいうべき規範としての身体の場たる「型」に入るという否定の契機によって「無主風」[42]の私意ないし恣意を斥け、「有主」[43]の形木への全人格的な没入を図るのである。そこにおいて、型、そして師への絶対的な信が求められることはいうまでもなかろう。能楽においては面を付けるが故に、生身の自己を否定してその面に従わねばならないからである。

「型」に入って無心となれば「型」通り体が動くが、それには階梯がある。『風姿花伝』では主体を本位として幽玄にかなう対象に似せるのであるが、『花鏡』に至ると「先能其物成　去能其態似」[44]と演ずるものになりきることが説かれるに至っている。それは、年齢の長ずるに従って「二曲」、その上に「三体」、そして、それらを基礎とし、「物数」[45]を尽くして「日々夜々、行住座臥に」[46]工夫をこらして「万曲ノ生景」[47]へと、多くの形木を自分のものとするために「若年より老後迄習徹る」[48]常住不断の、劫の上に安住するといった「住劫」[49]を嫌う、いわば向上において「住する所」[50]なき一所不住の遊行にも似た生涯稽古となる。同じく『花鏡』に「至りたる上手の能をば、師によく習ひては似すべし。習はで（は）似すべからず」[51]と説かれる所以である。しかし、そうはいっても名人などの深く高い芸の趣に目を奪われて、それを真似したのでは結局似て非なる芸となるから、更に『至花道』や『遊楽習道風見』において、本質的・根本的な芸を型に従って学んでいくのを「体」とし、その型に従って学んだところから現れる働き・美しさを「用《ゆう》」とするよう戒めている。[52]

これが世阿のいわゆる「物真似」論であるが、それは、心を閑却した対象の客観的な模写や写実を意味するのではなくして、「物マネニ、似セヌ位アルベシ。物マネヲ極メテ、ソノ物ニマコトニ成リ入リヌレバ、似セント思フ心ナシ[53]」と逆説的に語り、「よろづの物まねは心根成べし[54]」というごとく、能楽の伎は単なる形や技術ではなくして、いわば父祖の求めた精神の模倣ともいうべく、それが魂にこだます、心を含めた物真似であり、自我を滅し、私意を去ってノエシス即ノエマ的に対象そのものになり切る、型の修行によって、精神の修養、心の陶冶を図ることをいうものである。

芸には能役者の人品骨柄が表れる。ここにおいて彼の物真似論は身体と心の関係に及ぶこととなるのであって、彼が「動十分心　動七分身[55]」というごとく、身体と心は動的均衡を保つ逆対応の関係にあり、心は十分に働かせるが伎の身使いを七分に押さえることによって身体において三分の節約をし、心に余裕をもたせるということが説かれているのである。その余裕があってこそ観客と同じ眼で前後左右を冷静に見、わが身を正す「離見の見[56]」が可能となるのであり、それは鍛錬修行の功を経て得られる我見を離れた無心の立場においてであった。彼が、「舞・はたらきは態也。主に成る物は心なり[57]」という所以である。しかしてこそ、老・女・軍の三体のいのちは、能役者に乗り移り、その風姿を借りて、かつて生きたその愛執や情念を仮現し、その特定の時と場における一回限りの個性的で独創的なたまゆらの「花」と化すことができるのである。

ここに、世阿は、「稽古は強かれ、情識は無かれ、と也[58]」と叱咤し、「花」を究めるためには、伎を磨き、精神の修養に努め、そのためにも驕慢心を捨てて、「『上手は下手の手本、下手は上手の手本なり』と工夫[59]」し、また、「常（に）師に近づきて、不審を立て、、我芸の位（の程）を、よく〳〵問ひ明ら[60]」め、稽古を積み重ねて「身心に覚え入[61]」るようにしなければならない、とする。「習はで似[62]」しては「転読[63]」のごとき全体の一貫した体系を欠いた断片的な瞞し芸になるからである。しかしながら、すでに見たごとく、彼において、稽古とは、「形木」という芸の規矩に従い、型に入って、身体から身体へと伝えられる規範を極めることであって、「花」を直接に志向するものではない。「花」は、演者が、物真似の蘊奥を押し極めて、伎を完全に習得し、日常性における型と心との溝渠が除去され、ついに、模倣の意識が泯没して全く働くことのない、ノエシス即ノエマ的に「形木」と自己とが渾然一体となった、二而不二の境において、自ずと現れるものである。これが先述の「似セヌ位」[64]であって、彼が、「稽古の功入て、垢落ちぬれば、此位、をのれと出で来る事あり」[65]と説く所以である。

(二)　花の理

世阿の伝書には「花」の一字を付したものがすこぶる多い。『風姿花伝』の「第三問答条々」は、「能に花を知る事（中略）無上第一なり。肝要也」[66]、重ねて、「此道の奥義を極むる（所）なるべし。一大事とも秘事とも、たゞこの一道なり」[67]と、能楽の道の奥儀たる「花」を知ることの重要性を反覆縷説し、その「第七別紙口伝」は、「家、々ニアラズ。〔継グ〕を以テ家トス。人、々ニアラズ、知ルヲ以テ人トス」[68]と、その「花」を知って奥儀を極めた人こそ真の能役者である、という。能楽においては、「花」の何たるかを知ることこそ、まさに、稽古の要諦なのである。

ここに、世阿は、「イヅレノ花カ散ラデ残ルベキ。散ルユヱニヨリテ、咲ク頃アレバメヅラシキナリ。能モ、住スル所ナキヲ、マヅ花ト知ルベシ」[69]と、この「花」は絶えず生々発展するものである、と述べ、また、「タゞ、花ハ、見ル人ノ心ニメヅラシキガ花ナリ。（中略）サレバ、花トテ別ニハナキモノナリ。物数ヲ尽クシテ、工夫ヲ得テ、メヅラシキ感ヲ心得ルガ花ナリ」[70]と、能楽の「花」は、固定して陳腐にならないように、例えば「〔巌〕に花の咲かんがごと」[71]く、努めるところにある、とする。すなわち、「花」は、いわば現象的には無常性を、存在面においては無我性を有するのであって、「花ト、面白キト、メヅラシキト、コレ三ツハ同ジ心ナリ」[72]とあるごとく、無常であり、無我であるが故に、「花」は浮世の因果を表して珍しく、珍しいが故に面白いのである。[73]しかしながら、かかる面白さを現じるためには、あらかじめ、演者の胸中深く工夫が凝らされていなければならない。しかし、工夫を凝らすといっても、いたずらに「世ニナキ風体ヲシ出ダスニテハアルベカラ(74)」ざるものであることはもとよりである。しかして、世阿が、「花を知らんと思はゞ、先種を知るべし。花は心、種は態なるべし(75)」といっているごとく、「花」を知る前提として「花」の「種」である「態」すなわち身体の正しい在り方よりする伎が先に問われていることはいうまでもなく、物数を極めて実際的な演能の技術に磨きをかけ、その身に修めた演技に媒介されて発揮される心の働きが「花」なのである。

ところで、世阿は、『風姿花伝』「第三問答条々」において、この「花」には、若さや姿形から来る「時分の花(76)」と、生涯失せることのない「まことの花(77)」とがある、と述べ、その「まことの花」を知るには、一定の順序次第がある、として、「先、七歳よりこのかた、〔年来〕稽古の条々、物まねの品々を、能々心中にあて、分ち覚えて、能を尽くし、工夫を極めて後、この花の失せぬ所をば知るべし(78)」という。すなわち、彼は、同「第一年来稽古条々」において、生涯を七歳より「五十有余」の七期に分かち、心身の発達段階に応じた不断の稽古を周到・適切に指示して、つねに向上すべく、劫の上に安住しない、一生を通じての随年教授を説き(79)、同「物学条々」において、物真似の基本類型を掲げ、その要領を懇切に述べている(80)。そして、幼年より、かかる基礎修行を積み、物数を尽くし、伎を錬磨・彫琢して、珍しさを演じる工夫を凝らしていくところに、「花」の何たるかが知られ、たとえ姿形は衰えても、また、あらゆる時や場においても、枯れることのない、文字通り身に付いた「まことの花」が咲く、と説いたのである。

なお、『風姿花伝』においては、「花の失せぬ所をば知る(81)」ということが中心目標であり、美しさ・面白さ・珍しさの三拍子が揃った正しい「まことの花」の得られる境位が幽玄であった。同「第三問答条々」にも、「なにと見るも花やかなる為手、是、幽玄なり(82)」とあるごとく、父観阿の影響下にある『風姿花伝』の世阿は、優美をめでて、野卑で下品な要素を否定していた。しかし、『花鏡』に至ると、その初期の幽玄観を継承しつつも、しだいにそれを枯淡美へと醇化し、冷えに冷え、「さび〳〵としたる(83)」「瑞風(84)」の能を、その稽古の果とするに至っている。

(三)　能の位

さて、上来のごとく、稽古の劫が積もると自ずと芸の垢が落ちて洗練され、それ相応の芸の位が現れて来るのであって、世阿は、その修行と芸の位との相関をその体験に基付きつつ体系的に整えている。『花鏡』「知二習道一事」に、「師の許す位は、弟子の下地と心を見すましてならでは許さぬ子細あり。（中略）下地おろそかなれば、許す事かなはず[85]」とあるごとく、その「下地」すなわち先天的素質を「見すま」すことが師としての要件の一つであり、その素質がないということとなれば相応の芸の位に向上することはできないが、たとえ素質があっても、「稽古なからんは、をのれと位ありともいたづら事[86]」であり、それは発現しない。そして、『花鏡』「奥段」に、「命には終りあり、能には果てあるべからず[87]」とあるごとく、能の位に限局はなく、能役者は初心を忘れずに不断の修養を要請され、その修行は一生涯のものとなったのである。

一体、世阿によれば、「形木」の型に入って、恣意的な自我たる「情識[88]」を没却することにより、演者の生命力はその型のすみずみまで沁みわたり、いわゆる「有主[89]」の「心より出来る能[90]」の芸境となる。これを安位というが、『遊楽習道風見』に、

安き位に至りて、万曲ことごとく意中の景に満風する所、色即是空にてやあるべき。然ども、無風の成就と定位する曲意の見、いまだ空即是色の残る所、若、未得為証にてやあるべき。然らば、智外の是非の用心、猶以て危みあるべし。此用心の危みもなく、何となす風曲も闌かへりて、まさしく異相なる風よと見えながら、面白て、是非・善悪も無らん位や、若、空即是色にてあるべき[91]。

とあるごとく、世阿は、安位をいまだ現象にとらわれた位とし、更に一段飛躍し型を超脱した善悪不二の境位を措定する。狭い我意に縛られた個としての立場を越えたいわば普遍的な立場に立つ「智外の是非の用心」により

「色即是空」と進み、更に「空即是色」と翻ってくる大自在の、いわば是非・相対を越えた善悪の彼岸に悟入した境地である、といえる。すなわち、『至花道』によれば、破格異端の非風を演じても善的規範たる是風に化して、対立を含みつつ調和させてしまう境界であり、[92] 世阿はこれを「闌《たけ》たる位」[93] といっている。是・非の対立を否定し、是風もなければ非風もないという芸境であり、是風とか非風といった固定的な立場が破られている。

しかし、この闌位も、なお、「上手の見する手立の心力」[94] という有に着するところがあるのであって、究極最上の位とはいえず、世阿は、その有・無の相対を止揚した境位を定めて妙位を置く。すでに、『花鏡』「妙所之事」において、「妙とは『たへなり』となり。『たへなる』と云ぱ、形なき姿也。形なき所、妙体也」[95] と述べていたのであるが、まさに、この言葉や概念思惟の範疇を絶した言忘慮絶の芸境を、『九位』に至って、「妙と云ぱ、言語道断、心行所滅なり。夜半の日頭、是又言語の及ぶべき処か。如何。然ば、当道の堪能の幽風、褒美も及ばず、無心の感、無位の位風の離見こそ、妙花にや有べき」[96] と示しているのであり、それは、観念的な机上の空論ではなくして、物数を尽くして稽古の劫を積んだ極みに自証・自得された、冷暖自知の境界であった。『遊楽習道風見』において、「有無二道にとらば、有は見、無は器なり。有をあらはす物は無也」[97] とも述べているように、心の無においてこそ有の表現は自在となるのである。

まさに、真空妙有、相対を絶ち、正反二元の定立を止揚した弁証法的総合態としての「無」の境地においてこそ、新奇さを原理として観客のよき反応をといった戦略を越え、心・伎・体はよく統一されて世界を映すことができるのであり、演者自身を徹底的に無化するところ、いわば「無の場所」において現れる形無き妙体、すなわち「命根断処、絶後再甦」[98] るいわゆる無相の自己は、大自然と冥合し、しかして、ここに、「広大無風の空道に安器して、是得遊楽の妙果に至る」[99] のであり、真に美の世界に遊行し、能の妙花を咲かせることが自在となる。彼が、「舞歌と者、根本、如来蔵より出来せり」[100] といい、能が身心の根源としての如来蔵から出てくるものだとしている所以であろう。

かくして、稽古の劫を積み、「花の失せぬ所[101]」を知った境地においては、「咲く道理も散る道理も、心のまゝ[102]」であり、まさに、世阿が、禅宗第六祖慧能の偈、「心地含二諸種一　普雨悉皆萌　頓悟二花情一已　菩提果自成[103]」を、『風姿花伝』「第三問答条々」花の段に引くごとく、その花の理を悟った境地は、仏教における解脱と同様に、諸法の実相を証得し、いわば法そのものになったことを示すこととなる。この故に、それは、「花」を体得し、「花」そのものになることである、と考えられるのであって、「花」の理を悟った名人の演能は、「花」の理、ひいては法という如来の法則そのものの象徴ともいうことができよう。その意味において、世阿は、能という芸道の修行を通して、「花」に至り、法にまで人を形成することを意図した、ということができるのである。

四　型の教育思想

上来のごとく、能楽は、もともと「乞食所行[104]」と蔑視されていたものを、観世父子二代、なかんずく世阿によって、わが国中世、否、わが国の文化を代表する有力なものの一つにまで大成されたものである。世阿は、父観阿の思想を基礎として、『風姿花伝』を足場に、その多くの伝書を通じ、八〇年の生涯において、不断の稽古と倦むことのない強靭な思索とによって、それを漸次発展させ、体験に裏打ちされた、卓抜にして、しかも、きわめて実際に即した、高次の稽古論を展開した。行《ぎょう》によって体得すべき普遍的倫理たる道として、演能は能役者自身の自己表出でありその全人格の反映である故に、能楽の稽古は人間そのものの陶冶である、として、権威ある先祖の威光を負うた「型」の修行という方法によって、ついにはその「型」をも超える、徹底的な自己修養を説き、冷えに冷え「さび〳〵としたる[105]」「たへなる[106]」妙花を稽古の果としたのである。しかして、はしなくも、東洋哲学がその究極とする空《くう》の思想に通じる境地にまで到達したのであり、その稽古論は、演者自身を徹底的に型に即して無化する精神陶冶によって、究極的には、形無き妙体、いわゆる無相の自己の発現を志向する、いわば逆説的な型の教育思想ともいうべきものであった。しかして、世阿は、卓抜にして、しかも、きわめて実際に即した、教育の一大理論体系を展開しているのであって、単にわが国芸能史上などの偉材というに留まらず、教育思想家としても「中世後期最大の教育思想家」(107)と称される所以であり、今日に示唆するところも多い。

そこで、最後に、世阿の教育思想をいささかカテゴリー化し、これを要するならば、彼は、身体の行によって心の陶冶を図り、人格につながる真知は身体性を媒介としてはじめて獲得しうるとする道の思想を基盤とし、能楽という場において伎の習得と心の陶冶を兼ねた型の修行の階梯を説き、その絶えざる自己錬磨によって型という形式の規範は心と融即し、止揚され、限りある命をもって普遍的な哲理としての「花」を証得して、現存在は当為へと高められ、芸が芸以上の果無き創造的な精神的価値の世界に拡大された大きな自己の形成を図ることを説いた、といえよう。

註

（1）ふつう「世阿弥」というが、正しくは「世阿弥陀仏」、略称は「世阿」である。

（2）『後愚昧記』永和四年六月七日の条（東京大学史料編纂所編『大日本古記録』「後愚昧記」二、岩波書店、一九八四年、二六七頁）。

（3）管見によれば、

西尾実に「初心不可忘」（『信濃教育』三九六、一九一九年一〇月）

「気分教育」（『信濃教育』四〇四、一九二〇年六月）

「伝統教育研究」（『信濃教育』四四五・四四六・四四七・四四八・四四九、一九二三年一一月・一二月、一九二四年一月・二月・三月）

「世阿弥の芸道教育論」（『国文教育』六ノ三・六ノ四・六ノ六、一九二八年三月・四月・六月）

「稽古に就いて」（『信濃教育』五一三、一九二九年七月）

「世阿弥元清の稽古思想に於ける『位』の問題」（『日本諸学振興委員会研究報告』第三篇〈国語国文学〉、一九三八年三月）

「世阿弥の基礎教育論――古典新生――」（『文芸文化』二―三、一九四〇年五月）

などの論考があり、その他、

野上豊一郎に「能と教育」（『岩波講座国語教育』、一九三六年一〇月）

峯村文人に「中世芸術修行論の成立と完成――定家の毎月抄と世阿弥の十六部集――」（『謡曲界』五〇ノ一、一九四〇年一月）

皆川一郎に「能楽習道に於ける素質と稽古」（『観世』一三ノ八・一三ノ一〇・一三ノ一一、一九四二年八月・一〇月・一一月）

能勢朝次に「芸能に於ける修行の意義」（『教学叢書』一五、一九四四年六月）

などの論文がある。

（4）『世阿弥元清』（文教書院、一九四三年）、「序」一頁。

（5）増永良丸は「世阿弥の能芸学習観――その系統的把握についての一試論――」（『金沢大学教育学部紀要』二、一九五四年三月）を、神保博行は「世阿弥の教育思想」（『教育学論集』六・七、一九六四年三月、四〇年三月）をそれぞれ発表、中山一義は、『小林澄兄博士喜寿記念論文集　日本教育のゆくえ』（講談社、一九六六年）に「世阿弥の芸能稽古論――花と器と位の論理――」を寄稿するとともに、三田哲学会の『哲学』に一九六一年以来世阿の芸能稽古論を連続的に発表し、安部崇慶は、『日本の教育思想』（『講座現代教育学』二、福村出版、一九七九年）に「世阿弥」を発表するとともに、『芸道の教育』（ナカニシヤ出版、一九九七年）を刊行し、西平直は『世阿弥の稽古哲学』（東京大学出版社会、二〇〇九年）を公にしている。

（6）表章／加藤周一校注『世阿弥　禅竹』（『日本思想体系』二四）岩波書店、一九七四年、三七頁。

（7）同上書、四六頁。

（8）近代の「芸術」はこのように翻訳語であるが、元来、この語は、中国でいう「六芸四術」に典拠し、六芸は『周礼』にいわゆる礼・楽・射・御・書・数をいい、四術は『礼記』にいう詩・書・礼・楽を意味したから、政治のための学問技能として、つとに漢籍に現れ、わが国でもほぼこれを踏襲して用いられて、初見は『続日本紀』であり、中世には「国学者芸術也」（『元亨釈書』巻第一〇、「感進」一一、「延暦寺増命」の項、『日本高僧伝要文抄 元亨釈書』〈『新訂増補国史体系』第三一巻〉、吉川弘文館、一九六五年、一五五頁）といった用例が現れている。

(9)『世阿弥　禅竹』（註（6）前掲書）二六〇頁。
(10) 同上書、三九頁。
(11) 同上書、三八頁。
(12)『日本書紀』上（「日本古典文学大系」六七、岩波書店、一九六七年、一一三頁）。
(13) 原田亨一『近世日本演劇の源流』至文堂、一九二八年、三七〜四〇頁。
(14)『世阿弥　禅竹』（註（6）前掲書）一四頁。
(15) 同上書、四一〇頁。
(16) 同上書、九五頁。
(17) 能本・書状を除き、今日、『風姿花伝』・『花習内抜書』・『音曲口伝』・『花鏡』・『至花道』・『二曲三体人形図』・『三道』・『曲付次第』・『風曲集』・『遊楽習道風見』・『五位』・『九位』・『六義』・『拾玉得花』・『五音曲条々』・『五音』・『習道書』・『夢跡一紙』・『却来華』・『金島書』・『申楽談儀』の計二一部の伝書の存在が知られている。
(18)『世阿弥　禅竹』（註（6）前掲書）一四頁。
(19) 同上書、一〇六頁。
(20) 同上書、二六一頁。
(21) 同上書、二六三〜二六四頁。
(22) 金井清光『中世芸能と仏教』（「新典社研究叢書」四二）新典社、一九九一年、二四頁。
(23)『世阿弥　禅竹』（註（6）前掲書）三〇四頁。
(24) 時宗宗典編集委員会編『定本時宗宗典』下巻、時宗宗務所、一九七九年、三八九頁。
(25) 大橋俊雄編『時衆過去帳』（時衆史料第一）教学研究所、一九六四年、一一四頁。
(26) 香西精『世阿弥新考』わんや書店、一九六二年、五六〜六八頁。
(27) 金井清光『能の研究』桜楓社、一九六九年、八〇七〜八一七頁。
(28) 世阿の用語からその能楽論における仏教の影響について検討したものとしては石黒吉次郎『中世芸道論の思想――兼好・世阿弥・心敬――』（国書刊行会、一九九三年、一五九〜二三〇頁）が詳しい。

(29)『世阿弥　禅竹』（註（6）前掲書）一〇八頁。
(30)例えば、西尾実『中世的なものとその展開』（岩波書店、一九六一年）三六二～三六四頁。
(31)「門人伝説」（『一遍上人語録』巻下、註（24）前掲書、上巻、三一頁）。
(32)同上（二九頁）。
(33)同上（二八頁）。
(34)同上（三四頁）。
(35)「偈頌和歌」（『一遍上人語録』巻上、註（24）前掲書、上巻、一二頁）。
(36)『九位』（『世阿弥　禅竹』、註（6）前掲書、一七四頁）。
(37)『当麻』檜書店、一九六五年、二丁。
(38)なお、梅谷繁樹『中世遊行聖と文学』（桜楓社、一九八八年、二二一～二二二頁）によると、「是阿」が七条道場遊行金光寺末寺仏照寺に応永一二年（一四〇五）正月八条坊門河原を、同一三年三月七条室町の土地を寄進しており、また、「南阿」が同金光寺に応永三年に、「道阿」が金光寺末荘厳寺に応永一二年に、それぞれ土地を寄進していて、これをそれぞれ世阿・海老名の南阿弥陀仏・犬王道阿と考えても史実に矛盾がないといい、注目される。
(39)『世阿弥　禅竹』（註（6）前掲書）二六一頁。
(40)同上書、三四頁。
(41)同上書、一一二頁。
(42)同上書、一一三～一一四頁。
(43)同上書、一一四頁。
(44)同上書、八六頁。
(45)同上書、一五頁。
(46)同上書、一〇〇頁。
(47)同上書、一一三頁。
(48)同上書、一〇六頁。

(49) 同上書、九九頁。
(50) 同上。
(51) 同上書、九三頁。
(52) 同上書、一一七〜一一八、一六三〜一六四頁。
(53) 同上書、五八頁。
(54) 同上書、二七〇頁。
(55) 同上書、八四頁。
(56) 同上書、八八頁。
(57) 『世阿弥　禅竹』(註(6)前掲書)九五頁。註(16)に同じ。
(58) 『世阿弥　禅竹』(註(6)前掲書)一四頁。
(59) 同上書、三三頁。
(60) 同上書、一一五頁。
(61) 同上書、一一四頁。
(62) 同上書、九四頁。
(63) 同上。
(64) 『世阿弥　禅竹』(註(6)前掲書)五八頁。註(53)に同じ。
(65) 『世阿弥　禅竹』(註(6)前掲書)三四頁。
(66) 同上書、三六頁。
(67) 同上。
(68) 同上書、六五頁。
(69) 同上書、五五頁。
(70) 同上書、五六頁。
(71) 同上書、二六頁。

(72) 同上書、五五頁。
(73) 中山一義「世阿弥の芸能稽古論――花と器と位の論理――」(註(5)前掲書、四五四〜四五六頁)。
(74) 『世阿弥　禅竹』(註(6)前掲書) 五五頁。
(75) 同上書、三七頁。
(76) 同上書、三一頁。
(77) 同上書、三二頁。
(78) 同上書、三六〜三七頁。
(79) 同上書、一五〜二〇頁。
(80) 同上書、二〇〜二七頁。
(81) 『世阿弥　禅竹』(註(6)前掲書) 三六〜三七頁。註(78)に同じ。
(82) 『世阿弥　禅竹』(註(6)前掲書) 三五頁。
(83) 同上書、一〇三頁。
(84) 同上。
(85) 同上書、九三頁。
(86) 同上書、三三頁。
(87) 同上書、一〇八頁。
(88) 註(58)に同じ。
(89) 『世阿弥　禅竹』(註(6)前掲書) 一一四頁。註(43)に同じ。
(90) 『世阿弥　禅竹』(註(6)前掲書) 一〇三頁。
(91) 同上書、一六五頁。
(92) 同上書、一一四〜一一五頁。
(93) 同上書、一一四頁。ルビは筆者。
(94) 同上。

(95) 同上書、一〇一頁。
(96) 同上書、一七四頁。
(97) 同上書、一六七頁。
(98) 同上書、一九〇頁。
なお、本偈は自得暉『六牛図』第六に出て、希叟紹曇『五家正宗賛』巻四（西義雄／玉城康四郎監修『新纂大日本続蔵経』第七八巻、国書刊行会、一九八七年、六〇八頁、上）の引くところによれば第二句は「絶後還甦」が正しい。
(99) 同上書、一六七頁。
(100) 同上書、八七頁。
(101) 『世阿弥　禅竹』（註（6）前掲書）三六〜三七頁。註（78）に同じ。
(102) 『世阿弥　禅竹』（註（6）前掲書）三六頁。
(103) 同上書、三七頁。
なお、本偈は、『六祖大師法宝壇経』末尾近く（高楠順次郎編『大正新脩大蔵経』第四八巻「諸宗部」五、大正新脩大蔵経刊行会、一九九〇年、三六一頁、中）に正しく出る。
(104) 註（2）に同じ。
(105) 『世阿弥　禅竹』（註（6）前掲書）一〇三頁。註（83）に同じ。
(106) 『世阿弥　禅竹』（註（6）前掲書）一〇一頁。註（95）に同じ。
(107) 註（4）に同じ。

第三部　一遍仏教とその周縁の今日的還元

第九章　後近代の教育への一試論

一　欲望の哲学

二〇世紀末の頃、「後近代」[1]とか、「ニュー・サイエンス」といった言葉が諸所に散見された。一体、かかる言葉が叫ばれるようになったのは、科学技術による人類の至福と人間理性の勝利というばら色の幻想が無惨にもつい え去り、人類の道徳的頽廃や環境汚染、核戦争の脅威など、人類が地球的規模においての危機を肌で感じ始め、二〇世紀を席巻した近代主義に替わる新しい世界観を模索し出した一九七〇年代以降のことである。科学を含めた文化の全般にわたって、市民運動をも伴い、アメリカやイギリスを中心に展開し、わが国では久松真一がいち早く「後近代 post-modern」という言葉を用いて、近代を超克する思想として禅を提唱していた。[2]

もっとも、わが国において、伝統と近代化との矛盾・相剋は漱石・鷗外や荷風らの文学の底流にあったし、彼らに続く小林秀雄らによる有名な「近代の超克」論争などよく知られるところである。わが国が西洋の近代に学びながら、非西洋において最初にして最大の先進的近代国家を構築したことはまぎれもない事実である。しかし、そこにおいては、西洋とは異質の文化的伝統を担い、「黒船」に象徴される西洋のインパクトによる短期間の不自然な改革であっただけに、皮相的な「たゞ上皮を滑って行」[3]くわが国独自の「近代」化であった。しかして、今日、その近代のうちに、擬近代的・前近代的要素をなお含みつつ、わが国が西洋以上に「近代」化した国と称される面を有することもまた否定できないところなのである。

ここにおいて、近代、モダンとは一体何なのであろうか。そのメルクマールとしては、合理主義・個人主義や民主主義、また、都市化や工業化といった側面も指摘されるのであるが、これを今試みに世界観といった視点より考えてみよう。いうまでもなく西洋の近代はルネサンスに始まるのであるが、それは古代の再生によって中世の克服を目指すものであった。すなわち、人間自然の性情を罪悪視し、神の似姿を与えられた者として永遠の命を獲得するため救済や浄福を来世に求めて、現世の生活には従順や禁欲を強要した中世の神本位の世界観に対し、人間性に目覚め、現世的生を充足し、世俗的価値を肯定しようとする態度が生まれた。現世に生きる人間を本位とするこのような世界観こそいわゆる人間中心主義すなわちヒューマニズムに他ならず、不自然な中世的教権からの人間性の解放という意味において、人類の思想的快挙といってよいのである。しかし、一方においてそれとの相関関係において、人間中心主義の堕落的形態としての人間至上主義を生み、自我の発見は所有・名声・権力などへの際限もない人間の欲望解放を現出してしまったところにこそ近代の特色があるといってよいのであり、今日西洋以上にわが国が近代化しているのもこの面においてであろう。

この近代的世界観を方法論的に支えるデカルト Descartes, R. 以来の、思惟するものと延長されたものを厳密に分離し、独立させる近代的二元論において、人間に固有な理性が「いかなる種類の出来事であろうとこれに応じうる万能の道具」(4)として高く掲げられた。そして、その見る主観以外の一切を対象化し、それを分析し、測定・計量し、更に総合し、再構成して合理的に世界を理解していくという還元主義的な分析的方法論は近代科学を成立させ、人類に多大の利益をもたらしたが、その一方で人類そのものをいわば末法の終末論的極限に追い込んでしまっている。

しかも、その分析的世界観における、複雑な系を単純な系に還元して理解しようとし、科学を文字通り「分科の学」たらしめる考え方には基本的に重大な誤りがあった。カプラ Capra, F. も指摘するごとく、素粒子など自然を構成する要素はジグソー・パズルのような静的な存在ではなく、密接な相互依存性と絶え間なく変化する流動性をもったダイナミックな存在であった。(5) ケストラー Koestler, A. も、ギリシャ語で全体を意味する holos と部分を意味する接尾語 on とを組み合わせた holon というその造語において、全体の一部として機能する「統合的傾向」と自律性をもった「自己主張傾向」という二面性を表す概念を提案し、この相反する傾向の不安定なバランスの上に立って「ゆらぎ」ながら、有機体は一つのダイナミックなシステムを構成している、とする。(6) 全体は部分の総和以上のものということであり、いずれも還元主義の思想的行き詰まりとそれを超えた世界観の必要性を示唆しているのである。

ところで、如上の分析的世界観の方法論的な前提をなす理性は、中世スコラ哲学において、被造物の自然を照らす概念的・論証的能力たるラティオ ratio であって、自然を超えた神に向かう直観的認識能力たるインテレクトゥス intellectus と対《つい》をなし、ともに古代ギリシャ哲学における心の最高部分としてのヌース nous より分岐したものであった。デカルトは、明晰判明知の規則を立て、自然を照らす光としてのこのラティオのみを理性として、継承して、人間最高の精神的機能とみなしたのである。かくして、デカルトは、「近代哲学の元凶」とされ、神すら疑い、教会に戻らない者を輩出させ、神を知るインテレクトゥスは否定されるに至り、結局のところ、欲望の肥大化、利己的自我の克服の衰弱といった状況を招来していったわけである。(7)

最大の不幸は人間自身からやってくるのであり、自制というブレーキを忘れては科学文明も暴走する。『新約聖書』に「知識には節制を、節制には忍耐を、忍耐には敬虔を」(8) とあるごとくである。しかし、今日、ここに、全地球的規模の環境破壊のなかで、理性の力を過信し、科学をもって人間最高の業績とする進歩の思想への警告と、際限もない人間の傲慢な欲望解放を自覚的・対自的に抑止し、制御する自制的倫理、「人間自身の性質と戦う」(9) いわば欲望の哲学ともいうべきものの構築が叫ばれる所以がある。上述のごとく、個人の権利の無限の拡張の前に近代に至って人類は自己抑制の装置を失ってしまい、人間の傲慢な欲望をいかに抑止し、制御するかという方法論を持ち合わせていないからである。時間・空間を越え、人間にとって自己が最大の難敵なのであり、「おのれこそおのれのよるべ。おのれを措きて誰によるべぞ。よくととのへしおのれにこそ、まことえがたきよるべをぞ獲ん」(10)と『法句経』にはある。自己の人生の主人公は自分自身であり、自己の人生を善くするも悪くするもその当体は自己自身なのである。

人間は、善と悪、美と醜との自己同一的な存在であり、感性に触発されもする有限な理性的存在であるから、本能的・衝動的な欲望を抑制してこそより価値の高い自己の実現が図られることは自明である。責任ある行動を取りうる上でのいわば自らの衝動的欲望への規制力、本能的自然性への制御装置を「自律」といってよいのである。人間は内なる理性の強制によってこそ倫理的な自由を得る。人間意識は、一瞬にして正逆相《あい》転化し、転変することを免れない。「心随《ハテ》二万境《ニ》一転」(11)じ、「善悪は縁に随て起る」(12)。機縁に従って心一つの迷いからいかなることをもしかねないのが人間なのである。自己自身に負荷された自律の力の欠如するところは状況しだいで自己の欲望の増幅・無限解放となり、他へのあくなき要求が生ずる。

そこで、プラトン Platōn の手を借り、『国家』のなかで、ソクラテス Sōkratēs は、第四巻において、人間の魂を理性的部分・気概的部分・欲望的部分の三つに区分し(13)、第九巻において、他の二つの部分が理性的部分の支配下に置かれるとき、魂の調和や健康がもたらされることを説いた(14)。事実、自己を冷静に見つめ、理性や良心が欲望を対自的立場に立って抑制しているかぎりにおいて人間は失敗することはない。意志の自己立法的特性を自律として押さえるカント Kant, Immanuel においては、もっぱら理性のみによって規定される純粋意志は可能性として課せられた理念であり、人間の「善へ向かう自らの素質」(15)は「単なる素質」(16)であって、「その生来の素質の発展は自然的に行われるのではない」(17)から自ら発展させるべきであり、天空の星にも比定される内なる道徳律としての自らの意志の「格率に従って行為し、決して何かの衝動によって行為するごときことのないような習慣をつくることを目指さなければならない」(18)という。

教育史上では、新カント派のナトルプ Natorp, Paul が、教育は、教育する意志が被教育者の意志を捉え、意志された目標へ導くものであるから、意志の陶冶に他ならず[19]、自覚的・意志的に衝動 Trieb の段階から意志 Wille の段階へと高め、意志の段階から更に理性意志 Vernunftwille の段階へと発展させることである[20]、とした。その影響であろう、わが国の篠原助市も、教育は生まれながらの自然性を理性的たらしめる作用であるとの立場から、その本質を「自然の理性化を助成する作用」[21]である、としている。そこにおいて、感情抑制への楽観的な認識があることは贅言を要しないであろう。われわれは、いみじくもアラン Alain が、「教育学者は聡明な子供である。かれらは情念の力というものを知らない」[22]といっていることに甘んじて耳を傾けねばならない。まことに、情念というものは突然に湧き上がり、理性の自律を裏切り、その力には破壊的なものがあるのである。

確かに生活上、内なる自覚的な自己抑制の力を強くし、訓練するところに教育の大きな眼目がある。弱肉強食などと人間によって称される動物の世界には自ずからなる自然の歯止めがあり、彼らは自分の生息圏を知り、分をわきまえて生きているのであり、万物の霊長などと自称しつつ、本能の壊れた動物として、落ちこぼれのサルであるヒトにはこの自然の歯止めがないからである。しかし、相対・有限な存在として人間の完全なる理性化など考えられず、衝動から理性へ、自然的状態から理性的状態への直線的向上などありえはしない。確かに自己の主人公は自分なのであるが、人間性の深淵にうごめく悪魔的な無明の相を思うとき、自己をコントロールするということの厳しさを思わざるをえない。人間の歩みはその相対性の故に未完の完結として絶えざる試行錯誤と迷いの連続といってよい自己実現の過程である。それ故、教育はより善き生を求めて螺旋的に絶えずフィードバックしつつ自己実現していくその過程への不断の助成作用といえるのである[23]。

周知のごとく、ルソー Rousseau, J.-J. は、『エミール』の冒頭において、「万物をつくる者の手をはなれるときすべてはよいものであるが、人間の手にうつるとすべてが悪くなる」[24]と述べ、人間の善性に対する絶対的な信頼の下に、児童の自然的生命や自己活動を尊重して、生後一二歳までは大人の手をなるべく加えないで自然のままに自由に成長させるいわゆる「消極教育」を創唱した。以来、これはデューイ Dewey, J. に至る児童中心主義の流れを形成し、これを主要な原理の一つとして、近代教育学が構築されてきた。しかし、そこにおいて、質料因としての人間のみを論じ、後天的な形相因としての上からの具体的なあるべき人間像を閑却するところがあった。児童を自ら決定して自らの責任でもってその生活課題を遂行する独立した一個の自立的人間にまで形成するためには、その必要性はいうまでもないが、しかし、児童の善性への信頼とかその自己活動を尊重するというだけではやはり不十分なのである。

児童期の独自性を強調するあまり、子供を自由気ままに生活させることが子供の個性を尊重することであるという愚かな錯覚が現代日本にはある。人間は善をなすことも悪をなすことも自由であり、その行為が善い方向にのみ向かうとの保証は何もない。ボルノー Bollnow, Otto Friedrich もいうごとく、「爆発的な衝動に堪えられるほど十分に強い、防波堤を作る」[25]ことこそが教育に求められるのである。児童を信頼してその持って生まれた自然のままを発揮させることが決して個性や主体性の尊重ということではない。その点、ペスタロッチ Pestalozzi, J. H. が、ルソーの影響下にありつつそのあまりにも楽観的な人間観に対し、衝動を「我欲の衝動」と「好意の衝動」とに区別して、好意の衝動の優位において我欲の衝動との調和を図ることを説いていることが注目されるわけである。

すなわち、ペスタロッチは、人間を、本能の子として好意を維持し単純無邪気な「自然状態における人間」と、本能と好意とを全く喪失して硬化し、畸形化した「社会的状態における人間」、および、意志の力によって再び好意と我欲とが調和した「道徳的状態における人間」の三種に分けて、それぞれ、「自然の作品」、「人類の作品」、「わたし自身の作品」とする。人間は自由な意志の力で自然の調和を破り、墜落した自然人として自ら不安定な絶えず動揺している状態に陥ったが、自分自身の力で我欲の感情をコントロールし、好意の感情の優位において調和を保ち、再び自然的状態における調和を回復して、「わたし自身の作品」を作らなくてはならない。この

「わたし自身の作品」は「自然の作品」の否定の否定の上に作られた高次の作品であり、再び回復された調和は人間がその自らの自由な意志の力による自己抑制によってかちえた真の輝きということができる。這般の消息を約説して、ペスタロッチは、

わたしの動物的自然の調和の基礎をあえて自ら破壊し、そして動物的我欲のあらゆる要求をもつわたしを、わたしの意志とこの意志の醇化せられた好意との自由な働きに従わせることによって、わたしは道徳的となるのである。(26)

と述べている。何ら規制するもののない欲望は自己増殖を続けて留まるところを知らないのであって、人間性の尊厳といったこともその道徳的自律能力に求められるといってよいであろう。いうまでもなく、人間の偉大さはその抑制によって示されるからである。

二　型の問題

近代文明は、多くの利益をもたらした反面、際限もなく人間の欲望を解放して、その副作用も多く、今日、その根本的意味を問い直さざるをえない時に至っている。ことに、わが国は、強大な経済大国・科学技術大国として豊かさと繁栄を享受してきたが、その突出した経済と形影相伴《あい》うように、日本人から公なるものにつなぐ心が忘れ去られて、甘えの構造の下、厳しい倫理観が失せ、生きていく上での座標軸を歪めて一種のアノミー状態に陥っている。夏は冷房、冬は暖房と育てられた植物が弱いごとく、苦労しらずにぬくぬくと成長し、自我というものが鍛えられずに育ったために、困難な事態を直視し、克服しようとする力がきわめて弱まっているのである。忍耐という経験なくしてより善い人生は切り拓くことができない。経済は人間を飽和させるが、充実は与えないのであり、豊かさとはいかに真摯に生きようと努力したかの度合に関わる。しかし、飽食の文明、物の豊かさは、

物質的欲求の拡大のみを刺激して、逆に即物的な価値観への偏りを生み、人の心を貧しくしているのである。外圧に伴う戦前から戦後への急激な価値体系の変化はいわば革命のごとく歴史の断絶を生むほどの激烈なものであったし、また、一九六〇年代以降の産業・経済の高度成長による産業構造の著しい変容も、もとより伝統的な生活様式や生活文化の型の崩壊を伴い、地域社会の教育力の低下をもたらしたが、それらの新しい状況に即応する型や手掛かりとすべき指標がいまだ見出されていないアナーキーな状態にある。

もっとも、この型の喪失という状況にはその前史があった。四書・五経を典拠とし、武士道や儒教的生活体系の下に育った明治の知識人には、典型によって自らを型にまで形成していく修養主義が貫かれ、古武士的風格、和魂洋才という型を持っていた。しかし、それが大正期に入ると、偉大な父に反抗して生き急いだ蕩児のごとく、西洋文化をあれもこれも同等に摂取するという無形式の傍観者的な汎知的・百科全書的教養主義の擡頭によってこの規範は崩れ去り、しかも高い知的能力を要するだけに博学多識を衒う鼻持ちならぬペダンティックな姿勢を伴うなかで、展望の利く時間軸を失って、昭和の無特性の時代に入ったわけである。(27)しかし、何といっても戦後の社会変化は未曽有のドラスティックなものであり、近代化の先端にある今日、西洋文化も、もはやキャッチ・アップするモデルたりえず、国際化・情報化といった潮流のなかで、人びとはいよいよその方向性を喪失し、どう生きるかという手段を見失っている。現代は、まさに、原点なく方向も定かでない時代である、といってよいのである。

とりわけ、他人の痛みが理解できず、公なるものへ自己をつなぐ意識や共生感情を欠いて、内的規範を喪失し、社会生活上のルール、人間としての生き方の基本的な型というものが青少年から崩れ去ってしまって、いわば「型なし」の状態にあることは重大である。今日、衝動的で感情抑制が利かず、安易に権利や癒やしを求め、自分の欲望だけに忠実で、それをコントロールするモラルとのバランスに欠けた青少年が目立つことは、わが国の将来を危惧させうるに足る。このことは、かかる物質文明の発達や社会機構の複雑化とともに、戦後の教育が、個の自由や人権を前提とする民主主義、それ故、個性・自発性の尊重を指針として外部からの力を嫌い、価値とか明確な生きる目標を示せずに、自分の欲望を抑えて感情に溺れずに真実の自己を生かすといった人間形成上最も大切な面を軽視し、感情や情緒、良心や思いやりといった人間性の育成を忘れ、何よりも人間らしく生きる力、生き方の姿勢というものを教えてこなかったことと決して無縁ではあるまい。物から心への発想の転換、心の復権が叫ばれながら、依然として経済至上主義が大手を振って罷り通る背景には、偏差値万能の風潮のなかで、人間としての生き方・在り方を問い続ける視点が教育に欠落しているためといってよいのである。教育は、人生の意味を問い、人間いかに生きるべきかを教えて、学ぶ目的を自覚させ、知る喜びを味わせ、人生に価値や理想を実現することを本義とするのであり、その人自身が人生をいかに考えたかに関わる。「人間であることは人間となること」[28]であり、生きるということは、たわいもない誰にも分かりきったことのようであるが、しかし、「畢竟不可解」と答える他はない難問であるからである。

一体、「型」とは何であろうか。いうまでもなく、文化にはその社会に普遍的で固有の型がある。そして、人間は一人ひとり個別的存在でありながら、同じ歴史を負う共同体をなすことにおいてその型を共有する。例えば、箸を使う食事文化のごとくであって、それは、その共同体の成員が共通に承認する文化秩序といってよい。「型」とは本来規範性を持ち余分なものは排し洗練された様式的時空における普遍的なモデル的経験の枠組みをいい、わが国中世において確立された概念である。[29]それには、いわば完成された「形の形」として芸能・武道ないし坐禅やヨーガのような身体的次元の型から、文化や社会の型に至るまで多種多様なパターンがある。[30]エリオット Eliot, T. S. もいっているように文化とは「生き方」[31]であるから、人間の生き方も文化の型と同様に考えられるのであって、例えば、古今東西を問わず人間として必ず心掛けねばならぬ原規範もあれば、その社会において長きにわたって安定的に保持されてきたエートスもある。しかし、また、個人として自立し、生きていく上で最小限度必要な前提条件とされるその共同体通有の生き方の構え、型というものもあるはずである。

しかして、ここにいう型とは、人間としての生き方・在り方の基本的な姿勢として、いわばライフウエイの基本的枠組みとでもいうべきもの、しかし、それは必要条件としての生活規範と深く結び付いている故に、コモン・グッドといってもよく、しかして、その共同体の人びとの生活において最小限度一定の枠組みの価値秩序の体系を踏まえさせることを要請する。しっかりとした生き方の土台・骨組みの上に上乗せし肉付けしてこそオリジナルないわば「わたし自身の作品」も築かれるからである。型は、自覚的な内なる価値規範、まさに他律を通した自律といういわば「強制された自制」として機能し、自由気ままな恣意的な自己を抑制して自立的主体の基盤となり、その上に個性豊かな生が拓かれていくわけである。

一体、人間の本性から考え、人間の本性を生かす上で、本当に人間的なものを獲得するためには、真理とか美とか聖といった、一見すると人生を超越したような目的に奉仕するところがなければならない。「善く生きる」という人間の自己実現は単なる現実の立場には成立しない。いわば人間の輪郭より大きい永遠的なものに照らし自己を省みて、その日常性を超えたところにおいてこそ可能となる。そういった永遠性を志向することによって、人生は自ずと善悪の根拠を得て深味や香気すら加え有意義なものとなる。本能的・衝動的な欲望に抗して、その奥にある真・善・美の円満といった精神的な理想を追求して生活するところにこそ、人間の人間たる所以があるのである。

既述のヤスパース Jaspers, K. の言詮にも見る通り、人間は「ある」存在ではなく、「なる」存在であるからであり、そこに、他の動物と異なる人間性の尊厳の根拠もあったのであるし、それは「善く生きる」という人間の本性に根ざしている。人間は確かにそれぞれ違った価値観を持ち、ライフスタイルも異なり、「善く生きる」ということのイメージも様々であろうが、向上心を持つ自己表現主体たる人間の本性においては究極的に一つであり、おそらくはユング Jung, Carl Gustav のいう人類が学習以前に普遍的に持つ元型 Archetypus としての「自己」にもつながるのであろう。「それは少なくともそれぞれの民族全体あるいは時代全体に共通する」[32]からである。まさに民族の記憶ともいうべき個の学習以前のいわゆる集合的無意識が自らのＤＮＡに刷り込まれているということなのであろう。あたかも植物が光に向かって生育し、物体が大地に向かって落下するように、人間は内なる根源においてこの究極目的を志向するのである。

人間は、その本性の最も深いところにおいて真・善・美といった究極目的を志向しつつ、人生の現実において様々なライフ・スタイルを示す。人間は本来自由なる存在であり、ことに国際化の流れのなかで、価値観がかぎりなく多様に競合し、多元化して相剋する今日の高度情報化社会における個人の生き方は、独自の価値観に裏打ちされた個人文化に基づく個別空間化したそれであると考えられるから、そこにおいて、この「型」の問題はどのような意味を持つかが考えられなくてはならない。子供の内心の自由とか自分らしさ、自発性の尊重といった建て前の下に、子供を一定の型に嵌め、未来を先取りしてその自由な成長を妨げる、として否定する向きもあろうし、ことに、一定の価値や規範・徳目を否定し、子供自らが知性を働かせて、個性を発揮し、自由に真理を作り出していくことを説くような立場もある。

実のところ、アメリカでは、一九六〇年代以降多様な人種的価値観を背景に価値相対主義の教育が流布していたが、その善悪の判断を下さない「価値不在」の教育は結局危機的状況に陥って、一九七〇年代から共通価値の重視が叫ばれだし、一九九〇年代に入ると個性重視から人格重視へとパラダイム転換が図られている。しかしながら、わが国ではアメリカで惨憺たる結果に陥ったその自由教育を周回遅れでなお唱導しているところがあるのである。[33]そして、しつけは無用として、自らの従前の子育ての蓄積を捨て去ってきたのである。

しかし、その自由教育においては、歴史的・文化的文脈や個人と社会の関係性が全く忘れられている。自由とは何ら規制がないことをいうのではなく、自ら規制を加えるところに真の自由がある。個人的感性と理性的に支持されうる価値は一致するとは限らない。ましてや、子供の自発的な自覚はいまだ未熟であり恣意的・観念的であって、真に何を意欲し、どう大人になったらいいか分からないのである。陶冶理想や規範を否定し、自らが価値と考えるもののみを価値とするならば、子供のより善きものへの成長ということがより快きものへの指向となることは自明である。言葉にせよマナーにせよ、何らかの他者からのモデルや型の提示なくして、子供が自発的に学びその自己活動のみによって善へ向かうなどということはありえはしない。基本的に子供は文化を媒介として先行の大人の世代に依存した存在なのである。

教育は、人間の歴史的行為であるから、歴史的・社会的関連のなかに組み込まれて、現実社会において容認されている価値体系に依拠し、未成人に一定の精神の秩序や生活の形式を与え、理想とする形を身に付けさせていくものといってよい。秩序や規範を忘れた自由は放縦であり、破壊を生む。それ故、教育は、それが恣意に陥らないために基軸となるべき理念、典拠を必要とするのである。しかし、生気のない形式主義や権威主義的な師弟関係がよいというのでは勿論なく、教育にはいわゆるラポール rapport が必要とされることはいうまでもない。教師への信といってもよいだろう。被教育者の自発性や自己活動と無関係に一定の価値観を強制力をもって外から押し付けることはできない。自発性の尊重は近代教育の主要原理であった。もとより人間の多様性や独自性は尊重されなければならない。

しかしながら、教育には立場がなければならない。いわゆる価値多元主義・価値相対主義に陥って、価値体系は複数であり、その間には上下はなく、皆平等で相対的であるとし、多様な価値観をただ客観的・並列的に提示して、物分かりのよい教師のごとくにすべてに厳しさを欠き、単なる友人的関係において、保護と指導を必要とし、いまだ未熟な被教育者の自由を一〇〇パーセント尊重するとして過大に権利を認め、すべて被教育者にその選択を任せてしまうといったことは、被教育者の柔軟で弾力的な可塑性ないし受容性を前提とし、価値の受容による人格陶冶を目的とする教育においては、責任放棄のそしりを免れないであろう。具体的な世界像を結び、より善く生きていくためにはモデルがいるし、そのモデルには権威が必要なのである。

いうまでもなく学校は未来のわが国を担う子供が継受すべき基本的な知識や規範・態度を身に付けさせること

に責任を負う公教育の場なのである。確かに何を信条とするかはそれぞれ個々人の自由であり、地縁的・血縁的なムラ社会や「世間」のしがらみをよしとするのでもない。しかし、こと公教育において、共通した歴史と文化から生成されるその社会に固有の価値体系、文化システムの了解なくしては、その教育は冷たい無機質なものにならざるをえない。人間らしい、見識ある社会有用の公民としての生き方の育成を旨とする公教育においては帰すべきところがあるのであって、相対的な現実肯定主義的立場は取らないところである。教育は必ずその内容と価値とにおいて選択を必要とする。人間の歴史的行為としての教育には、より善き生への支援という枠において、いわば真理の前にはともに学ぶ仲間である同行《どうぎょう》でありつつ、権威や自律・自己規制への土台としての愛のある強制はやはり考えられなくてはならない。名伯楽の下でこそ人材は育つのである。

一体、成長とは自己決定の能力の増大であり、教育は、人間の自立を目的とし、人間にとって何が最も大切なことなのかを見極めて、個人をして意識的自己形成の主体にまで成長させ、型という「強制された自制」としてのモデル的経験を多く積み重ねて、その上に「善く生きる」自己の理想を自らのモデルとして追求し、微調整しつつ自らの人生を歩ませることである。共生感情にせよ、自己抑制にせよ、人間らしく生きる力は年齢とともに自然に発達するわけではない。カントの言詮[34]を引くまでもなく、人間は教育的存在であり、そういったものは、人のなかにあって、対人関係を考え、自己の恣意を抑える経験によってはじめて「身に付く」ものである。時間というものは、ただ経過するだけでは何ものをももたらさない。人間は社会から切り離して捉えることはできないのであり、社会的・道徳的行動といったものもそれをいかに学習し、どれだけ生活のなかで経験したかにかかっている。

「学ぶ」ということはもともと「まねぶ」こと、真似をすることであったのである。ここに、人間の認識は原型との類比による芋づる式のごときものとの説[35]が思い合わされる。それ故、指導過程においても、基本的な原型・範例を子供の実態に即し、具体的な主題のねらいや資料に応じて適切に構成して、重点価値に迫っていく。

そして、多様化・多元化の自由社会にあっては、それは、価値葛藤の場において、何が本当に核心となるものか価値のまさに開かれた全体系においてそれを構造化し、価値の高低を見分け、判断させ、人生の目的からする価値序列において、より高い価値の実現へと教え導き、内面化させる、より善い行動志向の選択への支援といってよい。

人生は出会いと選択の連鎖という趣を持つ。人間にとって最も「大切にしなければならないのは、ただ生きるということではなくて、善く生きるということなのだ」とはかの『クリトン』に出るソクラテスの言詮であるが、[36]「善く生きる」とはその出会いにおいてより善き選択をするということなのである。より善き選択のためには失敗や試行錯誤も貴重な経験の機会を提供する。しかし、行動の善し悪しの自主的な判断ができない自覚以前ともいうべき弱くいわば無力な子供の段階にあっては、環境からの様々の影響を受けるなかで、大人が将来の世界への確たる見通しの下に、愛情に満ちたその代行者としてその成長に適切な一定の価値規範を選択して与えることがその自己活動に必要なことはいうまでもない。それによってこそ、子供が人間社会に生きるのに必要な基本的な行動様式を習得するなかで、意識的に自己形成しうる主体が形成され、自ら考え、判断し、自分の物差しで取捨選択して、自立的により善く生きるための姿勢が培われていくからであり、型の問題も子供の発達段階に応じて考えられなくてはならないのである。ハヴィガースト Havighurst, R. J. の、一生のある時期に所定の課題を達成できないと「その失敗は不幸を導き、社会からの非難を招き、後の課題の遂行を困難にする」[37]との「発達課題説」もここに思い合わされる。

発達課題に即した適切な学習や指導によって、子供はモデル的経験を積み重ね、自我の発達を促されて、人格性の核、自立への基礎を養い、大人に依存した未熟な生活から脱却し、失敗や試行錯誤の繰り返しのなかで自ら学んで、他人の援助や保護を受けずに自分の力で自由により善き選択をする能力を身に付けた自立的学習者として育っていく。子供は親の生活の似姿であり、親のいうことを聞いて学ぶよりもすることを見て「まねぶ」。単なる知識に留まる客体化された知識は意味を持たないのであって、体でもって覚え、主体のなかに内在化した価値体験は善価値への活動として発現する。従って、親や大人は、いわばこの体得の原理に即し、生活の脈絡から離れた空疎な言葉主義で教えるのではなく、モデルとして自らの生きざまを見せ、根気よく繰り返させ、タイムリーに勇気をもって「よいことはよい」、「だめなことはだめ」という頑とした価値観を一歩も譲らないで善悪のけじめを子供に示すことが必要である。こうした裏表のない大人の一貫した生活姿勢において、心理的触れ合いの展開のなかで、その善悪観や価値体系は子供のなかに取り入れられて内面化し、心の無意識層に刻印されて内在的規範となり、軸となって自立的主体を形成し、自分の生き方を客観化して、自ら命じて規範を守らせ、また、微調整するシステムとしてのフロイト Freud, S. のいわゆる超自我 superego として、社会の有効な成員・生活者となっていくわけである。[38]

三　身体性の教育

思うに、価値規範が内在的規範として確立されていくということは、価値体系が人格的能力の内容として習慣化されるということを意味する。習いは性となるのであって、生活の基本様式を規定する。人間は成長するに従い、その周囲の社会の持つ行動様式を自己の行動に受け容れ、習慣として自己の所有にしていくのであって、人間の生活は、その大部分が経験の所産としての習慣化された行動により営まれている。習慣は第二の天性、第二の自然として、善が習慣になって自ずからのごとく行われるわけである。日常の起居動作に即し、機を逸することなく、適切に、基本的な行動様式や善い習慣の養成が考えられなくてはならない。自己実現における習慣の意義は実に大きなものがあるのであり、デューイも、人間は諸習慣の統一体といってよく、「習慣とは意志である」[39]といっている。

上来のごとく、人間は、その生得的要因とともに、生後習得した行動や思考様式であるこの習慣の集積・体制化により、パーソナリティの大部分を形成していく。『論語』に「性相近也、習相遠也[40]」とある所以であろう。善い習慣は才能を超える、といってよい。人間の個人的・社会的生活は、その大部分が経験の所産としての習慣化された行動により営まれているのである。人間の身体や精神の成長は一定の社会に適応するための行動の型の習得の過程といってよいのである。従って、その基底となる習慣を「身に付け」させる上で、親ら大人が、子供の発達段階を理解し、習慣付けようとする行動を、模範を示して、何度も反復させ、「型付け」することが重要である。

習慣は一定の行動形態を反復することによって成立する「型付け」であるから、人間の柔軟な可塑性・陶冶性を前提とする教育において、「型」の問題は、身体性の意味を強調せずにはおかない。

思うに、西洋において、古代ギリシャの形相 eidos と質料 hylē の区別は、古代キリスト教において霊と肉、神と人間の分離となり、近代に入るとデカルト的二元論の主観と客観、精神と物質の分離として受け継がれて、精神の領域は概念的・論証的な思考のみに限定され、延長の世界は機械論的な自然として解釈され、いわば心身の統一体である人間において、精神と「物」である身体とはそれぞれ別種の法則によって支配されていて相互には交渉しえないという矛盾に陥った。

しかしながら、心身の相関は日常の経験的事実である。そもそも身体を離れた精神というようなものはいわば亡霊のごときものであり、精神を失った身体とはもはや屍にすぎないから、そこにおいては本来あるべき霊肉一元の生命的な「いのち」という統一が破られ、現代の物質文明は生命なき世界といってよかったわけである。

かくして、哲学においては、要素還元主義の分析的・数量的な方法論の反省の上に立って、その物心を鋭く分離する二元論（二分法）の克服ということが歴史的課題とされて、ベルクソン Bergson, H. やメルロ・ポンティ Merleau-Ponty, M. らの身体論が見直され、また、心身医学では、心身の緊張は平行するから肉体の緊張をほぐせば心のストレスもほぐれていき、更には人格の精神的・身体的な再体制化を生み出す、とするシュルツSchultz, J. H. の開発した自律訓練法[41] Autogenes Training や池見酉次郎が開発した自己統制法[42]など、身体から精神へのベクトルを持つ技法が脚光を浴びて、心身の相関についての知見・考察が深められてきた。東洋に昔から伝わる坐禅や静坐・ヨーガなどの瞑想法が注目されてきているのもこれと無関係ではない。

西洋ではこれまで一つ一つの器官を分析し、生命体を孤立して閉鎖された立場で捉える傾向が強かったのに対し、東洋においては、創造主と被造物といった原理的パラダイムを持たなかった故か、精神と身体のどちらにも偏せずそれらをむしろ一体不可分のものとして捉え、生命体全体を解放系として連続的に捉える心身論の伝統があった。けだし、神（仏）・人間・動物・自然を連続的に捉える横系列の世界観によるのであろう、「身心一如」なる思想が広く行われ、これが、ひいては、自己の身体の「形」を整え、その動きを正すことによって「心」の在り方を正していくという、正しい形、「形の形」としての「型」の観念につながることは自然である。坐禅・静坐・ヨーガの他、気功法や太極拳・柔道・剣道・茶道・花道・書道・邦舞などはいずれも身体を型に入れる行《ぎょう》によって意識・心を陶冶していくものであった。しかし、これらを貫くものは、身体の行によって意識を深め、心の深層を開発していくということであり、今日的には、誰にも容易に可能な、肩の力を抜いて背骨をまっすぐに伸ばし意識的に呼吸を静かに調える深息法や数息法など、いわば瞑想を主体とした呼吸法が普遍的である、と考えられる。

ちなみに、森信三も、この東洋古来の身心相即の立場に基付き、人間の心と体は切っても切れない密接に結び付いたものであるから心の緊張感を保とうと思えば体の緊張感が保たれねばならないとし、あごを引き瞑目して下腹に意識を置いて力を入れ意志的に体の中心の腰を立てる「腰骨を立てる教育」を開発して、「人間として真にその主体性を確立するための、もっとも確実な方途[43]」と述べているのであって、その教育は、青森県南部小学校や福岡県仁愛保育園などで実践され、成果を挙げているのである。[44]

ここにおいて、思い合わされるのが、アレクサンダー・テクニーク Alexander Technique である。アレクサンダー Alexander, M. というオーストラリアのシェークスピア劇の役者がその体験から編み出した、頭・頸・脊椎・ひざなどを中心とする体の使い方を調整することによって、健康に有害な緊張の習慣を取り除いていく姿勢術であって、「私たちの性格全体は、私たちのからだの『使い方』の根底になっている筋肉緊張の下部構造と結びついて」[45]いるとするその原理の下に、西洋など世界各地に広まっている、という。[46]前述のように森信三の「腰骨を立てる教育」は身心相即の東洋古来伝統の方法を教育に組み込んだものであったが、アレクサンダー・テクニークにもこれと通底するところがあるのであって、ここにかかる教育方法の普遍性が考えられる。[47]

秩序のなかでしか人間性は磨けない。心の迷妄を制しようと思えば思うほど、意馬心猿、人間は逆巻く迷いの淵に沈んでしまう。「こゝろよりこゝろをえんと意得て心にまよふこゝろ成（り）けり」[48]と一遍が説示する所以であり、枯木寒岩ならぬ生身、自らのものでありながらその心ほど思うに任せぬものはない。ここに、身心は一如であり、心で心を制することはできないから身体を通して心をコントロールする行によるわけである。道元が、「道を得ることは正しく身を以て得るなり」[49]というごとく、人格につながる真知は知的理解を通してよりも身体性を媒介としてはじめて獲得しうるものとされている。体験的・直接的に体で会得するということであり、兼好の「事理もとより二ならず。外相もしそむかざれば、内証必ず熟す」[50]という言詮も思い合される。

「水は方円の器に随う」[51]という。人間の柔軟で弾力的な受容性により、興味を持ち、正しいと自らも認める形を模倣して、繰り返し型に習熟することによって、いわばかのアリストテレス Aristotelēs のいわゆるミメーシス mimēsis にも似てその対象のイデアが分有され、型の真精神は自己の心に乗り移ってくる。しかも、その繰り返しのなかで、模倣の意識は消え去り、これを完全に習得するとともに、「善く生きる」という生の大目的に照らしてその型の意味や位置を考え、解釈し、より開かれた上位の目標へと視点を移していくこととなる。

型が内在化し、更にそれを自己超越するということであるから、それはいうまでもなく長い労苦に満ちた努力を必要とすることはいうまでもない。そして、型に入り、型に没入するということは、一見個性を無視するかのようであるが、それは、恣意的な小我を取り払って、その型から新しい創造的な個性を形成する、ということであった。自己自身は一人しかいないということからするオリジナリティもまずは模倣から入らないと発揮できないのである。「格に入りて格を出でざる時は狭く、格に入らざる時は邪路に走る。格に入り、格を出でて、初めて自在得べし」(52)なる芭蕉の言詮はこれをいみじくも物語っている。

周知のごとく、『論語』に「七十而従心所欲、不踰矩」(53)とある。いわゆる聖人の境地であり、自律的自由の典型といえよう。その意味で、確かに孔子にして可能となった高次の境涯であるが、しかし、考えてみれば、孔子は、『荘子』にいう「遊方之内者」(54)に留まり、七〇歳にしてなお世間的な規矩という型を越えることはなかったのであった。型に入り、型を出て自由自在に生きるという創造的な趣に欠けるうらみがあった、ということができよう。もっとも、いうは易く、行うは難い。意志的に自己を律し切ってそれを越えるといった境地は、人間の至高の目的としての理想像であって、生身の人間にとってはあまりにストア的であり、事実、道徳的禁欲主義は神経性の疾患を伴うのであって、意識性の路線においては、現実にはほとんど望めないことなのであろう。情念の世界に対し理性に基づく世界認識を提示しうるほどに強靱な意識性など人間性にとって望むべくもないからである。

しかし、すでに見たごとく、身心は一如であり、意志の力の重要性はいうまでもないことながら、身体をむしろ心より上位に置いて、身体的自己に徹し、型による身体の在り方によって心を正していくところに、非連続の連続、否定の否定ともいうべき人格の飛躍的転換が生ずるのである。「格」という型の基礎があってこそ、破格は高次の格へのステップとなり、新たな格の創造を生む。ピカソ Picasso, P. R. の自由奔放な画法の前提に写実への真摯な習練があったし、「新手一生」、「将棋は芸術」を座右の銘とした升田幸三の豪快な棋風における破格は定跡の上に立ったそれであり、三代目市川猿之助の異端の芸は伝統の風を受け継ぎ、それを踏まえた上のことであることはいうまでもない。「格に入り」、十分に基本を「まねび」、そのエピゴーネンとして模倣の域に留まることなく、これをいわば特殊的普遍として、その「格を出で」、借り物でない独創的な価値を加えるわけである。「教育技術の法則化運動」を提唱の向山洋一がよく援用する江戸千家川上不白の、「守ハマモル破はヤブル離ハはなるゝと申候。弟子ニ教ルハ此守と申所許也。弟子守ヲ習尽し能成候へバ自然と自身よりヤブル」という、「守破離」なる時間経過を伴う型もこれであった。[55][56]

「汝の道をゆけ、そして人にはその言うにまかせよ」とのダンテ Dante, A. の言詮は、この破格より出る高次の個性を説くに引くべきものであって、秩序や規範を忘れた放恣の信念をいうものであってはならない。心構えさえ正しければ、と形を通らないで心を説くのは人間の無明の相を知らぬ観念論にしか過ぎないのである。もとより自由は放縦ではない。自らにエゴの制御を課すところにその束縛から解放されて真の自由が生ずる。いわば自制なき自由はないのである。型に入ることによってこそ、その型の規定をも超えた自在な境地が生ずるのであって、ここに、他律的な禁欲主義に陥らず、自覚的に自由自在な自律的生活が実現されることとなる。そして、価値観が多様化した今日の自由社会にあっても、色々な状況に振り回されることなく、借り物でない自分自身の生き方・在り方・価値観をもって、主体的に生活することができるわけである。これを『臨済録』には「随処作主、立処皆真」と示す。真に主体的な人とは、いかなる時・所・位にあっても、その置かれた客観的状況に束縛されることなく、自由に、とらわれない無礙自在な、その状況の主人公である、というのである。かくして、型と自律のパラドックスは身体性を基盤とする体得の原理において止揚されるということができよう。[57][58]

思うに、人間における自由の本質は、衝動や欲求を秩序だてコントロールしながら、より善き行動の目的を選択し判断するところにある。「理性ニ従フ生活ハ悉ク感情ヲ抑圧スルニアラズ感情ノ常軌ヲ逸スルコトナキヤウニスルナリ」とは森鷗外の言詮である。まさに明治修養主義の人鷗外は「諦念」という東洋的人生観を奉じて、「草庵白屋古聖之住処」との掛軸を愛でていたのであって、自ら「理性ニ従フ生活ハ道理ニ合ヘル生活ナリ」と[59][60][61]

もいうごとく、その生活には四六時を通じて型があり、その内面生活は厳に律せられ、ことに晩年は平常底に道が行ぜられ、型を出た趣があった。[62]

大正教養主義を経て昭和という無特性時代の延長線上にその教養も薄っぺらなものになりイズム自体も消失した今日がある。教養を衒う蕩児の感ある大正の「子」として、偉大な「祖父」明治のごとき精神に到達することは不可能に近いとしても、平成の時代を「型なし」の無定見な時代たらしめてはならない。「型」の復権、「より善く生きる」生き方を教える教育の活性化が待たれること切であり、そこに後近代の世界が拓かれる、と考える。

註

(1)「後近代」、「ポスト・モダン」というと一般にそれを高度情報社会の帰結としたリオタール Lyotard, J.-F. や近代そのものの再検証を図ろうとしたハーバーマス Habermas, J. らの所論が想起されるが、ここでいうそれは、いわばルネサンスにも似て、近代教育を乗り越える原理をわが国中世の伝統、「型」に探ろうとする、という意であるので、今は彼らには触れない。

(2) 久松真一「悟り――後近代的（Post-modern）人間像」（『久松真一著作集』第二巻、理想社、一九七二年、三三五～三四五頁）。

(3) 夏目漱石「現代日本の開花」（『夏目漱石集』（一）〈現代日本文学大系一七〉筑摩書房、一九六八年、四一一頁）。

(4) デカルト、落合太郎訳『方法序説』岩波文庫、一九六七年、七〇頁。

(5) カプラ、吉福伸逸他訳『タオ自然学』工作舎、一九七九年、二二六～二二八、三一〇～三二〇頁。

(6) ケストラー、田中三彦／吉岡佳子訳『ホロン革命』工作舎、一九八三年、六三～六四、九八～一〇二頁。

(7) この問題については章を改めて後述する。

(8)「ペテロ後書」第一章（『新約聖書』日本聖書協会、一九五〇年、五二三頁）。

(9) デニス・ゲイバー、香山健一訳『未来を発明する』竹内書店、一九六六年、一六一頁。

(10) 友松圓諦編『ダンマパダ（法句経）』真理運動本部、一九六一年、一八三頁。
(11) 『鎮州臨済慧照禅師語録』（高楠順次郎編『大正新脩大蔵経』第四七巻、「諸宗部」四、大正新脩大蔵経刊行会、一九二八年、五〇〇頁、下、五〇一頁、上）。
(12) 懐奘編、和辻哲郎校訂『正法眼蔵随聞記』岩波文庫、一九三八年、九〇頁。
(13) プラトン、三井浩／金松賢諒訳『国家』玉川大学出版部、一九八二年、二二四～二四六頁。
(14) 同上書、四八一～五〇五頁。
(15) カント「教育学」（清水清訳『人間学・教育学』玉川大学出版部、一九五九年、三三九頁）。
(16) 同上。
(17) 同上（三四〇頁）。
(18) 同上（三九〇～三九一頁）。
(19) Natorp, P., *Sozialpädagogik*, Fünfte Auflage, Stuttgart: Fr. Frommanns Verlag, 1922, S. 5.
(20) Ebenda, S. 54-83.
(21) 篠原助市『改訂理論的教育学』協同出版、一九四九年、一八頁。
(22) アラン、串田孫一編、八木冕他訳『人生論集』白水社、一九六四年、一一七頁。
(23) 拙稿「教育の概念とその本質」（中井良宏／梅村光弘編『教育の本質を求めて』福村出版、一九九〇年、一四～一八頁）。
(24) ルソー、今野一雄訳『エミール』上、岩波文庫、一九六二年、二三頁。
(25) ボルノー、浜田正秀訳『哲学的教育学入門』玉川大学出版部、一九七三年、一二五頁。
(26) ペスタロッチ、虎竹正之訳『探究』（『ペスタロッチ全集』第六巻）玉川大学出版部、一九六九年、一七一～一七二頁。
(27) 唐木順三『現代史への試み』（『京都哲学撰書』第一二巻）燈影舎、二〇〇一年、六～一二〇頁参照。
(28) ヤスパース、草薙正夫訳『哲学入門』新潮社、一九五四年、九五頁。
(29) 源了圓は、『型』（『叢書身体の思想』二）創文社、一九八九年）において、中世芸能の能楽において「わざ」という観念が自覚化され、心・技・体を三要素とする「形の形」としての「型」が成立した、とし、その「型の観念が、稽古の形としてわれわれに示されたのは、おそらく世阿弥を嚆矢とする」と説く（三六～三七頁）。そして、いわゆる「道」

や宮廷儀礼・仏教などがその前史として「型」の思想形成の契機となっている、と述べる（六三〜六七頁）。博引傍証によるその手堅い考証に揺るぎはない。ただ型の成立が世阿を嚆矢とするとしても、これに先行して兼好に「外相もし背かざれば、内証必ず熟す」（『徒然草』下、第一五七段、西尾実校注『方丈記　徒然草』〈『日本古典文学大系』三〇〉岩波書店、一九五七年、二二二頁）という型の思想はあった。兼好は一遍仏教に親近した人であり、世阿は時衆なのである。源は、契機として仏教を挙げ、密教の儀軌や天台の常行三昧、また、台密・禅について触れているが、これに、より具体的な契機として、私は一遍仏教を加えなくてはならない、と考える。

すなわち、一遍仏教において、人はすでに救われており、ただ名号を称えるだけで弥陀と一体になったのであるが、その影響下に、世阿にあっては、その名号の「真実」（『一遍上人語録』下巻、時宗宗典編集委員会編『定本時宗宗典』上巻、時宗宗務所、一九七九年、二六頁）に代わる「真実」である、歴史のなかで無駄を削り落とし洗練された「型」に入ることにより、人は誰でも素人も達人となることができるということであった、と考える。まさに、一遍仏教と通底し、「型」は他力であり易行なのである。しかも、一遍は、「心の外に境を置（き）て念をおこすを迷といふ」（同上書、三三頁）ごとく外界の「事」に触れることによって迷いが生ずる、として、逆に「事」に名号の「真実」を自覚するように「道具秘釈」を定めて十二道具の一つ一つに宗教的意義を示し（同上書、下巻、三八六〜三八七頁）、また、「手に念珠をとれば、口に称名せざれども、心にかならず南無阿弥陀仏とうかぶ。身に礼拝すれば、心に必（ず）名号を思ひ出（で）らる」（同上書、上巻、三七頁）と述べて名号という「理」に即して「事」を重視しているが、型はまさに余剰をすべて捨て尽くして残った名号に代わる「理」であり、そこに兼好を経て、世阿の型の思想への身近な契機が確かにある、と考えられる。

なお、一遍に先行する鎌倉時代旧仏教の僧明恵に、「人は阿留辺幾夜宇和と云七文字を持つべきなり。僧は僧のあるべき様、俗は俗のあるべき様なり、乃至帝王は帝王のあるべき様、臣下は臣下のあるべき様なり。此あるべき様を背く故に、一切悪きなり。我は後世たすからんと云者に非ず。たゞ現世に、先あるべきやうにてあらんと云者なり」（『栂尾明恵上人遺訓』、宮坂宥勝校注『假名法語集』〈『日本古典文学大系』八三〉岩波書店、一九六四年、五九頁）の言葉がある。この「あるべき様」も形から入る型のごとく見えるところがある。しかし、それは、形の修行によって心の陶冶を図る型ではなくして、「あるべき様」とは当為 Sollen のことをいうといってよく、「たゞ現世に、先あるべきやうにてあらん」と、彼自身が、「仏教修行は、けきたなき心在まじきなり」（同上書、五九頁）とも、「心に誠なくして、何となく礼するをば、古人碓の上下する礼と名けたり」（同上書、七二頁）とも述べているように、誠ある心の修行により自ずから結果として「あるべき様」になるということのごとくである。

なおまた、型は上来のごとくわが国の思想的地盤より成立したものであるが、同時に、古代ギリシャの質料 hylē に対する形相 eidos やアリストテレス Aristotelēs のミメーシス mimēsis にも比定することもでき、また、近時多義的に用いられるアフォーダンス affordance を「行為へと誘導する環境の内包する情報」と理解するならばこれに近く、更に、「教育」という言葉についていえば内的可能性を引き出す「育成」に対する当為の型に嵌める「形成」、換言すれば「訓育 Erziehen」に対する「陶冶 Bildung」に関わっていて、普遍性をも有していることを付言しておかなくてはならない。

（30）源了圓『型』（『叢書 身体の思想』二）創文社、一九八九年、七～八、一四頁。

（31）「その文化の定義のための覚書」（『エリオット全集』第五巻、深瀬基寛訳、中央公論社、一九七一年、二六七頁）。

（32）Jung. C. G., *Psychologische Typen*, Gesammelte Werke, Sechster Band, Walter, 2006, S.446.

（33）拙稿「型と瞑想——心のフォームの再建——」（『浄土学佛教学論叢』山喜房佛書林、二〇〇四年、六九二～六九三頁）参照。

（34）カントには、周知のごとく、その『教育学』に、「人間は教育されなければならぬ唯一の被造物である」（註（15）前掲書、三三一頁）、「人間は教育によってはじめて人間となることができる。人間とは教育が彼から造り出すところのものに他ならない」（同上、三三五頁）の語がある。

（35）尼ヶ崎彬『ことばと身体』勁草書房、一九九〇年、四〇～四一頁。

（36）プラトン『クリトン』（田中美知太郎責任編集『プラトン』一〈『世界の名著』六〉中央公論社、一九六六年、四七三頁）。

（37）R. J. Havighurst, *Developmental Tasks and Education*. Second Edition, New York / London / Toronto: Longmans, Green and Co., 1952, p. 2.

（38）拙稿「基本的生活習慣の未形成」（石堂豊／藤原英夫／岡東壽隆編『家庭・地域』〈『現代教育問題セミナー』第六巻〉、第一法規、一九八八年、五一～五二頁）。

（39）デューイ、東宮隆訳『人間性と行為』春秋社、一九五一年、三八頁。

(40) 金谷治訳注『論語』岩波文庫、一九六三年、二三七頁。
(41) J・H・シュルツ／成瀬悟策『増訂自己催眠』誠信書房、一九六八年、七一〜七六頁。
(42) 池見西次郎「心身医学から見たセルフ・コントロール」（池見西次郎／弟子丸泰仙『セルフコントロールと禅』〈NHKブックス〉日本放送出版協会、一九八一年、一九九〜二〇二頁）。
(43) 森信三『森信三著作集』第六巻、実践社、一九七一年、二九五頁。
(44) なお、近代学校教育への瞑想を主体とした呼吸法の導入を他に論じたものとして、中村春二の「端坐して目を閉じ、雑念を取り払い無念無想の境地に身を置」（『成蹊学園六十年史』成蹊学園、一九七三年、一〇四頁）き教育を受ける土台としての精神を凝らすという成蹊教育の中核をなす「凝念法」や、芦田恵之助の「小学教育者の心身を改造して、その信念が、次に来るべき日本国民大飛躍の中堅たるべき、今の小学児童に注ぎこ」（芦田恵之助『静坐と教育』同志同行社、一九三九年、「序」二頁）むよう行ずる下「腹に力をいれて行ふ腹式呼吸」（同上、本文五一頁）たる「静坐」がある。
今日、学校教育において知・徳・体の三育が知育を中心に分化し、価値の知的理解に留まって行動に結び付かないなど、人間形成上知と情・意との分裂が起こっているのであるが、改めて三育の人文的調和を考えていく上で、これらの事例は示唆に富むといってよい。
(45) バーロウ、伊藤博訳『アレクサンダー・テクニーク』誠信書房、一九八九年、一六一頁。
(46) 同上書、「訳者まえがき」一〜二頁。
(47) なお、ボディーワークと称しアレクサンダー・テクニークに相似した西洋の技法は他にも各種あるが、その多くは身心一元の東洋の修行法に由来するものである。例えば、アイダ・P・ロルフ Ida P. Rolf によって開発されたロルフィング Rolfing は、重力線に沿い身体の各部位があるべき場所にあるという「構造的秩序」に着目し、筋膜など軟部組織における制約要因を取り除くことによって身体全体のバランスを回復させ、結果として神経システムに効果的に働きかけるというものであって、人間を全体として捉え、「『身体の可能性を最大限に引き出してそれを活かすことにより、人は精神的にも感情的にも全人的に向上することができる』という視点も持っていた」（藤本靖「［総説］ロルフィング概説 An Outline of Rolfing」、『日本補完代替医療学会誌』第二巻第一号、二〇〇五年二月、三八頁）というが、それは「ヨガを学び東洋思想の影響を受けた」（同上）結果であった。

(48)『一遍上人語録』巻上（時宗宗典編集委員会編『定本時宗宗典』上巻、時宗宗務所、一九七九年、一二頁）。
(49) 註（12）前掲書、五二頁。
(50)『徒然草』一五七段（西尾実校注『方丈記 徒然草』〈「日本古典文学大系」三〇〉岩波書店、一九五七年、二二一頁）。
(51) 白楽天「偶吟」（佐久節編『漢詩大観』中巻、有明書房、一九七一年、二三七六頁）に「無情水任㆓方円器㆒、不㆑繋舟随㆓去住風㆒」とあるのを出典とする。
(52)「祖翁口訣」（潁原退蔵校註『芭蕉文集』〈『日本古典全書』〉朝日新聞社、一九五五年、二一三頁）。
(53) 註（40）前掲書、二八頁。
(54) 金谷治訳注『荘子』第一冊（内篇）岩波文庫、一九七一年、二〇三頁。
(55) 向山洋一『授業の腕をあげる法則』（『教育新書』一）明治図書、一九八五年、一六三頁。
(56) 江戸千家茶の湯研究所編『不白筆記』江戸千家茶の湯研究所、一九九六年、一六四頁。
(57) マルクス『資本論』「序文」（マルクス＝エンゲルス全集刊行委員会訳『資本論』全、大月書店、一九八二年、一二頁）。ダンテ『神曲』「浄火」篇からのいい換えた引用。山川丙三郎訳『神曲』中、「浄火」（岩波文庫、一九五三年、三七頁）には「汝何ぞ心ひかれて行くことおそきや、彼等の私語汝と何の係あらんや。我につきて来れ、斯氏をその言ふに任せよ」とある。
(58) 註（11）前掲書、四九八頁、上、四九九頁、上。
(59) 森鷗外「自彊不息」（唐木順三編『森鷗外集』〈『明治文学全集』二七〉筑摩書房、一九六五年、四〇九頁）。
(60) 石田吉貞「草庵文学とその系譜」（『淡交』第二八巻第六号、一九七四年六月、二五頁）。
(61) 註（59）に同じ。
(62) 小堀杏奴「晩年の父」（『森鷗外集』（二）〈『現代日本文学大系』八〉筑摩書房、一九七一年、三四五～三五三頁）。

第十章　ラティオの後に来るもの

はじめに

かつて、かのボールディング Boulding, K. E. がいったように、二〇世紀は、文明前 pre-civilization 社会から文明 civilization 社会への第一の転換がまさに完了しようとし、しかも文明後 post-civilization 社会への第二の転換が続いて起こった「測り知れぬ危険と測り知れぬポテンシャリティとを含む状態にあ」[1]った。確かに、その前半において、人間最高の業績たる科学技術による人類の至福と人間理性の勝利に見えたものが、後半に至ると、それがばら色の幻想のごとくについえ去り、自然を変形し利用してより一層の物的幸福を手に入れようとする西洋が生み出した理性中心主義への信頼が揺らぎ、人類の豊かな未来を切り拓くために見直しを求められ始めた時代であった。

周知のように、デカルト Descartes, R. 以来の思惟するものと延長されたものを厳密に分離し、独立させる近代的二元論において、人間に固有の理性を「いかなる種類の出来事であろうとこれに応じうる万能の道具」[2]として高く掲げ、見る主観以外の一切を対象化し、それを観察し分析して、更にその分析したものを総合し、再構成してゆくという還元主義的な方法論の下に、近代科学が成立し、巨大な成果をもたらして、世界は莫大な利益に浴することとなった。

しかし、その一方で、かえって理性による他の一切の方法化、その機械文明による一切の例外を認めぬ人間の機械化、人間性の衰弱、人間の自己疎外、地球規模での環境汚染などの深刻な問題を招き、とりわけ科学技術の極限における核技術の開発は両刃の刃として全地球的規模で人類の不安を招来し、中に就いて東日本大震災後のわが国においてはその技術文明の両刃性において日本人のポテンシャリティが問われているのである。

そこで、以下、この近代的世界観の中核をなす理性についていささか考察し、更に、「東と西」を視野にそれを包摂し統御すべき東洋的知に及ぶなかで、教育の問題に論及してみようと思う。

一　ラティオの由来

さて、近代的理性なるものは、実のところ、中世スコラ哲学において、被造物の自然を照らす概念的・論証的能力たるラティオ ratio であって、自然を超えた神に向かう直観的認識能力であるインテレクトゥス intellectus と対《つい》をなし、ともに古代ギリシャ哲学における心の最高部分としてのヌース nous より分岐したものであった。(3)

ギリシャ哲学において、根本的に重要な意義を有するものはこのヌースなのであって、アナクサゴラス Anaxagoras においては、コスモスたる自然に秩序と運動とをもたらす純一無雑な原動力と考えられていたのであるが、それはいまだ在来の質量論的・機械論的説明の域を出るものではなかった。しかし、ソクラテス Sōkratēs は、形相論的・目的論的哲学の道を歩み、ヌースをして外的な自然の秩序の原理から内的な自然の秩序の原理という方向に向かわしめたのである。このことはプラトン Platon においても同様であり、形相にして不滅の実在たる自然、すなわちイデア idea ないし形相 eidos を認識しうるものこそが普遍的なものとしてのヌースであったのである。この点は、アリストテレス Aristotelēs に至って明瞭に認識され、ヌースは心の最高の部分としての理性を意味し、その対象としてのイデアないし形相は自然 physis と呼ばれているわけである。こうして、アリストテレスは、形相因として理性を有している故に、人間は、動物と異なって、質量を含まぬ純粋な形相たる神に連なっている存在である、としたのである。

一方、キリスト教において、その哲学は、その実体からすれば超自然の哲学であるから、自然の哲学たるギリシャ哲学とは別個の哲学である、といわなくてはならない。しかしながら、超自然的な神的世界を理解するに際して、新プラトン派の哲学やアウグスティヌス Augustinus, A. の哲学によりながらも、創造された自然的世界を説明するに際しては、一部のギリシャ哲学を依用しているのであり、その意味において、キリスト教哲学は、ギリシャ哲学の非連続の連続的展開である、といってよいであろう。(4)

例えば、スコラ哲学を代表するトマス・アクィナス Thomas Acquinas についてこれを見ると、彼は、キリスト教教義を理性と信仰とを対立させず体系化するために、アリストテレス哲学を採用し、インテレクトゥスが「思惟の思惟」である神の能力として可知的真理を端的に推論なしに把捉する能力であるのに対し、ラティオは可知的真理を認識すべくすでに認識された一つの事柄から他の事柄へと推論によって段階的に進む能力である、とした。それ故、両者は静止と運動、所有と獲得との関係に比定され、結局それぞれ完全と不完全、永遠と時間とに属することになるわけである。(5) すなわち、ヌースは、質量を含まぬ純粋な形相たる神を認識する能力、それ故に最高の直観的能力たるべきものであるインテレクトゥスと、質量と形相とからなるいわゆる自然の実体を認識する概念的・論証的能力たるラティオとに分けられるに至ったのである。

そして、デカルトは、明晰判明知の規則を立て、自然を照らす光としてのこのラティオのみを理性として継承して、人間最高の精神的機能とみなし、スコラ哲学の目的論的・本質的自然観に対して、法則的・機械的・現象的自然観を樹立したのである。

思うに、是非善悪の確実な規準は人間の立場を超えたところになくてはならない。しかし、神を知るインテレクトゥスは否定されるに至り、ラティオが神に代わって世界を支配する原理である、とされたことは、結局のところ、自己を裁き、理性を統御し、万人が等しく仰ぎ見る倫理的規準の喪失を意味したから、欲望の肥大化、利己的自我の克服、謙虚さ、情緒性、生命の畏敬などの衰弱といった状況を招来していったわけである。実に、近代とは神を捨てた時代であったのであり、神を捨てた時代はまた道徳をも失うことになる。それは、近代の合理主義的な人間中心、理性中心、科学万能の西洋思想の歴史的帰結であったから、もはや神の観念なりインテレクトゥスなりを回復させる理念は、もとよりキリスト教自体はなお西洋社会において強い影響力を保持しているが、その神学や哲学自体には原理的にいって見出しがたく、そのことはまた遡ってヌースをも失うことを意味した、といってよいであろう。

二　プラジュニャーへの注目

ここに、近代を形成した西洋の理性、ラティオに代わるものとして、東洋の仏教のプラジュニャー prajñā が注目されなくてはならないであろう。プラジュニャーは、周知のように、音訳して般若、意訳して智慧と呼ばれる仏智であって、一切法を空《くう》と観じ、世界の実相が皆空であることを動的に自覚し、いわゆる相依相関・相資相成の縁起の法を体認する主体的・直観的・実践的知である。

ラティオは「我思う」自我の前に他の一切の事物を対象化して抽象化し更に表象化するが、それは対象を限定し固定して捉えたものであり、主体と客体の隔たりは越えることはできない故に、対象すなわち事物そのものではありえない。概念的認識はどこまでも相対的であって必ずしも正しい認識ではないのである。

一般に、西洋的思惟の本質は対象的論理性にあるのに対し東洋のそれは直覚にあるといわれる。確かにわれわれは言葉で捉えるというよりもイメージで理解する傾向が強い。もっとも、単なるイメージとしての直観は明確な概念を欠くし、また、分析は細分化した部分の認識であって全体性を欠く。これに対し、かかる分析的・比量的な西洋的知ではなく、また、曖昧な直観でもなくして、自我を滅し、事物を事物としてその根底に入って、主客未分の、いわゆる父母未生以前の世界に飛び込み、そのもの自体に成って観るものこそ東洋的知たるプラジュニャーなのである。ここにおいて、改めて、鈴木大拙が、「般若とは識を超越してゆくもの」であり、「分別識（分別）は般若の裏附けなくしては作用することはできない」と説いている[6]ことや、久松真一が、「分別というものは、かえってそれに依って否定されなければなら」ず、「否定されて、また今度は甦って来」て、「理性というものの本来の在り方になって来るわけで」、「仏教で申します八識を転じて四智を得るということになる」と述べている[7]ことが想起される。

プラジュニャーは、対立観・固定観を否定し、現実の具体的世界において意義を持つ空観であり、あらゆる限定や観念、時空をも超えたものである故に宇宙の叡智、宇宙的（無）意識といってもよい。それは、「個々別々の差別の上に部分的に『依止』して知り理解する部分知、分別知、了別知たる『識』を否定し[8]」て、存在のすべてを全体的・直覚的に把捉し森羅万象の真実相を如実に知見する主客一体・身心一如のゼネラルな総合判断・全知・統一原理であって概念の世界を超えている。従って、そこに、理性的自我、ラティオ中心に世界を相対的・客観的・分析的に捉える今日の西洋の対象論理的な認識論を批判し超克する否定の契機を含んでおり、その否定の否定として、見ることと考えることとが一如し、科学的な理論知や理性を内に取り込み包摂して、統御し、発展させる可能性を持っている、といえよう。

実のところ、対象化されたものは存在全体ではない。従って、相対的・分析的な思考方法は全体的・直覚的な把握によって統一されてこそ、その所を得て明確な意味を持ちうるのである。今日、西洋にはこのプラジュニャーに相当するものはなく、翻訳する場合には、プラジュニャー・インテューション prajñā-intuition とかプラジュニャー・インサイト prajñā-insight とか表現されているのである。

もっとも、プラジュニャーとギリシャ的理性ヌースとは源泉を同じくするらしい[9]。先述のごとく、インテレクトゥスも可知的真理を端的に推論なしに把捉する能力であった。まさに祖を同じくしつつギリシャ的理性たるヌースは著しく変質したのであり、その結果、インテレクトゥスを捨てラティオにのみ親しんできた西洋人にとって、今日、異質のプラジュニャーを理解することはやはりたやすいことではない[10]。

このプラジュニャーによって、個我の意識を超越し、自己中心的な思考の仕方や自己中心的な愛を超越することができる。単なる個的な世界から脱け出て、広い宇宙的な生命の世界のなかに生きることができるのである。近代科学は無限の連鎖によって結ばれている生命的世界をばらばらに分断したが、それを克服する原理は仏教の思想にあるということは確かであろう。

このプラジュニャーは、戒・定《じょう》・慧《え》の三学のうちの慧であり、戒すなわち戒め、自ら誓って自己の生活をコントロールする倫理と、定すなわち禅定、身体を安定させ、精神を統一する瞑想とを条件とし、これに基礎付けられてのみ成立するのである。戒・定の実修がなければ心はいわゆる四諦における苦諦と集諦《じったい》の行われる所たるに留まる。智慧は静かな清い心から生まれるのであり、周知の例でいえば、『法句経』に「禅なき人に智あるなし」[11]とあるごとくである。禅定 dhyāna は、samādhi と同義であることから三昧と音訳されるが、心を一つに集中させて正しい智慧を喚起し、それによって諸々の事象を観察することなのである。

三　唯識の修行論

ところで、ラティオはいわゆる意識、表層の自我意識にしか過ぎないが、仏教通途の唯識思想によれば、この意識の背後には無意識の深淵が存在する。自己存在の内面を定すなわち瞑想によって立体的・重層的に掘り下げていくと、第六識といわれ、眼・耳・鼻・舌・身の前五識に基付いているこの意識 manovijñāna の底に無意識的な自我意識ともいうべき末那識 manas すなわち第七識が潜在し、更に、自己存在の内面をボーリングしていく深層にア・プリオリな根源的意識である阿頼耶識 ālayavijñāna すなわち第八識に突き当たり、末那識は実はこれに支えられている、とするのである。

あたかも大海に浮かぶ水面下の流氷のように、意識の下にあって生の源泉のごとく人間の心を支える無意識の領域が考えられているのであるが、しかも、これら深層意識の極、無意識的な心の深奥に、真実の自己、すなわちいわゆる仏性 buddhatā ないし如来蔵 tathāgata-garbha が存在する、という。この仏性に伴う意識が仏智たるプラジュニャーであって、第九識とも称される。しかし、自我意識を捨てて過去の影響を全く払拭してしまわなければ自己は善悪相対の阿頼耶識の下に留まり、仏智は発現しない。自己が真実の自己となるためには日常的自己が撥無されなければならないわけである。

ユング Jung, C. G. は、個人的経験に先行してア・プリオリに存在し、人間の意志とは自立して活動する普遍的な原意識を「集合的無意識 das kollektive Unbewusste」と名付けて、これに人格の基礎を求め、その周りを、意識の表面に現れることのない「コンプレックス Komplex」、すなわち、生まれてから今日に至るまでの人生経験に伴う情動化された心理的複合体が囲繞している、とする。そして、ユングは、この集合的無意識の中心に「自己 das Selbst」という超越的な本当の自分を想定した。それは、意識と無意識の両方を含んだ心的作用の本質をなし、「内なる神 der Gott in uns」とも呼びうるものであって、「われわれの全精神生活の端緒は、解きがたくこの一点から発しているように見え、あらゆる最高かつ究極の目標はこの一点をひたすら目指しているように思われる」[12]といい、これをまた、かの「最早われ生くるにあらず、キリスト我が内に在りて生くるなり」とのパウロ Paulo の言葉に比定している。[13]

ここにおいて、先の唯識思想が図らずもユング心理学に相似していることが知られるであろう。末那識はコンプレックスとの、阿頼耶識は集合的無意識とのアナロジーにおいてそれぞれ考えることがおおむね可能であり、仏性はユングの「自己」に比定することができよう。もっとも、ユングの集合的無意識という個人の経験に先行するア・プリオリな概念は、人類の長い経験のなかで、ヘッケル Haeckel, E. 流にいえばまさに「系統発生的に」発生したものといえる。しかし、それは、無意識であるからもとよりかつて一度も意識されたことのないものであり、実体として科学的に証明しうるものではなく、一種の心理機制として、あくまでも仮定的に心の深奥に存在しなくてはならないものである、とされているのであり、唯識説も宗教である仏教の一学派である以上、究極的には修行によって行得されるべき、いわば冷暖自知の主体的実践体系である、ということになる。ただしかし、ユングの集合的無意識とは異なり、唯識における阿頼耶識の在り方は、修行によって昇華し、浄化・改善される、とされているのである。

この唯識説に基付く修行論に、われわれは注目すべきであろう。何となれば、人間存在の深層に知識や論理などの人間の意識では自由にならない独自のメカニズムを持った自立的な心があって、その無意識層の力によって逆に人間は支配されており、しかも、教育は、この意識から自立した無意識層の生得的な力を知らずに、知識の伝達に終始し、ただ表層の意識の成熟を説くに留まっている、といってよいからである。

実のところ、「自己」は、まさに先述の「真実の自己」であって、仏教でいえば仏性に相当する。日常的な自己は自我意識に基付くエゴに覆われた偽りの自己であり、そういった日常的自己の内奥にこの「真実の自己」がある、ということになる。今日の教育の世界での常套語である自発性の伸張、個の確立といったことも、実は表面だけの自己、神を捨てて道徳的自制を欠きルネサンス以降解放された利己主義的な近代的自我の増幅にしか過ぎなかった、といえよう。

人間は、善と悪、美と醜との自己同一的な存在であるから、本能的・衝動的な欲望を抑制してこそより価値の高い自己の実現が図られることは自明である。しかし、その観念的な道徳的抑制は他律的な禁欲主義の傾向を持ち、しばしば神経症その他の心身のゆがみを招くことになる。人間は自らの心でもって心をコントロールすることはできないからに他ならない。

四　プラジュニャーの開発

実のところ、呼吸は、感覚神経と運動神経からなる体性神経 somatic nerve と、基礎的な生命機能を支配する自律神経 autonomic nerve とをつなぎ、身体と精神とを架橋するミッシング・リンクであり、呼吸を整えることは人間がその意志によって自らの生理や意識を変化させうる唯一の方法なのである。そして、仏教でも解脱への行道の中心をなす瞑想の核心は呼吸法にあった。『大安般守意経』に、「念㆓息相随止観還浄㆒欲㆑習㆑意近㆑道故。離㆓是六事㆒便随㆓世間㆒也。数息為㆑遮㆑意。相随為㆑斂㆑意。止為㆑定㆑意。観為㆑離㆑意。還為一意。浄為守意。用㆓人不㆑能㆑制㆑意故行㆓此六事㆒耳(14)」とある所以である。

確かに、心で心を制することができない。しかし、精神と身体はデカルトがいったように相互に交渉することのない全く独立した二つの実体などではなく、身体は意識を包み、逆に意識は身体を貫いて心身は相関し不離一体のものであるから、身体を通して心を統御する行《ぎょう》によることになる。道元が、「道を得ることは正しく身を以て得るなり(15)」といっている所以である。人間性の脆弱さへの認識から、身体の行によって心の陶冶を図るのである。

思うに、人間の生は、行動・言語および意志のいわゆる身・口・意の三業に統括されるが、身・口の二業は心に意思することによって成ずるから、意の汚染を断ち切ることを根本とする。仏教が「自浄其意(16)」をその倫理とする所以である。しかし、身・口の二業によって生じる心の表面の経験も善・悪、浄・染ともに心の最深層の阿頼耶識に種子 bīja として植え付け保存される、とするから、もとより、行動を慎み、言葉を正して身・口の浄化に努めなくてはならない。人間の行為は善きにつけ、悪しきにつけ、心の深層に結果を残し、衣服に香がしみ込むように自己の心の根本に熏発し性《しょう》を移すとされ、これを熏習《くんじゅう》という。人間が向上して浄に進むも、また、堕落して染に沈むも、熏習による、ということになる。かの「懺悔偈」に「我昔所レ造諸悪業　皆由二無始貪恚痴一従二身語意之所一レ生　一切我今皆懺悔[17]」とある所以である。

身・口の浄化を経て、意の汚染を断ついわゆる身・口・意の三業の清浄によって阿頼耶識も熏習されて仏性となる。すなわち、三業の清浄によって、迷いの種子たる過去の経験により形成された心の痕跡、トラウマが後の行動に影響を与える可能性は消え、知らず識らずのうちに、心の奥底に沈殿してきた諸々の経験も善の種子で満たされ、阿頼耶識は浄化されて、現存在の意識を変えることとなる。調三業の行によって禅定は深まり、空《くう》への扉は開かれて、現存在は本来的な自己に超越し、自己の絶対転換を実現するわけである。これを『成唯識論』では「智雖レ非レ識而依レ識転、識為レ主故説二転レ識得一[18]」といっている。ここに、第八阿頼耶識を転じて第九識の仏智すなわちプラジュニャーの開発を見、後述のように智恵と慈悲は相即するから、智恵と慈悲に溢れた目覚めた「真実の自己」を形成することとなるのである。

「意馬心猿」という言葉もあるように、時に人間の心は外的刺激によって流動し散乱して劣情が煽られ正しい判断もしにくくなる。一遍が、「こゝろよりこゝろをえんと意得て心にまよふこゝろ成（り）けり[19]」と詠じ、「六識分別の妄心[20]」を捨てて「無想離念の悟[21]」を得た彼此三業不相捨離の境涯を説く所以である。釈迦解脱の原点がそうであったように、定の深まるところ主客・善悪相対の意識世界から脱け出て、自己が世界になりきり、主客一体となった無意識の状態に入って、明鏡止水の状態となる。大脳生理学的にいうと、交感神経は副交感神経と切り替わり、脳波にアルファ波が現れ、脳神経にリラックスホルモンといわれるセロトニンが分泌される。ここにおいては、いわば今日現象学でいうエポケー epochē の純粋意識に近似するが、それは理論的な判断停止などではなく判断の一切停止なのであり[22]、従って、こだわりや執着するものは何もなく既成の固定した概念や枠組みに縛られることがないから、宇宙の叡智、法・真理が天籟の声のように顕わになるわけである[23]。世俗化の進んだわが国近代においてもいくつかその例はある。

まず、西田幾多郎は、万巻の書を読むとともにひたすら打坐して[24]、主客未分のいわゆるその「無の場所」において底のない深みへと自我意識を沈め、自己をその意識の底に没入させる。その自我意識を沈めた深みで一つの力がわき起こり、自己を充たし突き動かして、その独創的な哲学を生んだのである。その初期の思想に即してこれを見ると、

> 知的直観とは我々の純粋経験の状態を一層深く大きくした者にすぎない、即ち意識体系の発展上における大なる統一の発現をいうのである。学者の新思想を得るのも、道徳家の新動機を得るのも、美術家の新理想を得るのも、宗教家の新覚醒を得るのも凡てかかる統一の発現に基づくのである（故に凡て神秘的直覚に基づくのである）[25]。

ということになろう。そして、それは、後期に至ると「自己が物の世界に入り、物そのものとなって考へ[26]」、「歴史的形成的に物を見る[27]」といういわゆる行為的直観にまで深められている。

また、玉城康四郎は、主観・客観の相関において成立する認識論的な対象的思惟に対し、入出息念定《にゅうしゅっそくねんじょう》の「冥想」、単なる頭脳的な思考ではなく、頭も心も魂も体も、総じて全人格が一体となって営まれる全人格的思惟において、自己は開かれとらわれから脱してあらゆる他己とそして天体ともつながり合い、形なき純粋生命、ダンマが全人格に顕わになって、真実の智慧が開示されてくる、という。そして、自らその全人格的思惟を実践し、それは「宇宙なる無意識域から主体の場へ意識化することに外ならない」と述べ、「人間の真に人間的な訓練は無意識層にかかわるものである」といっていることは教育学的に見ても注目される[28]。

更に、山崎弁栄首唱の浄土宗光明主義を信奉した数学者岡潔は、一時間ほど念仏しては問題に取り組み没入的に思考して、遂に数学の世界三大難問といわれたものをすべて独力で解いたという[29]。口称念仏もいわゆるマントラの瞑想といってよいのである[30]。

前述のごとく、仏教は、端的にいえば無我、西田哲学的にいえば、自己が「無の場所」となることによって顕

わになる法すなわち真理のプラジュニャーによる直観である、といってよいであろう。法が顕わになるのであり、無我即大我であって、無我においてこそ真の主体性が確立されるのである。そして、無我は自己中心性を離れている故に慈悲の思想を生み、布施・愛語・利行・同事のいわゆる四摂法といった実践行を派生し、まさに、知即愛、大智即大悲であって、仏智はまた慈悲であるということになるのである。西田幾多郎が、

知と愛とは普通には全然相異なった精神作用であると考えられている。しかし余はこの二つの精神作用は決して別種の者ではなく、本来同一の精神作用であると考える。然らば如何なる精神作用であるか、一言にていえば主客合一の作用である。我が物に一致する作用である。何故に知は主客合一であるか。我々が物の真相を知るというのは、自己の妄想憶断即ちいわゆる主観的の者を消磨し尽して物の真相に一致した時、即ち純客観に一致した時始めてこれを能くするのである。（中略）次に何故に愛は主客合一であるかを話して見よう。我々が物を愛するというのは、自己をすてて他に一致するの謂である。自他合一、その間一点の間隙なくして始めて真の愛情が起るのである。（中略）知は愛、愛は知である。たとえば我々が自己の好む所に熱中する時は殆ど無意識である。自己を忘れ、ただ自己以上の不可思議力が独り堂々として働いている。この時が主もなく客もなく、真の主客合一である。この時が知即愛、愛即知である。(31)

と縷々説く所以である。

おわりに

かつての日本人は、確かに、志のなかに「私」を没し自己を律して、そこに本来の自己を発見していくというところがあった。換言すれば、有心の自己が無心の自然に帰ることによって創造を生むところがあった。かの芭蕉が、「西行の和歌における、宗祇の連歌における、雪舟の絵における、利休が茶における、其貫道する物は一

なり[32]」といったその貫道するものとは、仏教の下に醸成された、日本文化のエートスとでもいうべき「無我の自己形成」としての「道」の思想であったのである。芭蕉自身、「無分別の場に句作あることをおもふべし[33]」と「無の場所」に句作の場を求めているごとくである。そして、この伝統は、近代に至っても、夏目漱石の「則天去私」、西田幾多郎の「無の場所」、小林秀雄の「無私の精神」などとして伝えられてきたわけである。

しかし、今日の教育は、心の内なる世界に隠された無意識層の大きさを知らずに、主知主義、知育偏重に陥り、また表層の一般的意識にのみかかずらっている点にこそ問題があるといえよう。自然を照らすラティオを本位とし対象化された物理的自然現象を一切の存在の基礎とする近代的世界観の下にあっては、人間の心の問題はどうしても閑却されることになる。それ故、身体を通し心を統御して、人間存在の深層に価値を伝えてこれを変革し、その行為を善導することによって、真実の智慧を開発する真の教育的パラダイムが、単なる宗派的な宗教教育の枠を超えて、構想されなくてはならない。そして、その知、真実の智慧には愛が相即するのであった。

その際、その参禅体験を理論化した西田幾多郎の哲学が一つの手掛かりを与えてくれよう。ただ、彼には教育に関しては「教育学について[34]」という小論文があるのみであり、直接的にはその哲学を教育の分野において展開させた木村素衞の思想が注目されなくてはならない。西田同様やはり難解であるが、彼は、自我の発達の上に築かれている近代教育学の枠組みを超えて、その意識の主体としての自我の実体性を否定し空じられた無の世界における自覚として、「存在の法を正しく把握し正しく行ずることに於て我々の絶対性に目醒めると云ふ」「解脱[35]」を説いているからである。そこには真実の智慧を開発する教育哲学が実に豊かにあるのであり、今後、これを継承して[36]、具体的に実践に活かす方法や手順が必要となる[37]。

ただしかし、その教育的パラダイムの中核は前述のごとくあくまでも瞑想にある。そして、知・徳・体の三育の人文主義的調和こそ教育の理想であり、そこにおいて基軸となるのは徳育でなくてはならず、それは体解・体得を本質とする。和田修二が「人間形成の究極は道徳的な――更に言えば宗教的な――『覚醒』である[38]」と述べている所以であろう。私見によれば、今日において直ちに、戒・定・慧の三学は森信三の「腰骨を立てる教育」の理論を媒介することによって、特定の宗教色を除き、一般化しカテゴリー化した形で公教育にも活かすことができる。[39] アメリカのホリスティック教育のミラー Miller, J. P. ですら、「瞑想によって自我の根底にある〈自己〉にふれることができ、そこでは執着すべきものは何もない」[40] といっている。かかる逆輸入ではなくして、東洋のプラジュニャーでもって西洋のラティオを主体的に統御してこそ東西両洋を融和しその最良の要素をダイナミックに一つの高次の豊かな文化へと止揚するという世界史的課題に応えることが可能となるということを、こちらから積極的に発信していかなくてはならない、と考える。

その点、東西文化のストックを豊かに有し非西洋における唯一といってよい近代民主国家のわれわれがこの課題に率先的に応えるべきであろう。ただ今日、われわれ自身が余りにも自らの文化的伝統に無知無関心で歴史に根差した規範から断ち切られ、西洋化してしまっていることが気がかりな点ではある。確かに、わが国の現代性を形成しているものは、西洋的なものであって、東洋的・伝統的なものではない。自らの歴史的文脈を離れて理性的自我に基付く西洋的思惟に親しみ、徳川時代のその祖先より現代のアメリカ人に似ているなどといわれる始末である。しかも、戦後日本人は、セキュラリズムに陥っていて宗教アレルギーの状態にあるといってよい。仏教の研究は盛んなのであるが、仏教そのものは先祖崇拝や葬送儀礼などを中心とした形式的なものとなり、仏教のコアである人間の本来性への目覚めとかスピリチュアリティへの行が軽視されて、その影響力を失ってしまっているのである。戦前までのわが国と今日のわが国との断絶の根は深い。

しかし、ユングのいう個々人の経験以前のア・プリオリな民族の記憶としての集合的無意識が、この度の東日本大地震において、まさに民族のＤＮＡとして日本人の行動の源泉となり、失われていなかったことを示してくれた。それ故、今こそ、利己的自我を超えた無我において知即愛の真実の自己を形成するという仏教の基本をしっかりと押さえ、この世界ブランドの内なる伝統文化と対話し再体験してこのＤＮＡを自覚し、近代的世界を通した現代の歴史において新たなる教育パラダイムを構築して、更に、鈴木大拙のごとくその汎神論的なドグマを立てぬ「和」の精神をもって世界に発信して霊性の交流を行い、後近代の世界を切り拓く歴史的形成に活かしていくことが重要である、と考える。

註

（1）『二十世紀の意味――偉大なる転換――』岩波新書、一九六七年、一七五頁。
（2）落合太郎訳『方法序説』岩波文庫、一九六七年、七〇頁。
（3）臼木淑夫「技術と科学」（臼木淑夫／梶芳光運／田丸徳善／中川栄照／見田政尚／峰島旭雄『実存とロゴス』朝日出版、一九七一年、三三六頁）。
（4）川田熊太郎「Nous と Prajñā」（『印度学仏教学研究』第一巻第二号、一九五三年三月、三一〇～三一二頁）。
（5）高田三郎／大鹿一正訳『神学大全』第六冊、創文社、一九六二年、一七一～一七二頁。
（6）「佛教哲学における理性と直観」（『鈴木大拙全集』第一二巻、岩波書店、一九六九年、九四～九五頁）。
（7）「絶対無的主体の絶対有的妙用」（『久松真一著作集』第二巻、理想社、一九七二年、三七三頁）。
（8）西義雄「原始佛教に於ける般若の研究」（『大倉山紀要』八、一九五三年八月、一六二頁）。
（9）川田熊太郎『哲学小論集――文化と宗教――』河出書房、一九四八年、二六七頁。
なお、玉城康四郎は、その『東西思想の根底にあるもの』（講談社学術文庫、二〇〇一年、三三～八九頁）において、精神も身体も一体となって営まれる「冥想」、全人格的思性は、東洋の独占物のように思われがちであるが、イエス Jesus・パウロ Paulos をはじめ、ソクラテス・プロティノス Plōtinos、また、アウグスティヌス・アクィナスらにおいて見ることができ、デカルト以後においてもスピノザ Spinoza, B. d.・ライプニッツ Leibniz, G. W. らの名を挙げ、人類普遍の思惟というべきであるが、しかし、西洋では、対象論理が確固とした方法として確立したのに比し、それは次第に衰弱し、確立することはなかった、としている。

(10) 鈴木大拙と『禅と精神分析』（鈴木大拙／E・フロム／R・デマルティーノ、小堀宗柏／佐藤幸治／豊村左知／阿部正雄訳、〈現代社会科学叢書〉東京創元社、一九六〇年）を共著したフロム Fromm, E. が、同書において、人間の「最良の状態」の達成という観点から東洋的な禅仏教と西洋的なヒューマニズム的精神分析との関係を論じ、両者は無意識的なものを意識的にすることにおいて方法は異にしつつ目標を一にし、禅仏教は多くの豊かな知見を精神分析に与えてくれる、と述べている（一四一～二四七頁）。しかし、対象化した客体としての人間の意識を診る精神分析と人間主体の内面の究極に主客未分のリアリティの自覚を説く禅仏教とは、フロムにしてなお遠く隔っている、といわなくてはならない。

もっとも、西洋的な理性的自我による東洋的知との血みどろの格闘の末その理解に成功した例として、フロムも先の書に引く（二二一～二二三頁）『弓と禅』（稲富栄次郎／上田武訳、福村出版、一九八一年）の著者、ドイツ人哲学者オイゲン・ヘリゲル Eugen Herrigel の弓道の修行を挙げても何ら異とするに足りないであろう。同書によれば、ヘリゲルは、五年間仙台で阿波研造という弓「術」の師範の許で修練を積み、自分が全力で的を射るのではなくて、「自分自身から離脱し」（八五頁）、「真底からして無我とな」（六四頁）って「それ」（九二頁）が射る、という無の境地についに到達している。

(11) 友松圓諦『ダンマパダ（法句経）』真理運動本部、一九六一年、四一八頁。

(12) *Die Beziehungen zwischen dem Ich und Unbewussten*, Gesammelte Werke, Siebenter Band, Walter, 2006, S.244.

(13) Ditto, S.229.

(14) 巻上（高楠順次郎偏『大正新脩大蔵経』第一五巻、「経集部」二、大正新脩人蔵経刊行会、一九八八年、一六四頁、上）。

(15) 『正法眼蔵随聞記』岩波文庫、一九三八年、五二頁。

(16) 「七仏通戒偈」（註（14）前掲書、第四巻、「本縁部」下、『出曜経』巻第二五、七四一頁、中）。

(17) 『大方広仏華厳経』巻第四〇（註（14）前掲書、第一〇巻、「華厳部」下、八四七頁、上）。

(18) 巻第一〇（註（14）前掲書、第三一巻、「瑜伽部」下、五六頁、中）。

(19) 『一遍上人語録』巻上（『定本時宗宗典』上巻、時宗宗務所、一九七九年、一二頁）。

(20) 同上、巻下（二七頁）。

(21) 同上（三二頁）。

(22) 湯浅泰雄『身体――東洋的身心論の試み――』(『叢書　身体の思想』四)創文社、一九七七年、一五五、一五八～一五九頁参照。
(23) 拙稿「型と瞑想――心のフォームの再建――」(『浄土学佛教学論叢』山喜房佛書林、二〇〇四年、六九九～七〇〇頁)参照。
(24) その「日記」(『西田幾多郎全集』第一七巻、岩波書店、二〇〇五年)を繙くと、例えば、明治三五年(一九〇二)一月二一日の項に「午前六時晨起打坐冷拭運動　午後主幹会議あり　夜カントをよむ」(七九頁)とあり、同年末の欄外の頁には「参禅以明大道、学問以開真智、朝静坐一時間　夜考究二時間　昼読書」と記されている。西田の学問には行があったのである。
(25)『善の研究』岩波文庫、二〇〇八年、五八頁。
(26) 西田幾多郎「行為的直観」(註(24)前掲書、第八巻、二〇〇三年、二一三～二一四頁)。
(27) 同上(二一二頁)。
(28)『東西思想の根底にあるもの』講談社学術文庫、二〇〇一年、一四七～一四九頁。
(29) 藤原正彦『国家の品格』新潮新書、一四〇頁。
(30) なお、枕上・馬上・厠上のいわゆる三上におけるひらめきも次元は低いが頭のなかが先入観のない真っ白なキャンバスのような無の状態になった折のインスピレーションとして、これらの例に加えることもできよう
(31)『善の研究』(註(25)前掲書)二六一～二六三頁。
(32)『笈の小文』(杉浦正一郎／宮本三郎／荻野清校注『芭蕉文集』〈『日本古典文学大系』〉岩波書店、一九五九年、五二頁)。
(33)「祖翁壁書」(穎原退蔵校註『芭蕉文集』〈『日本古典全書』〉朝日新聞社、一九六二年、二一二頁)。
(34) 註(24)前掲書、第七巻、二〇〇三年、二七九～二九二頁。
(35)『美のかたち』岩波書店、一九四一年、九一～九二頁。
(36) 大西正倫が、このほど、この木村素衛の教育哲学について、『表現的生命の教育哲学――木村素衛の教育思想』を公にした。道半ばでの急逝のため未だ完璧には体系付けられていなかったうらみのある木村教育学をまさに継承し、その含意する原理・論理を内側から展開して、文字通り木村本人に成って思索しそれを措定し直した労作であり、刮目されねばならない。
(37) もっとも、すでに、小野慶太郎が、『形成的無――教育学序説――』(協同出版、一九六七年)なる一書を著し、すべての

人間が生まれ、育ち、そして、死んでいくという歴史のなかの出来事において、人間が形成されていくことの根本的な意義を表現するために、歴史的現実の一切がそこに生まれ、消えていく根底たる「無」として「形成的無」という概念を提出して、人間形成という営みの根底をなすものとし、その無底の論理が具体的な教育の場において教育の目的・内容はおろか方法にまで貫かれていて、一つの手掛かりとなる。

(38)『教育する勇気』玉川大学出版部、一九九五年、二五九頁。

(39)註(23)前掲書、七〇四〜七〇六頁。

(40)中川吉晴／吉田敦彦／桜井みどり訳『ホリスティクな教師たち――いかにして真の人間を育てるか?』学習研究社、一九九七年、九九頁。

終章　約説と補論

一　一遍仏教の無の教育

本書の課題の一つは、日本教育史において質量ともに立ち遅れている仏教研究のなかにあり、更にほとんど未開拓といってもよかった一遍仏教について、まずは研究史上の欠落を埋め正当な教育史上の位置付けを与えるために、その周縁をも含めて、その人間形成理念や教導の実態を実証的に明らかにする、ということであった。

上来のごとく、一遍仏教の核心は、「己心領解《りょうげ》の法門」と伝える七言の頌、「十劫正覚衆生界　一念往生弥陀国　十一不二証無生　国界平等坐大会」[1]の弁証法的論理にある。十一不二とは、弥陀の十劫正覚と衆生の一念往生との不二をいい、十劫の昔の本願成就という決定が当体一念の只今の念仏に決定して修即証、弥陀国と衆生界は平等、凡聖不二となるということであった。弥陀は一切衆生を救うとしてすでに十劫の昔に成道しているのであるから、十劫の正覚は過去完了であり、すでに一切衆生は往生すなわち自己形成を成就し救われた「彼岸に全く往ける者」[2]であった。一遍仏教には、證空仏教を経て天台本覚思想が貫流しているのであって、絶対的なるものは真実の自己として内在し、絶対的に性は善であったのである。

もっとも、正覚と往生、弥陀と衆生という現実において絶対に懸絶するものが非連続の連続的に逆対応して不二となるのは、あくまでも称名という行的実践を通じてであり、称名しなければ自己の本来の面目を失って日常的頽廃に陥り相反する無限の両極の間をさ迷っているもとの無常なる存在、すなわち相対・有限な罪悪生死の凡夫に他ならない。十劫の正覚は過去完了であるが、その決定は只今の決定と不二であり、それを行得するのは、「今、ここ」の進行形の自らの身体性においてである。すなわち、男女の別はもとより、「信不信をえらばず、浄不浄をきらはず[3]」、一切衆生が平等に往生し本来の自己に帰ることができるというのは、本願成就が当体一念の只今の念仏においてであるから、あくまでも称名の行《ぎょう》におろそかであってはならないということを特色とした。

一遍仏教においては、「極楽は無我の土[4]」であり、「無心寂静なるを仏といふ[5]」のであるから、妄執に他ならぬ「我（が）心を打（ち）捨（て）て一向に名号によりて往生す[6]」るのである。行、当体一念の念仏において、「我（が）心を打（ち）捨」て相対のこだわりを脱し、固定観念から離れて無我になるとき、十劫の正覚は当体に現成して念仏即往生となり、その端的の一声に自己の衆生性は否定媒介されて、法、実相の世界に還帰し、ノエシス即ノエマ的に己身は弥陀となり、凡夫の身・口・意の三業は弥陀の三業となって、自己は非本来的自己から本来的自己に超越して機すなわち自己の絶対転換を遂げ真実の自己に邂逅することができた。利己的自我を離れて真実の自己に覚醒するわけである。人間は真実の自己に目覚めてこそ人生を善くそして深く生きることができるのである。まさに、身心相即の立場に立った名号の行による心の教育である。ここにおいて、真実の自己とは自らの生命の底において永遠に触れつつ歴史や文化を作り真に自他を生かす悲智円満の歴史的主体たる無相の自己をいう。

一般に、教育は、その形式において漸次的・連続的かつ有機的な営みであり、善く生きる上での在るべき自己は現にある自己の有の次元の直線的延長線上に獲得されるべきものとして、「人間の非連続的な変化を無視しやすい[7]」。しかし、教育において、当為は、アン・ジヒの平凡・安易にあるのではなくして、止揚的総合としてのアン・ウント・フュール・ジヒにこそ求められるべきであろう。生はその否定を媒介として鍛えられ非連続の連続的に飛躍するのであって、限界状況の克服による成長などがそれである[8]。教育史的事例としては例えばソクラテス的問答におけるアポリア aporia が挙げられよう。ここにおいて、ボルノー Bollnow, O. F. が、絶望と否定をその特色とする危機の教育上の意味を検討し、「危機はじっさい、必然的に人間生活の本質にぞくし、完成のより高次の段階は、原理的にいって、危機を切り抜けることによってのみ到達しうる、と推断してよかろう」[9]と語っていることは注目してよい。

一遍仏教は、自己が、根源的な本来的自己に目覚め、「名号が名号をき（く）」[10]という無我無心の行により一旦かけがえのない実存としての自己を否定し、無我、「無の場所」になることによって誰でも平等に真実の自己に回帰し、内的超越をすることができる、というものであった。「捨てる」という意識が残っていてはその意識が妨げとなって法はまだ顕れることはない。「身をすつるすつる心をすて」[11]るという危機ともいうべき全的な自己否定の、否定の否定により捨てたはずの自己が、自我の束縛から解放されることによって絶対的な自由を獲得し、非連続の連続的に逆に高い次元に肯定し生かされて、宇宙大の広がりを有する一切の限定を離れた無相の自己となるということであった。

すなわち、十一不二の名号は三世を一念に統摂する絶対現在に落居して、一切の時間的規定を離れる故に、三世截断の名号ともいい、その「三世截断の名号に帰入しぬれば、無始無終の往生」[12]を実得して、無量寿の故に無生となる。「無量寿」とは永遠の意であり、しかも、「無量寿とは、一切衆生の寿」[13]であった。ここに、「命濁中夭の無常の命を、不生不滅の無量寿に帰入しぬれば、生死ある事なし」[14]なのであり、大いなる終わりなき永遠の命のなかに生死無常なる自己を任せ、騰々任運、任運騰々、空也のいわゆる「任《セ》二三業《ヲ》於天運《ニ》一譲《ル》二四儀《ヲ》於菩提《ニ》一」[15]ところに心の古里ともいうべき根源的な命に抱かれているという、全分他力の絶対的な平安と永遠の安心立命が生じて、自己の存在が真の自由と安らぎを得、生も死もない無我になり切ってしまうところに、もはや相対・有限な人間存在そのものに根ざす孤独感や不安・代理不可能ないわゆる「老いや死への存在」としての恐怖はなく、一人称や大切な二人称の物理的な死を克服し、また、近代以降、傲慢にも世界を対象化し、変革してきたことに伴う基盤ないし故郷喪失感や物化し平均化され主体性や生き甲斐を失って陥った自己疎外といった疲弊した姿も克服された。

自我にとらわれた生き方から解き放たれて永遠の命に生き、自己の小さい生に死して大きな生命に生きるのであり、自己は自分というまぎれもない個人でありながら、森羅万象のあらゆる世界とつながり合い、個別性と関係性といった次元を超えて、いわばすべてが自分のこととなってしまって対立がない。主観を滅すれば対置されていた客観・対象も消えることとなる。自他の間に垣根がなくなって人々への自他を分かたぬ愛すなわち慈悲の心を生じ、罪深い凡夫である自己はそのまま名号において大いなる永遠の命のなかにおいて救われていたのである。それは、まさにシュライエルマッヘル Schleiermacher, F. E. D. のいう有限と無限、瞬間と永遠とが一つになる宗教的不死の境涯であった[16]。それは時空がある一点に収斂するカイロス kairos においてであり、そこに、「身心を放下して無我無人の法に帰しぬれば、自他彼此の人我な[17]」く、「きはもなくながき仏の命とひとつにな[18]」って、相対のなかにあって絶対に生き、時間的な世界が永遠の実相を示す境涯が開かれていたわけである。石塚経雄が、「人間は、確かに有限にして相対的な存在である。けれどもまた、精神がその属性としている自由によって、無制約的な可能性を秘めている[19]」と述べている所以でもあるだろう。そして、ここに、臨終・平生を分かたぬ、生・老・病・死の人生への深いケアも考えられよう。

一遍仏教の無の教育とは、捨の教育といってもよく、迷える人々を名号という「無我無人の法」に入らしめ、利己的自我を空しうさせ、こだわりを離れた精神の自由において、悲智円満の真実の自己として自他を分かたず真に善く生きさせることであったのである。

この十一不二の世界は、無辺際であるが故に、宇宙論的性格を有しているが、それに尽きることなく、名号の一声において、法界遍満の汎神論的世界に変貌した。すなわち、いわば、無色無形無我無人の純一なる無の世界が、「よろづ生（き）としいけるもの、山河草木、ふく風たつ浪の音までも、念仏ならずといふことな[20]」き、万法名号の世界と自己同一をなすのである。名号の世界が純一なる無の世界と自己同一であることは、一遍自身の、「名号は青黄赤白の色にもあらず、長短方円の形にもあらず。有にもあらず、無にもあらず。五味をもはなれたる故に、口にとなふれどもいかなる法味ともおぼえず。すべていかなるものとも思ひ量（る）べき法にあらず」[21]との言詮に明らかであった。名・体は不二にして、仏身は遍く満ちて働くそれであり、これを形や色で示すことはできないのである。

弥陀の願いにより、衆生は、十劫の昔に往生し、大いなる根源的な命、無量寿において生かされている以上、この大いなる命に生かされて生きていることを行証し、現在只今を救われた者らしく三業の清浄に努めて、清く尊く生き、生を充実したものにすることが衆生すべての誓願でなくてはならない。それは、「自モ阿弥陀仏、他モ阿弥陀仏」[22]との自覚を持ち、無なる名号の世界において、その身・口・意に永遠を気息する努力を重ね、即下の人生を名号そのものとして、自らを法、普遍的真理に任せ、過去を背負いこまず、未来を抱きこまず前後截断して、与えられた現在只今、今日一日を当体一念の一瞬の連続として悔いなく、他に対しては溢れるばかりの博愛の精神、すなわち抜苦与楽の慈悲を行じ、自らの内においては限りない喜びのうちに生きることであり、それが永遠の今を生きる一遍仏教の倫理であった。

なお、ここにおいて、一遍仏教は、衆生に対し、ある特殊な生き方を説くものではなく、その「真実といふは弥陀の名」[23]であるとして、人間としてあるべき法、普遍的真理なのであり、その行は真理に即したそれなのであって、その真実において、自己の現実相は鏡面反射し、人間が悲智円満なる真実の自己として生きる本来の生き方を示していたことはいうまでもない。

要するに、一遍は、まさに鎌倉仏教最後の祖師という時間的地位にふさわしく先行の祖師の思想を総合し「念仏の一道を究竟の頂きにまで高めた」[24]人物であったが、仏教教育史の上においても無相の自己の形成という自力・他力の一如した境位を示していて、同様に「究竟の頂き」といってよいであろう。

しかも、大乗仏教の主眼とするところは差別相対の世界に住して妄執煩悩の尽きることのない衆生を教え導く利他、教育実践にこそあったから、彼は、精舎も構えず、己証の著述化も捨て、文字通りの「捨聖」として、「念仏勧進をわがいのち」(25)とし、伝道のアクチュアリティに徹した。すなわち、釈迦に始まる「遊行」に意義を再確認し、また、和讃・和歌・消息・仮名法語といった平易な和文を用いて人々を教導し、更に、踊り念仏や賦《ふ》算《さん》によって如上の十一不二の名号という最高価値の世界に人々を結縁させ、実相の世界へと教え導く教育教化に寧日なき灰頭土面・一所不住の一六年にわたる旅を栖《すみか》とした。その教育教化に浴した者は実に二五万一七二四人という他にその類例を見ぬ数を示し、結縁の者はその数を知らずと伝えていて(26)、その大半は名も無い世俗の民衆であってその精神生活や文化的教養の向上に資していて教育実践者としても中世最大の人物としなくてはならないのである。

なお、仏教は縁起の法、すなわち、時間的には諸行無常、空間的には諸法無我を根本原理とする、空《くう》の哲学を説く。すなわち、すべてのものは独自に存在するのではなく支え合いつながり合って生滅している、とし、存在するものはそれぞれ実体があり、神が創造したが故に世界は法則的に確立した因果関係で成立している、とする西洋的世界観と対照をなす。一切は相互依存の関係にある故に衆生の排他的な我執は自縛の苦の原因となるのであり、互いに支え合って生きているという自覚は人の生き方を誠実にかつまた倫理的にする。故に、一遍は、衆生の妄執が迷いの根源であり、「名号の智火」(27)、仏智そのものの無我の念仏によって能所を絶した即今の現下に、精神を純化し、誰もが「生死なき本分にかへる」(28)境涯を得て、そこから生じてくる自他を分かたぬ慈悲と仏智すなわち智慧により、永遠の今としての当体一念において安心立命を得て現在只今をモノにこだわらず心豊かにかつ自由に生きることを高調したのである。神を失い人間至上主義に陥って、所有・名声・権力などへの際限のない欲望を追求して止まず、それの満たされることがないことから来る虚しさの漂う現代社会の閉塞状況のなかで、このこだわり・執着を離れた精神的自由の指し示す意味はもとより大きい。

しかも、基本的に仏教は超越神の概念や天地創造といった神話の重荷は持たないが、一遍も、「浄土を立（つ）るは、欣慕の意を生じ、願往生の心をすゝめんが為（め）なり」(29)とも、「極楽も、指方立相の分は、法已応捨の分なるべし」(30)とも、「『従是西方過十万億仏土』といふ事。実に十万億の里数を過（ぐ）るにはあらず。衆生の妄執のへだてをさすなり」(31)とも説き、また、「花の事ははなにとへ紫雲の事は紫雲にとへ一遍しらず」(32)と述べて、目覚めへの「法已応捨」の方便として指方立相《しほうりっそう》の浄土をも否定し、また、スピリチュアルな透視能力を持った明恵にも似たカリスマ的な霊能力を示しつつも、自らは奇瑞を否定しているところに、古色蒼然とした神話やドグマはない。宗教の説くところは何事も信じよということであってはならないはずであるし、また、今日、宗教そのものが信じられない人も多いのである。一遍が「勢至菩薩の化身」であるとの「霊夢の記」を持ってやってきた唐橋法印印承に「勢至ならずば信ずまじきか」と戒めている(33)ことなど、その姿勢はいわば「科学的」ですらある。人間の生き方・在り方が問われている今日、一遍仏教が、信を前提としない、「開かれた宗教」として、二一世紀における仏教の宗教的生命の本質的展開において新たな地平を拓く上で、時代や歴史を越え不朽の今日的意義を持たねばならぬ所以でもあるだろう。

一遍の死とともに消滅すべきであった時衆は、衆に推され知識すなわち指導者の座に着いた真教によって多大な教育的意図の下に再編成されていく。すなわち、その積極的かつ計画的な一五年に及ぶ遊行・教化によって各地に道場も造営され、地方止住の時衆・結縁衆には数多くの懇切な消息による双方向のいわば遠隔教育ともいうべき教導が行われ、その道場はまた武士ら世俗にも開かれた学習 - 支援の場として機能して、教団形成の基盤が固められていった。次いで、跡を襲ったその高弟智得もまた忠実にこれを継承して、それら歴代の遊行・教化の足跡は天下に遍く中世後期には禅仏教、禅宗とともに新仏教最大の教団を形成し旧仏教をも凌駕するがごとき趣があったという。また、その影響下に、万事余剰を削り落とした型において究極の美を目指した阿弥文化を生み、更にその周縁に隠者兼好の、恩愛より道念へ、道念より人間的至情へという非連続の連続的形式の人間形成理念や、世阿の稽古の劫を積み、「花」の理を体得するという精神性の高い思想を構築したのであった。そこには、自らの無常の命を限定なき宇宙大の生命に任せて、「よろづ生（き）としいけるもの、山河草木、ふく風たつ浪の音までも、念仏ならずといふことな」[34]き、万法名号の法の世界に生きる一遍仏教の無の風光が息づいていた。

　如上の教育教化において特に注目すべきものの一つに師弟観がある。一遍は「我（が）化導は一期ばかりぞ」[35]と宗派を別立する意図はなく、弟子も持たなかった。真教ら付き随う時衆はいわゆる弟子ではなく同じく仏道を修行する仲間の「同行」であった。「道具秘釈」に「一遍弟子」[36]とあることなどから一遍に師という「自己肯定の面」があるとする説[37]もあるが、「一遍弟子」はこの「道具秘釈」の原本である「十二道具の持文」では割書になっていて[38]ともに同行の「一遍と仏弟子」の意味であることは明らかであり、如上の説は糾されなくてはならない。自己を捨てるという心をも捨て果てた捨聖一遍に師意識などあろうはずもなかったのである。また、真教には、「身命を弥陀に帰して往生の大事より外はその用なきのあひだ、芸能をすて智恵を捨徳を捨ぬるゆへ、何事も人にをしゆる事なし。仍てわれは弟子一人ももたず」[39]の言葉があって、一遍と同様であり、まさに、一遍仏教の教育は、無我無心の行において日常的自己を否定媒介し真実の自己に回帰するとともに、「依法不依人」[40]、「同行相親」[41]の、まさに能所不二・師弟一如の「支援」と呼ぶのがふさわしい面をも包摂し、真理を体得したが故の神仏の託宣のごとき権威を持ちつつも、「教訓するは人を教訓するにてはなくて、我身の懺悔をする」[42]、権威とそれへの信といった有無を超えた無、絶対の無の教育であったのである。

二　一遍仏教とその周縁の現代への還元

　さて、本書の今一つの課題は一転して仏教教育史の上においても「究竟の頂き」にあるといってよい中世の一遍仏教の含意するところを教育資源として今日的に還元して、戦後教育の見失っているものを照らし返し、現代の文脈において敷衍してその教育学的意義を考えるということであった。かつてない混迷と危機ともいうべき状況のなか、羅針盤を見失った巨船のごとく漂流するわが国において、根本的な価値観の転換、質的変化が求められている。しかも、渦中のものはつねに混沌として俯瞰しにくい。今日の眼だけで現代を見ていても時代の子としてその枠組みを自明のこととし、全体の展望も利かない故によくは見えないのである。過去を知ることは現在を知ることでもある。われわれを規定している時代の呪縛を離れるために歴史の側に視点を置き、過去の眼を通していわば「反時代的に Unzeitgemäß」現代を見るといってもよい。歴史の側にはわれわれが自明としているものとはかなり違った世界が開かれてくるからである。「歴史研究は、異質社会との垂直的な対比なのであ(43)」る。先行き不透明で変動が激しく混迷の度を深め、いわば方向舵を失って漂流する乱世の今日、われわれが共通に生きる範とし拠り所とすべきは自らの歴史や文化に他ならない。まさに「温《ネテ》レ故《キヲ》而知レ新《キヲ》(44)」るのである。

そこで、われわれは、ディルタイ Dilthey, W. の精神科学的方法などに学びつつ、E・H・カー Carr に従い歴史のダイアローグを行って、乱世の中世に生まれた個性的な一遍仏教とその周縁のなかに同じく乱世の現代日本が見失っている不易なる教育の契機ないしメルクマールを探り、後近代への方向舵を与える一つの手掛かりとして現代の文脈において教育資源としての敷衍に努めてきたのであった。

(一)　無

現代に還元すべき一遍仏教の根本的・根源的な第一の契機は「無」である。実に、浄土仏教でありながら一遍仏教においてはその根底にすべての生命の家郷でありあらゆる現象の根源をなす無(45)が横たわっていたのであった。すなわち、「万法は無より生じ、煩悩は我より生ず(46)」と、一切の存在も現象も、従って、もとより人格も文化も無を基底としその自己開示として成立している、としたのである。

この無の世界とは、一切の欲望を削ぎ落とし捨て去って迷いの晴れた、自もなく他もなく、是もなく非もなく、美もなく醜もなく、総じて一切の対立のない、いわば善悪の彼岸ともいうべき我執を離れた不二の世界であった。それは、まさに、自我意識が泯没し宇宙へと開かれた無意識の世界である。我執を去って永遠なるものに即し自己を無にすれば、その彼岸もまた此岸もなく宇宙全体が自分となるのである。そして、その無への超出によってこそ人間は自然をも含め真に自他を生かす真実の自己に回帰することができた。それは、自己が無我である故にあらゆる世界とつながり合う開かれた宇宙大の自己、形を離れた純粋生命といってもよい。

西田幾多郎が、「真に絶対無の意識に透徹した時、そこに我もなければ神もない。而もそれは絶対無なるが故に、山は是山、水は是水、有るものはあるが儘に有るのである」[47]と述べ、玉城康四郎も、「全人格的思惟において、自己の全存在が集中・統一されて、そのように凝集してくるところの」人格的身体は、「自己存在そのものでありつつ、しかもありとあらゆる他己と、それは意識的な他己ばかりではなく、無意識的な他己、すなわち、山川草木の自然的なもの、日月星辰の天体的なものと、つながり合っている」[48]と説いている所以である。

一般に生はその肯定、享受ではなくて否定、克服を媒介してこそ大いなる創造を生む。古来、伝統的・日本的な精神的風土を醸成し日本人らしい日本人を形成してきたものは、自我肯定の方向に築かれた「形相を有となし形成を善とな」[49]す「有」の教育思想というよりも、「形なきものの形を見、声なきものの声を聞く」[50]といった一切の形象を離れ有と無の対立・相対を超えた根源としての無、根源なるが故に絶対の無の教育であり、そこから文化が生まれてくる創造的・東洋的な無、いわゆる仏教が究極のリアリティとする空の思想に裏打ちされた人間形成理念であったことが想起される。久松真一は、「西洋文化から東洋文化を特に性格づけるところの根本契機」として「東洋的無」を挙揚し、それは、「無に即する有でもなく、有に即する無でもなく、またそれからの超越でもなくして、限定をも矛盾をも絶するもの」であり、「東洋的なる文化の根源」である、と述べていた。[51]

無は静的なゼロではなく無限の創造性の母胎である。自我を離れ無我となりあらゆる世界へと開かれているからこそ、そこには絶対的な自由があり余裕がある。無において固定観念はリセットされ、これまで刷り込まれてきた既成の枠組みに縛られることがないから、今まで気付かなかったことが分かってきて潜在能力が発揮され生産的・創造的な活動となるのである。まさに、無相の自己の造化、すなわち、形相のない宇宙と一体になった、いわばトランスパーソナルな無相の自己の自覚が形に現れ、具体化したものが、わが国の国民性を真に培ってきた侘び・寂びなどの伝統文化の基調ともいうべきものなのである。

そして、教育においても、西洋の有、自我の教育学に対し、有・無の相対を超えた無、絶対の無の教育学が構築可能のはずであるということも想起されなくてはならない。一遍仏教の無の教育は、まさに、人々をして無に入らしめ、自我を離れた絶対的な自由において自他を分かたず真実に生きさせるというものであり、その無から阿弥文化など新たな文化も創造されていった。それは、また、プラジュニャーがラティオを包摂し止揚する可能性を有することと重なるのである。

無はもとより瞑想に関わる。時間的・空間的違いを越えて仏教が共通に仏教としての普遍性を保ちうるのは戒・定《じょう》・慧《え》の三学にあり、それは、戒すなわち規範を守り、自己が定という瞑想によって意識を無意識へと切り換え、無我、いわゆる「無の場所」となることにおいて法すなわち真理が顕わになり真実の自己に目覚めるという「覚」の実践哲学ともいうべき人間教育の体系を示していたのである。無我とは、自らの家郷、本体である絶対の無が自己に顕われる場、いわゆる「無の場所」であったのである。換言すれば、欲望をコントロールし規範のよく保たれている人格的身体にこそ瞑想によって自己の存在の根底に触れ形なき純粋生命が覚醒するといってもよい。しかも、その覚醒は天籟の声のごとく突然やってくる。それは現実の世界と絶対無の世界とが非連続の連続の関係にあるが故である。ボルノーが、教育における非連続性の原理として「とつぜん躍り出る」[52]非連続的事象の教育を語っていることがここに想起される。

実のところ、今日の教育は表層の意識の成熟にのみ拘らっているが、その意識の底に非連続して無限に続くこの無、無意識の世界があり、その無意識が人間を真に支え動かしているのであって、その無意識層の自覚、そして、覚醒にこそ目が向けられなくてはならないのである。

鎌倉仏教においてはこの三学を専修・一向・只管《しかん》を高調するなかで念仏・打坐《たざ》・唱題の専一行にまで止揚し特化した。定すなわち禅定の宗、禅仏教の打坐が瞑想であることはいうまでもなく、浄土仏教の観念の念仏、観仏はイメージを伴った観想という瞑想である。善導は念仏より観仏を除き以来法然らもこれに従いつつ必ずしも見解が一致しない。しかし、一遍は、

常の義には、定機は現身見仏、散機は臨終見仏する故に、三昧と名づくと、云云。此義しからず。此見仏はみな観仏三昧の分なり。今の念仏三昧といふは、無始本有常住不滅の仏体なれば、名号即（ち）これ真実の見仏、真実の三昧なり。故に念仏を王三昧といふなり。(53)

と述べ、エロース的・段階的時間を置かず只今の一念という絶対現在において散心は散心のままに念仏すること自体がすでに三昧すなわち瞑想である、としているのである。

称名、念仏はもとより祈りであるがマントラの瞑想であるといってよい。一遍自身、窪寺の草庵での二年に及ぶ二河白道図を前にしての称名、思索のなかで「己心領解の法門」を感得し(54)、また熊野本宮における「勧進のおもむき」を思惟し参籠祈請した折の神託も「いまだまどろまざる」(55)折の覚醒夢という一種の覚り、自内証であった。そして、その一遍仏教の周縁において、兼好が「つれづれ」なる「無」に住しその見えすぎる眼で人間を凝視して、人間いかに在るべきかを書き付けたのが『徒然草』であり、世阿が「無の場所」において花開かせたのが能楽であったのである。

芭蕉は「西行の和歌における、宗祇の連歌における、雪舟の絵における、利休が茶における、其貫道する物は一なり」(56)といったその「貫道する」「一な」るものとは、仏教の下に醸成された日本文化のエートスともいうべき一路向上の心身錬磨を説く「道」の精神に他ならなかった。例えば、如上の茶道について、「我執を去って、人、人と和敬してつながり、此の無我の清らかさによって、無限絶対なる者に抱かる丶究極の安静の境地を指示

伴っていた。

するもの」[57]こそ、利休の茶における和敬清寂や侘びの精神に他ならない。「真空妙有」、また、「無一物中無尽蔵」、物欲を離れるところには自由や安らぎがある。物質にこだわらぬが故に精神が既成の枠組みに縛られず、受容は開放されて、豊かになる、充実した無として、創造性の母胎となるのである。芭蕉自身、「無分別の場に句作あることをおもふべし」[58]と句作の場を無我、「無の場所」に求め、身をそこに置くことによって幽玄・閑寂な蕉風の俳諧文化を生んでいる。そして、現代においても西田幾多郎や岡潔らの学問には坐禅や念仏という瞑想行が伴っていた。

　さて、如上の無、「無の場所」に至る瞑想行の核となるものは呼吸法である。実のところ、呼吸は、感覚神経と運動神経からなる体性神経と、基礎的な生命機能を支配する自律神経をつなぎ、身体と精神とを架橋する、いわばミッシング・リンクといってよく、呼吸を整えることは人間がその自由意志によって自らの生理や意識を変化させうる唯一の方法であったのである。

(二)　知即愛の教育

　しかして、ここに、想い起こされるのが例えば「国民教育の父」[59]と称された森信三の「腰骨を立てる教育」であった。今日、人間教育の根底として内面を掘り下げ真実の自己の自覚へと導く宗教的情操教育の重要性が叫ばれ、公立学校で禁じられているのは特定の宗教教義に基付く教育であるにもかかわらず、硬直した政教分離主義によってかえってタブー視し何もしていないような現状に鑑み、「朝の会」や「帰りの会」などの時間を利用して、特定の宗教色のない瞑想を主体とした腰骨を立てる「腰骨を立てる教育」の導入されることに期待する。何となれば、その定着には有機性が必要であるが「民族の永き歴史的伝統に根ざす真理」[60]であり、しかも、「人間として真にその主体性を確立するための、もっとも確実な方途」[61]であることが、子供に我慢強さや静と動の切り替え、物事に集中する構え、マナーの向上をも培い[62]、実践的にも実証されているからである。

次に、現代に還元すべき一遍仏教の第二の契機は如上の無と重なるプラジュニャーの開発という問題である。既述のごとく、プラジュニャーとは戒・定・慧の三学の仏智たる慧であるが、一遍仏教において、一遍が名号を「大円鏡智の鏡」[63]とも、また、「名号の智火」[64]とも語っているごとく、称名の一行に三学が凝集されていた。そして、そのマントラの瞑想たる称名によって無我において己心を領解し、その名号を伝え、人々を真実の智慧、プラジュニャーに導くべくその遊行賦算が展開されたのであった。

このプラジュニャーによって、自我の意識を脱し、無我即大我として、自己中心的な考え方や自愛を超越し、単なる個的な世界から脱け出て、縁起のなかの自己、歴史的個として、限定なき宇宙大の生命の世界のなかに生きることができる。縁起とは相依相関、すべてのものは独自に存在するのではなく支え合いつながり合って生滅するものをいい、そこに慈悲の思想を伴う。すなわち、無我、「無の場所」においては、自己中心性を離れているが故にまさに知即愛、自他を分かたず、他者の喜び・悲しみを自己のそれとする慈悲の思想が相即するのである。

このプラジュニャーは、また、対立観・固定観を否定し、現実の具体的世界において意義を持つ空観であり、あらゆる限定や観念、時空をも超えるものである故に宇宙的（無）意識といってもよく、存在のすべてを全体的につながりのなかで把捉する主客一体・身心一如の全知・総合判断であるから、理性的自我中心に世界を相対的・客観的・固定的に実体視して頭脳中心に捉える西洋の対象論理的な認識論を批判し、超克する否定の契機を含み、プラジュニャーをもって西洋のラティオを統御し止揚させる可能性がある。相対的・分析的な思考方法は全体的・直覚的な把握によって支えられてこそその所を得て意味を持ちうるからである。

思えば、今日の教育は西洋理性中心の主知主義・啓蒙主義を神格化してきた結果、いじめなど情・意面の反逆を招いているといってもよいであろう。しかし、世俗化の進んだ近代においても、「意識的自己を世界の内に没入」[65]させ、「世界の創造的形成作用に繋る」[66]行為的直観の西田幾多郎をはじめとして、「智・情・意はもとより、精神も身体も、全人格が一体となって営まれる」[67]全人格的思惟の玉城康四郎など、瞑想し無我、「無の場所」においで新たな創造をなした先達はいた。わが国にはまた東西文化の豊かなストックもある。彼らの驥尾に付して今後の日本人がこの世界史的課題に応えるためにも、知識の伝達に終始し、しかも、利便・効率を追求しデジタル化して人間的な息吹を欠き見識や人間力に結び付いていかない主知主義的な現今の教育を改め、無我、「無の場所」においてゼネラルな知を開発し悲智円満なる真実の自己を形成する教育の今日的復権が要請される。

ここにおいて、前述の「腰骨を立てる教育」は、「躾の三原則」など倫理道徳を伴い、特定の宗教色を除きつつも、次元はともかく、期せずして戒・定・慧の三学を一般化した形で公教育にも活かすこととなり、如上の世界史的課題への基礎ともなろうと考える。

(三)　本覚門的教育的人間観

現代に還元すべき一遍仏教の第三の契機は、本覚門的・本体論的な十一不二の弁証法的論理に基付く、すべての人は救いのなかにあり、真実の自己に帰ることができる、というその教育的人間観である。

ここにおいて、柳宗悦が、一遍を「念仏門最後の教へを説いた人」[68]と讃え、阿弥陀仏の無有好醜の第四願によって、仏の国には美醜はなく、「美醜を超えたその本性に居れば、誰であろうと何ものであろうと、救ひの中に在」[69]り、「拙な者も拙なままで美に結縁されてゐる」[70]とし、美の一宗として民芸を創始したことが想い起こされる。柳は、一遍仏教に想を得て、まさにそれを現代に還元し、「凡夫だとて凡夫のままに」[71]、「才なくとも才なきままに」[72]洩れなく救われているというのである。もっとも、それは、今のままでよいということではない。その「ままに」ということが、人間の価値的向上を伴わないとしたら、それは、いわば、人間は本来善であるから子供は自らの欲するままに放任して育てればよいという、モデル的経験を欠いた教育思想と同断となる。救いは誓われており人間は本来善であるといっても、行、価値への志向はあくまでも要請されるのである。

一遍仏教においては、「我（が）心を打（ち）捨（て）て一向に名号によりて往生す[73]」るのであった。柳においても、その「ままに」というのは、「あるがままの本然の性に帰ることである[74]」から、「小さな自我を捨て」、「分別に滞らない」こと、すなわち赤子のように無垢であることは求められる[75]。そして、「往生は阿弥陀仏に帰入することなのである。美の往生もこの往生をはなれてはない[76]」と述べているのである。

思えば、今日、われわれ日本人は、その生き方を見失い、どう生きたらよいか分からなくなってきている。今日のわが国は欲望の解放が進み、いわば滅公奉私、公の義よりも個の利に価値を見る個人主義の極にあるといってもよいだろう。戦後の自由な民主教育が、自分の欲望を抑えて真実の自己を生かすといった人間形成上最も大切な面を軽視し、いかに理屈だけで人格的な向上も深みもないものであったかは贅言を要しない。戦後のわが国の教育が人間いかに生くべきか、「善く生きる」とはどういうことかを教えてこなかった結果である。

その「善」とは知・徳・体の人文主義的調和であり、真・善・美の三位一体的統一といってよく、人間は欠けたる相対的存在として「善く」生きることへの本然的な性向を有し、その自助への支援が教育なのである。西田幾多郎が、

我々の精神が種々の能力を発展し円満なる発達を遂げるのが人間の善である（アリストテレースのいわゆるentelechieが善である）。竹は竹、松は松と各自その天賦を充分に発揮するように、人間が人間の天性自然を発揮するのが人間の善である。[77]

と述べている所以である。「善く」生き、真実の自己に帰るためには執着を離れて無我であることが求められるのである。

それでは、柳の「美の法門」を含め一遍仏教において、名号において一切衆生はすでに救われているから「名号によりて往生す」るというとき、「声」に出し「口にまかせてとな[78]」えられない乳幼児やハンディキャップを持った障碍者らはどうなのであろうか。いうまでもなく一遍仏教は信さえも必要条件とはしない「開かれた宗

教」であり、「声」をも条件とするものではなく、「声」に出せない人も、無所着に、「人のよ所に念仏するをきけば、わが心に南無阿弥陀仏とう[79]」かび、賦算の念仏札を手にすれば「心にかならず南無阿弥陀仏とう[80]」かんで、いかなる衆生も無所着に十一不二の名号に結縁さえすれば救われるのであった。

乳幼児や障碍者らには邪心は少なく、無垢といってもよいであろう。まさに如上の無所着といってよいのであるが、公教育の特別支援学校において信教の自由や政教分離原則の下、念仏の札を渡すわけにもいかない。ただ名号は単なる念仏という以上に遍満する真実そのものであり[81]、名号に代えて人間のスケールを超えた大いなる価値に触れさせることでよい、と考える[82]。真善美などの価値をシャワーのごとく浴びせるのである。一般的にいっても今日の教育は人間の輪郭より大きい永遠的なものへのそれを欠いている。大いなる価値とのつながりにおいてこそ、相対・有限な欠けたる存在である人間は、自己を省み、また、他を慈しむ心も生じてきて、善く生きることができるのである。如上の衆生とは教育の問題として有情すなわち心を持つもの、とりわけ人間についていったのであるが、一遍仏教において、非情すなわち山河草木をも含めて万法は、名号に成ぜられれば無始本有の心徳を開くといっている[83]。すなわち、それは、森羅万象と共生し感応道交する「よろづ生（き）としいけるもの、山河草木、ふく風たつ浪の音までも、念仏ならずといふことな[84]」き、いわば人権などという意識をも超え、あらゆる存在が真実化し喜びのなかに多元的に共生する仏々相念の汎神論的世界であったのである。この普遍的に絶対なるものが遍満し、個々の世界に入り込んでいるが故に、すべてが真実のうちに多元的に共生するという人間観、更には世界観が今日指し示す意味は大きいものがあろう。

㈣　身体性の問題

現代に還元すべき一遍仏教の第四の契機は身体性の問題である。一遍は、「心こそ詮なれ、外相はいかでも有（り）なん」という僧に、「こゝろよりこゝろをえんと意得て心にまよふこゝろ成（り）けり[85]」と示し、また、踊り念仏を批判して、心が鎮まれば踊り跳ねる必要もないのでは、と問う延暦寺の重豪という僧に、「ともはねよかくてもをどれ心こま弥陀の御法と聞（く）ぞうれしき」と、神仏の託宣のごとく和歌をもって答えている(86)ように、一方においては、「念仏の下地をつくる事なかれ。（中略）身の振舞も往生せず(87)」と説きつつも、どこか身体を心より上位に置いていたところがある。

一般に宗教は自己をより高きものへと向かわしめる心の置き所の問題である。『ダンマパダ』に「ものごとは心にもとづき、心を主とし、心によってつくり出される(88)」とし、「七仏通戒偈」に「自浄其意、是諸仏教(89)」とあるごとく、すべての事柄は心の認識に基付く故に、その在り方を整えることが主眼とされる。同じく『ダンマパダ』に「自分こそ自分の主《あるじ》である。他人がどうして（自分の）主であろうか？　自己をよくととのえたならば、得難き主を得る(90)」とあるごとく、心をよく整えてこそ、「自己をよくととのえ」て自らの「得難き主」となることができるからである。まさに、仏教は、悟りを究極的目的として、心を耕しコントロールしてその解脱を高調するわけである。

もっとも、仏教において確かに心が前提となるのであるが、その心は身体を離れ分断された二元的な心では決してなくて、身体は心を包み、逆に心は身体を貫く相互浸透的なものとして把握され、むしろ心と身体とは一体不可分のものとして捉えられていく。「身心」と熟語し「身心一如」とか「身心不二」といわれる所以である。道元におけるがごとく、「道を得ることは心を以て得るか、身を以て得るか。（中略）心の年慮知見を一向に捨て只管打坐すれば道は親しみ得なり。然あれば道を得ことは正しく身を以て得るなり(91)」との「身学道」、すなわち、心で覚るのではなく身体をもって覚るという身解脱の主張が現れてくるのである。

一遍も同様に考えていたといってよい。彼にとって、実に、「心は六識分別の妄心(92)」であった。一切諸法を所縁とする心は迷いであり、頼るべからざるものであったから、「手に念珠をとれば、口に称名せざれども、心にかならず南無阿弥陀仏とうかぶ。身に礼拝すれば、心に必（ず）名号思ひ出（で）らる(93)」というごとく、正しい形の身体の行によって心を陶冶するよう説いたのである。身心不可分の立場に立ち、まさに事即理なのであり、それはもう型の思想といってもよいだろう。身心は二元対立的なものではなく不離一体のものであるとして相互浸透的に把握され、身体を一定の型に入れ、その動きを正すことによって心の在り方を正していくという考え方がそこにはある、といってよいからである。ただ一遍においてそれは何よりも枢要な称名のためであった。

思うに、行動を推進し、また、抑制する深い原動力となるものは感情であるが、意志はその感情をうまくコントロールすることができない。それ故、正しい形の行動によって自ずから心を変えていくわけである。一遍仏教の踊り念仏などはその典型といってよい。踊りは心と体を一つにして妄想を発散し至高の存在と一体化させるもっとも的確な方法だからである。遊行という教化方法も身体性そのものである。兼好の「事理もとより二ならず。外相もし背かざれば、内証必ず熟す」[94]という言葉も思い合わされる。とりわけ、同じく乱世の鎌倉期において、生活体験のなかから生み出された弓矢の習が鎌倉仏教との交渉を通じて一旦は無私の道義にまで高められながら、公家風文化の影響を受けるなど時代を反映して観念化し打算的な双務的道徳に頽落している[95]ことに鑑みるとき、身体性の意味はやはり大きいのである。

しかるに、わが国の今日の教育において、体育はもとより美育をも含めて身体性の教育には知育の補助的な位置しか与えられていない。子どもの自己活動を重視する経験主義の教育においても、やはり知育中心であって、しかも、質料因としての人間のみを論じ、後天的な形相因としての上からの、具体的なあるべき人間像を閑却するところがある。直接経験のみで人間として向上するに必要な文化財をすべて得ることはもとより期待できないし、行為や判断なども、環境との相互作用の結果である以上、個人の心構えや自覚の問題のみに還元しうるものではない。主知主義的・合理主義的・功利主義的な傾向は人間性の情・意面との軋轢を生じてきているといってもよい。心は知のみではないのである。

ここに、学習を頭だけで行う知的理解のごときものとする今日一般的な考え方に対して、指導性を通し、環境を媒介として、内的な自発性に訴え、外から内へと実習し、体得するという、身体をむしろ心より上位において、身体の在り方によって心を正し、姿から心を教育することが求められる。和田修二が、人間形成においてその「基礎には自分のからだを用いて善いものと美しいもの、総じて『調和』を具体的に『感得』『体得』する美育と体育がなければならない」[96]と述べ、中井正一が、「美と云うのは、いろいろの世界で、本当の自分、あるべき自分、深い深い世界にかくれている自分に、めぐり逢うことだ」[97]といっている所以であろう。本当に知るとは体で知り沁み透らせること、すなわち体得をいうのではないか。それは身体の錬磨とのみ解すべきではなく、総合学習の時間などをも利用し、なすことによって学び、学びつつなすところに、知は身体性に裏打ちされて内面化し、学習は文字通り「身」に付く。まさに、身・口・意に価値を抱くのである。身心一如・内外一体の統一的全体像において、全人的に発達した自己実現、真にオリジナルな個性が期待できるということである。

思うに、教育は、学校教育と社会教育などとの未分化より分化、そして統合への弁証法的展開の歴史をたどってきたことに鑑み、近代学校の特質として知育中心で徳育・体育と分化してしまっている今日の学校教育も、後述するごとく基軸・基調は設定しつつ、美育をも加え改めて統合されるべきではないであろうか。

(五)　型の教育

現代に還元すべき一遍仏教の第五の契機は型である。如上のごとくすでに一遍にもその思想は胚胎し、一遍仏教の展開のなかで兼好にも少しく現れていたが、典型的には世阿である。すなわち、一遍仏教において、当体一念の念仏において誰でも平等に弥陀と一体になることができたのであるが、その一遍における名号が世阿においては型に置き換えられ、歴史の中で無駄を削り落し洗練され規範性を持った「形の形」、モデル的経験のエッセンスとして、その型に入ることにより人は誰でも素人も達人となることができたのであり、そこには、人はすでに救われているという一遍仏教の他力易行の精神が貫流していた。型を禅など自力に結び付ける論は多いが、それは当たらない。

世阿において稽古すなわち古を稽《かんが》えることとは「当道の先祖」[98]の踏み行った道をたずね、遵守することであって、その『至花道』に「当芸（の）稽古の条々、其風体多しといへども、習道の入門は、二曲・三体を過ぐべからず」[99]とあるように、あくまでも二曲三体の「形木」[100]に入る修行を意味した。「形木」すなわち型に入るという否定の契機によって無主風の恣意を斥け、「有主」[101]の「形木」への全人格的な没入を図るのであり、それは年齢の長ずるに従って、二曲三体より「万曲ノ生景」[102]へと物数を尽くし、工夫を凝らして多くの形木を自分のものにする生涯稽古となる、とされていた。

「形木」の型に入るたゆむことのない稽古・修行によってその型に習熟しやがてそれをも超え、無心の境において身心は合一して、心は身体の運動である「態《わざ》」とともに動き、究極的には「形なき所、妙体」[103]という能の「花」を咲かせるのである。「形なき所」に「形」に即して近付くという逆説にまさに妙があるといえよう。型の修行は技能の修練や身体化のみではなくして心の修行を意味し、心を澄まし深めることなのである。なお、兼好にも、「縄床に座せば、覚えずして禅定」[104]に入り、「外相もし背かざれば、内証必ず熟す」[105]という言葉があることを忘れてはならない。

文化とは「生き方」[106]であるから人文的存在として人間の生き方にも型があった。近代とは欲望解放の時代であり、マイルールにのみ忠実な青少年が目立つ今日、真理の前にはともに相携え倶学倶進するいわば同行《どうぎょう》でありつつも、いわばライフウエイ、人間としての生き方・在り方を教え、善く生きる方向を権威を持って力強く示してやることは重要である。歴史のなかで洗練されたその人間としての生き方の基本的な姿勢を繰り返し学ばせ身に付け内面化し沁み透らせていくなかで他律は自律となって、欲望を抑えて真実に自己を生かし善く生きる内なる価値規範が形成されていくのである。

もとより近代学校は、如上の能楽などのように特殊な専門技能を稽古・修行する場ではなくして、一般的な共通普通教育を施す場である。また、この激しく変動する現代社会にあっては、教育を単に社会人となる前の準備のためのそれとする人生初期完結型の「一人前」への教育のみでも対応できはしない。しかしまた、その学校は、少なくとも次代のわが国を担う子供が継受すべき基本的な知識や態度を自覚し身に付けさせることに責任を負う公教育の場であるはずである。生きていく上で最小限度心掛けねばならぬその歴史を持つ共同体共通の生き方の基本、型というものはなくてはなるまい。公を対立概念とする市民社会的な在り方への変容のなかで崩れてきてはいるが、秩序や規範を忘れた自由は放縦であり、公教育は断じて自らの主義や主張を拡大させる場などであってはならない。個は英語の inhabitant であって、それは慣習 habit のなかに個があることを示している。まさに個は本来アトムのような単なる抽象的存在ではなく個人を越えた連なりを有する歴史的個なのである。

　実のところ相異なる自由と秩序とが結び付くのも共同体においてであり、その背景には歴史があった。ただしかし、今日のわが国の法体系は欧米モデルの故に歴史に根差した慣習的規範から乖離しているところがあるのである。そして、公の喪失、共同体の変容のなかで有機的な横のつながりを欠き心の故郷を失った冷たい無機質な個が出現してきたといってよいであろう。

　もっとも、型に入り、型に没入するということは、一見個性を無視するかのように見る向きもあろう。しかし、型とは決して鋳型などではなくモデル的経験という土台・骨組みなのである。子供の自立的発達にも基礎はいる。型は、それに習熟しその型をマスターすることが目的なのではなく、恣意的な小我を取り払い、普遍的なモデル的経験を前提としてその十分な基礎・基本の土台・骨組みの上に新しいオリジナルな個性を肉付けし形成する、ということなのである。一般に模倣ということをネガティブに捉える傾きがあるが、「学ぶ」ということはもともと「まねぶ」ことであり、オリジナリティもまずは模倣から入らないと発揮できはしない。子供の時代の独自性を強調するあまり、子供が可能態としての教育的存在であることを閑却する傾向が強いが、子供がまず学ばなければならないのは正しい行為なのである。『論語』にも「見レ賢思レ斉焉、見二不賢一而内自省也」[107]とある所以であろう。話し合いなどと基礎・基本まで子供に丸投げしてよいはずがない。「格に入りて格を出でざる時は狭く、格に入らざる時は邪路に走る。格に入り、格を出でて、初めて自在得べし[108]」なる芭蕉の言詮はこれをいみじくも物語っている。

格という普遍的な型の土台があってこそ破格は高次の型へのステップとして個性的で新たな格の創造を生む。「格に入り」、十分に基本を「まねび」、そのエピゴーネンとして模倣の域に留まることなくそれを超え、いわば特殊的普遍としてその「格を出で」、借り物でない独創的な価値を加えるわけである。ここのところを江戸千家の川上不白は、端的に、

守破離と申三字ハ軍法ノ習ニ在り。守ハマモル、破はヤブル、離ハはなる、と申候。弟子ニ教ルハ此守と申所計也。弟子守ヲ習尽し能成候へバ自然と自身よりヤブル。是ハまへに云己が物ニ成リたるが故也。上手之段也[109]。

といい、「守」という基礎・基本の学習における権威を持った力強い師の指導と見守りの支援を背景として「破」という新たな創造が生まれる、「守破離」なる稽古の基本原理を示している所以である。そして、その「破」は一種の覚醒であるから前述のごとく非連続的に突然やってくるのである。

(六)　教育の基軸

現代に還元すべき一遍仏教の第六の契機は型と重なる教育の基軸という問題である。法然が万巻の書を読み「闍・抛・傍」の三重の選択《せんちゃく》を経てたどりついた「専修念仏」を一遍は忠実に継承し、それを更に徹底させた。すなわち、死を迎えた時「一代聖教みなつきて南無阿弥陀仏になりはてぬ[110]」と述べ所持の書籍をすべて焼き捨てて名号のみを残し、「一向称名[111]」にまで特化・鋭角化し名号至上主義に昇華したのであった。しかも、それは、領解が全くいらぬ、無知でよいということではなく、「知（り）てしらざれ、還（り）て愚痴なれ[112]」という離分

別・無所着の、こだわりを離れた境涯をいうものであったのである。万巻の書を背景としつつ余剰は削り落してすべてを唯一の基軸に帰趨・収斂させるという選択の論理がそこにはある。時衆三祖智得が『知心修要記』（傍点筆者）を著す所以でもある。

今日の我が国において、個性や主体性の尊重という美名の下、価値観の多様化が成熟した民主主義の指標のように語られて、価値の問題が同一平面で扱われてその高低優劣は相対的なものとして否定され、一切の価値が平等無差別となっている。いわば相対主義的な分裂や混乱を招いていて、知は行為につながらず、人間として最も基本的なモラルに基付く価値は不在といってよい状況にある。しかし、求心的に収斂していく共通の権威ある精神的な支え・基軸のない抽象的・断片的な知育中心の教育では、学ぶことが人間性の成熟といったことにつながりはしないし、自信も生まれない。情報豊かにして心の貧しい時代なのである。そもそも大正教養主義以降のわが国において、とりわけ戦後、歴史に判断の基準を見出す縦軸の思想が希薄であった結果である。

ここに、グローバル化の波を受け、多様な情報の洪水のなか、自らの有機的なその社会に固有の歴史的・文化的伝統から選択し収斂された大いなる一つの基軸・典型によって修練を積み重ね、心身に沁み透らせて、その基礎の上に「善く生きる」自己を追求させていく新たな修養主義の教育が必要ではなかろうか。例を挙げるとするならば古典の読み込み、精読といったことである。(113) 古典といわれるものにはその固有の文化的伝統が定着した本然の姿がある。その本然の姿に自らの心の芯を揃えるわけである。西田幾多郎が読書し坐禅し思索してその深遠な哲学を構築したのはさほど昔のことではない。唐木順三がいっているように、「自己鍛錬或いは形成は必ず典拠を必要と」(114)し、「型の形成の問題は唯一の古典を主体的に樹立することにある」(115)からである。そこから長く一つの道を生き年輪を重ねて醇化された風格(116)や品性といったものも生まれてくると考えられる。知識が熟して深い知恵となり徳となって存在すること自体が価値を持ってくるのであろう。教育がその国の歴史や文化と無縁であってはその社会に未来はない。いうまでもなく、地域性を超越した教育一般などありはしないのである。

平成一八年（二〇〇六）の教育基本法の改正により「伝統と文化の尊重」が定められたことを受けて、同二〇年に学習指導要領が改定され、武道などの必修化が同二四年四月から全面実施されていることも幸いする。

三　新たな教育的パラダイムの構築へ

以上、一遍仏教の教育の実態の究明と、これに歩一歩を進めてその含意する現代へ還元すべき契機を提示し、いくつかの提言もしてきた。

今日、われわれは、価値観は揺らぎ、様々な言説が飛び交い、陶治理想や規範が徹底的に相対化された激動の渦中にある。教育は円環的サイクルであるといってもよく、過去から未来へと受け渡されていく命の永遠の循環の下での営みであるから、歴史的識見はその必須の要件となる。古来、自らの本質ではないものを拠り所とし、自らの精神性や宗教性をないがしろにする文明は亡びてきた。国際化は他への迎合であってはならない。「彼を知る」前に「己を知ら」ねばならぬ。歴史や伝統、自らのDNAを忘れ去った社会に未来はないのである。

神を捨てた近代が、中世精神を否定し古代精神を再生して、ルネサンスとして出発し、また、明治の維新が復古に始まったごとく、後近代の教育は、近代における利己的自我の肯定の上に築かれたそれをアン・ジヒとして否定媒介し、わが国中世の仏教的伝統、一遍仏教の無の教育の契機のフュール・ジヒに学ぶ、アン・ウント・フュール・ジヒなる合の方向において築かれ展開されるべきではないか、という見通しを強く抱く。そして、これが、新たな無の教育という自前の教育的パラダイム構築へ向けコンセンサスを得ていわば一つのルネサンスにも比すべき教育運動にまで高められていかなくてはならぬ。無の教育によってラティオ、西洋的理性中心の自我の教育を止揚するのである。そこに、日本人の手による東西文明の止揚ということも視野に入ってこよう。

もっとも、何も一遍仏教がすべてなどと狭量、独善的なことをいうのではない。仏教そのものが無、空の実践哲学体系であって、一遍仏教のみからでもこれだけのことはいえるということなのである。他の仏教や武道・芸道など他の諸賢の研究とも連携が必要なことはいうまでもない。そして、本書は如上の新たな到達目標となりうる後近代の教育的パラダイム構築への基礎作業であった。過ぎ去った過去の父祖への尊敬とこれからやって来る未来の人々への責任において、価値の継承と現実の理念的批判は重要である。基底的・基礎的な研究はあくまでも必要なのであり、今後更なる「現在と過去との間の尽きることを知らぬ対話[117]」が続けられねばならない。そして、それとともに、現代の文脈における理論的な掘り下げや改革に活かしていく上での具体的な手順・工程が課題となることももとよりである[118]。一遍は、議論のための議論といった「智者のふるまひ[119]」を捨て自らの領解の体系化をもなげうって遊行し人々を教え導くアクチュアルな実践に徹したのであった。実践を伴わぬ理論は空虚であり、大乗の道は書物にではなく行いにあるからである。ギリシャ哲学の逍遥学派の人たちや西田幾多郎もまた書斎のうちだけではなく歩きつつ思索し人間の本質を問うた。文字通り具体、「事」に即《つ》き、ザッハリッヒに研究を深めていくところによりクリアに真理が見えてもこよう。

「即レ事而真[120]」。

註

(1)「偈頌和歌」(『一遍上人語録』巻上、時宗宗典編集委員会編『定本時宗宗典』上巻、時宗宗務所、一九七九年、一〇頁)。
(2)『般若心経』のいわゆる「般羅僧掲帝」は、この意であり、「到彼岸」の過去完了形であることは留意すべきである。
(3)『一遍聖絵』第三(註(1)前掲書、下巻、二九頁)。
(4)「門人伝説」(『一遍上人語録』巻下、註(1)前掲書、二九頁)。
(5)同上(三〇頁)。

（6）同上（五六頁）。
（7）高坂正顕『教育哲学』（『高坂正顕著作集』第六巻）理想社、一九七〇年、二六六頁。
（8）この点、ヤスパース Jasper, K. が、その『世界観の心理学』下巻（上村忠雄／前田利男訳、理想社、一九七一年、六三頁）において、「あらゆる限界状況に共通なことは、限界状況によって苦悩がひきおこされるということである。しかしまた共通な点は、限界状況が、発展に諸々の力を与え、これらの力は、現存在、感官、生長の快楽をともなってやってくるという点である」と述べていることが想起される。
（9）峰島旭雄訳『実存哲学と教育学』（『実存主義叢書』一四）理想社、一九六六年、五五頁。
（10）「門人伝説」（『一遍上人語録』巻下、註（1）前掲書、三四頁）。
（11）「偈頌和歌」（『一遍上人語録』巻上、註（1）前掲書、一一頁）。
（12）「門人伝説」（『一遍上人語録』巻下、註（1）前掲書、三一頁）。
（13）同上（三二頁）。
（14）同上（三七頁）。
（15）同上（三四頁）。
（16）シュライエルマッヘル、佐野勝也／石井次郎訳『宗教論』岩波文庫、一九四九年、一一三頁参照。
（17）「門人伝説」（『一遍上人語録』巻下、註（1）前掲書、二八頁）。
（18）『他阿上人法語』巻第三（註（1）前掲書、一五四頁）。
（19）『続・続・無の自由から真の自由へ』大明堂、一九九四年、一六四頁。
（20）「消息法語」（『一遍上人語録』巻上、註（1）前掲書、八頁）。
（21）「門人伝説」（『一遍上人語録』巻下、註（1）前掲書、二八頁）。
（22）河野往阿『時宗綱要』（註（1）前掲書、下巻、三三六頁）。
（23）「門人伝説」（『一遍上人語録』巻下、註（1）前掲書、二六頁）。
（24）柳宗悦『南無阿弥陀仏・一遍上人』（柳宗悦・宗教選集　第四巻）春秋社、一九六四年、二一六頁。
（25）『一遍聖絵』第五（註（1）前掲書、下巻、三七四頁）。

(26) 同上、第一二（三九二頁）。
(27) 「門人伝説」（『一遍上人語録』巻下、註（1）前掲書、三五頁）。
(28) 同上（二八頁）。
(29) 同上（二七頁）。
(30) 同上（三七頁）。
(31) 同上（三四頁）。
(32) 『一遍聖絵』第六（註（1）前掲書、下巻、三七五頁）。
(33) 同上、第七（三七八頁）。
(34) 「消息法語」（『一遍上人語録』巻上、註（1）前掲書、八頁）。註（20）に同じ。
(35) 『一遍聖絵』第一一（註（1）前掲書、下巻、三九〇頁）。
(36) 『一遍上人語録』巻上（註（1）前掲書、六頁）。
(37) 唐沢富太郎『中世初期仏教教育思想の研究』東洋館出版社、一九五四年、二一三～二一四頁。
(38) 『一遍聖絵』第一〇（註（1）前掲書、下巻、三八六頁）。
(39) 『他阿上人法語』巻第二（註（1）前掲書、一四九～一五〇頁）。
(40) 『一遍聖絵』第四（註（1）前掲書、下巻、三七〇頁）。
(41) 同上（三七一頁）。
(42) 『他阿上人法語』巻第一（註（1）前掲書、一四三頁）。
(43) 拙稿「教育史研究と現場性」（『日本教育史往来』八号、日本教育史研究会、一九八二年四月、二頁）。
(44) 金谷治訳注『論語』岩波文庫、一九六三年、三二頁。なお、送り仮名などは筆者が付した。
(45) この「あらゆる現象の根源をなす無」は冷暖自知の体験の世界に属し、これを今日的ないし学際的に理解しようとする時、例えば、ニュー・サイエンスのリーダー、ボーム Bohm, D. J. のいう「内蔵秩序」があるいはその一助ともなるであろうか。すなわち、ボームは、『現代物理学における因果性と偶然性』（『科学技術選書』、村田良夫訳、東京図書、一九六九年）において、「自然は、全体として客観的に実在するものであり、（中略）無限に複雑な構造を持っていると仮定され」

（二四一頁）、しかも、「あらゆる実体は、いかに基本的であるようにみえても、その無限の背景および基礎構造の中に維持されている適当な条件に、その存在を委ねていると考えねばならない」（二〇一頁）し、「自然界に発見される事物は、それぞれ、ある種の抽象および近似であると考えられる」（二〇四頁）と述べているのである。そして、それが、『全体性と内蔵秩序』（新版、井上忠／伊藤笏康／佐野正博訳、青土社、二〇〇五年）に至って、「無限に複雑な構造」を「内蔵秩序」と「顕前秩序」に分け、その顕前秩序の「われわれに知覚できる世界の諸層を支配する秩序は、さらに包括的な内蔵秩序から生じると見なされねばならない」（二六八頁）と表現し直されている。

(46) 「門人伝説」（『一遍上人語録』巻下、註（1）前掲書、二九頁）。
(47) 西田幾多郎「叡智的世界」（『西田幾多郎全集』第四巻　岩波書店、二〇〇三年、一四六頁）。
(48) 玉城康四郎『東西思想の根底にあるもの』講談社学術文庫、二〇〇一年、一〇四頁。
(49) 西田幾多郎「働くものから見るものへ」序（註（47）前掲書、第三巻、二〇〇三年、二五五頁）。
(50) 同上。
(51) 『東洋的無』（『久松真一著作集』第一巻）理想社、一九六九年、二九、三一頁。傍点筆者。
(52) 峰島旭雄訳『実存哲学と教育学』（註（9）前掲書）、五九頁。
(53) 「門人伝説」（『一遍上人語録』巻下、註（1）前掲書、三〇頁）。
(54) ここにおいて、二河白道図が脳に瞑想さるべき存在を視覚像として植え付けるいわゆる瞑想画（山折哲雄／正木晃／永沢哲『坐る　観る　写す』〈『修行と解脱』二〉佼成出版社、一九九二年、二二一～二三〇頁）の役割を果たしていたと考えられる。
(55) 『一遍聖絵』第三（註（1）前掲書、下巻、三六九頁）。
(56) 『笈の小文』（杉浦正一郎／宮本三郎／荻野清校注『芭蕉文集』〈『日本古典文学大系』〉岩波書店、一九五九年、五二頁）。
(57) 山口諭助『美の日本的完成』宝雲舎、一九四二年、九九頁。
(58) 「祖翁壁書」（穎原退蔵校注『芭蕉文集』〈『日本古典全書』〉朝日新聞社、一九五五年、二一二頁）。
(59) 森信三「真理は現実の唯中にあり」（森信三ほか『現代の覚者たち』竹井出版、一九八八年、一六頁）。
(60) 森信三「腰骨を立てる教育」（『森信三全集』第二四巻、実践社、一九六八年、二一七頁）。
(61) 森信三「生活指導の諸問題」（『森信三著作集』第六巻、実践社、一九七一年、二九五頁）。

(62)　石橋富知子『腰骨を立てます――仁愛保育園の歩み――』仁愛保育園、一九八八年、二二一、二二〇～二二一、二二六～二二八、二四四～二四六頁。
(63)　「門人伝説」（『一遍上人語録』巻下、註（1）前掲書、三五頁）。
(64)　同上。
(65)　西田幾多郎「実践と対象認識」（註（47）前掲書、第八巻、二〇〇三年、一四〇～一四一頁）。
(66)　同上（一四一頁）。
(67)　註（48）前掲書、三三頁。
(68)　『美の法門』春秋社、一九七三年、三三頁。
(69)　同上書、八頁。
(70)　同上書、三六頁。
(71)　同上書、二五頁。
(72)　同上書、二六頁。
(73)　「門人伝説」（『一遍上人語録』巻下、註（1）前掲書、五六頁）。註（6）に同じ。
(74)　『美の法門』（註（68）前掲書）一五頁。
(75)　同上書、二一頁。
(76)　同上書、三四頁。
(77)　『善の研究』岩波文庫、二〇〇八年、一九二～一九三頁。
(78)　「別願和讃」（『一遍上人語録』、巻上、註（1）前掲書、三頁）。
(79)　「門人伝説」（『一遍上人語録』巻下、註（1）前掲書、三三～三四頁）。
(80)　同上（三七頁）。
(81)　同上（二六頁）。
(82)　なお、わが国中世には「和歌即陀羅尼」という観念があり（金井清光『時衆文芸研究〈改訂版〉』風間書房、一九八九年、八三～八五頁）、また、今日でも、坂村真民が一遍仏教における賦算の念仏札の代わりにその現代版として詩を配っていた

（坂村真民『朴 坂村真民詩集』大東出版社、一九七一年、紀野一義「序」三頁）ことも想起される。
(83)「門人伝説」（『一遍上人語録』巻下、註（1）前掲書、三四頁）。
(84)「消息法語」（『一遍上人語録』巻上、註（1）前掲書、八頁）。
(85)「偈頌和歌」（『一遍上人語録』巻上、註（1）前掲書、一二頁）。
(86) 同上。
(87)「門人伝説」（『一遍上人語録』巻下、註（1）前掲書、三三頁）。
(88) 中村元訳『ブッダの真理のことば・感興のことば』岩波文庫、一九九七年、一〇頁。
(89) 同上書、一〇五頁。
(90) 同上書、三二頁。
(91) 和辻哲郎校訂『正法眼蔵随聞記』岩波文庫、一九六六年、五二頁。
(92)「門人伝説」（『一遍上人語録』巻下、註（1）前掲書、二七頁）。
(93) 同上（三七頁）。
(94)『徒然草』下、第一五七段（西尾　実校注『方丈記　徒然草』〈『日本古典文学大系』三〇〉岩波書店、一九五七年、二二一頁）。
(95) 拙稿「弓矢の習とその展開——鎌倉期を中心に——」（『講座　日本教育史』編集委員会編『講座　日本教育史』第一巻、「原始・古代／中世」、第一法規、一九八四年、二三七〜二五二頁）参照。
(96)『教育する勇気』玉川大学出版部、一九九五年、二五九頁。
(97)『美学入門』（市民文庫）河出書房、一九五二年、二二頁。
(98) 表章／加藤周一校注『世阿弥　禅竹』（『日本思想体系』二四）岩波書店、一九七四年、三四頁。
(99) 同上書、一一二頁。
(100) 同上書、三四頁。
(101) 同上書、一一四頁。
(102) 同上書、一一三頁。
(103) 同上書、一〇一頁。

(104)『徒然草』下、第一五七段（註（93）前掲書、二二〇頁）。
(105) 註（94）に同じ。
(106) T・S・エリオット「文化の定義のための覚書」（『エリオット全集』第五巻、深瀬基寛訳、中央公論社、一九七一年、二六七頁）。
(107) 註（44）前掲書、五八頁。
(108)「祖翁口訣」（穎原退蔵校注『芭蕉文集』、註（58）前掲書、二一三頁）。
(109)『不白筆記』江戸千家茶の湯研究所、一九七九年、一六四頁。
(110)『一遍聖絵』第一一（註（1）前掲書、下巻、三九〇頁）。
(111)「誓願偈文」（『一遍上人語録』巻上、註（1）前掲書、六頁）。
(112)「門人伝説」（『一遍上人語録』巻下、註（1）前掲書、三六頁）。
(113) なお、唯一の古典への読み込みではないが、秀才としてその名の高い貝塚茂樹・湯川秀樹ら五兄弟は、五、六歳になると毎晩三〇分か一時間ずつ、祖父から四書から五経へと順に漢籍の素読を受け、その「意味も分からず入って行った漢籍が、大きな収穫をもたらし」（湯川秀樹『旅人　ある物理学者の回想』角川文庫、二〇一一年、五八頁）、それぞれその学問の基盤となっていたことが、ここに想起される。
(114)『現代史への試み』（『京都哲学撰書』第二一巻）燈影舎、二〇〇一年、一〇三頁。
(115) 同上書、六〇頁。
(116) 田代秀徳は『無の展開』（誠信書房、一九六五年、二二九〜二三一頁）において、風格は「ただ徹底によってのみ」生まれることを強調している。
(117) E・H・カー、清水幾太郎訳『歴史とは何か』岩波新書、一九六二年、四〇頁。
(118) ここにおいて、もとより教育現場との連携も重要なこととなるが、この点では、寝屋川市立桜小学校の北村直也校長が、今日の現場の教育には背骨が入っていずどうにも足元が定まらないと型の研究者を求めインターネットで検索して私を訪ねてくれ、しかも大学院に入学し私の許で研究を進めて、同小学校で立腰教育を実施し、学力と高い相関性のあることをすでに明らかにしていて、その成果は近く公にされるはずである。
(119)「一枚起請文」（石井教道編『昭和新修法然上人全集』平楽寺書店、一九五五年、四一六頁）。

(120)『摩訶止観』巻第七、上（高楠順次郎編『大正新脩大蔵経』第四六巻、「諸宗部」三、大正新脩大蔵経刊行会、九二頁、上）。
なお、学部四年の前期、上田薫先生の「教育における理論と実践の問題（教育哲学と教育科学）」を受講していた折、子供や真実は生きて動いているのであり、動くものによって動くものを捉えなくてはならない、というくだりで、「仏教の言葉であるが」と「即レ事」と板書し、「教師は事に即《つ》く」柔軟な態度が必要である、と話されたことが今も記憶に鮮明に残っている。文字通り西田幾多郎の血を感じさせる研究のプロセスを示す哲学する授業であった。

あとがき

この度、『仏教的伝統と教育――一遍仏教とその周縁とのダイアローグ――』を梓に上し、公にすることとなった。

実は、私こと、昨年九月に満年齢の古稀を、今春には勤務大学の定年を迎えた。午年であるから文字通りの馬齢を重ねてきたといってよい。これまで私なりに色々のことを考え物してもきたが、気が多いせいか、意志が弱いせいか、それとも二足のわらじにかまけたせいなのか、まさにそれがその時々の状況により様々なのである。しかし、あちらこちら遍歴、否、漂泊しながらも、細いがつねに頭を離れない「一筋の道」（芭蕉「元禄三年九月六日付曲水宛書簡」）はあった。いわば私の研究における「基軸」とでもいうべきものである。それが一遍仏教に東洋哲学の究極とする無の思想に裏打ちされた人間形成理念を探る問題であった。実のところ、私自身一遍仏教、時宗の僧籍にあり、叔父が現時宗法主（他阿真円、『捨ててこそ人生は開ける』東洋経済新報社の著書がある）であるから当然といえば当然なのかもしれない。丸一〇年も日本仏教教育学会の会長職にあったこともその結果といってよい。

そこで、この節目にこれまでの学究生活の一つのけじめとして、その一端を、新旧取り混ぜ、一定のディシプリンの文脈において整序し加除修訂を加えて、一本にまとめ世に問うことを思い立ったのである。

本書において、

「仏教的伝統との教育的対話――「まえがき」に代えて――」は「仏教と教育　伝統文化との対話」（奈良康明編『新版日本の仏教を知る事典』東京書籍、二〇〇五年）

第一章一「一遍仏教に至るまで」は「法然・證空・聖達の浄土教」（『清浄光寺史』第一章第二節、清浄光寺、二〇〇七年）

同二「天台本覚思想と一遍仏教」は「本覚思想と自己実現――一遍教学に関わって――」（『日本仏教教育学研究』第四号、日本仏教教育学会、一九九六年三月）

第二章一「一遍仏教における『往生』の問題」は「一遍浄土教における『往生』の問題――法然浄土教の一展開としての――」（『法然浄土教の総合的研究』〈『佛教大学総合研究所紀要』別冊〉、二〇〇二年三月）

同二「一遍仏教の歴史的位置」は「一遍仏教とその歴史的位置――その俯瞰的小考――」（『一遍教学の総合的研究報告書』時宗教学研究所、二〇一一年三月）

第三章「一遍の教育的人間観」は「『宗祖一遍の教育人間観』再論」（『時宗教学年報』第四輯、時宗教学研究所、一九七五年一〇月）

第四章「一遍仏教に見る真実の自己の形成」は「真実の自己の形成――一遍教学における超越の問題――」（『佛教大学研究紀要』第五八号、一九七四年三月）

第五章「他阿真教の教育思想」は「他阿真教の門弟教育思想」（橘　俊道／今井雅晴編『一遍上人と時宗』〈『日本仏教宗史論集』第一〇巻〉吉川弘文館、一九八四年）

第六章「『他阿上人法語』に見る武士の学習とその支援」は「浄土教の興隆を支える僧俗の学習とその支援――『他阿上人法語』に見える武士を中心に――」（斎藤昭俊監修『仏教教育選集』第二巻〈久木幸男編『仏教教育の展開』〉国書刊行会、二〇一〇年）

第七章「隠者兼好の教育思想」は「隠者の教育思想――兼好を中心として――」（『教育学研究』第四二巻第一号、日本教育学会、一九七五年三月）

第八章「世阿の能楽稽古論」は「世阿能楽稽古論の一考察」（篠田　弘監修『歴史のなかの教師・子ども』福村出版、

二〇〇〇年）

第九章「後近代の教育への一試論」は「ポスト・モダンの教育への一試論――「型」の復権に関わって――」（江藤恭二監修『教育近代化の諸相』名古屋大学出版会、一九九二年）

第一〇章「ラティオの後に来るもの」は「ラティオの後に来るもの――『東と西』の視点から――」（佛教大学総合研究所編『法然仏教とその可能性』佛教大学、二〇一二年）

が基礎となっている。序章「意図・課題と方法」および終章「約説と補遺」は書き下ろしの新稿である。なお、旧稿の転載については特にお断りはしていないがその点諒とせられたい。

一般に志は高い方がよい。古稀を越えた今、いわば「老後の初心」（世阿『花鏡』「奥段」）として、これまでの基礎作業の上に更なる研究をザッハリッヒに深めていかなくてはならぬ。しかし、思えば随分と壮大な展望を描いたものではある。しかも、今顧みると恥ずかしながら筐底の旧稿のちりを払ったものも多く、もとより関連諸研究の進展もあって旧稿のままではかなわず、小補どころかいずれも大きな改稿を施している。形式面の統一や重複の調整なども厄介なことであって、論脈上重複を調整しえないところも残ったし、他にも未だ尽くさず今少し時間をかけたい部分はあるが、兎にも角にもここにささやかながら公にすることとしたしだいである。

もとより、今後、伝統や歴史を普遍的な理念に対置しているとか、近代教育を相対化しているなどと、様々な批判は予想される。しかし、いずれもその立場や枠組みを絶対視した上でのことにしか過ぎない。私はその思考枠組みの転換の要をこそ説いているのである。

なお、原則として文中敬称は割愛し、引用においては異体字なども常用漢字に、句読点も今日一般的な表記にて打ち、濁点・返り点などのないものには必要に応じてそれらを施したところがある。また、二字下げ引用の箇所の文末には原文に句点がない場合でもそれを付した。更に、東西文明の止揚といった問題にも言及している関係上英文サマリーを収載した。それぞれ諒とせられたい。

あとがき

このかつてない危急存亡の秋《とき》、本書が研究史上の欠落を補って不公正を糺す一助となるとともに、教育再生への志に向けてその一端でも資するところがあれば望外の幸せである。関連諸学会はじめ、ことに教育関係者ら江湖の諸賢のご叱正をお願いする。

最後に、本書をなすに当たっては、不肖私が顧問をしている時宗教学研究所の方々や勤務大学の同僚、また出身大学の同窓他少なからぬ友人・知己のご高配を頂いているが、とりわけ今日の難しい出版事情下に本書の出版を引き受けて下さった国書刊行会の皆様、特にお世話になった今野道隆氏に心よりお礼申し上げる。

平成二五年（二〇一三）一〇月

竹内　明

参考文献一覧（引用文献は除く）

秋山さと子　『悟りの分析ユング心理学との接点』朝日出版社、一九八〇年。
朝倉昌紀　『悲のまなざしの教育』法藏館、二〇〇一年。
芦田恵之助　『静坐と教育』同志同行社、一九三七年。
阿部崇慶　『芸道の教育』ナカニシヤ出版、一九九七年。
網野善彦　『増補無縁・公界・楽――日本中世の自由と平和――』平凡社選書、一九八七年。
家永三郎　『日本思想史に於ける否定の論理の発達』（『叢書名著の復興』）新泉社、一九六九年。
家永三郎／赤松俊秀／圭室諦成監修『日本仏教史』第二巻（「中世篇」）法藏館、一九七〇年。
生田久美子　『「わざ」から知る』（『認知科学選書』一四）東京大学出版会、一九八七年。
石川光男　『東洋的生命観と学問――新しい生命学をさぐる――』三信図書、一九八三年。
石川光男　『ニューサイエンスの世界観二十一世紀へのパラダイム・シフト』たま出版、一九八九年。
石塚経雄　『無の自由から真の自由へ』大明堂、一九九〇年。
石塚経雄　『続・無の自由から真の自由へ』大明堂、一九九一年。
伊藤瑞叡　『幼児教育の三要ほとけの心をはぐくむ』（ぼんブックス８）世界聖典刊行協会、一九八五年。
稲富栄次郎　『日本人、言葉、文化』（『稲富栄次郎著作集』八）学苑社、一九七八年。
稲富榮次郎　『無と直観――プロチノス哲学の根本問題――』理想社、一九三九年。

井上義巳　『日本教育思想史の研究』勁草書房、一九七八年。
今井雅晴　『時宗成立史の研究』吉川弘文館、一九八一年。
今井雅晴　『中世社会と時宗の研究』吉川弘文館、一九八五年。
岩瀬真寿美　『人間形成における「如来蔵思想」の教育的道徳的意味』国書刊行会、二〇一一年。
上田義文　『仏教の人間観』（「伝道ブックス」一九）本願寺出版協会、一九六六年。
上田閑照　『道を歩む』上水内哲学会、二〇〇八年。
上田閑照監修　『人間であること』燈影舎、二〇〇六年。
ヴォルフガング・ブレツィンカ、岡田渥美／山崎高哉監訳　『価値多様化時代の教育』玉川大学出版部、一九九二年。
宇佐美正明　『よりよく生きるために――人類的伝統と共生の間――』北樹出版、一九九六年。
海谷則之　『宗教教育学研究』法藏館、二〇一一年。
梅谷繁樹　『中世遊行聖と文学』桜楓社、一九八八年。
梅原　猛　『梅原猛の授業　仏教』朝日新聞社、二〇〇二年。
梅原　猛　『梅原猛の仏教の授業　法然・親鸞・一遍』ＰＨＰ、二〇一二年。
梅原　猛　『哲学する心』講談社、一九六八年。
太田清史　『仏教教育学序説』同朋舎出版、一九九三年。
大谷時中　『仏教教育学研究叙説』三和書房、一九七〇年。
大多和明／新川哲雄／廣田繁　『日本文化の基調――「道」の観念――』文化書房博文社、一九八六年。
大戸安弘　『日本中世教育史の研究――遊歴傾向の展開――』梓出版社、一九九八年。
大野達之助　『日本仏教思想史』吉川弘文館、一九五七年。

大橋俊雄　『一遍――その行動と思想――』（『日本人の行動と思想』一四）評論社、一九七一年。
大橋俊雄　『時宗の成立と展開』吉川弘文館、一九七三年。
大森荘蔵／山本　信／井上　忠／黒田　亘／広松　渉　『「心―身」の問題』産業図書、一九八〇年。
岡田敬司　『人間形成にとって共同体とは何か――自律を育む他律の条件――』ミネルヴァ書房、二〇〇九年。
岡野守也　『自我と無我〈個と集団〉の成熟した関係』ＰＨＰ新書、二〇〇〇年。
長田　新　『改訂新版教育学』岩波書店、一九五五年。
Ｏ・Ｆ・ボルノー、浜田正秀他訳　『新しい教育と哲学――ボルノー講演集――』玉川大学出版部、一九六八年。
小野慶太郎　『形成的無――教育学序説――』協同出版、一九六三年。
小野澤　眞　『中世時衆史の研究』八木書店、二〇一二年。
小林智昭　『無常感の文学』弘文堂、一九六五年。
小原國芳　『教育の根本問題としての宗教』（『小原國芳全集』一）、玉川大学出版部、一九四五年。
小原國芳　『宗教教育論』玉川大学出版部、一九七二年。
子安宣邦　『「近代の超克」とは何か』青土社、二〇〇八年。
鹿毛誠一　『型から見た日本の文化』晃洋書房、一九九五年。
鹿毛誠一　『知の文化と型の文化』創文社、一九九一年。
笠原伸夫　『中世の美学』桜楓社、一九六七年。
梶芳光運監修　『東の思想・西の思想』（「哲学シリーズ」第三巻）三修社、一九七三年。
勝田吉太郎　『勝田吉太郎著作集』第八巻　ミネルヴァ書房、一九九五年。
勝部真長　『道徳教育と宗教性』（『道徳教育全書』二）明治図書出版、一九六八年。
鎌田茂雄　『一遍　大地を往く』（「高僧伝」一〇）集英社、一九八五年。

鎌田東二『身体の宇宙誌』（「学術文庫」）講談社、一九九四年。

唐木順三『増補現代史への試み』（『唐木順三全集』第三巻）筑摩書房、一九八一年。

唐木順三『無常』筑摩書房、一九六四年。

金井清光『一遍と時衆教団』角川書店、一九七五年。

金井清光『時衆文芸と一遍法語——中世民衆の信仰と文化——』東京美術、一九八七年。

金井清光『中世芸能と仏教』（『研究叢書』）新典社、一九九一年。

金井清光『能の研究』桜楓社、一九七二年。

唐沢富太郎『中世初期仏教教育思想の研究——特に一乗思想とその伝統に於いて——』東洋館出版社、一九五四年。

唐沢富太郎『愛蔵版　日本教育史——近代以前——』誠文堂新光社、一九六八年。

唐沢富太郎『現代に生きる教育の叡智——人間の再発見——』東洋館出版社、一九五九年。

河合隼雄『ユング心理学と仏教』岩波書店、一九九五年。

川上清吉『教育原理としての道とその行』モナス、一九三六年。

川上清吉『教育の宗教的反省』モナス、一九三七年。

川田熊太郎『哲学小論集——文化と宗教——』河出書房、一九四八年。

川田熊太郎『仏教と哲学』（『サーラ叢書』七）平楽寺書店、一九五七年。

川村覚昭『教育の根源的論理の探求——教育学研究序説——』晃洋書房、二〇〇二年。

喜多川忠一『人間——その生成と形成——』明治図書、一九六八年。

木村素衞『形成的自覚』能楽書林、一九四七年。

木村素衞『美のかたち』岩波書店、一九四一年。

倉沢行洋『芸道の哲学』東方出版、一九八三年。

栗田　勇『生きる知恵を学ぶ』岩波書店、二〇〇三年。

栗田　勇『一遍上人――旅の思索者』新潮社、一九七七年。

栗田　勇『日本文化論』（『栗田　勇著作集』第四巻）講談社、一九八六年。

香西　精『世阿弥新考』わんや書店、一九六二年。

香西　精『続世阿弥新考』わんや書店、一九七〇年。

高山岩男『教育と倫理』創文社、一九六八年。

小西甚一『「道」――中世の理念』（「日本の古典」三、「現代新書」）講談社、一九七五年。

小堀桂一郎『日本に於ける理性の傳統』中央公論新社、二〇〇七年。

子安宣邦『「近代の超克」とは何か』青土社、二〇〇八年。

斎藤昭俊『宗教教育入門』（『仏教文化選書』）佼成出版、一九九〇年。

斎藤昭俊『人間力を育む――生き方の仏教入門――』鎌倉新書、二〇〇六年。

斎藤昭俊『仏教教育論集』仏教教育研究所、二〇〇九年。

斎藤昭俊監修『仏教教育選集』全六巻　国書刊行会、二〇一〇年。

斎藤昭俊編『仏教教育の世界』溪水社、一九九三年。

斎藤昭俊編『仏教における心の教育の研究』新人物往来社、二〇〇一年。

斎藤昭俊教授古希記念論文集刊行会編『仏教教育・人間の研究』こびあん書房、二〇〇〇年。

斎藤清衛『隠仙の文学』武蔵野書院、一九六三年。

斎藤稔正編『行の人間学』高菅出版、二〇〇五年。

佐伯啓思『日本という「価値」』ＮＴＴ出版、二〇一〇年。

相良　亨編『超越の思想　日本倫理思想史研究』東京大学出版会、一九九三年。

相良　亨／尾藤正英／秋山　虔編『秩序』（『講座　日本思想』第三巻）東京大学出版会、一九八三年。

桜井好朗『中世日本の精神的景観』塙書房、一九七四年。

下程勇吉『教育と宗教』全人社、一九六二年。

下程勇吉『宗教的自覚と人間形成』広池学園出版社、一九七〇年。

島地大等『仏教大綱』明治書院、一九三一年。

下村哲夫編『学校の中の宗教　教育大国のタブーを解読する』時事通信社、一九九六年。

上智大学編『伝統と創造』上智大学出版部、一九六三年。

ジョン・P・ミラー、吉田敦彦／中川吉晴／手塚郁恵訳『ホリスティック教育――いのちのつながりを求めて』春秋社、一九九四年。

菅原　潤『「近代の超克」再考』晃洋書房、二〇一一年。

杉原誠四郎『増補版　日本の神道・仏教と政教分離――そして宗教教育』文化書房博文社、二〇〇一年。

杉原誠四郎／大崎素史／貝塚茂樹『日本の宗教教育と宗教文化』文化書房博文社、二〇〇四年。

鈴木大拙『禪堂の修行と生活』森江書店、一九三五年。

鈴木大拙『日本的霊性』岩波文庫、一九七二年。

高崎能樹『児童と宗教教育』（『児童教育講座』）叢文社、一九三五年。

高橋里美『體験と存在』岩波書店、一九三六年。

高橋史朗『魂を揺り動かす教育　全国の教育現場を行脚して』日本教育新聞社、一九九一年。

高山秀嗣『中世浄土教者の伝道とその特質――真宗伝道史研究・序説――』永田文昌堂、二〇〇七年。

竹内整一『自己超越の思想　近代日本のニヒリズム』ぺりかん社、一九八八年。

竹村牧男『親鸞と一遍』法藏館、一九九九年。

武光　誠『「型」と日本人品性ある国の作法と美意識』PHP新書、二〇〇八年。

立川武蔵『空の思想史原始仏教から日本近代へ』（『学術文庫』）講談社、二〇〇三年。

橘　俊道『一遍上人の念仏思想と時衆』橘俊道先生遺稿集刊行会、一九九〇年。

橘　俊道『時宗史論考』法蔵館、一九七五年。

田中忠雄『禅と現代教育』黎明書房、一九六六年。

玉城康四郎『東西思想の根底にあるもの』（『学術文庫』）講談社、二〇〇一年。

玉城康四郎『仏教を貫くもの』大蔵出版、一九九七年。

辻　善之助『修訂日本文化と佛教』大日本出版、一九四三年。

寺田　透『道の思想』（『叢書　身体の思想』二）創文社、一九七八年。

長尾雅人／井筒俊彦／福永光司／上山春平／服部正明／梶山雄一／高崎直道編『日本思想』1、2（『講座　東洋思想』第一五、一六巻）岩波書店、一九八九年。

長尾雅人／中村　元監修『講座仏教思想』第三、四巻　理想社、一九七五年。

中西政次『弓と禅』春秋社、一九六九年。

中西真彦／土居正稔『西欧キリスト教文明の終焉日本人と日本の風土が育んだ自然と生命の摂理』発売元　太陽出版、二〇〇七年。

中村民雄『今、なぜ武道か――文化と伝統を問う――』日本武道館、二〇〇七年。

中村　元『今なぜ東洋か』TBSブリタニカ、一九七九年。

中村　元『21世紀の思想を求めて』（『講座　比較思想――転換期の人間と思想――』第三巻）北樹出版、一九九三年。

成川武夫『世阿弥　花の哲学』玉川大学出版部、一九八〇年。

新形信和『無の比較思想――ノーヴァリス、ヘーゲル、ハイデガーから西田へ――』ミネルヴァ書房、一九九八年。

西　一祥　『世阿弥研究』さるびあ出版、一九六八年。
西尾　実　『世阿弥の能芸論』岩波書店、一九七四年。
西尾　実　『つれづれ草文学の世界』法政大学出版局、一九六四年。
西田幾多郎　『西田幾多郎全集』第十、十一巻　岩波書店、二〇〇三〜二〇〇五年。
西谷啓治　『宗教とは何か』（『宗教論集』一）創文社、一九六一年。
西平　直　『世阿弥の稽古哲学』東京大学出版会、二〇〇九年。
西元宗助　『宗教と教育のあいだ』教育新潮社、一九九一年。
新渡戸稲造（矢内原忠雄訳）『武士道』岩波文庫、二〇〇七年。
日本宗教学会「宗教と教育に関する委員会」編　『宗教教育の理論と実際』すずき出版、一九八五年。
日本仏教学会編　『仏教の人間観』平楽寺書店、一九六八年。
日本仏教学会編　『仏教と教育の諸問題』平楽寺書店、一九七一年。
日本仏教保育協会編　『仏教保育講座』第一、二巻　鈴木出版、一九六九、一九七〇年。
芳賀幸四郎　『東山文化の研究』河出書房、一九四五年。
白田劫石　『東洋的無——近代超克のための道標——』東信堂、一九八六年。
橋本高勝編　『世界の諸文化と日本——文化学ことはじめ』晃洋書房、二〇〇四年。
長谷川三千子　『正義の喪失反時代的考察』ＰＨＰ研究所、一九九九年。
林屋辰三郎　『中世芸能史の研究』岩波書店、一九六〇年。
朴　先栄　『仏教の教育思想』国書刊行会、一九八五年。
羽田隆雄　『教科と修練』育英出版、一九四四年。
林屋辰三郎　『中世文化の基調』東京大学出版会。

久松真一　『久松真一著作集』第二、三巻　理想社、一九六九～一九七二年。
フィリップ・H・フェニックス、岡本道雄／市村尚久訳　『コモン・グッドへの教育カリキュラムの道徳哲学』玉川大学出版部、一九九五年。
福島政雄　『四聖の教育的感化』目黒書店、一九四〇年。
福島政雄　『新教育と宗教』玉川大学出版部、一九四九年。
藤井和義　『中世文学の主体的精神』創元社、一九四四年。
藤田健治　『人間形成と実存哲学』明治図書、一九六七年。
藤本一雄　『道徳の根本問題　性格教育の理念と宗教』明治図書出版、一九六三年。
藤本一雄／口羽義行　『現代における宗教と教育——宗教的教育のあり方——』明治図書、一九七一年。
堀　一郎　『堀一郎著作集』第三巻　未来社、一九七八年。
水野弘元　『釈尊の人間教育学』佼成出版社、一九九四年。
溝口　章　『流転／独一　一遍上人絵伝攷』土曜美術社出版販売、二〇〇七年。
源　了圓　『型』（『叢書　身体の思想』二）創文社、一九八九年。
源　了圓編　『型と日本文化』創文社、一九九二年。
源　了圓　『文化と人間形成』（『教育学大全集』二）第一法規、一九八二年。
宮井義雄　『日本の中世思想』成甲書房、一九八一年。
宮坂哲文　『禅における人間形成——教育史的研究——』評論社、一九七〇年。
宮坂宥洪　『仏教が救う日本の教育』角川書店、二〇〇三年。
村井　実　『教育からの見直し政治・経済・法制・進化論』東洋館出版社、一九九二年。
村木弘昌　『釈尊の呼吸法——大安般守意経に学ぶ——』柏樹社、一九七九年。

森　一弘／田畑邦治／M・マタタ編『教会と学校での宗教教育再考――〈新しい教え〉を求めて』オリエンス宗教研究所、二〇〇九年。

森　信三『森信三著作集』第一、二、三、四、五、六、九巻　実践社、一九七一年。

柳　宗悦『工藝文化』岩波文庫、二〇〇八年。

山縣三千雄『日本人と思想』発売元　創文社、一九七四年。

山口　益『佛教における無と有との對論』山喜房佛書林、一九六四年。

湯浅泰雄『宗教と人間性』（『現代倫理学叢書』第一期「現代生活と倫理」七）理想社、一九六四年。

吉川　清『時衆阿弥教団の研究』時宗文化研究所、一九五六年。

和歌森太郎『中世協同体の研究』清水弘文堂書房、一九六七年。

和田修二『教育の本道』玉川大学出版部、二〇〇二年。

渡部正一『日本古代中世の思想と文化』大明堂、一九八〇年。

渡辺喜勝『一遍智真の宗教論』岩田書院、一九九六年。

『宗教生活叢書』巻二、三、八、九、十、十一、十二、十三、十七　大東出版、一九三三、一九三四年。

Honen read many books to make three choices and adovocated *senju-nembutsu*, which Ippen developed into a special prayer, *ikkō-shōmyō*. While values are evaluated relatively in Japan today, knowledge does not always bring about action. Therefore, we now need to build a new type of moral and cultural education that promotes the pursuit of a self that lives a virtuous life, on the foundation of a model into which the models selected from the cultural tradition unique to this organic society are integrated.

In other words, in the same way that modern society negated medieval philosophy and revived ancient philosophy to start the Renaissance, I believe that modern education, which was built in affirmation of the rational self advocated in modern society, should negate itself, and post-modern education should rather be built toward the direction of an "in-and-for-itself (*an-und-für-sich*)" process, based on the education of nothingness found in Ippen's Buddhist philosophy that emerged in the medieval period of our country.

The first moment to restore to contemporary society is nothingness. Nothingness creates a self without adherence to the ego, and culture was developed to represent nothingness. A body with a personality that holds greed in check is transformed into nothingness by meditation, and becomes "a place of nothingness" to find the fundamentals of its own existence, and finally turns into an amorphous pure life. This education through discontinuous phenomena, which is the matrix of creativity, must be employed to boost the creativity in this day and age.

The second moment to restore to contemporary society is education to acquire both sympathy and wisdom to the fullest. It is education that is realized only when and because you have left your ego to reach nothingness, in which subject and object are integrated, and you acquire both sympathy and wisdom to the fullest. This wisdom, called "prajñā in Sanskrit," has the potential to transcend the rational self that sees and captures the world in an objective and fixed manner.

The third moment to restore to contemporary society is an educational view among humanity in the context of ontology. In this view, people have already been saved by praying *myōgō,* which is also of benefit to infants who cannot pray it, as well as to handicapped people. Therefore, it is thought that all people can experience the great values of truth, virtue and beauty, and can be guided to a world of truth.

The fourth moment to restore to contemporary society is an issue about the nature of the body. It was argued that since there was perplexity of mind, correct behavior of the body should build a sound mind. Because the mind cannot check itself, it is necessary to control the body to steer the mind, so that good behavior educates your mind.

The fifth moment to restore to contemporary society is models. Ippen's chant of *myōgō,* with which people can be saved easily, was replaced with models advocated by Zea (Zeami) , who asserted that anyone can be a master if one only follows a model refined in the course of history. Children should learn how to behave themselves, and adults should guide them authoritatively toward a good way of life.

The sixth moment to restore to contemporary society is the fundamentals of education.

"*Sute-hijiri*," a saint who has left the temporal world, and he taught people with Buddhist hymns in Japanese, Japanese poetry, letters, and doctrine translated into plain Japanese, all using simple Japanese words. Among them, Japanese poetry in particular, supported by the concept of *wakasokudarani*, that Japanese poetry represents the essence of Buddhism, appealed strongly to the people. Through *odori-nembutsu*, singing chants while dancing, and *fusan*, distribution of charms describing the name of Amitābha-buddha, Ippen led people to a world of infinite value through *myōgō*, while traveling continuously and widely for 16 years. Despite many challenges, he enlightened an amazing 251,724 people.

After Ippen's death, his followers, called *Jishū*, were reorganized into a sect by *Taa Shinkyō* with a very educational intention and rule. After 15 years of organized edification activities with temples set up in various places to be open to a secular society, the *Jishū* in such places were provided with distance education that was interactive by means of many letters with detailed questions and answers. The foundation of the sect was thus formed through education offered as "support," with an equal relationship between the teacher and his followers.

Shinkyō's activities were continued by his conscientious successors, Chitoku and others, who also traveled to many places across Japan for edification, and this led to the successful formation of the largest group among emerging medieval sects. Under the group's direct influence, *Ami*-culture developed to seek the ultimate beauty in a model that eliminates anything extraneous. Around that culture, there emerged a concept of discontinuous formation of humanity in a continuous form, as found in Kenkō Yoshida's idea of "a true person" who lives not according to affection, but to morality, and then not according to morality but to ultimate humanity, and high-minded education of nothingness, as it was found in the teachings of Zea (often called Zeami) that people should continue training until they learn the true nature of things that should never be forgotten.

Applying Dilthey's hermeneutical methodology, this book is also aimed at having a historical dialogue in order to restore to today's society the moments implied by Ippen's Buddhist philosophy in the context of intellectual history, and to spread the moments as educational resources to help to build a new educational paradigm.

SUMMARY

Application of a Buddhist tradition to education
—— An intellectual history concerning Ippen's Buddhist philosophy
and movements aroused by his philosophy ——

In researching the history of Japanese education on Buddhism, which is still qualitatively and quantitatively insufficient in today's educational studies, I immediately found that researchers have often told about the Buddhists Dogen and Shinran, but rarely about Ippen. However, *Jishū* (the Ji Sect), which was founded based on Ippen's philosophy of Buddhism, and *Zenshu* (the Zen sect) were the largest groups among emerging Buddhist medieval sects (Toshihide Akamatsu). It was Ippen who developed *nembutsu*, Buddhist chants, into their ultimate form (Muneyosi Yanagi). Junzo Karaki said, "There are many figures in history who do not draw people's attention at all, and most of them do not deserve it. However, we must not forget Ippen." As those scholars point out, it is highly regrettable that Ippen has not been fairly evaluated even by academic researchers. This book, which covers what was overlooked by previous researchers, is meant to cast light on Ippen's Buddhist philosophy, including his beliefs in the formation of humanity and his teaching activities, as well as movements influenced by his philosophy, and to place him in his rightful position in the history of Japanese education.

The core of Ippen's Buddhist philosophy is the theory of the dialectic, found in his idea of *jūichi-funi* that refers to unity between eternity and an instant, that all people have already been saved by chanting the name of Amitābha-buddha. It is called "*shōmyō*." Ippen's idea is that absoluteness exists in one's true self, and this perfectly reflects his educational stance that human nature is absolutely good. In other words, while performing *myōgō* by chanting the name of Amitābha-buddha, in order to leave relativity and reach nothingness, or "the place of nothingness," anyone can leave his untrue self to reach his true self, and to transcend the sphere of individuality and relationships to return to his true self.

Since Mahāyāna Buddhism is aimed primarily at altruism, Ippen did not have his own temple and did not record his beliefs in documents. He behaved exactly as he was called

著 者 紹 介

竹内　明（たけうち　あきら）

1942年生まれ。名古屋大学教育学部卒業。同大学院教育学研究科修士課程修了。

佛教大学文学部助教授・教授などを経て現在同大学教育学部嘱託教授。日本仏教教育学会会長などを歴任。現在同学会名誉理事。この間、名古屋大学・神戸大学・滋賀大学・京都西山短期大学などの非常勤講師兼任。

教育思想史専攻。

主な著作に『乱世の子ども』（『日本子どもの歴史』第２巻、共著、第一法規）、『講座　日本教育史』（第１巻、共著、第一法規）、『仏教教育の展開』（『仏教教育選集』第２巻、共著、国書刊行会）、『敦賀市教育史』（編集・監修、全４巻、福井県敦賀市教育委員会）、『人間形成原理　身とこころの教育』（共編著、川島書店）など。

仏教的伝統と教育
――一遍仏教とその周縁とのダイアローグ――

ISBN978-4-336-05787-7

平成26年３月17日　初版第１刷発行

著　者　竹　内　　明
発行者　佐　藤　今朝夫

〒174-0056　東京都板橋区志村1-13-15
発行所　株式会社　国書刊行会
電話 03(5970)7421代表　FAX 03(5970)7427
E-mail：sales@kokusho.co.jp　URL：http://www.kokusho.co.jp

印刷・製本　三松堂株式会社